# TRABALHO INFÂNCIA

CB016269

Dados Internacionais de Catalogação na Publicação (CIP)
(Câmara Brasileira do Livro, SP, Brasil)

Trabalho infância : exercícios tensos de ser criança : haverá espaço na agenda pedagógica? / Miguel G. Arroyo, Maria dos Anjos Lopes Viella, Maurício Roberto da Silva (orgs.). – Petrópolis, RJ : Vozes, 2015.

Bibliografia
ISBN 978-85-326-5072-6

1. Crianças – Brasil – Condições sociais  2. Educação de crianças – Brasil  3. Trabalho infantil – Brasil. I. Arroyo, G. II. Viella, Maria dos Anjos Lopes. III. Silva, Maurício Roberto da.

15-05357 CDD-305.23

Índices para catálogo sistemático:
1. Trabalho infantil : Exercícios tensos de ser criança : Condições sociais    305.23

# TRABALHO INFÂNCIA

Exercícios tensos de ser criança
Haverá espaço na agenda pedagógica?

Miguel G. Arroyo
Maria dos Anjos Lopes Viella
Maurício Roberto da Silva
ORGANIZADORES

EDITORA VOZES
Petrópolis

© 2015, Editora Vozes Ltda.
Rua Frei Luís, 100
25689-900 Petrópolis, RJ
www.vozes.com.br
Brasil

Todos os direitos reservados. Nenhuma parte desta obra poderá ser reproduzida ou transmitida por qualquer forma e/ou quaisquer meios (eletrônico ou mecânico, incluindo fotocópia e gravação) ou arquivada em qualquer sistema ou banco de dados sem permissão escrita da editora.

**Diretor editorial**
Frei Antônio Moser

**Editores**
Aline dos Santos Carneiro
José Maria da Silva
Lídio Peretti
Marilac Loraine Oleniki

**Secretário executivo**
João Batista Kreuch

*Editoração*: Fernando Sergio Olivetti da Rocha
*Diagramação*: Sandra Bretz
*Capa*: Claudio Arroyo
*Ilustração de capa*: Sérgio Carvalho

ISBN 978-85-326-5072-6

Editado conforme o novo acordo ortográfico.

Este livro foi composto e impresso pela Editora Vozes Ltda.

# Sumário

*Vidas infantis marcadas pelo trabalho* – A modo de apresentação, 7

**Parte I – O trabalho das crianças na agenda pedagógica, 19**

A infância repõe o trabalho na agenda pedagógica, 21
    Miguel G. Arroyo

O trabalho das crianças é na escola – Debates e controvérsias sobre o trabalho infantil e a educação como trabalho, 55
    Manuel Sarmento

**Parte II – Às vezes criança: vidas marcadas pela exploração do trabalho, 83**

"Tenho de fazer tudo para o meu irmão" – Crianças que cuidam de crianças, 85
    Elena Colonna

Trabalho da criança no Asilo de Órfãs, 131
    Ana Maria Melo Negrão

As "empregadinhas" domésticas – Elas "não brincam em serviço" e "quando descansam carregam pedra"!, 165
    Maurício Roberto da Silva

Trabalho na infância, narcotráfico e sistema prisional: "Não dá nada pra nós?", 195
    Walter Ernesto Ude Marques

A infância na indústria do entretenimento – Crianças e jovens no espetáculo artístico e desportivo, 215
    Ana Melro
    Catarina Tomás

**Parte III – As diversas faces da exploração do trabalho na infância, 235**

Mapas do trabalho: faces ocultas da infância e da juventude, 237
    Maria dos Anjos Lopes Viella

Quando o trabalho na infância se torna um problema social, 271
    Soraya Franzoni Conde

Jovens, trabalho e futuro, 289
    José Machado Pais

**Parte IV – Trabalho infância: diversidade e desigualdades, 315**

Trabalho e infância: reflexões a partir da experiência educativa do MST, 317
    Deise Arenhart
    Sandra Luciana Dalmagro

A infância indígena – Trabalho e educação das crianças Kaingang, 339
    Luci Teresinha Marchiori dos Santos Bernardi
    Edivaldo José Bortoleto
    Leonel Piovezana

Trabalho e infância em famílias imigrantes, 367
    Zeila de Brito Fabri Demartini

**Parte V – Trabalho infância: outras linguagens, 397**

Outras linguagens educativas – Por um espaço do trabalho das crianças e adolescentes na agenda pedagógica, 399
    Miguel G. Arroyo
    Maria dos Anjos Lopes Viella
    Maurício Roberto da Silva

Às vezes criança – Um quase retrato de uma infância roubada, 413
    Rubervam Du Nascimento
    Sérgio Carvalho

O sujeito catador, 423
    Maurício Roberto da Silva

*Sobre os autores*, 431

# Vidas infantis marcadas pelo trabalho

## A modo de apresentação

*Meu caminho é de pedra. Como posso sonhar...?*
Milton Nascimento e Fernando Brant. *Travessia.*

No livro *Corpo infância* (Vozes: 2012), pretendíamos trazer ao debate os corpos para os estudos da infância e para o cotidiano do pensar-fazer político-pedagógico. Quais desses corpos trazem as marcas do trabalho? Corpos infantis e adolescentes que vêm do trabalho para a escola ou da escola para o trabalho. Ignorá-los? Condenar seus corpos-trabalho? Reconhecer que a história da infância se mistura com a história do trabalho? Como aproximar-nos dessa estreita relação? Com que olhar vê-los e com que mirada nos olham e interrogam?

Destaquemos alguns pontos que são convergentes na diversidade de textos. Repõem para as teorias pedagógicas a história do trabalho da criança e do adolescente. Uma história que pode ser passada de mais de uma maneira. As diversas ciências analisam o trabalho da criança. O que teria a acrescentar um olhar a partir da educação? Privilegiar as crianças, os adolescentes que vivenciam, padecem, resistem à condição de trabalhadores. Privilegiar suas vidas marcadas pelo trabalho. Tentar entender que saberes, valores, identidades ensinam condenados a sobreviver do trabalho desde a infância. Como trabalhar esses conteúdos nas aprendizagens escolares?

Uma questão bem particular se impõe às teorias pedagógicas: O trabalho humaniza-des-humaniza a infância? O que exige colocar-nos uma questão: Afinal, de que estamos falando, "trabalho na infância" ou "exploração do trabalho na infância?" Às escolas chegam milhares de crianças e de adolescentes submetidos à exploração do trabalho, roubados em sua humanidade?

Humanizando-se ao resistirem à exploração? Com que pedagogias acompanhar esses tensos processos de des-humanização-humanização?

As análises dos textos trazem elementos para melhor entender o que pensam, vivenciam esses milhares de crianças e de adolescentes de ter de dividir o tempo de escola-trabalho com outros tempos de trabalho. Adaptam-se e sucumbem a sua condição de pobres trabalhadores? Ouvindo suas narrativas, talvez mostrem que não se conformam com ser submetidos à exploração do trabalho, que lutam por reagir, que indo à escola sonham por sair. Sonhos feitos de brisa? Reagem a sua condição porque aprenderam com sua família trabalhadora, com sua raça a persistir tentando emancipar-se dessa condição? Este é um traço no olhar dos diversos textos: ver crianças-adolescentes não acomodados, mas resistentes.

Cabe uma pergunta persistente em cada texto: Como ver essas tensas vivências da relação trabalho-educação-escola? Se são maioria nas salas de aul,a como não vê-las? Talvez a solução seja não ver essa tensa relação para não desestruturar as identidades docentes. O medo não é mirar essas infâncias-trabalho, mas defrontar-se com suas miradas. O trabalho-infância nos mira, interroga, desafia. Aí talvez a diferença do olhar da pedagogia e de outros estudos: conviver com infâncias-adolescências-trabalho no cotidiano da relação pedagógico-docente significa ser mirados, ter de confrontar sua mirada interrogante e tentar redefinir práticas, valores, identidades docentes. O trabalho na infância não é mais um tema de pesquisa e de estudo. Resulta difícil afastar essa sua mirada nesse convívio tão próximo da sala de aula. Que respostas inventar? Horrorizar-nos com essas vivências da sobrevivência extrema no trabalho? Negar a crueldade dessa realidade e continuar idealizando a infância? Esperar que se esqueçam de onde chegam, das ruas, de trabalhos extenuantes, de pedir esmolas, de levar drogas... para sobreviver?

A diversidade de textos nos leva a reconhecer que o trabalho infância desconstrói, quebra essas imagens idealizadas da infância e da pedagogia. Trabalhar como crianças nos limites do sobreviver do próprio trabalho nada tem de romântico. Como educadores nesses convívios tão próximos e constantes com essas infâncias trabalho não há como não ver que ser obrigados a viver, não viver nesses trabalhos indignos envolve riscos profundos para sua formação, humanização, para sua socialização e construção de valores e identidades. Aí entra o olhar específico da educação, da pedagogia ao mirar e deixar-se mirar, interrogar por essas infâncias trabalho em experiências tensas de humanização-des-humanização. Mas que prazer docente e pedagógico de conviver com crianças-adolescentes submetidos a tantas formas de exploração do trabalho? Que historinhas românticas lhes ajudarão a esquecer essa pesada realidade do seu mal-viver? Ao ouvir historinhas ou cantar músicas de um viver infantil rosado, de luzes não conseguirão esquecer seu viver de sombras. Condenados a um caminho de pedras, como podem sonhar?

### O trabalho infância educa a própria educação

A hipótese que orienta estes textos é que reconhecer o trabalho na infância poderá ser educador das teorias pedagógicas e da docência. Até mesmo o trabalho da infância será princípio educativo da própria educação. As narrativas das crianças-adolescentes sobre seu trabalho interrogam as narrativas da pedagogia sobre a infância e sobre a própria pedagogia. A diversidade de textos pretende colaborar com tantos(as) educadores(as) dessas infâncias-adolescências-trabalho que não conseguem ocultar essas interrogações tão desestruturantes e as levam para as reuniões, para os dias de estudo, oficinas, semanas pedagógicas. Cresce a consciência do trabalho infância, como cresce a sensibilidade por tentar enxergar essas infâncias com outros olhos. Por deixar-se mirar e interrogar. Nas escolas também se deseja que o trabalho explorador na infância desapareça, mas enquanto continua chegando nas vidas precárias de milhões de educandos(as)? Que fazer? Apenas queixar-nos da falta de vontade dos poderosos, dos políticos e empresários por acabar com a exploração do trabalho na infância?

Como profissionais da educação somos obrigados a olhar o presente forçando o futuro. A infância é vivida no presente ou nunca mais. O que angustia tantos educadores(as) é como acompanhar essas infâncias-adolescências no seu presente sobreviver, mas também os angustia não ver no horizonte que essa realidade será logo superada.

Enquanto a acumulação capitalista da renda, da terra, do espaço e enquanto a exploração do trabalho adulto e o desemprego persistirem, teremos infâncias-adolescências exploradas no trabalho. Teremos alunos submetidos à tensa relação entre estudar-trabalhar-sobreviver e teremos milhares de docentes-educadores(as) forçados a reinventar sua docência. Teremos professoras(es) que no convívio com essas infâncias-adolescências aprendem que esses padrões de exploração do trabalho, de concentração de renda, da terra, do espaço resistem, não apontam sinais de superação, de eliminação. Fortalecem-se. Sem tentar entender esses padrões e essas relações capitalistas que condenam os trabalhadores e seus filhos e suas filhas a esse sobreviver tão indigno quanto injusto será difícil entender a realidade do trabalho infância que chega às escolas. As próprias crianças e os adolescentes não têm direito a entender esses padrões de exploração do trabalho? Seria essa a função dos currículos e da docência?

As análises dos textos reforçam indagações presentes em tantos coletivos de docentes-educadores(as). Que papel cabe às escolas, às políticas, à docência diante dessa falta de horizontes de superação do trabalho da criança e do adolescente e das relações sociais, econômicas, políticas que o perpetuam? Perguntas fortes que chegam das análises de cada um dos textos e que vêm provocando respostas no cotidiano das escolas. Vão sendo inventadas nas escolas populares iniciativas ao menos para encontrar respostas ainda que tímidas, mas com esperança até no que se apresenta como impossível. Iniciativas carregadas de realismo, distantes da ilusão de que o dia em que tivermos toda criança na escola será "erradicada a erva maldita do trabalho na infância". Este nunca foi uma erva, nem uma praga maldita. Os textos mostram que o trabalho da criança e do adolescente é uma produção social que exige ser entendida em suas profundas raízes e ramificações para ser ao menos diagnosticado com realismo. Aceitar essa simples verdade é o primeiro passo para as teorias pedagógicas e as políticas contra o trabalho na infância terem um mínimo de base real a ser tratada com realismo político-pedagógico.

Cresce a consciência de que o trabalho na infância é condenável porque em si mesmo nos resulta escandaloso conviver tão de perto nas ruas e nas escolas com infâncias-adolescências pobres, condenadas a lutar por sobreviver? O que termina produzindo escândalo não é o trabalho em si, mas sermos obrigados a conviver até nas salas de aula com o escândalo social de milhões de crianças-adolescentes e famílias condenadas à pobreza extrema e a sobreviver do trabalho sub-humano e desumanizante. Questões desestruturantes que essas infâncias-adolescências trazem logo para a pedagogia e a docência. Questões pouco familiares a exigir respostas inadiáveis das políticas, das diretrizes curriculares e das teorias pedagógicas. É uma tarefa árdua reconhecer essas questões tão fortes, e mais árdua tentar respondê-las. Como avançar nessas decisões? Os textos aprofundam nessas indagações. Que ao menos haja abertura para ouvir essas interrogações e haja uma disponibilidade para reconhecer que há coletivos de profissionais no campo da educação que tentam ensaiar respostas fortes a questões tão fortes.

Voltemos ao que marca como diferente o olhar da pedagogia sobre o trabalho infância: ver infâncias, ver adolescentes, ver sujeitos concretos atolados em vivências extremas, impróprias de seus tempos humanos. Perguntar-nos a que prematuros processos de socialização, aprendizados de valores-contravalores, de identidades positivas-negativas, de formação-humanização, deformação-desumanização são submetidos. Que leituras carregam dessas vivências extremas para os tempos de trabalho na escola? Veem saídas ao menos de emergência? Pensam-se capazes de sair dessa situação ou constroem uma identidade de condenados a esse perene trabalhar, viver-sobreviver nos limites? Desacreditarão de qualquer "saída de emergência" (CABANES, 2011) e nem sequer verão a escola como a saída certa prometida pelo discurso político-pedagógico?

Coletivos de docentes-gestores-educadores(as) tentam que essas infâncias trabalho narrem suas vivências ao menos com um silencioso reconhecimento. Mas suas narrativas não são nada otimistas, não são apenas deles, mas são narrativas de seus coletivos. De histórias que vêm de longe. Percebem logo por histórias de família e de seu grupo social, racial que seu viver precário é bastante resistente para se perpetuar ao longo do tempo e penetrar no futuro. Talvez, já desde crianças, adolescentes são forçados a aprender que as relações econômicas, sociais, políticas que produzem sua pobreza e as condenam a trabalhos indignos são bastante resistentes para perpetuar-se no futuro. Não podemos ver nessa sua percepção de suas vivências e das relações sociais que as produzem e reproduzem uma preocupação por entender-se no mundo?

Essas crianças-adolescências no trabalho ao chegar às escolas não estão a nos dizer que chegam mais conscientes do que pensamos? Quem os ajudará a aprofundar nessa consciência, nessa pré-leitura de si e de mundo que levam? Talvez os saberes dos currículos lhes resultem demasiado ingênuos, superficiais para ajudar-lhes a entender-se. A novidade ou a velha realidade de seu viver, indigno viver, que nunca antes chegava às escolas e aos currículos, torna obsoletos tantos conhecimentos e tantas representações que ocultam essa velha-nova realidade. Essas infâncias-adolescências no trabalho não negam seu direito ao conhecimento, antes exigem outros conhecimentos para o que será necessário que os velhos e inúteis conhecimentos deixem o lugar que ocupam nos currículos e no material didático.

Não se trata de oferecer a essas infâncias-adolescências um currículo vazio de conhecimentos, mas enriquecido com novas, desestruturantes indagações a exigir conhecimentos com novas respostas. Ou repensar velhos conhecimentos e refundá-los em novos, que garantam às novas infâncias adolescências trabalhadoras o direito a saber-se, entender esse mundo real e cruel que as vitima. Pensada a partir desse ângulo, a chegada de milhões de infâncias-trabalhadoras às escolas não seria um problema, mas um incentivo a buscar novas saídas, novos conhecimentos ao reinventar a docência na sua velha função de ser profissionais da garantia do direito ao conhecimento.

Reconhecer essas interrogações fortes é uma das intenções desta coletânea *Trabalho infância*. A intenção vai além: mostrar que estão acontecendo propostas alternativas de equacionar, trabalhar com essas infâncias--adolescências que se equilibram na corda bamba de estudar, sobreviver, trabalhar. Uma realidade que não há mais como esconder, que entra nas escolas e as obriga primeiramente a entender essas infâncias exploradas no trabalho por sobreviver e depois a ouvir suas indagações desestruturantes, obrigando a inventar respostas fortes, institucionais do sistema educacional. Os profissionais das escolas, gestores, professores(as) ao compartirem de perto essas presenças do trabalho da infância e do adolescente nas salas de aula vêm sendo os mais instigados a dar respostas e tentam nos limites de suas condições de trabalho inventá-las na contramão. Haverá respostas de políticas de Estado para os milhões de crianças-adolescentes que se debatem na garantia do direito à vida boa, digna, justa e o direito ao trabalho e à educação sem exploração?

## Agrupamos os textos por proximidades de temáticas e de indagações

### Parte I – O trabalho das crianças na agenda pedagógica

**Miguel Arroyo** destaca que "**A infância repõe o trabalho na agenda pedagógica**", nas políticas, nas diretrizes curriculares da formação docente, de educação básica e do material didático. Que indagações fortes, desestruturantes chegam do trabalho na infância para as teorias pedagógicas e para o trabalho docente? Que processos de socialização carregam para o trabalho escolar infâncias trabalhadoras? Como acompanhar seus processos de des-humanização, humanização no trabalho?

**Manuel Sarmento**, sociólogo da infância, nos mostra uma análise instigante: "**O trabalho das crianças é na escola – Debates e controvérsias sobre o trabalho infantil e a educação como trabalho**". Haveria uma dicotomia entre estudar e trabalhar? A infância seria a geração do não trabalho? Como reconhecer as crianças como atores sociais que trabalham? Como ouvir sua voz sobre as vivências do trabalho? Qual o papel formador do trabalho na escola, no ofício de aluno? Como reconhecer a escola como *locus* de trabalho?

### Parte II – Às vezes criança: vidas marcadas pela exploração do trabalho

Nesta parte agrupamos análises sobre formas diversas de trabalho na infância. **Elena Colonna**, no texto "**'Tenho de fazer tudo para o meu irmão' – Crianças que cuidam de crianças**", nos leva a formas de trabalho tão persistentes em nossa realidade: as próprias crianças tomam conta dos irmãozinhos mais novos; crianças cuidando de crianças enquanto as mães trabalham para o sustento da família; a divisão do trabalho nas famílias populares e o cuidado nas representações das crianças cuidadoras; crianças que cuidam de familiares adultos doentes; até crianças que não apenas cuidam de irmãos, mas são as únicas responsáveis da subsistência da família. Quais as dimensões formadoras dessas formas de trabalho na infância? Desde crianças se afirmam como atores sociais? Como se pensam e que identidades formam? Como entender a partir da pedagogia esse fenômeno social complexo: Crianças trabalhando no cuidado de crianças? As crianças têm direito e dever de participar da vida familiar?

**Ana Maria Melo Negrão** traz o "**Trabalho da criança no Asilo de Órfãs**". Retratos históricos da relação entre trabalho, classe, gênero, raça, etnia e educação que vêm desde o início da história colonizadora e se perpetuam nos projetos educativos das elites para os pobres. O trabalho moralizador, explorador, conformante de identidades – "fui criada para trabalhar, como empregada doméstica". Nas políticas socioeducativas e na cultura escolar persistem essas relações entre trabalho, classe, raça, etnia, educação? Qual o peso deformador dessas outras pedagogias? Como ignorá-las nas pedagogias escolares? Qual a classe, o gênero, a raça, a etnia das crianças e dos adolescentes submetidos ao trabalho?

**Maurício Roberto da Silva** atualiza essas "pedagogias", essas relações entre trabalho, classe, gênero, raça, educação – "**As 'empregadinhas' domésticas – Elas 'não brincam em serviço' e 'quando descansam carregam pedra'!**" Interrogações fortes para pesquisadores e educadores(as) sobre uma forma de exploração de trabalho doméstico de crianças e adolescentes que se perpetua em nossa sociedade e que carrega uma especificidade de exploração das meninas empobrecidas, negras. O texto leva indagações sobre como abordar essa forma de exploração do trabalho na sociologia, na história e na pedagogia. Indagações sobre como entender e acompanhar essas vivências de exploração no cotidiano das escolas públicas.

**Walter Ude** nos defronta com uma das formas mais cruéis de trabalho na infância: "**Trabalho na infância, narcotráfico e sistema prisional: 'Não dá nada pra nós?'**" Partindo de que se trata de tráfico de pessoas humanas, de escravidão, nos remete à relação entre trabalho no tráfico e relações de classe, gênero e étnico-raciais. Meninas tachadas de "mulas" para o transporte e guarda de drogas, 75% negras e pardas. Os meninos-adolescentes na posição de soldados – "aviõezinhos" do tráfico. Com que aprendizados de crianças e adolescentes vivendo desse trabalho em situação de abandono social, jogadas às ruas, nas periferias e favelas chegam às escolas? Como entendê-las e acompanhá-las nesses processos sociais desumanizantes? Segregá-los como perigosos no ambiente escolar? Entregá-los à repressão policial? Como se vêm? "Não encontrei ninguém para me tirar do crime." A escola é a saída de emergência para ser alguém na vida? Que escola?

**Ana Melro** e **Catarina Tomás**, no texto **"A infância na indústria do entretenimento – Crianças e jovens no espetáculo artístico e desportivo"**, nos lembram de que os números de crianças trabalhadoras artistas não param de aumentar, como manequins, atores, nos circos, nos esportes, na TV, no cinema, no teatro, na publicidade... No trabalho artístico. A análise contribui no entendimento desse campo de trabalho na infância, tenso, complexo, contraditório. Que relação possível com o trabalho na escola?

**Parte III – As diversas faces da exploração do trabalho na infância**

**Maria dos Anjos Lopes Viella** nos mostra os **"Mapas do trabalho: faces ocultas da infância e da juventude"**. Leva-nos a questões nucleares: Como desocultar e revelar a trama do trabalho na infância? Que atividades econômicas, que tarefas e a que condições de trabalho estão submetidos adultos, adolescentes e crianças? Como se distribui o trabalho na infância por faixa etária, por gênero, raça e sua relação com frequência escolar? Como a diversidade de atividades econômicas exercidas por crianças contribui na expansão do capital? Processos de degradação do humano? E as teorias pedagógicas diante da degradação física, intelectual e moral da infância-adolescência? Outras pedagogias?

**Soraya Franzoni Conde**, no texto **"Quando o trabalho na infância se torna um problema social"**, nos leva a como repensar a relação entre trabalho, infância, educação, escola. Voltando-se para análises clássicas, como as de Marx, Hobsbawm, Thompson, Manacorda, traz riquíssimas contribuições para entender como a história da infância, da escola e da exploração do trabalho nascem juntas e se reforçam sob as novas relações sociais, políticas, econômicas, de produção. Só entendendo a exploração do trabalho na infância nessas relações sociais será possível entender a infância, a sua educação e a escola. Qual a especificidade dessas relações em nossa história no presente?

**José Machado Pais**, no texto **"Jovens, trabalho e futuro"**, mostra a precariedade do emprego entre os jovens e que o sentido do trabalho está para ser redefinido. Modalidades múltiplas de "luta pela vida" que compreendem trabalho eventual, temporário, parcial, trabalho assalariado oculto ou ilegal, trabalho doméstico... Trajetórias de vida alongadas fraturadas, adiadas, frustradas. Que futuro para os jovens nesses labirintos de vida e do trabalho? E para os adolescentes e para as crianças condenados a sobrevier do trabalho de cada dia? O aprender a sobreviver nessas trajetórias de vida frustradas começa na infância?

### Parte IV – Trabalho infância: diversidade e desigualdades

**Deise Arenhart** e **Sandra Luciana Dalmagro** refletem sobre "**Trabalho e enfância: reflexões a partir da experiência educativa do MST**". Buscam, nas vozes das próprias crianças, os sentidos que atribuem ao trabalho ou como sentem elas próprias o trabalho em suas vidas. As autoras partem de que é preciso reconhecer o trabalho das crianças, uma vez que essas também realizam uma atividade social, e, como seres humanos, se humanizam e constroem cultura trabalhando. Desde crianças aprendem o sentido social do trabalho. Na pedagogia do MST o trabalho possui um potencial formativo e emancipador para crianças e adolescentes. Para todos os trabalhadores.

**Luci Teresinha Marchiori dos Santos Bernardi**, **Edivaldo José Bortoleto** e **Leonel Piovezana** refletem sobre "**A infância indígena – Trabalho e educação das crianças Kaingang**". Os autores propõem uma aproximação à questão, considerando que carecemos de uma história da infância indígena, de uma história da infância negra, de uma história da infância mestiça do Brasil e da América Latina Caribenha. Logo as questões prévias: Que epistemologia da infância indígena? Que educação indígena e que educação escolar indígena em contextos de apagamento da língua indígena e de apagamento dos seus ritos e costumes? Que trabalho na infância indígena quando os pais são obrigados a trabalhar fora das aldeias porque são expropriados dos seus territórios? A cultura do trabalho resiste, sofre mutações? Como afeta o trabalho das crianças indígenas de acompanhar os pais nos trabalhos da roça de outrem, pois não têm terras para plantar?

**Zeila de Brito Fabri Demartini** reflete sobre "**Trabalho e infância em famílias imigrantes**", mas uma infância quase "oculta". Como desocultar e reconhecer as trajetórias de vida de tantas infâncias imigrantes e migrantes em diferentes espaços socioeconômicos e culturais? Processos migratórios à procura de trabalho. "A primeira coisa que a gente aprendia era trabalhar" nas atividades agrícolas ou urbanas. Até na indústria. Histórias de trabalho na infância ocultadas tão repetidas nos milhões de migrantes retirantes à procura de trabalho. Que articulações possíveis, tensas entre migração, trabalho na infância, socialização, escolarização?

**Parte V – Trabalho infância: outras linguagens**

Neste espaço do livro, a exposição de outras linguagens, outras imagens, outras estéticas sobre o trabalho das crianças representadas nas fotografias, poesias, textos e gravuras, que buscam outras formas de reflexão sobre a problemática e estratégias de trabalhar com as crianças e os adolescentes as vivências do trabalho.

Abrimos esta seção com o texto "**Outras linguagens educativas – Por um espaço do trabalho das crianças e adolescentes na agenda pedagógica**", de **Miguel G. Arroyo, Maria dos Anjos Lopes Viella** e **Maurício Roberto da Silva**, apresentando algumas sugestões de atividades, fruto de experiências de trabalho dos organizadores da obra, que podem ser realizadas pelos educadores, colocando em pauta a possibilidade de reflexão sobre o tema trabalho e infância utilizando-se de músicas, poemas, poesias, jogos, filmes, vídeos, desenhos, afinal, outras formas de representação do trabalho bem próximas das crianças e jovens e com possibilidade de ampliar o ainda tímido diálogo da educação com essa temática.

Na continuidade trazemos uma bela articulação entre poesia e fotografia no texto "**Às vezes criança – Um quase retrato de uma infância roubada**", de **Rubervam Du Nascimento** e **Sérgio Carvalho**. O texto levanta muitas questões para serem debatidas nas escolas com os professores e as crianças, como por exemplo: "Como pode a poesia e a fotografia contribuir para a reflexão sobre a condição das crianças que trabalham em contextos de exploração, miséria e indiferença do Estado?"

Nessa linha de reflexão poético-imagética encerramos o livro com o poema "**O sujeito catador**", de **Maurício Roberto da Silva**, que nos leva a pensar sobre a dramática e degradante situação das crianças que, ainda hoje, trabalham para ajudar suas famílias catando o "lixo da história" nos lixões das grandes, médias e pequenas cidades do Brasil, América, África, Ásia e em outros rincões do planeta. Os versos são de uma dureza comovente, que poderão ser debatidos com as crianças e professores nas escolas a partir da seguinte questão: O que a escola pode fazer para denunciar, dar visibilidade e realizar ações pedagógicas de resistência, articuladas com grupos em movimentos sociais, contra esta perversa condição das crianças empobrecidas que catam o lixo na cidade e no campo?

A literatura e as artes em geral podem recriar e reinventar o real, oferecendo possibilidade de problematização do contexto econômico, histórico e cultural do qual elas fazem parte. Formas estéticas de recontar o real e estimular a reflexão e o imaginário de alunos e professores. As artes, em sua diversidade, têm se mantido sensíveis e denunciantes do trabalho infância. Como incorporá-las na formação de docentes-educadores(as) e da infância-adolescência?

# Parte I

## O trabalho das crianças na agenda pedagógica

# A infância repõe o trabalho na agenda pedagógica

*Miguel G. Arroyo*

> *A gente vai contra a corrente até não poder resistir... A gente toma iniciativa... mas é que chega a roda viva...*
> Chico Buarque. *Roda Viva*

Os diversos textos desta coletânea – *Trabalho infância* – trazem análises sobre a infância no trabalho. Neste texto, coloco que dimensões das concepções pedagógicas e da ética profissional são indagadas, desestabilizadas pelos milhões de crianças e de adolescentes que levam às escolas as vivências do trabalho. Tentar entender a tensa relação entre trabalho-infância-educação nos traz apelos: Como entender essa relação? Como acompanhar as travessias de milhões de crianças-adolescentes em seus percursos de trabalho-sobrevivência? "Caminhos feitos de pedra", terão tempo para sonhar? Para ser crianças? Indo contra a corrente até poder resistir? O percurso escolar lhes ajudará a entender por que ter de trabalhar para sobreviver? Na escola ao menos poderão sonhar? Ser crianças?

O trabalho humano interrogou sempre a pedagogia, mas recentemente nos deparamos de novo com o trabalho interrogando as políticas sociais, as teorias pedagógicas, as diretrizes curriculares, a docência. É o *trabalho na infância*. Desses alunos(as) trabalhadores vêm indagações desestruturantes a nossa condição de docentes-educadores(as) profissionais, também trabalhadores na sua educação.

Organizo este texto em torno de alguns dos campos de interrogação que nos chegam do trabalho da criança e do adolescente.

1) Há lugar nos estudos da infância para o trabalho das crianças?
2) A infância repõe o trabalho na agenda pedagógica?

3) Qual a relação entre a redução dos direitos dos trabalhadores e o trabalho na infância?

4) O trabalho na infância repõe a matriz humanizadora-desumanizadora do trabalho?

5) Como avançar na complexa relação escola-trabalho na infância?

Parto da hipótese de que não há como desperdiçar essas indagações que estão postas nas escolas públicas populares e nos seus profissionais que vêm ensaiando respostas.

### Há lugar nos estudos da infância para o trabalho das crianças?

A primeira indagação posta à agenda pedagógica é se há lugar para o trabalho na infância nos estudos da infância. A centralidade dada à vida coloca com toda radicalidade o trabalho como fonte de vida. Os movimentos sociais, ao trazerem o direito à vida com tanta centralidade, nos levam a priorizar o trabalho nas diferentes formas como os seres humanos produzem, reproduzem e conservam a vida. Produzem-se como humanos. Formam-se. Levam-nos, ainda, a priorizar como as formas precarizadas de produzir, reproduzir, conservar a vida obrigam seus coletivos a formas de trabalho precarizadas e até desumanas, deformadoras. A relação tão estreita entre vida, desemprego, trabalho precarizado, desumano e formação-deformação passou a merecer maiores pesquisas e reflexão pedagógica nos estudos sobre o trabalho como princípio educativo.

Nas últimas décadas o trabalho docente tem trazido interrogações e tensões desafiadoras para as políticas educativas, para as teorias de gestão escolar e para os currículos de formação. O trabalho passou a ser o referente mais determinante na construção das identidades docentes e até das identidades da escola: escola lugar de trabalho, docência-trabalho. O movimento docente vem trazendo para as políticas públicas, para os embates com os governos o avanço na defesa dos direitos do trabalho. Repensar os currículos de formação a partir da condição docente, do trabalho docente.

O trabalho, por sua vez, passa a merecer atenção especial nos estudos da infância e da adolescência e nos estudos sobre seu direito à educação básica e à formação plena se levarmos em conta as crianças e os adolescentes que são obrigados a trabalhar para a sobrevivência (ROSEMBERG

& FREITAS, 2002). Na precarização da vida familiar, na escassez de trabalho, no desemprego dos pais, as crianças são levadas a ser sujeitos ativos de trabalho para a sobrevivência pessoal e familiar. Seu viver não é um presente que recebem gratuitamente. Desde bem crianças experimentam o seu viver, colado ao precário viver do seu coletivo familiar, social, racial. O trabalho como condição da produção, reprodução e conservação da vida é um dos aprendizados mais precoces em suas vivências humanas e desumanas. Ao conviver como educadores(as) com essas infâncias não há como não levar em conta esse aprendizado nos estudos da educação da infância. Os estudos cada vez mais frequentes sobre a infância-adolescência passam a dar maior atenção ao trabalho da criança e do adolescente.

Essas infâncias nos obrigam a saber mais sobre as velhas e opressoras formas de viver a infância; sobre os milhões de crianças que não ultrapassam os primeiros anos de vida. A saber mais sobre a mortandade, a desnutrição, a fome, a desproteção, sobretudo, sobre o *trabalho na infância* e as manobras por um viver menos indigno. Entretanto, os estudos e as políticas sobre acesso, permanência, aprovação-reprovação, ou resultados nas médias de avaliação oficial não destacam essa realidade persistente da precarização de seu viver e da inserção de milhões de crianças-adolescentes na reprodução mais elementar de seu viver submetidos à exploração pelo trabalho. Por que esse ocultar a realidade desse precarizado viver dos educandos nas políticas educacionais? O pensamento educacional ao ignorar, secundarizar o direito à vida ignora e secundariza o mal-viver, sobreviver dos educandos. Ignora que o direito à escola, ao conhecimento, à aprendizagem a que têm direito e que tanto defendemos tem como precedente o direito à vida justa e digna. O direito ao viver como humanos precede o direito a aprender.

Diante dessa presença de milhões de crianças e de adolescentes (até de jovens-adultos na EJA) obrigados a trabalhar para sobreviver, estaríamos avançando para seu reconhecimento? Os estudos sobre o trabalho da criança e do adolescente passaram a ocupar os currículos de formação inicial e continuada e os currículos de educação básica? Qual a importância de conhecer a persistência da exploração do trabalho da criança e do adolescente e conhecer em que trabalhos sobrevivem os(as) alunos(as) trabalhadores(as)? Questões postas pelo trabalho infantil na agenda pedagógica.

## O reconhecimento da infância e do trabalho na infância

Acompanha-nos a percepção de que docentes-gestores-educadores(as) avançam no reconhecimento do trabalho na infância. Como avançar para esse reconhecimento nos currículos de formação de pedagogia, de licenciatura, na história da educação e nos currículos de educação básica? Aproximando-nos da história da infância e do trabalho. Os textos desta coletânea pretendem contribuir no aproximar-nos a essa história. Passado e presente do trabalho na infância têm hoje uma visibilidade desconhecida há poucas décadas. A descoberta da infância e do trabalho na infância tem sido paralela nas ciências sociais, biológicas e pedagógicas. Os avanços na história do trabalho terminaram por incorporar a história do trabalho na infância. Reconhece-se que na história mais clássica do trabalho estiveram ausentes as mulheres e as crianças como trabalhadoras. Por sua vez, a história econômica e social se identificava com as rendas dos homens, varões adultos ignorando a contribuição na renda social e familiar das mulheres e das crianças. Lentamente se reconhecem as contribuições de todos os membros das famílias, inclusive mulheres, crianças e adolescentes. Todos vão sendo submetidos à exploração do trabalho. Reconhecem-se as lutas das mulheres pelos direitos do trabalho como mulheres. A história do trabalho da infância é parte da história do trabalho das mulheres[1].

A história do trabalho se abre para além do trabalho industrial e se reconhece o trabalho na agricultura camponesa, nas pequenas indústrias e oficinas, e o trabalho doméstico onde sempre tiveram destaque os trabalhos das mulheres e dos filhos e filhas. Uma complexa relação entre a história das mulheres, da infância e a história do trabalho[2]. Pela história do trabalho das crianças e das mulheres seria fácil reconstruir a história da infância.

---

1 Thompson (2002), na Formação da classe operária inglesa e Marx (1988), em *Capital: crítica da economia política*, mostram como a história do trabalho na infância é inseparável da história da exploração das mulheres: "O trabalho de mulheres e de crianças foi a primeira palavra de ordem da aplicação capitalista da maquinaria".

2 No livro *Salário-mínimo* (2010), o Dieese mostra que, em 2008, 53% dos ocupados que recebiam menos de 1 salário-mínimo eram do sexo feminino. As mulheres trabalhadoras alcançavam rendimento inferior aos homens em todas as regiões do Brasil e estão nas classes de menos de 1 salário-mínimo. Essa história do trabalho feminino alimenta a história do trabalho na infância.

Que indagações põe essa história para a agenda pedagógica? Através dos estudos do trabalho fica evidente que é impossível um modelo universal de infância e de adolescência. Se as teorias pedagógicas tivessem tido atenção aos estudos do trabalho da infância e do adolescente não teriam um padrão tão único, tão fechado de infância e de trabalho. Conhecer a diversidade de trabalhos vividos desde a infância poderia ser uma pista fecunda para entender a diversidade de saberes, valores, culturas, aprendizagens formais e informais. As vivências da infância são tão diversas quanto diversos têm sido e ainda são seus trabalhos na indústria, no agronegócio, na agricultura camponesa, no trabalho doméstico ou nas ruas.

A docência e a pedagogia trabalham com infâncias tão diversas quanto a diversidade de trabalhos. A história da infância será incompleta sem a história do trabalho na infância. Nos cursos de Pedagogia, de Licenciatura e de Formação Continuada já acontecem pesquisas sobre a história do trabalho e especificamente do trabalho na infância. É reconhecida a necessidade de conhecer, pesquisar sobre as idades do início do trabalho, atividades por idades, sexo, raça, cidade, periferia, campos, contribuição das diversas idades, sexos, raças à renda e sobrevivência familiar, escolarização e diversidade de trabalhos, legislação sobre regulação do trabalho na infância e na adolescência, não escolarização, retenção, defasagem idade-série e trabalho infantil-adolescente. Estudos antes ausentes e que vão se tornando presentes na agenda pedagógica. Há uma nova sensibilidade na pedagogia para o caráter desumanizante da exploração do trabalho na infância, sobretudo para o grande número de crianças e adolescentes negros(as) no trabalho.

Inclusive se pode avançar para reconhecer que não há como entender a história de nosso sistema educacional sem associá-la a nossa história do trabalho da criança e do adolescente. A afirmação de nosso sistema escolar para os filhos e as filhas da classe trabalhadora foi lenta porque, entre instruí-los na escola e socializá-los para o trabalho *no trabalho precoce*, a opção das elites foi, por séculos, mantê-los desde crianças na "escola do trabalho". As elites não confiaram à escola a socialização dos filhos(as) do povo para a condição de subalternos, oprimidos; preferiram submetê-los desde crianças aos trabalhos de sobrevivência nos limites. O avanço do reconhecimento do direito à escola não está significando a renúncia a manter milhões de crianças e adolescentes populares submetidos a trabalhos de sobrevivência, para que aprendam que seu destino são trabalhos provisórios, precarizados até quando escolarizados (ARROYO, 2012).

Há, ainda, outros pontos que vêm do reconhecimento do trabalho na infância. Conhecer as diferenças de ocupações de menores nos campos e nas periferias urbanas, assim como conhecer as formas diversas de sua contribuição nas economias familiares, poderia ajudar a entender e a administrar de maneira mais pedagógica, mais humana e justa realidades tão preocupantes como o absenteísmo, a evasão, o interesse e desinteresse pelos estudos. A conduta no trabalho escolar e nos resultados das avaliações, ranqueadoras e segregadoras, poderia ajudar a reconhecer a escola como lugar de trabalho. Avançar na compreensão da tensa e complexa relação entre exploração do trabalho na infância, contribuição à renda familiar de sobrevivência e escolarização abriria luminosidades para entender os percursos escolares e os percursos de vida-trabalho de tantas crianças-adolescentes condenados na lógica escolar como lentos, defasados, desinteressados, sem hábitos de estudo e de trabalho. Tantas crianças e adolescentes socializados nos valores do trabalho, mas segregados nas escolas como sem valores de trabalho. Só entenderemos o ofício de aluno se reconhecermos seu ofício como trabalhadores.

Poderia ser levantada a hipótese de que um olhar mais atento às crianças e adolescentes que chegam às escolas do trabalho pela sobrevivência dará novas luminosidades para entender a própria docência tão pressionada por resultados de "qualidade" nas avaliações, internas e externas. Mostrar a que percursos de sobrevivência pelo trabalho degradante a sociedade condena os(as) alunos(as) das escolas públicas populares será uma forma de entender seus percursos no trabalho escolar e de entender o esforço redobrado de tantos profissionais comprometidos com percursos escolares e de formação possíveis nos limites a que a exploração do trabalho condena essas infâncias-adolescências. A sociedade, a mídia, o empresariado e o Estado ignoram esses limites sociais, humanos que impõem a milhões de crianças e adolescentes e preferem responsabilizar as próprias infâncias-adolescências, suas famílias e responsabilizar as escolas públicas e, sobretudo, seus profissionais. A reação poderá passar por mostrar esses limites de sobrevivência-trabalho com que se debatem antes e depois do tempo de escola.

## A persistência do trabalho da criança e do adolescente

Reconhecer o trabalho da criança e do adolescente nos leva a pesquisar, estudar sobre seu declive ou sua persistência. Predomina uma crença de que o trabalho da criança e do adolescente é coisa do passado, que há uma tendência ao seu desaparecimento ou ao menos ao seu declive. Dados mostram que o trabalho da criança e do adolescente é ainda uma realidade do presente. Vai declinando em algumas áreas, na indústria, até têxtil, porém persiste na agricultura, no comércio, em outras atividades e persiste nas ruas. As reformas na organização do trabalho, na definição de idades para o acesso ao mundo laboral e até o ECA, condenando o trabalho da criança e do adolescente, não têm conseguido sua eliminação, e o declive continua mais lento do que o esperado e devido.

O texto do Ipea – *Trabalho infantil no Brasil: rumo à erradicação* (2010) mostra que "a despeito do acentuado progresso na redução do trabalho da criança, em 2008 cerca de 1,7 milhão de crianças ainda se dedicava a atividades produtivas, o que representa 5% das crianças de 5 a 14 anos, e de 9% das de 10 a 14 anos" (p. 12). O texto acentua que "a incidência ainda é mais elevada nas áreas rurais, na Região Nordeste, em famílias pobres e na população negra. Nos grupos socioeconômicos mais vulneráveis (os 10% mais vulneráveis) a ocorrência do trabalho da criança é de 20%, cerca de quatro vezes a média nacional. Neste grupo de alta vulnerabilidade, 71% das crianças são negras; 69% vivem em áreas rurais... 68% na Região Nordeste... Além disso, a renda *per capita* no grupo de alta incidência do trabalho da criança é apenas 44% da média para todas as famílias com crianças e o grau de pobreza, duas vezes o verificado para o conjunto das crianças" (p. 14-15). O Dieese, no seu Anuário, corrobora esses dados (DIEESE, 2010-2011). Não são essas as crianças-adolescentes que chegam do trabalho às escolas públicas populares? Essa persistente realidade não determina o trabalho na escola?

O declive do trabalho da criança e do adolescente se deverá a mudanças nos níveis de vida, na elevação da renda familiar, se deverá a políticas de renda, de diminuição da pobreza extrema. O declive se deverá, ainda, a mudanças socioculturais como o maior reconhecimento da infância, sua escolarização. Programas como Mais Educação, Escola de Tempo Integral, assim como a legislação laboral e educativa poderá contribuir na diminuição, mas não na eliminação do trabalho na infância[3]. Essas mudanças socioculturais não têm conseguido se contrapor ao padrão racista, sexista, classista de trabalho tão explorador da classe trabalhadora e consequentemente de suas filhas e de seus filhos desde a infância. Padrão que continua resistindo à eliminação e declive do trabalho da criança e do adolescente. A regulamentação das idades de acesso ao mercado laboral, sobretudo na indústria, não tem significado seu declive em outras atividades, inclusive reprodutoras das velhas formas de exploração do trabalho na infância. Há um trabalho da criança e do adolescente marginal ou à margem das leis e da regulação das idades de acesso ao mercado de trabalho. Trabalho marginal e marginalizador de milhões de trabalhadores desde a infância no setor serviços, nas cidades, nas ruas, em trabalhos sazonais, em pequenas oficinas e no trabalho a domicílio, de meninas domésticas, babás, em sua maioria negras. Inclusive persiste o trabalho da criança e do adolescente explorador nos mercados de trabalho assalariado, agrícola, do agronegócio, na agricultura comercializadora; em tempo da colheita manual se recorre à mão de obra da criança e do adolescente[4].

Merecerá especial atenção pesquisar sobre a relação entre a persistência e o declive do trabalho da criança e do adolescente e escolarização. Uma questão que toca de perto o pensamento educacional. Em que medida o acesso à escola consegue se contrapor às velhas e persistentes formas de exploração da infância-adolescência? Muitas dessas atividades onde o trabalho da criança e do adolescente persiste e resiste a ser eliminado não

---

3 No Anuário dos Trabalhadores do Dieese (2010-2011) encontramos 1.380.489 crianças de 5 a 14 anos que trabalhavam em 2002, 122.679 de 5 a 9 anos. Deles 714.570 na atividade agrícola e 665.919 não agrícola. 937.650 meninos, 442.839 meninas.

4 Os dados do Dieese (2010) ajudam a entender essa persistência do trabalho na infância associado à persistência da baixa remuneração das mulheres-mães. Segundo o Dieese, os serviços domésticos respondem pela maior proporção de ocupados que recebem 1 salário-mínimo ou menos, onde se ocupam mulheres, negros, jovens, sem carteira. 67% das crianças e adolescentes envolvidos no trabalho doméstico são negros.

tem desaparecido com o aumento dos índices de escolarização em tempo parcial. O acesso à escola no modelo de escolarização em tempo parcial, em apenas um turno, foi feito à medida de uma assistência regular e irregular ao tempo parcial de trabalho. Tempo parcial na escola e tempo parcial no trabalho parecem feitos para se complementar na "formação", ocupação da infância-adolescência populares. Voltamos à hipótese: a construção de nosso sistema escolar, até na organização dos tempos, é impensável sem entender a história do trabalho infantil-adolescente. Alargar os tempos de escola será uma medida que ajude a reduzir os tempos de trabalho da criança e do adolescente? São significativas, de um lado, a aceitação das mães ao programa mais tempo de escola, pensando na segurança de seus(suas) filhos(as). De outro lado, exige nossa atenção que vem se dando fatos em que as próprias mães retiram esses(as) filhos(as), sobretudo adolescentes, do 2º turno. O argumento é forte: trabalhando esses filhos traziam um dinheiro para a renda familiar tão escassa. Propostas de ampliar o tempo de escola não reduzirão o trabalho da criança e do adolescente se as famílias trabalhadoras continuarem condenadas a rendas indignas e injustas que exigem a contribuição do trabalho dos(as) filhos(as). Reconhecer o trabalho da criança e do adolescente ou adulto entrando nas escolas exigiria redefinir radicalmente a organização escolar. A defesa intransigente da organização dos tempos escolares passou a se constituir em um entrave à garantia do direito à educação da infância-adolescência populares condenadas a sobreviver pelo trabalho. Questões para agenda pedagógica que vêm da relação entre trabalho, trabalho da criança e do adolescente e a escolarização.

Um dado merece atenção especial: persistem formas sub-humanas de trabalho na infância. Uma reportagem do jornal *O Globo* (19/05/2014) mostra a persistência do trabalho na infância até de crianças de menos de 5 anos. Chama a atenção para o elevado número de crianças e de adolescentes trabalhando em atividades de risco. Entre janeiro de 2011 e setembro de 2013, o Ministério do Trabalho encontrou 12.813 crianças e adolescentes ocupados em todo o país, dos quais 10.568 em atividades de risco. A reportagem mostra em quais atividades de exploração: na produção de carvão vegetal, em matadouros, no transporte de cargas ou como camelôs em grandes centros urbanos. A fiscalização encontrou crianças que trabalham em cemitérios, manguezais, na operação de máquinas pesadas, de corte e elétricas, em oficinas mecânicas "onde o contato com solventes pode ser fatal". O relatório destaca trabalhos de exploração sexual de meninas e meninos, expostos a abusos físicos, psicológicos e sexuais. As teorias pedagógicas de desenvolvimento humano são obrigadas a entender que formação humana, cultural, ética é possível em crianças submetidas a esses trabalhos de exploração?

A reportagem do jornal destaca que em dois anos o governo flagrou 10 mil em trabalho na infância insalubre ou arriscado. Os dados da reportagem mostram esse aspecto nem sempre destacado, a insalubridade e o risco no trabalho da criança e do adolescente, acidentes graves são frequentes em trabalhos em açougues, cortando, moendo carne, ou com máquinas elétricas, de corte, pesadas. O trabalho da criança e do adolescente está onde está a condição mais exploradora do trabalho humano. Aí sobrevive o trabalho infantil junto aos índices persistentes de sobrevivência e pobreza familiar[5]. A persistência do trabalho da criança e do adolescente é inseparável da persistência do padrão capitalista, classista, racista e sexista de trabalho que perdura e se sofistica. Como não incorporar nos currículos de formação e de educação básica essas ramificações sociais do trabalho e esses riscos a que são submetidos crianças e adolescentes que chegam às escolas? Que percursos de humanização são possíveis em crianças e adolescentes submetidos a trabalhos tão desumanizantes? Que tratos nas escolas os ajudarão a reconstruir identidades positivas? Os conhecimentos dos currículos os ajudarão a entender esse padrão de trabalho classista, sexista, racista que os explora desde crianças e continuará a explorá-los como jovens-adultos trabalhadores? Se o conhecimento escolar, docente não os ajudar a entender-se, para que os serve?

Coletivos docentes-educadores(as), ao reconhecerem essa tensa articulação entre tempos de trabalho-sobrevivência e tempos de estudo (tensão vivida de maneira tão dramática por tantas crianças e, sobretudo, por

---

[5] Será fácil constatar que os trabalhos mais precarizados e exploradores são dos trabalhadores negros e das crianças, adolescentes e jovens negros. O Dieese (2010) destaca que os trabalhadores de cor preta e cor parda estão mais presentes entre os de baixa remuneração e de 1 salário-mínimo e de menos de 1 salário-mínimo. Os ocupados negros ganham menos do que os não negros. O Dieese destaca que por sua vez há menos proporção de não negros com rendimentos de trabalho na faixa superior a 5 salários-mínimos.

tantos adolescentes), passaram a debater em dias de estudo, como tratar essa realidade que vivem nas salas de aula. Passaram a questionar os processos, a cultura segregadora das escolas, das avaliações de que têm sido as primeiras vítimas essas infâncias-adolescências tentando se manter na tensa relação entre trabalhar, sobreviver, estudar. Tensões que vão levando a questionar, rever e tentar superar estruturas e culturas segregadoras de nosso sistema escolar e de que têm sido vítimas históricas essas infâncias-adolescências na sobrevivência. Fica cada vez mais exposta a negação política da ética em nossa educação pública (ARROYO, 2014). Teimar em manter estruturas segregadoras, reprovadoras, diante de milhões de crianças-adolescentes na extrema pobreza, forçados a trabalhar para sobreviver e tentando garantir seu direito a tempos dignos de escola, segregá-los, reprová-los, condená-los a múltiplas repetências é antiético, antipolítico e antipedagógico.

Essa negação política da ética na educação se torna mais exposta se lembrarmos que uma das exigências para terem direito a entrar no mercado de trabalho é possuírem o diploma de conclusão do Ensino Médio, ou pelo menos o Fundamental. A negação política da ética que reflete esse padrão social de trabalho é reforçada pela lógica escolar segregadora. Aquelas infâncias-adolescências, que desde criancinhas são condenadas a sobreviver do trabalho, terão negado seu direito ao trabalho porque reprovadas, retidas, defasadas, sem direito ao diploma porque obrigadas a essa tensa relação entre estudo, trabalho na infância. Não terão direito a entrar no mercado de trabalho porque condenadas desde crianças a sobreviver, trabalhando e condenados a repetidas reprovações pela lógica segregadora escolar. Condenadas desde crianças ao trabalho, condenadas à tensa articulação entre estudar-trabalhar e condenadas a sem-emprego quando jovens-adultos porque multirrepetentes, defasados, sem o diploma escolar.

### A infância repõe o trabalho na agenda pedagógica

Passemos para outro campo de indagações que chegam do trabalho na infância. Se ele é tão persistente na história e se chega às escolas nos corpos-trabalho de milhares de educandos(as), que lugar deverá ocupar o trabalho na agenda pedagógica, das políticas e diretrizes curriculares? A infância repõe na agenda pedagógica o trabalho? Que trabalho?[6]

Os textos desta coletânea – *Trabalho infância* – pretendem mostrar a centralidade do trabalho no viver, nos processos de humanização-desumanização, não apenas dos adultos, mas das crianças e dos adolescentes. Avançou-se nas tentativas de reconhecer o trabalho como princípio educativo, mas não se avançou no reconhecimento do trabalho na agenda da educação da infância nem na adolescência populares socializadas nas vivências da família trabalhadora e nas próprias vivências de trabalhadores infantis e adolescentes.

Entretanto, os corpos sobreviventes que chegam às escolas desocultam seus itinerários de trabalho-sobrevivência, levando tantos docentes-educadores a colocar o trabalho na agenda pedagógica. Um desocultamento tenso, carregado de indagações que exigem respostas não apenas dos docentes-educadores(as), mas, sobretudo, das políticas e das diretrizes curriculares, das teorias pedagógicas. Enquanto coletivos de educadores(as) avançam no reconhecimento dos brutais processos de trabalho para sobreviver a que milhões de crianças-adolescentes são submetidos fora dos tempos de escola, avança como um rolo compressor o controle dos processos de ensinar-aprender, de avaliar, segregar, reprovar, inferiorizar alheios aos processos reais de sobreviver-trabalhar a que milhões de crianças-adolescentes (que vão às escolas) estão submetidos. Com esse rolo avaliador se debatem os docentes e as crianças-adolescentes que tentam articular trabalho-sobrevivência e trabalho na escola. Há ainda uma compreensão condenatória do trabalho: se trabalham para sobreviver, é porque seus pais são preguiçosos, desqualificados, analfabetos. Os(As) docentes-educadores(as), em contato direto com essas infâncias, percebem como é pobre, até ingênua, essa compreensão que ainda prevalece e que as políticas educacionais, as teorias pedagógicas e os currículos de formação têm do trabalho e dos proble-

---

6 Acompanha-nos a hipótese de que a infância não repõe apenas seu trabalho na agenda pedagógica, mas o trabalho das famílias trabalhadoras. O Dieese (2010) mostra que, em 2008, 9,7 milhões de ocupados ganhavam 1 salário-mínimo e milhões não tinham rendimentos. Os ocupados que tinham rendimento inferior a 1 salário-mínimo perfaziam 26,6 milhões em um total de 92,4 milhões de ocupados. 29% dos ocupados recebiam menos de 1 salário-mínimo.

mas sociais, do desemprego, da pobreza e dos processos de sobrevivência da infância-adolescência popular que frequenta a escola. Uma lição que essas infâncias-adolescências dão às políticas, às diretrizes e às pesquisas educacionais: não há como ocultar, ignorar ou desfigurar a centralidade de sua condição de submetidos ao trabalho para sobreviver e para aprender. Não há como ignorar o trabalho na agenda pedagógica e docente. Mas como trazer o trabalho para a agenda pedagógica?

Qual a postura a adotar? Condenar o trabalho na infância em nome de uma postura humanitária, de justiça, de defesa dos direitos da infância? Mas como ignorá-lo se está exposto nas ruas, nas escolas? Uma questão a ser posta na agenda pedagógica: Para essas infâncias-adolescências o trabalho pela sobrevivência é uma saída humanizante ou apenas uma saída de emergência?

Não há como ignorar o que está invadindo as escolas públicas populares: crianças-adolescentes condenados a trabalhos de sobrevivência, à procura de saídas de emergência pelo trabalho. Chegam dos campos, das florestas, das vilas, conglomerados, favelas, das periferias onde são recluídos em guetos de sobrevivência. Saem desses lugares para as escolas ou para o centro, para a rua, para sobreviver. Saídas apenas de emergência? Os(As) docentes-educadores(as) sabem que essa realidade exige ser olhada com ousadia e realismo. Suas experiências desde a infância têm o trabalho, o sem-trabalho, ganhar a vida, o sobreviver como uma constante. Como uma condição de classe, de raça. Ganhar a vida, fugir da morte. Chico de Oliveira, no prefácio ao livro *Saídas de emergência*, fala em uma "guerra de posições" que termina em uma "guerra de movimento" com alguns anos de cadeia para os pobres. "Sexo, drogas e *rock-n'-roll*, emprego, desemprego, violência pública e violência privada – faces da mesma moeda" (p. 8). Um convite a análises menos voluntaristas – "erradiquemos o trabalho na infância" e mais políticas, estruturais focadas nos processos de produção das condições da classe trabalhadora empobrecida. Exploradas desde a infância.

As experiências de trabalho-sobrevivência de milhões de crianças e adolescentes pobres se dão entrelaçadas a essa "guerra de posições" ameaçada por uma guerra de movimentos. A infância-adolescência popular aprende cedo que faz parte das vivências cotidianas da classe trabalhadora:

emprego, desemprego, sem carteira assinada, biscateiros, mantendo-se na corda bamba da tensa articulação entre tempos de trabalho na escola e de trabalho-sobrevivência. Chico de Oliveira nos lembra: "Suas vidas são uma alternância de azar e de sorte... Um dia no emprego formal, no outro um biscate... atravessar a cidade grande todos os dias para fazer faxina em casa de alguma madame, ou levar um "pacotezinho", umas gramas de coca, o precioso pó que faz o delírio dos ricos e o martírio dos pobres, quando são pegos"... Alternâncias vividas já por tantos(as) adolescentes e até crianças.

Outra questão a ser posta na agenda pedagógica: O trabalho da criança e do adolescente é libertador? Aponta saídas ou não passa de uma saída de emergência no escuro do sobreviver da infância e da classe trabalhadora? Questões radicais para as teorias pedagógicas e do desenvolvimento humano. As famílias populares e seus(suas) filhos(as) aprenderam que os trabalhos a que são condenados não apontam saídas, nem ascensão social, mas apontam apenas becos sem saída. Os trabalhos das criança e dos adolescentes não os libertam, mas prenunciam para as crianças e adolescentes da classe trabalhadora o trabalho que os espera como jovens e adultos. 50% dos(as) catadores(as) de papel declaram ter começado acompanhando seus pais e suas mães catando papel desde crianças. A maioria das mulheres domésticas declara ter começado a trabalhar como doméstica na pré-adolescência. O trabalho na infância é o início do percurso do trabalho adulto que os espera. Há uma continuidade na precariedade e exploração do trabalho desde a infância à vida adulta. O trabalho na infância é uma história na história de exploração do trabalho adulto pelo capital. São histórias anunciadas da exploração do trabalho adulto. Daí a ilusão de "erradicar" o trabalho na infância sem avançar na superação da exploração do trabalho adulto.

Como repor essas vivências tão extremas do trabalho na infância na agenda escolar? Que essas crianças e adolescentes tenham direito a entender essas tensas relações entre trabalho desde crianças e os trabalhos a que são destinados(as) como adultos da classe trabalhadora. Na escola não poderiam conhecer a história do movimento operário, dos trabalhadores dos campos e até a história do movimento docente, de tantas lutas pelos direitos do trabalho e ao trabalho? Os currículos não poderiam incorporar a história do trabalho na infância e ajudá-los a entender as formas de sobrevivência-trabalho a que tantas crianças-adolescentes são condenadas?

## Trabalho na infância e o aprendizado da condição de classe

A infância põe de manifesto a situação da classe trabalhadora. Essa relação foi sendo ignorada, ocultada. A chegada da infância popular nas escolas nos lembra que a classe trabalhadora existe. A chegada dos(as) filhos(as) da classe trabalhadora empobrecida, submetidos a condições de trabalho explorador, abre nosso olhar teórico e nossa responsabilidade profissional para a relação esquecida entre classe e educação. A sensibilidade para os aprendizados do trabalho, da condição de classe mereceriam especial atenção. Muitos profissionais da docência se perguntam o que aprendem submetidos ao trabalho, à sobrevivência desde crianças? Desde bem crianças aprendem que são filhos(as) de trabalhadores; aprendem a brutalidade dos mundos do trabalho no convívio com mãe, pai, parentes, irmãos com os trabalhadores dos campos e com moradores-trabalhadores dos bairros pobres. Suas identidades sociais, raciais, espaciais são marcadas nas vivências do trabalho, na condição de classe. Como ignorá-lo nos processos de aprender, no tempo de escola? Como ignorar essas vivências do trabalho nos currículos, na alfabetização, no estudo do espaço, da história, da cultura? Se a função do conhecimento é ajudar o ser humano a conhecer-se e a se saber no mundo, nas relações sociais, na história, como ignorar a centralidade da condição de classe, do trabalho e da exploração do trabalho que tão cedo vivenciam? Somos levados a reconhecer a pobreza, o trabalho da criança e do adolescente como expressões da condição de classe que chega às escolas. Escola pública é aquela que acolhe a classe trabalhadora. Acolhe crianças-adolescentes, jovens-adultos que se aprendem membros da classe trabalhadora empobrecida. *Nós pobres*, assim se autodefinem. 17 milhões de alunos das escolas públicas vêm de famílias na extrema pobreza. Estão no Programa Bolsa Família.

Nas experiências sociais das crianças-adolescentes populares que chegam às escolas há um dado percebido pelos(as) docentes-educadores(as): suas vivências do trabalho se articulam com as vivências da pobreza e do espaço. Com sua condição de trabalhadores empobrecidos na cidade e nos campos, sabem-se ou aprendem cedo a saber-se moradores das vilas, conglomerados, favelas, nascidos e vivendo como moradores pobres, trabalhadores, sem emprego formal, biscateiros ou trabalhadores na agricultura de sobrevivência. Trabalho, desemprego, pobreza, sobrevivência, lugar – não de dignidade, mas de injustiça... se entrecruzam desde crianças-adolescentes na construção de suas identidades sociais, raciais, espaciais. Como não programar dias de estudo para aprofundar nessas vivências e nas identidades de classe trabalhadora que vão construindo?

Essa presença dos(as) filhos(as) da classe trabalhadora pobre nos obriga a colocar-nos questões novas: Haverá algum lugar em alguma disciplina, área do conhecimento curricular onde esses entrecruzamentos de vivências e de identidades de classe mereçam atenção, estudo e explicações? Que disciplinas ou áreas do conhecimento curricular ao longo da educação básica e dos cursos de formação de pedagogia-licenciatura poderão abrir espaços para tantos estudos já existentes sobre a situação da classe trabalhadora ou sobre a história do trabalho? Se houver lugar para esses estudos, haverá lugar na agenda pedagógica para a situação da infância-adolescência trabalhadora ao longo de nossa história e na atualidade. Haverá lugar para reconhecer o trabalho na infância como uma das realidades humanas que mais tem interrogado o conhecimento humano, a formação humana e continuam interrogando com especial premência os profissionais do conhecimento, da cultura, da formação humana (ARROYO, 2011).

## A redução dos direitos dos trabalhadores aumenta o trabalho na infância

Avancemos para outro campo de indagações a serem postas na agenda pedagógica: Que estruturas sociais, econômicas, políticas e culturais produzem e reproduzem o trabalho na infância como uma realidade persistente? A redução dos direitos do trabalho aumenta e precariza o trabalho infantil? Diante de tantos estudantes trabalhadores na sobrevivência somos obrigados não apenas a reconhecer que o trabalho infantil entra nas escolas públicas. Somos obrigados a entender a produção da infância fora das escolas.

Boaventura de Sousa Santos (2006) aponta que o avanço nos direitos do trabalho sustentou o avanço dos direitos da cidadania, mas que hoje é problemático que o trabalho possa sustentar a cidadania, uma vez que ele foi reduzido a fator de produção, não a direito humano do trabalhador. Fator de produção escasso, segmentado, explorado; logo, exclusão social por via do trabalho. Aumento do desemprego estrutural gerador de processos de exclusão social e do próprio direito ao trabalho. Com a divisão do trabalho os segmentos degradados dos trabalhadores empregados permanecem, apesar do salário, abaixo do nível de pobreza. Sem se aliviar a pobreza não é possível redescobrir a capacidade de inclusão do trabalho. Estamos em tempos de redução dos direitos do trabalho, onde se articula a persistência do trabalho da criança e do adolescente (p. 377ss.).

Essa precarização do trabalho condiciona, precariza a reprodução de toda a existência da classe trabalhadora. Até a reprodução dos filhos na infância-adolescência. Condenar famílias ao emprego informal é condenar todos os membros da família – desde as crianças-adolescentes – a trabalhos informais de sobrevivência. Não se "erradica" o trabalho na infância sem erradicar o trabalho informal de sobrevivência a que são condenados milhões de jovens-adultos. Os dados mostram que ele cresce funcional à acumulação capitalista. Enquanto o trabalho informal seja funcional ao desenvolvimento do capital, toda a família, inclusive as crianças-adolescentes, será obrigada a trabalhos informais de sobrevivência. A flexibilização, a irregularidade do emprego e a redução dos direitos dos trabalhadores alimentam o trabalho da criança e do adolescente.

A sorte do trabalho na infância está mais associada ao avanço ou recuo dos direitos do trabalho do que as campanhas de boa vontade. Está associada a dar centralidade a políticas de intervenção nas causas estruturais. Cresce a consciência entre gestores, docentes-educadores(as) de que a escola é um direito de todos a ser garantido, mas cresce a consciência de que todo avanço na garantia desse direito não conseguirá se contrapor aos processos estruturais da produção do trabalho na infância pela negação dos direitos do trabalho. Cresce a consciência de que a sua função como profissionais do conhecimento é garantir o direito dessas infâncias-adolescências a entender as relações sociais, econômicas, políticas de que são vítimas como membros da classe trabalhadora que sofre e reage à redução dos direitos do trabalho.

Entender a infância se tornou mais complexo na medida em que se tornaram mais complexas e diversificadas suas formas de sobreviver. Reconhecer o trabalho exige reconhecer a complexificação da exploração, precarização do trabalho, o que leva à exploração do trabalho na infância.

Uma dessas formas é o caráter efêmero, provisório do trabalho. Quanto mais instáveis se vão tornando as formas de trabalho, mais efêmeras as trajetórias de vida e de sobrevivência das famílias trabalhadoras e até das crianças-adolescentes. Que projetos de vida, de presente e de futuro são passíveis diante dessas formas cada vez mais instáveis, efêmeras, de trabalho? Essas formas tão efêmeras, provisórias de viver pelo trabalho os condenam à incerteza, sobre qual o percurso de vida, de trabalho, de estudo. Do que interessa ou não aprender. A redução dos direitos do trabalho leva à redução dos direitos da cidadania, à redução do direito à educação. Fragiliza os processos de aprendizagem. Educandos(as) e os(as) docentes, trabalhadores(as) na educação, levam às escolas análises, leituras aprofundadas das mudanças na matriz do trabalho, seu caráter efêmero, provisório. Haverá lugar nos currículos, nas diversas áreas do conhecimento para essas indagações?

### A determinação social do trabalho

Passemos para mais um campo de indagações que chegam às teorias pedagógicas das vivências do trabalho na infância. Se o trabalho é determinante do viver de milhões de crianças e adolescentes, as teorias pedagógicas de educação dessas infâncias não terão de aprofundar na determinação social do trabalho e no trabalho como matriz humanizadora-desumanizadora? Mais especificamente, as vivências tão determinantes do trabalho no viver não serão determinantes das aprendizagens dessas infâncias-adolescências a exigir outros conteúdos e outros processos de aprendizagem? Os textos desta coletânea – *Trabalho infância* – se propõem trazer o trabalho – não apenas infantil – à centralidade que tem na formação-deformação, humanização-desumanização, socialização-aprendizagem. A dimensão do trabalho como princípio educativo já foi reconhecida pelas teorias pedagógicas, mas não tem sido dada a devida centralidade aos padrões de trabalho como determinantes das perspectivas de vida, de horizontes e como determinantes do valor dado à escolarização, ao estudo, aos interesses por aprender que conhecimentos e que valores.

Reconhecermos o trabalho da criança e do adolescente será um incentivo a reconhecer não apenas a centralidade determinante do trabalho nos processos sociais, mas também nos processos de formação-escolarização-aprendizagem dos educandos. Aprenderam a aprender, a ler o mundo, a ler-se nas vivências-leituras do trabalho. Desde crianças levam mais saberes sobre essas brutais determinações dos padrões-relações sociais de trabalho do que os saberes que aprenderão nos currículos e no material didático sobre o trabalho e sobre seu estar no mundo. Faltam saberes do trabalho nos currículos de formação e de educação básica. Nem os saberes do trabalho docente têm lugar nos currículos de formação.

As teorias da aprendizagem, os currículos, as didáticas, a cultura escolar seriam outras se se abrissem a essa centralidade tão determinante do trabalho no viver, aprender, socializar-se, humanizar-se dos(as) educandos(as) e dos(as) educadores(as). Desde crianças-adolescentes aprendem por experiência que o trabalho que tem e que esperam ter ou por que lutam, mas possivelmente nunca terão, é o fator mais determinante do seu viver, de suas trajetórias de vida, de como se pensam e pensam o mundo. É a matriz social, cultural e cognitiva. O trabalho, além de uma questão de sobrevivência para a classe trabalhadora empobrecida, é uma questão de reconhecimento e de esperança de ascensão social. Dada essa centralidade existencial do trabalho em suas vidas, serão postas em ação todas as estratégias possíveis para ter trabalho e melhores trabalhos. Para ter vida digna. Até a escolarização dos filhos é equacionada como uma das estratégias para um trabalho para a sobrevivência e para o reconhecimento social. A escolarização é equacionada mais como estratégia para o trabalho do que como uma porta para entrar no mundo letrado ou como um direito ao conhecimento e à cultura. Essa visão ilustrada perde para a cultura popular, que vê a escolarização como estratégia de sobrevivência, de reconhecimento pelo trabalho. Escola é mais do que escola, é uma promessa de um mínimo de estabilidade nas formas efêmeras e provisórias de emprego e de viver.

Trabalhar desde crianças-adolescentes é uma estratégia de iniciação ao trabalho, à disciplina e às habilidades do trabalho. Estudar, se esforçar no estudo, e até que a escola seja rigorosa, exigente, carrega essa visão de que desde crianças-adolescentes terão de aprender a disciplina do trabalho. O trabalho matriz de socialização, de aprendizagem de si e do mundo. Para as famílias que vivem do trabalho tão duro e precarizado e que sabem que seus filhos viverão desse trabalho esta é a matriz da formação e de todas as estratégias de reconhecimento e sobrevivência. Neste sentido, entender o trabalho como matriz social, cultural, moral, de sobrevivência, reconhecimento e aprendizagem é um caminho para entender o sentido social dado à escolarização e à formação dos filhos pela classe trabalhadora empobrecida. A matriz popular social do trabalho traz a lucidez da exploração do trabalho vivida a partir da infância. A lucidez do vivido. "Do saber de experiência feito", na expressão de Paulo Freire. Questões vindas das vivências do trabalho que interrogam e radicalizam o trabalho como matriz humanizadora. A função da escola será pôr em diálogo esse saber com os conhecimentos acumulados nos currículos.

### O valor da vida na luta por sobreviver

Passemos a mais um campo de questões que vem do trabalho na infância para a agenda pedagógica: se reconhecemos o trabalho como matriz formadora, que valores, saberes, identidades levam à escola essas infâncias-adolescências que vivenciam tão cedo o trabalho? Com destaque levam o valor da vida. O trabalho da criança e do adolescente e a sobrevivência pessoal e familiar têm estado sempre inseparáveis. Viver ou não viver é o dilema que vivenciam desde crianças. Que indagações chegam às teorias pedagógicas, aos currículos, à docência dessa estreita relação entre trabalho-sobrevivência? Reconhecer o valor da vida, quando o viver-não-viver é a experiência humana mais determinante. Lutar cada dia por mais um dia de viver pode cultivar o valor da vida, o amor à vida, o respeito à vida. Porém, saber-se condenados pela sociedade a vidas tão provisórias pode levar a banalizar a vida, a expor a própria vida e a dos outros. A sociedade, a mídia, os órgãos da justiça e da ordem os condenarão como violentos, sem o valor da vida, sem amor à própria vida e a dos outros. Até as escolas terminam aderindo a esses julgamentos. A chegada de tantas crianças e adolescentes submetidos a vivências tão dramáticas do viver-não-viver, trabalhar-sobreviver não interroga esses olhares condenatórios? Obrigam-nos como docentes-gestores-educadores a aproximar-nos com respeito a essas tensas vivências do viver-não-viver. Perceber que trabalho na infância é mais do que trabalho, é vivenciar a dúvida mais radical do ser humano: viver-não-viver.

Há um dado na história do trabalho na infância que merece nossa atenção: trabalhar desde crianças para viver tem custado a vida a milhares de crianças e de adolescentes. Condições de trabalho inumanas, lugares, horas, jornadas de trabalhos extenuantes, condições higiênicas precaríssimas, lesões em acidentes de trabalho, idas e voltas longas da casa para o trabalho, dormindo nas marquises. O combate ao trabalho na infância é ainda um dos objetivos primordiais na agenda política e pedagógica. A desnutrição e a falta de saúde dessas infâncias têm relação direta com os trabalhos sub-humanos a que são condenados. Essas vivências da periculosidade, precariedade do trabalho desde crianças é a escola real, a pedagogia real onde aprenderão os trabalhos que lhes esperam como jovens-adultos trabalhadores. Aprenderão que os trabalhos precarizados mais pesados e perigosos são seu destino? Desses brutais processos de socialização para seu destino, os trabalhos pesados, perigosos chegam às escolas. Ignorá-los ou reconhecê-los? Condenar essas infâncias-adolescências por não terem valores do trabalho? A chegada desses mundos do trabalho sob o padrão explorador, capitalista de trabalho às escolas está trazendo realidades e indagações desestruturantes para as escolas, para gestores e professores-educadores(as). Os currículos de formação os capacitam para equacionar, tratar, enfrentar essas novas infâncias-adolescências?

Aumenta o número de escolas, de gestores e docentes-educadores(as) que reconhecem a radicalidade dos processos de socialização no e para o trabalho com que os(as) educandos(as) chegam às escolas. Reconhecem que essas infâncias-adolescências vivenciam uma experiência que seguramente os acompanhará como jovens-adultos trabalhadores, sub ou desempregados, nos lugares mais precarizados das cidades ou nos campos, florestas, semiárido... Viver um precário-provisório viver. Se essa é a vivência determinante de milhões de seres humanos, como as teorias pedagógicas avançarão em reconhecer a centralidade do que essa vivência significa nos processos de formação-deformação, humanização-desumanização? Ao menos dar a devida centralidade nos processos de socialização, construção de valores, identidades, até de ensino-aprendizagem. Que leituras são possíveis de si mesmos, de seu grupo familiar, social, racial, espacial, condenados a esse provisório viver, e que leituras de mundo, de sociedade, de relações sociais... são possíveis, são marcantes quando desde crianças estão envolvidos na tensa relação viver-não-viver, sobreviver-trabalhar? Sobretudo, que leituras deles mesmos, do ser criança são forçadas a construir? Coincidem com as imagens da infância tão românticas, floridas, festivas que o material didático cultua, que a mídia celebra – Infância-esperança? Ao chegarem às escolas nos lembram de que seu sobreviver infantil não é uma festa, é um risco ao viver-não-viver.

As teorias pedagógicas legitimamente preocupadas com as aprendizagens escolares, com as expectativas de aprendizagem, poderiam furar esse cerco do escolar para entender essas crianças-adolescentes como escolares, poderiam aprofundar sobre que aprendizagens se aprendem nesses percursos de trajetórias de viver, sobreviver pelo trabalho. Que vivências, que medos, que afetividades, que riscos, que opções, que valores entram em jogo ao serem obrigados desde crianças a opções pessoais, solitárias pelo trabalho como estratégia do viver-sobreviver de cada dia? Nos currículos de formação, nas teorias pedagógicas e didáticas se discute com centralidade e exclusividade o aprender-não-aprender, porém se ignora o viver-não-viver e humanizar-se nesse lutar por viver. O que esses milhões de crianças-adolescentes nos colocam é que *o direito a viver precede o direito a aprender*, que só avançaremos no seu direito a aprender se avançarmos na compreensão de que experimentam a cada dia por um fio seu direito a viver. A vida, o direito a viver, mereceria maior atenção das teorias pedagógicas, das didáticas, das políticas e das diretrizes curriculares. Inclusive reconhecer os saberes, valores, culturas, identidades aprendidos nas lutas pelo direito a viver. Se a cultura escolar, tão segregadora, se perguntasse como vivem o direito à vida, por um fio, os milhões de alunos(as) reprovados, inferiorizados por "problemas de aprendizagem", teriam que rever, superar essa prática antiética reprovadora. Em sua maioria das crianças e dos adolescentes reprovados, retidos, condenados por lentos, sem dedicação ao estudo... são aqueles(as) que se debatem por viver-não-viver, trabalhar-sobreviver. Vidas precárias, provisórias que não importam? (BUTLER, 2006). Aprender que importa? Não seria mais ético aprofundar nessa relação tão determinante entre o direito à vida, precondição para o direito a aprender? Direito a viver e a aprender se entrecruzam.

Há outro aprendizado a ser reconhecido: trabalho na infância e economia familiar são inseparáveis. Há uma solidariedade de todos os membros da família para garantir o viver, dada a precariedade da sobrevivência a que a sociedade, a exploração econômica, os condena. Desde crianças são "socializados" no sentido de que o viver-não-viver não só deles, mas da família, depende do esforço, da cooperação, do trabalho de todos. Desde crianças aprendem que os ganhos do trabalho até na rua têm de ser guardados para a mãe – que o garante seu viver e o da família. O valor dado à mãe e a seu papel na garantia do seu viver e da família é um dos valores mais fortes na cultura popular, na infância popular. A mãe e a avó são a garantia de seu viver quando a sociedade os coloca em um viver-não-viver por um fio. Essa visão tão positiva da mãe, avó, garantia de seu viver, sobreviver, contrasta com a visão tão negativa que a sociedade e até as escolas têm das mães populares: não cuidam, não educam seus filhos. A experiência da infância popular é mais positiva: a mãe garantindo a vida da família, garantindo o direito dos filhos a viver. Partir desses reconhecimentos positivos mudaria as escolas, e seu papel junto a essas infâncias-adolescências socializadas nos valores do viver seria mais pedagógico.

## O sofrimento, uma experiência vivida pela infância

Continuando a interrogar-nos, que saberes, valores, identidades levam essas crianças e esses adolescentes às escolas, destacamos que levam o valor da vida, mas de um sofrido viver. Do sofrimento têm chegado sempre as indagações mais prementes ao conhecimento e à ética. Que indagações chegam às teorias pedagógicas de infâncias vivenciando um sofrido viver? Reconhecer que a pobreza e a miséria social produzem sofrimento, que o sofrimento existe e é uma experiência vivida pela infância. Se fizermos esse reconhecimento teremos de buscar explicações. Dependendo da explicação por que optemos, as posturas pedagógicas serão bem diferentes. Sem um olhar crítico para o sofrimento do trabalho na infância continuaremos ensaiando soluções paliativas. Há educadores(as) que avançam na tentativa de superar explicações moralistas e aprofundar em posturas críticas sobre os determinantes desses sofrimentos infantis e adolescentes. A postura ética que subjaz à crítica levará a inventar outras pedagogias, outras artes de acompanhar trajetórias humanas tão sofridas.

Se avançarmos nesse reconhecimento teremos de perguntar-nos que condições levam as escolas para ultrapassar as medidas, ritmos, tempos certos estruturantes das normas, avaliações, reprovações escolares? Como reconhecer essas condições e até limitações-sofrimentos a que a ordem-desordem social os condena? Como romper com medidas, ritmos, tempos, avaliações, reprovações que os humilham ainda mais ao chegarem ao próprio sistema escolar? A sociedade os deforma, submetendo-os à miséria social, e a escola não os deforma também ao submetê-los a ritmos, lógicas, avaliações humilhantes e segregadoras? A partir da cultura escolar e gestora essas crianças-adolescentes e jovens-adultos, vítimas de um sofrido viver, serão condenados como sem hábitos de trabalho e de estudo, sem perseverança, preguiçosos ou com problemas de aprendizagem, lentos, desacelerados, atrasados... As escolas se tornaram espaços de desencontros sobre como ver e interpretar essas tensões entre as promessas de futuro das escolas e o peso real no presente do viver, sobreviver nos padrões de trabalho, de dominação-subalternização-segregação que os oprimem desde crianças. Reconhecer essa tensão e politizá-la, não culpando os(as) educandos(as) nem os(as) educadores(as), já será um avanço. Reconhecimento que exige reinventar a função da escola pública e da docência.

### A complexa relação escola-trabalho na infância

Que questões específicas coloca o trabalho na infância para a agenda escolar? O conviver tão de perto com o trabalho da criança e do adolescente nas escolas e nas ruas poderá ser uma chamada a repensar a ênfase que as políticas e programas dão à relação entre escolarização e "erradicação" do trabalho na infância. Somos obrigados a superar análises simplificadas dessa relação e avançar para análises sociopolíticas mais sérias. Enquanto a ordem capitalista condena a classe trabalhadora a sobreviver no que está ao seu alcance, o trabalho da criança e do adolescente continuará sendo uma imposição para sobreviver. Como são ingênuas campanhas que sonham com o dia em que toda criança esteja na escola, até em tempo integral, e o trabalho da criança e do adolescente será erradicado de nossa história. O direito à escola de toda criança é um direito que se justifica por si mesmo não como remédio para erradicar o trabalho na infância. Trazer o foco para *trabalho infância* nos leva a termos uma postura crítica contra essas análises e programas.

A presença de milhões de crianças-adolescentes no trabalho põe para a escola uma questão nova: Que sentido político terá o acesso à escola para essas infâncias? Garantir seu direito a conhecerem esses padrões de trabalho, de poder, de renda, de apropriação do espaço, da terra com que se debatem desde crianças. Tem todo sentido a defesa de toda criança na escola se for para garantir seu direito a conhecer essas verdades de seu precário e injusto sobreviver. Ocultar essas verdades com promessas vãs não é profissional. Não é ético. A passagem pela escola terminará acrescentando decepções com promessas frustradas. Diante do direito ao conhecimento dessas infâncias-adolescências trabalhadoras, filhos(as) da classe trabalhadora, aumenta o dever ético-político das escolas de conhecerem as causas da pobreza e dos limites de seu sobreviver.

Outro ponto a ser equacionado na complexa relação escola-trabalho na infância é como incluir as reações do movimento operário e dos movimentos sociais à exploração do trabalho e do trabalho na infância, e como articulam o direito à escola com a garantia dos direitos sociais que lhes são negados. Os setores populares em seus movimentos exigem políticas e programas socioeducativos que se aproximem cada vez mais do equacionamento social, político e econômico das estruturas e relações que afetam a infância-adolescência que precarizam seu sobreviver e que reproduzem a pobreza nas cidades e nos campos. Os movimentos sociais mostram como os programas entram em contradição. O Estado se contradiz. Se de um lado alguns desses programas tentam diminuir a pobreza e o trabalho da criança e do adolescente e garantir o acesso à escola, de outro lado outras políticas mais prioritárias e com maiores recursos levam à concentração da terra, do espaço e da renda e levam à precarização do trabalho, a sua instabilidade e à perda dos direitos do trabalho conquistados pela classe trabalhadora. Os movimentos sociais deixam exposto que, quanto mais se precariza o trabalho e se destroem os direitos dos trabalhadores à terra, teto, renda, trabalho, mais exposta fica a classe trabalhadora a formas de exploração, desemprego, empregos instáveis... Consequentemente, mais exposta fica a infância-adolescência ao trabalho como forma de sobrevivência. Milhões de crianças-adolescentes ou ficarão fora da escola na sobrevivência ou se debaterão entre tempo de escola e tempos de trabalho-sobrevivência. O trabalho da criança e do adolescente está emaranhado nessa trama de relações políticas, sociais, econômicas. A educação, a escolarização não consegue se libertar dessa trama.

Um ponto que complexifica a relação escola-trabalho na infância: Que processos de socialização levam às escolas crianças e adolescentes submetidos a trabalhar para sobreviver? Os(As) educadores(as) desses(as) educandos(as) sabem como a socialização nessas vivências de percursos humanos, colados a esses percursos de trabalho, marcam o valor dado ao estudo, ao letramento, ao conhecimento escolar. Marcam a tênue construção de suas identidades, seus valores, sua cultura infantil e adolescente. Sua leitura de si e do mundo. As próprias crianças e os adolescentes que sobrevivem do trabalho e tanto lutam pela escola têm consciência dos limites de seu viver. A escola, as campanhas lhes prometem que, além do horizonte de sua condição de classe, de trabalho e sobrevivência, existe um lugar, outro lugar se acederem e permanecerem com êxito na escola. Mas os saberes do viver na estreiteza do presente são mais convincentes. As promessas das políticas socioeducativas: "estude e terás emprego, mudarás de vida"... se chocam com a rigidez sexista e racista dos padrões de trabalho. Essas promessas miraculosas terminam condenando os trabalhadores-docentes-educadores dessas infâncias-adolescências por não fazerem os milagres prometidos. É possível repensar a complexa relação escola-trabalho-infância? Há coletivos de docentes-educadores(as) que avançam com práticas de reconhecimento e afirmação da ética popular do trabalho e de um trato positivo do trabalho na ética pela libertação.

### O trabalho na ética popular

A escola se afirma como um centro de cultura, mas nem sempre houve lugar nas escolas, nos currículos e nas didáticas para a cultura do trabalho. As infâncias-adolescências populares trazem a cultura e a ética do trabalho, da classe trabalhadora. O trabalho é uma experiência cultural para a infância popular tão determinante quanto a experiência cultural do brincar. O reconhecimento do trabalho na infância pode ajudar-nos a tentar entender a relação que as famílias populares fazem entre trabalho e escola. A matriz existencial-cultural-ética das famílias trabalhadoras se nutre da experimentação do trabalho como a questão fundamental da existência e do reconhecimento social. Nutre-se do aprendizado da ética do trabalho aprendida no trabalho desde a infância, a escola como lugar de trabalho, o esforço e a dureza do trabalho aprendidos até no esforço e dureza do estudo, da disciplina escolar. Para a classe trabalhadora e seus filhos(suas filhas), o trabalho é coisa demasiado séria para ser trivializada. Trazer o foco no trabalho e no trabalho na infância pode ser uma forma de levar mais a sério a própria matriz formadora, a cultura e a ética do trabalho tão central na cultura e na ética popular. Tão central nos seus processos de educação, formação do ser humano desde a infância-adolescência. A cultura do trabalho e do cultivo da terra está marcante nas concepções e práticas do educar e até da função da escolarização na cultura do povo. Veem o trabalho como o modo humano de existir, onde se formam desde crianças e se humanizam. Na cultura popular o trabalho, até mesmo das crianças e dos adolescentes, nunca é visto como pura negatividade. Como a pedagogia pode recuperar o trabalho como matriz da formação humana? A infância no trabalho são seres humanos recriando-se e formando-se; humanizando-se, como sujeitos éticos, culturais. Como colaborar para que os(as) educandos(as) aprendam a se conhecer, a ler a história e sua história, incorporando o trabalho tão estruturante de seu viver? Esses educandos construíram suas identidades coletivas, sua cultura, seus valores nessas vivências do trabalho. Como reconhecer esses aprendizados na educação escolar e na formação humana?

A luta ético-política das famílias trabalhadoras é de quem se recusa a trabalhos degradados, exploradores. Não é de quem tenta fugir do trabalho pelo estudo. Não caem na promessa ingênua de um futuro promissor sem trabalho pelo estudo, quando vivem um presente de luta por sobreviver pelo trabalho. A cultura e a ética popular que orientam a educação dos filhos estão ameaçadas em um senso de realismo. Realismo que luta pela escola, pela leitura, mas sem cair em esperanças de que seu passado-presente, tão no limite, seja alterado pelo letramento. Tem a longa experiência de que, para seus coletivos sociais, raciais, a história é lenta, sonolenta, vagarosa. Mas a cultura popular não é tradicional ou apegada ao passado. É realista de que seu passado de classe, etnia, raça pesa sobre o presente. O trabalho precarizado, de sobrevivência vem de longe, perpetua-se no seu presente e limita seu futuro. Suas experiências de luta por escola estão coladas a essa longa e persistente história do trabalho-sobrevivência, mas com realismo vivido. Mudaram seus níveis de escolarização, porém continuam na pobreza extrema, submetidos a trabalhos precarizados, mutáveis, efêmeros, provisórios. Seus filhos(suas filhas) avançaram nas séries, tiraram até diploma do Ensino Fundamental ou Médio, mas os trabalhos serão ainda provisórios, efêmeros e precarizados. O padrão de mais escolarização não afasta por uma mágica o padrão segregador, racista, classista e sexista de trabalho. Uma cultura ético-política realista que poderia explicar as tensões entre a luta por escola e as evasões, desistências do estudo, da escola fundamental e, sobretudo, média dos adolescentes e jovens populares. Que fazer para a escola se tornar mais convincente? Aproximar a ética escolar da ética popular.

### A matriz humanizadora do trabalho

Lembrávamos de que a pedagogia tem um olhar específico sobre o trabalho na infância: Humaniza-desumaniza as infâncias que tão precocemente são submetidas ao trabalho? Na diversidade de textos predomina uma resposta ambivalente. Predomina a compreensão de que o trabalho é princípio educativo, matriz da formação humana plena, integral; que todo trabalho, até da produção da sobrevivência, produz conhecimento, cultura, valores, sociabilidade. É a configuração da cultura e da ética popular, e especificamente da cultura, dos valores, das identidades, das leituras de si e do mundo que levam as crianças e os adolescentes do trabalho para as escolas. Nos diversos textos predomina a compreensão de que a chegada desses(as) educandos(as) às escolas poderá ser uma oportunidade para combinar estudo e trabalho como uma forma de educação plena: física, prática, laboral, intelectual, cultural, ética, estética, política. Uma rica possibilidade de combinação entre instrução e trabalho. Uma oportunidade das escolas e dos seus mestres de combinarem o trabalho desde a infância com o ensino formando seres humanos plenamente desenvolvidos.

Predomina também a consciência profissional de que o trabalho explorado de jovens-adultos ou de crianças-adolescentes tem um significado ambivalente: formador e deformador, humanizador e desumanizador. Com essa ambivalência se defrontam as políticas educacionais, os(as) educadores(as) e as próprias crianças e adolescentes submetidos a trabalhos alienantes. Daí as pressões políticas e pedagógicas pela abolição do trabalho infantil-adolescente na forma atual. Difícil aos(às) educadores(as) e às crianças e aos adolescentes realizar seu pleno desenvolvimento humano nos trabalhos degradantes a que são submetidos. Será mais fácil a tendência a ver uma relação educativa negativa, alienante, autodestrutiva de identidades, de valores, de culturas. Com essa ambivalência do trabalho se defrontam educadores(as) e educandos(as). De um lado reconhecer o trabalho, até da criança como princípio educativo, formador, humanizante. De outro lado, acompanhar crianças e adolescentes, jovens-adultos submetidos a trabalhos alienantes que degradam e mutilam sua humanidade desde crianças. Como equacionar essa ambivalência? Como ir além dela?

Docentes-educadores(as) tentam não ver pura negatividade no trabalho na infância. As crianças, os adolescentes reagem, resistem, os trabalhadores sempre resistiram e reagiram à negatividade do trabalho alienante explorador a que foram e são submetidos. Nas próprias vivências do trabalho aprendem desde crianças a se interrogar sobre essas vivências, a criticar as relações políticas, econômicas de sua exploração. A história do movimento operário e dos movimentos sociais é a história desse aprendizado crítico. O próprio movimento docente escreve a crítica ao trabalho docente. Nas próprias reações, até violentas, das crianças e dos adolescentes se escreve uma história de reações, de críticas às condições sub-humanas a que são condenados.

Há docentes-educadores(as) que dialogam com essas críticas ao trabalho aprendidas por eles mesmos e aprendidas do movimento operário, dos movimentos sociais e das próprias crianças-adolescentes trabalhadoras. Uma crítica que leva a rever currículos, introduzir análises que fortaleçam as críticas e dúvidas dos(as) educandos(as), que fortaleçam as suas aprendizagens dos direitos da infância-adolescência. As iniciativas possíveis nas escolas são diversas para alargar as vivências do trabalho que chegam: como introduzir nos currículos a história do trabalho da criança e do adolescente e a história do trabalho, das lutas dos trabalhadores pelos direitos do trabalho, contra toda forma de exploração e de trabalho degradante, de maneira particular contra a exploração do trabalho na infância. As escolas e seus profissionais tentam assumir a função social que lhes toca com essas infâncias-adolescências submetidas a trabalhos desumanizantes, reconhecendo e valorizando suas reações e alargando sua consciência de serem explorados. Aprendendo valores, construindo identidades de resistências. A função da escola será alargar, fundamentar essa consciência. Tratar essas crianças-adolescentes com humanidade. Recuperar a humanidade que lhes é roubada, construindo uma organização escolar que torne os tempos de escola mais humanos, menos segregadores.

Uma forma de recuperar sua humanidade roubada será reconhecer os brotos de humanidade que levam do trabalho para as escolas. Valorizá-los como sujeitos ativos para a sobrevivência pessoal e da família, reconhecer como um valor sua contribuição na sobrevivência familiar. Reconhecer os aprendizados que levam do trabalho aos processos de aprender. Levam saberes, valores, culturas, leituras de mundo e de si mesmos, identidades positivas construídas no trabalho por sobreviver. Trazem a consciência do vivido, do valor da vida, do trabalho, de persistência. Levam as interrogações mais radicais do experimentar o sofrimento humano tão cedo. Levam medos, riscos, opções, estratégias por um viver justo, digno, humano. Reconhecer essas positividades das vivências infantis-adolescentes do trabalho será uma forma de reconhecer a matriz humanizadora do trabalho.

### Trabalho na infância na ética pela libertação

Por onde avançar na relação escola-trabalho na infância? Reconhecendo a ética pela libertação tão persistente na cultura popular. As lutas pelo trabalho e pela escola são concomitantes, fazem parte de suas resistências à opressão, à precarização de suas vidas. Não lutam pela escola como precondição para ter trabalho, teto, terra, renda, futuro. As fronteiras de suas lutas não têm a educação, escolarização, como precedente para sua libertação. As lutas populares por trabalho, vida, escola se articulam em uma fronteira comum: resistir a esse indigno sobreviver, lutar por um digno viver. Libertar-se da condição de subalternos a que foram condenados, lutando por outro projeto de cidade, de campo, de sociedade. Por outras relações de trabalho.

Como articular trabalho-escola nessa ética popular resistente? Abandonando promessas futuristas e aprendendo com o realismo resistente da cultura e ética populares. Um realismo ético-político formador e provocador de resistências e de ações coletivas de emancipação nas fronteiras onde se travam suas existências, lutas por terra, trabalho, teto, transporte, território, renda, identidades, culturas, ESCOLAS. Fronteiras reais onde se travam suas lutas por um digno e justo humano viver. Porém, menos desumano, menos injusto e indigno. Por uma escola-tempo-espaço de um justo e digno viver para seus filhos e suas filhas (ARROYO, 2012). Trazer o trabalho da criança e o trabalho da classe trabalhadora conduzirá as teorias pedagógicas, as políticas e diretrizes a uma situação incômoda: perceber, reconhecer que no trabalho da criança e nos trabalhos precarizados, de sobrevivência, a que as famílias populares são condenadas se unem à miséria social e à miséria da existência desses milhões de crianças-adolescentes e de suas famílias. Reconhecer que essas são os milhões de infâncias-adolescências com que trabalhamos nas escolas públicas populares. Mas ir além e reconhecer que avança a consciência coletiva de sua situação e não têm ficado passivos, mas resistem. A realidade não lhes basta, tentam superá-la ou reinventá-la. Tentam se libertar dessa condição. Não esperam por campanhas de erradicação. Tentam libertar-se, lutando pela educação, pela escola, porém sempre em lutas articuladas pelo direito a condições de vida digna. Escola para os trabalhadores empobrecidos é mais do que escola.

A presença dos milhões de alunos-trabalhadores infantis-adolescentes reeducam as teorias pedagógicas e a docência para, de um lado, repensar-se diante dessa infância-adolescência real, submetida a essas condições tão desumanas e, de outro lado, repensar-se diante de crianças-adolescentes que aprenderam a resistir com suas famílias a essas condições indignas. Não chegam passivos, nem conformados. Os processos de educação, de formação, de ensino-aprendizagem são obrigados a repensar-se, levando em conta essa tensa e precoce socialização entre as vivências da opressão e as vivências da resistência-libertação. Que valores, saberes, identidades, culturas, modos de pensar-se e de pensar o real essas crianças-adolescentes resistentes aprendem nessas vivências tão tensas de opressão e de resistências? Os currículos de formação capacitam os docentes-educadores para entender, acompanhar, ensinar-aprender essas infâncias-adolescências submetidas e reagindo a vivências humanas tão tensas?

Essas infâncias-adolescências trabalhadoras por sobreviver deixam expostas para as teorias pedagógicas, para a docência e para as políticas e diretrizes para as avaliações a verdade das relações sociais, das relações de trabalho. Como reagir e agir? Com pessimismo em face da brutalidade com que a miséria social trata essas crianças? Pela brutalidade opressora dos padrões de dominação-subalternização da classe trabalhadora? Ou reagir e agir com realismo que descubra que as famílias e até as crianças-adolescentes ensaiam formas de resistência que deixam transcender uma humanidade que não desiste. A teimosia por levar seus filhos(suas filhas) à escola ou a confiança nos(nas) professores(as) não é um sintoma dessa esperança que inspira resistências e revela humanidade? Mas da escola esperam uma função mais urgente no seu sofrido sobreviver no presente: a proteção da infância, adolescência contra a violência, as drogas, contra o submetimento de seus filhos(suas filhas) a trabalhos de sobrevivência. Lutar pela escola na cultura da sobrevivência é lutar por funções imediatas, bem concretas diante da precarização que ameaça seus espaços e a degradação progressiva da qualidade de suas vidas.

Que ao menos o tempo de escola não acrescente mais sofridas segregações. Que a escola seja um tempo-espaço-vivência de um digno e justo-humano viver. A escola será mais do que escola se reconhecer a humanidade, os valores nas resistências das crianças-adolescentes submetidas ao trabalho e se articular com o conjunto de lutas populares por libertação. Aprender com essas infâncias-adolescências a ir contra a corrente até poder resistir. Aprender a tomar iniciativas, mas conscientes de que chega a roda vida...

## Referências

ARROYO, M. "A tensa afirmação política da ética na educação". *Revista Pedagógica*, vol. 15, n. 31, 2013, p. 195-227. Unochapecó.

_____. *Outros sujeitos, outras pedagogias*. Petrópolis: Vozes, 2012.

_____. "Corpos precarizados que interrogam nossa ética profissional". In: ARROYO, M. & SILVA, M.R. *Corpo infância* – Exercícios tensos de ser criança; por outras pedagogias dos corpos. Petrópolis: Vozes, 2012, p. 23-54.

_____. "O direito a tempos-espaços de um justo e digno viver". In: MOOL, J. (org.). *Caminhos da educação integral no Brasil*: direito a outros tempos e espaços educativos. Porto Alegre: Artmed, 2012, p. 23-34.

_____. *Currículo, território em disputa*. Petrópolis: Vozes, 2011.

BUTLER, J. *Vida precária*. Buenos Aires: Paidós, 2006.

CABANES, R. et al. (org.). *Saídas de emergência*: ganhar, perder a vida. São Paulo: Boitempo, 2011.

DIEESE. *Anuário dos Trabalhadores 2010-2011*. São Paulo: Dieese, 2011.

_____. *Salário-mínimo* – Instrumento de combate à desigualdade. São Paulo: Dieese, 2010.

IPEA. *Trabalho infantil no Brasil*: rumo à erradicação. [s.l.]: [s.e.], 2010.

MARX, K. *O capital* – Crítica da economia política. São Paulo: Nova Cultural, 1988.

OLIVEIRA, F. "Contos kafkianos". In: CABANES, R. et al. (orgs.). *Saídas de emergência*: ganhar, perder a vida. São Paulo: Boitempo, 2011.

ROSEMBERG, F. & FREITAS, R. "Participação de crianças brasileiras na força de trabalho e educação". *Educação e Realidade*, vol. 27, n. 1, jan.-jun./2002, p. 95-125. Porto Alegre.

SANTOS, B.S. *A gramática do tempo*. São Paulo: Cortez, 2005.

THOMPSON, E.P. *A formação da classe operária inglesa*. São Paulo: Paz e Terra, 2002.

# O trabalho das crianças é na escola
## Debates e controvérsias sobre o trabalho infantil e a educação como trabalho

*Manuel Sarmento*

A modernidade ocidental postulou que as crianças desenvolvem o essencial da sua formação no interior das escolas. Desde o final do século XVIII que, progressivamente, se defendeu a escolarização das crianças como elemento inerente à sua própria condição geracional. Este processo de escolarização sofreu inúmeras vicissitudes e sabe-se bem como, ainda hoje, muitas crianças não frequentam a escola ou não totalizam os anos prescritos de escolaridade obrigatória. Entre essas vicissitudes, destaca-se o conflito, muito visível no dealbar da industrialização, entre o trabalho produtivo nas fábricas e nas minas e a exigência preconizada de frequência escolar; a escola na fábrica foi, em alguns países, a solução encontrada para que as crianças operárias aprendessem e trabalhassem em simultâneo. Em regiões rurais, por outro lado, a frequência escolar das crianças camponesas foi, por vezes, severamente recriminada sob o argumento de que a escolaridade promoveria a "hemorragia dos campos". Seja como for, o padrão normativo que se impôs e universalizou foi o da frequência escolar obrigatória, a proibição legal do trabalho produtivo das crianças e a formulação de uma norma presente na administração da infância que está subsumida no clichê "o trabalho das crianças é na escola".

Não obstante, mesmo com a forma explícita da norma, raras vezes a ação das crianças realizada nas escolas é considerada como trabalho. O estabelecimento de uma dicotomia entre estudar e trabalhar reforça esse sentido de exclusão da aprendizagem do mundo das atividades usualmente consideradas como trabalho. Por consequência, a infância seria a geração do não trabalho, sendo a adultez a geração do trabalho e a velhice a geração do pós-trabalho. A realidade social, porém, infirma permanentemente esta proposição. Não apenas a velhice é, com muita frequência, uma geração de trabalho continuado, como a adultez, face aos elevados números do desemprego, é a geração sem trabalho (e, com mais razão, a juventude, cujas taxas de desemprego duplicam ou triplicam a taxa global à escala nacional e mundial) e a infância uma geração de trabalho, tantas vezes árduo e penoso. Mas as crianças também na escola trabalham. Desenvolvimentos na economia e na sociologia da infância (cf. NIEUWENHUYUS, 2009) têm vindo a tematizar a ideia das aprendizagens como trabalho, isto é, como ação transformadora com impacto econômico.

Compreender este tipo de trabalho escolar e os seus desenvolvimentos contemporâneos, no quadro de todo o tipo de trabalhos realizados pelas crianças, é o que nos propomos realizar neste texto.

Começaremos por nos debruçar sobre as controvérsias em torno do conceito de "trabalho infantil", revisitando as principais tipologias apresentadas, para nos fixarmos, depois, no trabalho escolar. Aí, acompanharemos a evolução discursiva de pedagogos e outros doutrinadores sobre educação a propósito da educação como trabalho e da escola como organização de trabalho, para melhor compreendermos como, atualmente, o trabalho sobre si de aprendizagem escolar (o "ofício de aluno") tem vindo a evoluir no sentido de competências orientadas para atitudes competitivas e individualistas, fortemente sustentadas no uso das tecnologias de informação e comunicação e altamente funcionais no quadro das sociedades do capitalismo avançado.

## O trabalho na infância como problema sociológico: debates teóricos

O trabalho na infância tem sido objeto de intensa teorização e de contínuo debate público. Esse debate envolve a academia, parceiros sociais, corporações, organismos públicos e privados, agentes econômicos, meios de comunicação social.

De uma forma algo ligeira, poderemos dizer que as posições teóricas sobre trabalho na infância oscilam entre dois polos, com várias posições intermédias: a condenação como patologia social e a consideração do trabalho das crianças como algo inerente à sua condição como atores sociais plenos.

Na consideração como patologia social avulta o fato de se ter constituído um consenso social alargado em torno da priorização da frequência escolar pelas crianças. O "trabalho das crianças é na escola" – esta consideração levou a que na modernidade ocidental a separação das crianças do trabalho pago se instituísse como norma social.

Daí que a participação das crianças em atividades laborais tenha sido rapidamente considerada como um desvio, que importa combater e como um sinal de anomia ou doença social. É, no entanto, necessário reconhecer que esta "patologia social" tem uma dimensão alargada em todo o mundo: cerca de 168 milhões de crianças, das quais 85 milhões em trabalhos perigosos, segundo os últimos dados da Organização Internacional do Trabalho (2013), trabalham no mundo inteiro. Mais grave ainda: a deslocalização e transferência de setores da indústria manufatureira para países e regiões (que têm como principal fator de competitividade os baixos custos da mão de obra assalariada) tem levado a que, em muitos desses países, a atividade agrícola tradicional, em que as crianças participam ativamente, esteja a ser substituída pelo envolvimento ativo de milhões de crianças em trabalho industrial intensivo, frequentemente sem condições de segurança nem proteção social.

Do lado dos que defendem o direito ao trabalho das crianças (e.g., SCHLEMMER, 2000; LIEBEL, 2013; HANSON & VANDALAE, 2013), invoca-se o fato de que as crianças sempre trabalharam, e a recusa desse reconhecimento tem atirado gerações de jovens trabalhadores para situações de contratação precária e de submissão ao arbítrio de exploradores sem escrúpulos. Por outras palavras, a invisibilização e patologização do trabalho na infância, em vez de proteger as crianças, na realidade as atirou para os setores informais e clandestinos da economia, na melhor das hipóteses, fechando o acesso a um trabalho adequado aos níveis e fatores favoráveis do desenvolvimento infantil, e, em situações piores, poderá ter arrastado crianças para situações ignominiosas de exploração. Deste modo, não é o trabalho, mas as condições em que ele é praticado na sociedade capitalista que promovem a exploração das crianças, tanto quanto dos trabalhadores em geral. A produção legislativa sobre trabalho na infância reflete as tensões internacionais entre países centrais e periféricos e a influência de organizações reguladoras internacionais dominadas pelas potências hegemônicas tende a estabelecer padrões que só são úteis a esses países hegemônicos. Assim, a regulação do trabalho na infância tem sido feita no âmbito da luta global pelo controle do mercado, o que origina o paradoxo de serem os países centrais que mais utilizam mão de obra da criança, através das suas multinacionais deslocalizadas nos países periféricos, os que mais se batem, no plano da legislação internacional, pela abolição do trabalho na infância, numa estratégia protecionista da sua indústria nacional!

A perspectiva de condenação do trabalho na infância e a perspectiva do "direito das crianças a um trabalho digno" (LIEBEL, 2013) apenas parcialmente são incompatíveis. Na verdade, uma e outra incidem sobre o trabalho na infância, e este é um fato social multidimensional, tem uma infinidade de aspectos insuscetíveis de serem apreciados unidirecionalmente, é multifacetado e universal. Com efeito, contrariamente ao senso comum, o trabalho na infância não é exclusivo do (impropriamente) chamado Terceiro Mundo, sendo antes um fenômeno global com expressão também nos países ricos (DORMAN, 2001).

Assim, o trabalho desempenhado pelas crianças necessita de ser considerado na multiplicidade dos seus aspectos. Um aspecto fundamental consiste no reconhecimento, contra o senso comum e as ideias feitas, de que as crianças trabalham (em casa, na ajuda familiar, na escola, nos campos, nas fábricas e na rua), sendo muito diferenciadas as atividades que as crianças realizam e, por isso, carentes de focalização específica e diferenciada.

A apreciação da natureza complexa e variada do trabalho na infância também nos leva a considerar inadequada e redutora a dicotomia simples entre abolição e regulação do trabalho na infância. O primeiro termo refere-se ao movimento que pretende erradicar todas as formas de associação das crianças à esfera produtiva; o segundo termo aceita como válida a inserção de crianças no mundo do trabalho e propõe-se defender os direitos das crianças trabalhadoras, sustentando a regulação das suas condições laborais, incluindo o reconhecimento dos movimentos e a formação de sindicatos de crianças trabalhadoras (e.g. LIEBEL, 1994 e 2013). A menos que adotemos a posição extrema de pugnar pela abolição ou pela regulação de *todas* as formas de trabalho na infância, estas posições são superáveis, através da defesa da abolição de algumas formas de trabalho das crianças e da regulamentação de outras.

A abolição de determinadas formas de exploração de crianças decorre da constatação de que essa exploração – não apenas nas designadas "piores formas" – é uma realidade social indesmentível e um forte indicador do caráter desigualitário e desumano da sociedade capitalista. As crianças sofrem profundamente com a exploração, vários dos seus direitos são esmagados (os direitos à educação, ao lazer, à saúde, ao futuro, entre outros) e o seu corpo registra as marcas do esforço desusado (cf. BONNETT, 1998; SILVA, 2003). Não é, por consequência, admissível qualquer relativismo face à exploração capitalista. Não obstante, a defesa da regulação, em determinadas circunstâncias, decorre da constatação pragmática de que as atividades laborais das crianças não podem ser abolidas por decreto, e, pelo contrário, essa pretensão acaba frequentemente por conduzir à condenação da vítima, isto é, à criação de piores condições do que aquelas que, à partida, se pretendia evitar. A regulamentação jurídica de determinadas formas de trabalho (atividades leves, ou sazonais, ou sob supervisão familiar, ou ainda no quadro de programas comunitários etc.) é, nestas circunstâncias, a única possibilidade de conferir a possibilidade de as crianças verem seus direitos respeitados na sua atividade social.

A questão, no entanto, torna-se mais complexa se procurarmos estabelecer critérios distintivos entre trabalho abolível e trabalho regulável. A diferenciação entre "emprego" e "trabalho" (entre *labour* e *work*, em inglês, onde os termos se diferenciam), proposta por alguns autores (FYFE, 1989; MARTIN, 2013), parece insuficiente, exatamente porque uma parte importante das formas de exploração inaceitáveis e abolíveis se realizam em contexto familiar, sem vínculo de trabalho estabelecido nem interferência direta de outrem. Do mesmo modo, é insuficiente e insatisfatória a Teoria do *Continuum* (WHITE, 1996), que se propõe medir os efeitos do trabalho na promoção ou no prejuízo do desenvolvimento infantil, pelo caráter casuístico, individualista e psicologizante que arrasta, tornando impossível estabelecer critérios generalizáveis de aceitabilidade, sendo também incompleta e redutora a "Teoria da Matriz" (FEINSTEIN, 1998) que pretende ligar a aceitabilidade do trabalho na infância ao contexto sociocultural onde ocorre, buscando aí definir os pontos de equilíbrio e desequilíbrio entre a demanda social e as necessidades de desenvolvimento da criança, e conduzindo à aceitação do princípio do relativismo cultural na aplicação de direitos[1]. Assim, genericamente, são insuficientes os termos em que a condenação do trabalho infantil e as propostas de regulamentação têm vindo a ser teoricamente sustentadas.

A percepção da natureza complexa do fenômeno do trabalho na infância exige que a análise das estruturas sociais e culturais preceda a prescrição jurídica. O trabalho das crianças constitui um sintoma de uma sociedade onde a divisão social do trabalho envolve a mobilização do esforço econômico das crianças: "A extensão da economia de mercado é acompanhada por todo o lado da exploração das crianças" (MEILLASSOUX, 1996: 57). A par da educação, do lazer e do jogo, o trabalho das crianças inscreve-se, ainda que de modo desigual e assimétrico, no seu quotidiano. Não é, portanto, de um fenômeno histórico aquele a que nos referimos, próprio dos primórdios da sociedade (CHASSAGNE, 1998), mas da realidade contemporânea. O que nos impele a pensá-lo e a considerar o combate ao trabalho na infância no quadro mais geral da promoção dos direitos das crianças, numa estratégia que não pode deixar de ser, em simultâneo, preventiva da exploração, decididamente apostada na abolição das formas inaceitáveis de trabalho, empenhada na regulamentação das atividades que se compatibilizem com o usufruto dos demais direitos da criança. Esta posição exige, em suma, que o trabalho infantil seja considerado no âmbito das políticas integradas da infância.

A aplicação deste princípio, considerando as relações sociais que se atualizam sempre que a criança toma a seu cargo o desempenho de uma atividade social, direta ou indiretamente econômica, implica a consideração dos seguintes indicadores[2]:

---

1 Encontra-se um desenvolvimento crítico destas e de outras abordagens em nossa revisão. Cf. Sarmento, 2000a.

2 Retomamos e aprofundamos aqui a proposta já formulada em Sarmento, 2000.

• O contributo da atividade para a saúde, o bem-estar e o equilíbrio da criança, o modo como ela afeta positiva ou negativamente a sua motricidade, a sua postura corporal e o seu desenvolvimento biopsicológico e motor.

• A relação entre a atividade desempenhada e o percurso escolar da criança: a relação entre trabalho, frequência e sucesso escolar.

• O tipo de atividade realizada e o modo como ela contribui para alimentar a curiosidade intelectual, o interesse pela descoberta, a capacidade de inovação, a originalidade e criatividade, ou, ao invés, a promoção de atitudes psitacitas, a alienação, o conformismo, a repetição e o embotamento dos sentidos.

• A intensidade e duração das atividades laborais e os laços que se estabelecem entre os diferentes tempos da criança: o tempo para estudar, o tempo para brincar, o tempo para dormir e descansar, o tempo para conviver e participar da vida da comunidade e o tempo de trabalho.

• A relação do trabalho com a estrutura social, os efeitos de reprodução ou de mudança social induzidos pela atividade desempenhada pela criança, nomeadamente através da construção das aspirações da indução de hábitos e comportamentos de conformidade social ou a promoção de um espírito crítico e participativo.

• A vontade da criança e a participação efetiva nas decisões que lhe dizem respeito.

• A adequação do contexto de trabalho às crianças e a sua subordinação a princípios de justiça nas relações laborais, remuneratórias e hierárquicas.

De acordo com princípios instituídos internacionalmente (cf. ILO, 2006), estes indicadores, aplicando-se a todas as crianças e a todos os contextos, são particularmente pertinentes para crianças de idade superior a 12 anos, sendo não aceitável a realização regular de atividades de trabalho antes deste nível etário.

A inserção da problemática do trabalho na infância no quadro de "novos termos e perspectivas" (MYERS, 1999) com maior capacidade interpretativa, constitui, na verdade, uma questão teórica decisiva, mas não é isenta de importantes consequências políticas: passa por aqui o sentido da intervenção pública.

## Definições e tipologias do trabalho na infância

Ainda que as realidades sejam distintas à escala universal, é profundamente ilusório considerar a exploração do trabalho na infância como uma realidade geograficamente determinada. Aliás, a intensa visibilização mediática do trabalho das crianças nas *sweatshops* da Tailândia ou de Caxemira, por exemplo, e a ocultação do trabalho das crianças nos *castings* da publicidade ou da indústria dos espetáculos, ou ainda da venda na rua das crianças migrantes nas grandes metrópoles no mundo ocidental, permite o estabelecimento de "fronteiras culturais e societais" (SCRATON, 1997: 179) que obscurecem a realidade, distorcem as efetivas responsabilidades das economias centrais na exploração dos países da periferia e promovem uma visão favorável a concessões protecionistas dos países hegemônicos. Conforme afirma Scraton, este estabelecimento de fronteiras é uma forma de imperialismo cultural:

> Ao definirem-se ou estruturarem-se as experiências das crianças apenas no interior de fronteiras culturais ou societais determinadas, a sua dor e exploração são identificadas como uma questão meramente doméstica, mais uma expressão de patologia étnica. No entanto, é o Ocidente, o autoproclamado Primeiro Mundo, que explora sem remorsos o trabalho nas *sweatshops*, nos campos de arroz, nas oficinas industriais sem controle e nas minas [...]. Intimamente associada à dominação econômica através da dependência está uma forma de imperialismo cultural que assume implicitamente que as crianças do Primeiro Mundo são protegidas, cuidadas e providas, alimentadas, amadas e educadas, libertas da pobreza, do abuso, da exploração, da doença e da morte prematura (1997: 179).

A denúncia da exploração do trabalho na infância exige a clarificação das diversas atividades realizadas pelas crianças, no sentido de distinguir aquelas que constituem motivo de efetiva condenação das atividades ocupacionais realizadas sem prejuízo do "superior interesse da criança", tenham ou não incidência econômica. Esta problemática reveste-se de grande complexidade e delicadeza, e é em torno dela que se tem vindo a produzir mais recentemente uma indagação sociológica e política mais insistente. Analisaremos, então, algumas das mais conhecidas tipologias sobre atividades desempenhadas por crianças.

De todas as tipologias, a mais utilizada – até porque provém de investigadores associados à Organização Internacional do Trabalho (OIT) – é a de Rogers e Standing (1981). Nessa tipologia os autores procuram caracterizar a totalidade das atividades das crianças, distinguindo dez tipos:

1) trabalho doméstico;
2) trabalho não doméstico;
3) trabalho não remunerado (voluntário);
4) trabalho forçado ou escravo;
5) "trabalho à peça" ou assalariado;
6) atividades econômicas marginais;
7) frequência escolar;
8) inatividade e desemprego;
9) atividades de recreação e lazer;
10) atividades reprodutivas (ROGERS & STANDING, 1981).

Essa tipologia, pelo sincretismo de que se reveste, não permite estabelecer com clareza atividades que pela sua natureza possam ser diretamente consideradas como aceitáveis ou não aceitáveis; mais apropriadamente, constitui uma *check-list*, a partir da qual se podem estabelecer, para cada um dos tipos, elementos complementares de caracterização, do que uma grelha de análise das atividades realizadas pelas crianças.

No sentido de procurar uma categorização com maior capacidade heurística, Bouhdiba (1982) produziu uma tipologia que combina o contexto de realização do trabalho (dentro ou fora da família) com a entidade empregadora (com ou sem intermediário). O quadro de categorias que esta tipologia constrói permite identificar oito tipos:

1) Trabalho realizado em família
   a) Sem intermediário
     1) Agricultura familiar
     2) Artesanato familiar
   b) Com intermediários
2) Artesanato realizado à tarefa
3) Trabalho realizado fora da família
   a) Sem intermediário
4) Trabalho realizado por conta própria
   b) Com intermediários
5) Trabalho realizado por conta de outrem

6) Trabalho sazonal na agricultura
7) Aprendizagem
8) *SweatshopSystem* (trabalho intensivo nas minas ou fábricas) (BOUHDIBA, 1982).

Esta tipologia permite, com efeito, uma melhor definição dos diversos tipos de atividade realizada pelas crianças. No entanto, algumas atividades realizadas por crianças não são cobertas por ela, designadamente as formas extremas de exploração das crianças, nomeadamente o trabalho escravo, a utilização militar de crianças, a utilização de crianças no comércio sexual etc. A categoria "trabalho realizado por conta de outrem" abrange uma multiplicidade de atividades (do trabalho no setor de serviços, à publicidade, ao desporto "profissionalizado" etc.) que exigiria uma outra subtipologia. A atividade doméstica não está igualmente contemplada.

Uma outra tipologia é formulada por Morrow (1994), assentando nas definições de caráter genérico propostas por algumas organizações internacionais, especialmente a Unicef. As categorias constituídas têm um caráter muito vasto, e devem a sua formulação à combinação do *locus* de trabalho com a natureza do vínculo laboral celebrado:

a) Trabalho assalariado (a criança exerce um trabalho com uma duração determinada e é paga por pessoas estranhas à família).
b) Atividades econômicas marginais (com caráter precário e irregular).
c) Trabalho não doméstico no quadro familiar (empresas familiares agrícolas, industriais ou de serviços).
d) Trabalho doméstico (MORROW, 1994).

Nesta tipologia, as atividades de aprendizagem não são consideradas como trabalho, e cada categoria cobre diferentes realidades, com significado distinto na observação (ou não) do interesse das crianças.

Um avanço na consideração do trabalho escolar (e extraescolar), enquanto forma de trabalho na infância, é feito na proposta de tipologia apresentada por Hilary Lewey (2009), servindo-se da definição de trabalho como atividade que produz valor de uso ou produz capital humano:

1) Trabalho assalariado em contextos formais ou informais; em atividades artísticas, desportivas etc.
2) Trabalho de ajuda familiar, fora de casa (ex.: no comércio ou restaurantes da família).

3) Trabalho doméstico em contexto familiar.
4) Trabalho escolar.
5) Trabalho extraescolar (atividades de tempos livres etc.) (LEWEY, 2009).

Esta tipologia, tal como outras, não permite aferir devidamente das situações híbridas (p. ex., trabalho agrícola não remunerado em partilha comunitária ou trabalho assalariado em contexto domiciliário, par a par com o trabalho doméstico); tampouco se referenciam as designadas "piores formas de trabalho infantil" (prostituição, milícias armadas, trabalho escravo, tráficos ilegais).

Patenteia-se aqui uma dificuldade comum a todas as tipologias: a sua insuficiência para dar conta das infinitas variedades do real. Esta dificuldade tem consequências na determinação de fronteiras entre trabalhos legais e aceitáveis e trabalhos ilegais e/ou inaceitáveis. É necessário referir este ponto porque, se existe um largo consenso acerca da inaceitabilidade social de alguns trabalhos realizados por crianças, outros trabalhos, nomeadamente os que são realizados no contexto doméstico, para além de enraizados em práticas culturais ancestrais que de algum modo os "naturalizam", suscitam importantes interrogações e perplexidades. Por outro lado, uma concepção crítica das virtualidades sociais do trabalho não pode deixar de interrogar sobre as possibilidades do exercício, em determinadas condições, de um trabalho que possua uma natureza educativa, sem que por isso deixe de ter um caráter econômico.

A dificuldade de formulação de uma tipologia decorre das características elusivas que o trabalho das crianças assume.

Frequentemente, transparece em várias formas desse trabalho uma imagem que entra em contradição flagrante com a concepção da criança como ser provido de direitos, isto é, provido das condições materiais, jurídicas e simbólicas que lhe permitam construir um projeto de vida no presente, com alcance no futuro. Aliás, como afirma A. Morice, o envolvimento das crianças em trabalhos onde são exploradas depende, primordialmente, do fato de elas estarem submetidas à dominação paternalista (complementar à exploração capitalista), sendo isso especialmente propiciado pela condição social da geração infantil:

> Para quem as quer explorar, as crianças constituem uma síntese de todos os casos [passíveis de exploração]: as crianças têm em comum com as suas mães não terem um lugar "natural" no mercado de trabalho; se apesar de tudo se consente em admiti-las aí, dir-se-á que se lhes presta um serviço e que esse serviço é já em si um salário [...]; [além disso] elas partilham com os imigrantes clandestinos, do ponto de vista do direito do trabalho, a condição de serem "não pessoas"[3] (1996: 272-273).

A consideração política da contextualização do trabalho das crianças exige, cada vez mais, o esforço analítico sobre os efeitos do trabalho na condição social da infância e na perspectiva dos seus direitos. Este trabalho teórico é fundamental e não tem deixado de progredir, mesmo se, como dissemos, se nos afiguram como insuficientes os resultados finais obtidos, designadamente quanto às tipologias propostas.

O trabalho na infância exige o enquadramento sócio-histórico e cultural, como fenômeno social que é e como sintoma de uma realidade social mais vasta e profunda. Uma análise sociológica contemporânea não pode excluir a própria voz das crianças, no sentido de compreender, também *a partir de dentro*, a complexidade e variedade dos vários trabalhos da infância, através dos quais ela vai sendo reconstruída (WOODHEAD, 1999; MITZENET et al., 2001). E, em primeiro lugar, a análise do trabalho que mais crianças do mundo quotidianamente praticam: o trabalho escolar.

A proposta da educação das crianças como forma de trabalho na infância deve-se primordialmente a Zelizer (2000, 2005). Ao analisar o impacto econômico da educação, o autor assinala a importância da consideração das crianças não apenas como destinatários de atividades econômicas, mas como atores econômicos em várias atividades da sua vida. Mas tem sido Jens Qvortrup que mais largamente se tem proposto teorizar sobre as

---

3 A ideia aqui expressa de "não pessoa" é paralela ao conceito de "não criança", criado por Rita Marchi (2007) para dar conta das formas de exclusão simbólica das crianças excluídas da norma ocidental de infância, em especial os "meninos de rua". Nesta exclusão participam não apenas os políticos e reguladores do estatuto da infância, mas também os cientistas sociais que assumem de modo aproblemático a norma moderna e ocidental da infância e não atendem às condições diversas e desiguais das crianças "colocadas à margem". Há, portanto, aqui uma dupla exclusão: simbólica e social.

crianças enquanto atores sociais que trabalham, nomeadamente no âmbito da educação. Com efeito, Qvortrup (1994, 2000) teoriza que a formação do capital incorpora cada vez mais informação, que exige um trabalho de quem o exerce sobre si mesmo de formação e acesso ao conhecimento. Este trabalho é prolongado no tempo e começa com a aprendizagem da criança na escola. O valor do trabalho só é realizado no futuro, no momento em que a criança deixa de ser criança e é incorporada no mercado de trabalho. Mas o trabalho que ela fez, enquanto criança, na formação de si, está lá, pronto a ser rentabilizado, de tal modo que qualquer profissão não conseguiria realizar-se plenamente sem o que a criança aprendeu.

Ganham, neste contexto, um novo sentido, os conceitos de "ofício de criança" e "ofício de aluno" (SIROTA, 1993; PERRENOUD, 1995) com que a Sociologia da Infância de expressão francófona se habituou a pensar a ação social das crianças.

## A "invenção" do aluno e do seu ofício[4]

A criação da escola pública, na Modernidade, constitui um dos eixos de configuração da infância moderna (a ponto de ser possível afirmar-se a dupla implicação da invenção da ideia de infância por efeito da invenção da escola e da criação da escola por efeito da institucionalização da infância moderna (cf. RAMIREZ, 1991) e, com ela, foi estabelecido o pilar de socialização das crianças. Com a escola, a criança assume o estatuto de ser social, objeto de um processo intencional de transmissão de valores e saberes comuns, politicamente definidos, e destinatário objetivo de políticas públicas. A escola realizou a desprivatização das crianças e desvinculou-as parcialmente do espaço doméstico e da exclusividade da proteção parental. Com a escola, a infância foi instituída como categoria social dos cidadãos futuros, em estado de preparação para a vida social plena.

Na verdade, é o aluno – mais do que a criança – de quem a escola se ocupa. Concomitantemente com a escola e a "invenção do aluno" (GIMENO-SACRISTÁN, 2006), a criança é investida de uma condição institucional e ganha uma dimensão "pública". De algum modo, perante

---
[4] As ideias expostas nesta seção foram inicialmente apresentadas em Sarmento (2011).

a instituição, a criança "morre", enquanto sujeito concreto, com saberes e emoções, aspirações, sentimentos e vontades próprias, para dar lugar ao aprendiz, destinatário da ação adulta, agente de comportamentos prescritos, pelo qual é avaliado, premiado ou sancionado. A escola criou uma relação particular com o saber, uniformizando o modo de aquisição e transmissão do conhecimento, para além de toda a diferença individual, de classe ou de pertença cultural.

A instituição escolar desenvolveu-se historicamente e com ela formatou-se uma "forma escolar" (VINCENT; LAHIRE & THIN, 1994), uma "cultura escolar" (CHEVREL, 1998) e um modelo organizacional dominante (cf. BARROSO, 1995; SARMENTO, 2000b). O aluno tem, por ofício, de tomar a forma (no sentido de se deixar formatar), adquirir a cultura escolar – deixando de lado, entre parênteses ou de modo definitivo, a sua cultura de origem, quando incompatível com a cultura escolar, ou a cultura gerada e reproduzida nas relações com os seus pares: as culturas da infância – e ajustar-se à disciplina do corpo e da mente induzida pelas regras e pela hierarquia dos estabelecimentos de ensino que frequenta.

O processo histórico de construção da escola – tendo, embora, as suas raízes em escolas religiosas medievais e sendo objeto de teorização por um número considerável de filósofos, pedagogos, moralistas e de Comenius a Jean Baptiste de La Salle, de Lancaster a Rousseau – levou à adoção de um modelo organizacional que, simultaneamente, inspira e é inspirado pelo modelo fabril e pela "administração científica" das empresas industriais, teorizado por A. Smith e F. Taylor. Esta projeção do modelo organizacional fabril sobre a escola – na verdade, trata-se de uma mútua contaminação morfológica – é especialmente importante para entender o aprendente como aprendiz, da aprendizagem como trabalho e da condição do aluno como um ofício.

Vários textos, ao longo da história, documentam bem esta relação da educação com o trabalho, com elevada teorização no período imediatamente anterior à Revolução Industrial e com uma mais profunda formalização dos processos de trabalho, das modalidades de organização e dos dispositivos de regulação e de controle no período de consolidação da sociedade capitalista, que "coincide" com a criação e expansão da escola pública (utilizamos aqui "coincidência" no sentido de *co-incidência* temporal, mas não de relação casual; pelo contrário, há uma estreita ligação entre a 1ª fase do capitalismo, a consolidação jurídica e política do Estado-nação e a criação e expansão da escola pública).

Vamos utilizar alguns exemplos desse tipo de documentos.

Comenius, autor fundamental na estruturação do modelo formal da escola, designava a instituição escolar por "oficina dos homens", sendo que o trabalho dos alunos é uma atividade sobre si próprio, a partir da ação dos professores, dos livros escolares e dos pares: "Se os jovens forem aguçados e polidos, estimular-se-ão e limar-se-ão uns aos outros, de modo que todos acabem por entender tudo" (COMENIUS, 2006 [1642]: 171). A criança, simultaneamente como matéria-prima e como ferramenta na oficina educativa configura-se, doravante, como uma metáfora central na configuração do ofício de aluno. Importa que a matéria-prima seja bem-cuidada e que as ferramentas sejam devidamente preparadas e preservadas. A organização de todo este processo acaba por adquirir uma importância fundamental.

É este sentido da organização do e para o trabalho escolar que um dos principais propagandeadores portugueses do chamado "método de ensino mútuo", ou de Lancaster – método este fundamental na organização da escola no dealbar do capitalismo na Inglaterra (cf. NUNES, 2009) e, por influência desta, nas primeiras décadas do século XVIII em Portugal, assente na rigorosa estruturação do espaço-tempo, na hierarquização dos alunos e na mobilização dos saberes dos mais "aptos" para ensinar os mais "débeis", na supervisão e no controle do trabalho discente pelo professor e na monitorização das aprendizagens – apresenta de modo muito claro:

> 1º) Um encadeamento sucessivo de poderes e procedências desde o mestre até ao discípulo menos adiantado; o que habitua todos a uma suave subordinação, acostumando-os cedo a reconhecer e respeitar aquela sucessão e série de poderes sem os quais nenhuma sociedade pode existir.
> 
> 2º) Uma rigorosa economia que familiariza a infância com a prática de um princípio tão essencial à vida pública e particular do homem.
> 
> 3º) Uma divisão exata do tempo; cada hora, cada minuto tem um objeto a que deve ser consagrado. Este princípio dá insensivel-

mente aos meninos o hábito de exação, que é tanto proveito ao homem e que ele tão dificilmente adquire mais tarde.

4º) Uma ordem e uniformidade em tudo bem-entendida, que não admite em nada o arbitrário, o que inspira na infância o gosto e as disposições para o desempenho dos seus deveres e para aquela regularidade de vida que constitui o homem honrado e o cidadão útil.

5º) Em vez de penas corporais e arbitrárias, um sistema e aplicação exata de penas morais e de recompensas, que habitua os discípulos às ideias do justo, inspira-lhes a suavidade dos costumes e faz-lhe sentir desde muito cedo os estímulos do amor-próprio, e da emulação, únicos móveis dignos das ações dos homens (XAVIER, 1818, apud BARROSO, 1995: 83-84).

Esta forma de organização do trabalho educacional está na base da disciplina corporal e mental a que as crianças são chamadas no desempenho do seu ofício. Que ela é funcional para a organização do trabalho no capitalismo, isso é revelado em vários textos dos primórdios da escola na era industrial, designadamente de um dos seus principais teorizadores Andrew Bell, referindo-se à educação das crianças pobres. Neste caso, a educação (realizada no âmbito das chamadas *charity scholls* e *school sof industry*) é um elemento inerente a um ofício das crianças que vai a par do trabalho industrial, num contexto de extensiva exploração da mão de obra infantil. Numa palavra, a palavra dos teorizadores da educação no dealbar do capitalismo, o trabalho da criança é simultaneamente escolar e laboral, estando um e outro mutuamente implicados, sendo, aliás, realizado, no caso das escolas fabris, no mesmo lugar:

> Se o sistema [de ensino mútuo] estiver regularmente estabilizado, uma hora por dia, na qual duas ou quatro lições podem ser bem-ensinadas e aprendidas, serão suficientes para instruir os jovens das classes baixas em elementos de leitura e princípios da religião, e o resto do dia, gasto na escola, pode ser destinado ao trabalho manual. Desta forma, os filhos dos trabalhadores pobres podem contribuir para pagar a despesa da sua própria educação (BELL, 1808, apud NUNES, 2009: 427).

Um século mais tarde, no princípio do século XX, um documento elaborado pela associação dos professores do ensino secundário de Nova York, a propósito da aplicação dos princípios da "administração científica" às escolas é especialmente ilustrativo da conformação organizacional da escola à sociedade capitalista e a configuração do desempenho escolar dos alunos como trabalho do tipo industrial, sendo, não obstante, identificadas perplexidades inerentes às desconformidades das organizações escolares e empresariais e dos respectivos sistemas de ação:

A) Intenção ou objeto da "Administração científica".
1) Promover a eficiência do trabalhador, i.e., o aluno.
2) Promover a qualidade do produto, i.e., o aluno.
3) Através do referido atrás, incrementar o valor do produto e o ganho do capitalista.

B) Comparações entre escolas e empresas.
1) O professor, obviamente, corresponde ao departamento de planejamento, supervisão e gestão da oficina.
2) Os elementos da empresa (os trabalhadores, a matéria-prima e o produto final) estão combinados no aluno. Os outros elementos (ferramentas) são os manuais, os cadernos e o material didático.

C) O professor deverá estudar e conhecer bem todos estes materiais.

D) A responsabilidade final deve ser colocada sobre o aluno, e ele deve ser formado para sentir essa responsabilidade. O sistema dos professores de acompanhamento do aluno deve ajudá-lo a promover o seu progresso.

E) Principais dificuldades em fazer uma aplicação exata dos princípios científicos.
1) Demasiados elementos combinados num só (o aluno).
2) A matéria-prima é afetada por demasiadas condições externas
3) A matéria-prima má não pode ser trocada por boa.
4) O professor nunca vê ou tem contato com o produto final (Documento da High School Teachers Association of New York City, 1912, apud NUNES, 2009: 98).

Apesar de ser antiga a preocupação de construir uma orientação prescritiva da organização escolar com vista a adaptar o trabalho dos alunos às exigências de eficácia e de eficiência nas aprendizagens, como se pode ver pelo documento acabado de citar, mais contemporaneamente ela ganhou um novo impulso com as políticas neoliberais da educação e com a adoção do *new public management* na administração educacional. O ofício de aluno ganha novos contornos, que adiante caraterizaremos. Mas a mudança do ofício é inerente à transformação geral das condições de trabalho e do modo de funcionamento das instituições públicas (cf. OSBORNE, 2002; SENNETT, 2001) na fase atual do capitalismo.

Vindo da literatura gerencialista, um excerto coloca-nos no coração da perspectiva de mudança no ofício de aluno: a orientação para as competências e a autonomia do aprendiz. Na verdade, esta perspectiva sustenta o redirecionamento da organização escolar para um modelo assente numa concepção de organização flexível do trabalho. É esse modelo que o autor, Charles Handy, um dos gurus da gestão, apelida de "a escola às avessas":

> Há alguns anos atrás, fui nomeado para estudar a organização de algumas escolas britânicas. [...] Lembro-me que a primeira pergunta que fazia [...] era: Quantas pessoas trabalham aqui? Obtive sempre números parecidos, entre setenta e noventa pessoas. Quando, surpreendido, mencionei isso a um responsável da educação, este exclamou: "Que maçada, esqueceram-se dos empregados de limpeza". "Não – respondi eu –, esqueceram-se dos alunos" [...].
>
> A escola às avessas fará com que o estudo se pareça mais com trabalho, com base em problemas reais a resolver ou verdadeiras tarefas a executar, em grupos de várias idades, de diferentes tipos de capacidades, todas elas úteis (HANDY, 1992: 199-201).

Não está em causa, nesta escola "às avessas", a substituição do trabalho por outra qualquer atividade – brincar, investigar, conviver –, mas sim o de reformar o trabalho nas suas metodologias e nas suas formas. As mudanças que são aqui potenciadas (direcionamento para as competências, apelo à performatividade das aprendizagens, desenvolvimento das capacidades de trabalho) encontram-se em confluência com um aspecto central das realidades educacionais contemporâneas: a empresarialização das escolas e a configuração do trabalho escolar dos alunos como atividade comparável ao labor do trabalhador no trabalho produtivo.

Podemos, pois, concluir este extenso rol de citações sobre a aprendizagem como trabalho escolar com uma síntese contemporânea realizada por um sociólogo britânico:

> A empresarialização das nossas escolas é uma realidade [...]. As nossas escolas tornaram-se *sweatshops* dominadas por empresas

onde as crianças estão no nível mais baixo de labor e os professores são gestores de baixo nível cujo trabalho consiste em guardar os trabalhadores envolvidos na tarefa (MEYER, 2005: 108).

Ainda que a história da escola pública – e também a prática recente da escola – seja marcada pela resistência aos processos hegemônicos de dominação social e, na verdade, a escola não possa ser sumariamente apresentada como lugar de exercício do poder do capital ou como espaço de promoção dos direitos sociais e culturais populares, sendo antes esse espaço de confronto entre pulsões reguladoras e emancipadoras, dada a natureza da autonomia institucional relativa que possui, não podemos deixar de considerar que a transformação da escola na fase do capitalismo avançado seja feita no sentido da conceitualização dos estabelecimentos de ensino como empresas prestadoras desse "bem transacionável [que] é o ensino" (Nuno Crato, ministro da Educação de Portugal, *dixit*), dos professores como "colaboradores" da empresa educativa, das famílias como "clientes" da ação educativa e dos alunos como detentores do renovado ofício de aluno.

## Mudanças no trabalho escolar *e-ofício* de aluno

Os traços mais marcantes das políticas educativas de orientação neoliberal são: performatividade, *back to basic*, dualização e estratificação do sistema, liberalização e privatização. São estas as palavras, que, desde Reagan e um conhecido relatório intitulado "Uma nação em risco" no início da década de 1980, inspiram o programa reformista neoliberal, posto em prática inicialmente nos Estados Unidos e depois expandido aos países centrais, e destes aos países periféricos e semiperiféricos (cf. BALL, 2006).

O que está em causa na política neoliberal e neoconservadora da educação é a transformação da missão histórica da escola, enquanto instituição de formação de cidadãos e de transmissão da cultura. A "nova escola capitalista" (LAVALET et al., 2011) desvincula-se do compromisso político da formação das novas gerações para a participação social – compromisso este assumido desde a sua gênese como escola pública, no período iluminista, continuamente reafirmado ao longo da história – para adotar a missão exclusiva da instrução, mensurável em resultados escolares avaliados por exame, enquanto instrumento de produção de capital escolar a investir, tendo em vista a rentabilização econômica. O produtivismo é o fundamento da performatividade como critério de definição de política educativa. Mas também do princípio do *back to basic*. Na verdade, a escola é despojada de tudo o que possa vincular a aprendizagem com a vida quotidiana, na diversidade dos mundos de vida dos seus alunos. Esta desvinculação torna-se operativa numa concepção austera da educação escolar, de acordo com a máxima implícita de que a vida da criança ou jovem está acima e torna-se fundamental reduzir o trabalho escolar à aprendizagem dos conhecimentos disciplinares. É claro que esta desvinculação faz emergir a vida sob formas disruptivas: o desinteresse é o preâmbulo do insucesso e do abandono escolar.

Nesta definição de um novo mandato político da escola, a impossibilidade de garantir a todos e a todas uma educação de qualidade é assumida claramente numa perspectiva de produção de desigualdades escolares, sistemicamente assegurada pela assunção de vias estratificadas de escolaridade. Sabe-se bem como as desigualdades escolares reproduzem e reforçam as desigualdades sociais. O que está aqui em causa, de forma explícita, é a assunção do princípio de promoção da desigualdade como programa de política educativa. Não espanta, portanto, que o Estado seja desvinculado da tarefa de regulação equitativa da educação e, em contrapartida, que se reforce a estratificação interna – as escolas vão à procura dos melhores alunos, numa lógica de mercado educacional pela atração de "clientes", o que resulta em escolas públicas de alunos "desejáveis" e "indesejáveis" – ou externa, com criação de vias diferenciadas e forte incentivo ao ensino privado.

Ocorre aqui uma reinstitucionalização ou reinvenção do ofício de aluno. O princípio fundamental induzido no comportamento docente e, portanto, a principal "qualidade" do trabalho discente é a competitividade e a capacidade empreendedora. As palavras-chave deste "novo ofício" serão: autonomia, criatividade, espírito de iniciativa, empreendedorismo, avaliação. Certamente que palavras-chave do "velho ofício" não perdem atualidade ou significado, mas adquirem novas conotações e precisões: disciplina, esforço, empenho.

É no indivíduo – no mérito individual e na sua performatividade – que se consuma o sucesso. Portanto, não é no sistema nem na organização que ele reside, ainda que deles dependa. Neste princípio se condensa todo um programa de reconfiguração do ofício do aluno. Este é chamado a socializar-se no valor do mérito, da competitividade e da autonomia. O processo de "socialização para o individualismo" (BECK & BECK-GERSHEIN, 2003) faz centrar nas qualidades individuais as razões dos desempenhos escolares e sociais e potencia a busca incessante da construção dos caminhos escolares e de inserção social. Estabelece-se, deste modo, uma nova "governação da alma" (ROSE, 1999). O ofício de aluno dá lugar a um trabalho escolar da criança sobre si própria, que não mobiliza apenas capacidades cognitivas, mas incide sobre aspectos atitudinais, comportamentais e "disposicionais" (no sentido bourdieusiano), aspectos esses imperfeitamente recobertos pela expressão "competências", que se substitui no léxico pedagógico, cada vez mais, a resultados de aprendizagem.

Este renovado ofício da criança mobiliza-se continuamente em torno da tensão entre autonomia e controle: a criança-aluno é chamada a desenvolver-se como indivíduo competente, capaz de definir o seu itinerário e trajeto escolar e social, mas é continuamente colocada sob o controle avaliativo. Esta autonomia compulsiva e sob medida é profundamente paradoxal. Na verdade, longe de se atenuar a autoridade (seja dos adultos, dos pais ou das instituições), ela se refina e se reapresenta no estabelecimento de uma renovada normatividade da infância, com as suas sanções e prêmios, centrada agora nas competências, na auto-organização do trabalho, na liberdade de escolha.

As tecnologias da informação e comunicação passam a ocupar um papel determinante neste novo ofício. A atratividade que as tecnologias exercem sobre as crianças, a competência com que rapidamente delas se apropriam, a sua utilização ao serviço de práticas interativas, lúdicas e comunicacionais, são fator de tensão. A tecnologia tanto é reprimida, por desviar a atenção das crianças das aprendizagens formais para práticas lúdicas, como é mobilizada em programas escolares (em Portugal, p. ex., foi criado o Programa E-escolas e feita a distribuição massiva de laptops "Magalhães" às crianças do ensino básico). Em todo o caso, a articulação das tecnologias com a educação introduzem uma nova dimensão na resolução desta tensão introduz uma nova dimensão no ofício de aluno a que chamamos *e-ofício*.

Como tivemos já capacidade de analisar (SARMENTO, 2011), o *e-ofício* desenvolve-se na convergência de três fatores:

Primeiro, a promoção das relações entre cultura escolar e tecnologias de informação e comunicação. As tecnologias não são neutras e, em especial, as novas tecnologias transportam consigo uma importante dimensão cultural. Ora, contrariamente às "velhas tecnologias" (do lápis e do caderno), são profundamente imbuídas de "conteúdos", que são selecionados, distribuídos e disseminados. O software educativo não apenas condiciona, como conduz as aprendizagens e tende a tornar-se fortemente indutor de práticas aprendentes. Investigar passa a ser ir ao Google®, escrever um trabalho passa a ser copiar e colar textos de acesso eletrônico, e a avaliação é promovida no confronto dos testes de preenchimento na web. Não desvalorizando a possibilidade de uma utilização crítica e ao serviço de uma pedagogia progressista das tecnologias, temos de convir que a forte presença do mercado na produção de dispositivos e de programas é fortemente condicionador das condições atuais de realização do trabalho escolar.

Segundo, a organização do capital social na "sociedade do conhecimento" é alterada pela introdução das tecnologias de informação e comunicação (CASTELLS, 1996). A forma escolar é alterada (no limite, potencialmente dispensada em algumas das suas características) com as tecnologias. O domínio das tecnologias sobreleva sobre o domínio dos conhecimentos adquiridos, e as formas escritas ou orais de comunicação verbal são subalternizadas perante a comunicação eletrônica a distância e os dispositivos comunicacionais. O ofício de aluno passa a incorporar, determinantemente, a competência tecnológica, em detrimento (pelo menos parcial) de competências expressivas, relacionais e sociais.

Terceiro, a transformação dos quotidianos das crianças por efeito das tecnologias incide alteração nas relações entre espaço-tempo de jogo e espaço-tempo de estudo. Estes espaços-tempos (na sala de aula ou em casa), claramente distintos, tendem a diluir as suas fronteiras e a integrar-se sob a forma de uma atividade idêntica (estar ao computador), ainda que com conteúdos diferentes. O *e-ofício* envolve e agrega a criança e o aluno na mesma identidade funcional.

O *e-ofício* constitui um desafio à interpretação dos efeitos que a escola contemporânea tem trazido ao trabalho escolar, à condição de aluno e, além de tudo o mais, à condição infantil.

## Conclusão

A complexificação do mundo contemporâneo obriga a revisitar conceitos com que nos habituamos a pensar a realidade da infância. Ideias feitas das crianças como geração do não trabalho, da escola como lugar de aprendizagem *versus* trabalho ou das aprendizagens como atividades sem incidência econômica devem ser questionadas: a realidade social, na sua heterogeneidade, coloca-nos continuamente perante situações, contextos e práticas sociais que desmentem asserções comuns, fortemente normativas e errôneas.

A reconstrução do discurso científico sobre a infância que vem sendo prosseguido, há décadas, pela Sociologia da Infância e, de modo mais geral, pelos Estudos da Infância, ajuda-nos a olhar criticamente as ideias feitas e a procurar novos conceitos e perspectivas para a complexidade das relações entre infância, educação e trabalho.

O nosso argumento principal consiste na afirmação de que, sendo a aprendizagem escolar das crianças o trabalho sobre si próprias de formação de capital cultural, necessitamos de considerar a escolaridade como *locus* de trabalho e de colocar o trabalho escolar a par e passo com outras atividades laborais das crianças. Sendo estas atividades múltiplas e variadas, nem todas são social, moral e juridicamente aceitáveis. Assim sendo, necessitamos de colocar sob escrutínio determinadas formas de trabalho escolar (tempos, espaços, condições, regras, recursos e procedimentos) no sentido de aferir, também, da sua aceitabilidade.

O trabalho escolar das crianças é hoje hegemonicamente orientado para o desenvolvimento de competências individualistas, concorrenciais e competitivas. Estas competências são aplicadas com forte mobilização das tecnologias de informação e comunicação. Estas, por seu turno, tendem a orientar o trabalho escolar segundo as lógicas da indústria cultural, patente nos conteúdos informáticos e no software educacional, ao mesmo tempo em que reforçam o individualismo (a criança trabalha com o seu computador mais do que com os colegas, interage mais no virtual do que no real). O êxito ou o fracasso tendem a ser, nestas circunstâncias, à semelhança do que acontece com o mundo do trabalho, interpretados, de modo reforçado, como êxito ou não êxito da pessoa da criança que aprende.

Pensar e organizar as aprendizagens de outra forma, como ação crítica, colaborativa e participativa de reconhecimento, apreensão, interpretação e produção do conhecimento e da cultura, é certamente o caminho possível para fazer do trabalho escolar uma atividade socialmente aceitável, desalienada e justa. Este caminho, percorrido com as crianças, é aquele que pode contribuir, afinal, para que se constituam as condições possíveis para que todo o trabalho (o das crianças e o dos adultos) promova uma condição humana livre e emancipada.

### Referências

BALL, S. *Educational Policy and Social Class*. Londres: Routledge, 2006.

BARROSO, J. *Os liceus*: Organização Pedagógica e a Administração (1836/1960). 2 vol. Lisboa: F.C. Gulbenkian/Jnict, 1995.

BECK, U. & BECK-GERNSHEIM, E. *La individualizacion* – El individualismo institucionalizado y sus consecuências sociales y políticas. Barcelona: Paidós, 2003.

BONNET, M. *Regards sur les enfants travailleurs*. Lausanne: Page Deux/Cetim, 1998.

BOUHDIBA, A. *L'Exploration du travail des enfants*. Nova York: Nations Unies, 1982.

CASTELLS, M. *La sociedad de rede* – Vol. I: La era de la información: economia, sociedad e cultura. Madri: Alianza, 1996.

CHASSAGNE, S. "Le travail des enfants aux XVII et XIX siécles". In: BECCI, D.E. & JULIA, D. (orgs.). *Histoire de l'enfance en Occident*. Vol. II. Paris: Seuil, 1998, p. 224-272.

CHERVEL, A. *La culture scolaire* – Une approche historique. Paris: Belin, 1998.

COMENIUS, J. *Didáctica magna*. Lisboa. Fundação Calouste Gulbenkian, 2006 [1642].

DORMAN, P. *Child labour in the developed economies.* Genebra: ILO/Ipec, 2001.

FEINSTEIN, C. "Una propuesta centrada en el niño para los niños trabajadores". In: COMITÉ ESPANHOL DA UNICEF (org.). *La explotación de los niños en el trabajo* – Situación actual: problemática y plan de acción. Madri: Ministério do Trabajo y Asuntos Sociales, 1998, p. 47-57.

FYFE, A. *Child Labour.* Cambridge: Polity Press, 1989.

GIMENO-SACRISTÁN, J. *El alumno como invención.* Madri: Morata, 2003.

HANDY, C. *Era da irracionalidade ou a gestão do futuro.* Mem Martins: Cetop, 1992.

HANSON, K. & VANDALAE, A. "Translating working children's rights into international labour law". In: HANSON, K. & NIEUWENHUYS, O. *Reconceptualizing Children's Rights in International Development.* Cambridge: Cambridge University Press, 2013, p. 250-272.

LAVAL, C.; VERGNE, F.; CLEMENT; P. & DREUX, G. (2011). *La nouvelle école capitaliste.* Paris: La Découverte.

LEWEY, H. "Pageant princesses and math whizzes – Understanding children's activities as a form of children's work". Childhood, 16 (2), 2009, p. 195-212.

LIEBEL, M. "Do children have a right to work: Working children's movement in the struggle for social justice". In: HANSON, K. & NIEUWENHUYS, O. *Reconceptualizing Children's Rights in International Development.* Cambridge: Cambridge University Press, 2013, p. 225-249.

_____. *Protagonismo infantil* – Movimientos de niños trabajadores en América Latina. Manágua: Nueva Nicaragua, 1994.

MARCHI, R.C. (2007). *Os sentidos (paradoxais) da infância nas Ciências Sociais*: uma abordagem da Sociologia da Infância sobre a "não criança" no Brasil. [s.l.] PPGSP/UFSC, 2007 [Tese de doutorado].

MARTIN, M. "Child labour: parameters, developmental implications, causes and consequences". *Contemporary Social Science* – Journal of the Academy of Social Sciences, 8 (2), 2003, p. 156-165 [n. esp.: Young People, Social Science Research and the Law].

MEILLASSOUX, C. "Économie et travail des enfants". In: SCHLEMMER, B. (org.). *L'enfant expploite*: opression, mise au travail, proletarisation. Paris: Karthala/l'Orstom, 1996, p. 55-66.

MEYER, R.J. "Invisible Teacher/Invisible Children: The Company Line". In: ALTEWERGER, B. *Reading for Profits*: how the bottom line leaves kids behind. Portsmouth: Heinemann. 2005, p. 96-111.

MITZEN, P.; POLE, C. & BOLTON, A. *Hidden Hands*: International Perspectives on Childre's Work and Labour. Londres: Falmer/Routledge, 2001.

MORICE, A. "Le paternalisme, rapport de domination adapté à l'exploitation des enfants". In: SCHLEMMER, B. (org.). *L'Enfant exploite*: opression, mise au travail, proletarisation. Paris: Karthala/l'Orstom, 1996, p. 269-290.

MORROW, V. "Responsible children? – Aspects of children's work and employement outside school in contemporany U.K". In: MAYALL, B. (org.). *Children's Childhoods Observed and Experienced*. Londres: The Falmer, 1994, p. 114-127.

MYERS, W.E. "Considering child labour – Changing terms, issues and actors at the international level". *Childhood*, 5 (1), 1999, p. 13-26.

NIEUWENHUYS, O. "From child labour to working children's mouvements". In: QVORTRUP, J.; CORSARO, W. & HONIG, M.S. (2009). *The Palgrave Handbook of Childhood Studies*. Basingstoke: Palgrave-Macmillan, 2009, p. 289-300.

NUNES, L.T.M. *A capitalização da actividade educativa nos níveis básico e secundário da escolaridade*. Porto: Faculdade de Psicologia e Ciências da Educação, 2009 [Tese de doutorado].

ORGANIZAÇÃO INTERNACIONAL DO TRABALHO. "Medir o progresso na luta contra o trabalho infantil: estimativas e tendências mundiais, 2000-2012". *Bureau International do Trabalho* – Programa Internacional para a Eliminação do Trabalho Infantil (Ipec). Genebra: OIT, 2013.

OSBORNE, S.P. *Public Management: Critical Perspectives* – Vol. III: Reforming Public Management. Londres/Nova York: Routledge, 2002.

PERRENOUD, P. *Ofício de aluno e sentido do trabalho escolar.* Porto: Porto Ed., 1995.

QVORTRUP, J. "Generations – an important category in sociological research". In: VV.AA. *Actas do Congresso Internacional dos Mundos Sociais e Culturais da Infância.* Vol. II, 2000, p. 102ss.

_____. "'Childhood Matters: An Introduction". In: QVORTRUP, J.; BARDY, M.; SGRITTA, G. & WINTERSBERGER, H. (eds.). *Childhood Matters: Social Theory Practice and Politics.* Aldershot: Avebury, 1994.

RAMIREZ, F.O. "Reconstitución de la infancia – Extensión de la condición de persona y ciudadano". *Revista de Educación,* 294, 1991, p. 197-220.

ROGERS, C. & STANDING, G. (eds.). *Child Work, Poverty and Underdevelopment.* Genebra: Bureau International du Travail, 1981.

ROSE, N. *Governing the Soul* – The shaping of private self. 2. ed. Londres: Free Associated Books, 1999.

SARMENTO, M.J. "A reinvenção do ofício de criança e de aluno". *Atos de Pesquisa em Educação,* vol. 6, n. 3, set.-dez./2011, p. 581-602. Fundação Universitária Regional de Blumenau [Disponível em http://proxy.furb.br/ojs/index.php/atosdepesquisa/index].

_____. "A infância e o trabalho: a (re)construção social dos "ofícios da criança". *Fórum Sociológico,* 2000a, 3/4 (II Série), p. 33-48.

_____. *Lógicas de acção nas escolas.* Lisboa. Instituto de Inovação Educacional, 2000b.

SCHLEMMER, B. *The Exploited Child*. Londres: ZED, 2000.

SCRATON, P. "Whose 'childhood' what 'crisis'". In: SCRATON, P. (org.). *Childhood in "Crisis"?* Londres: UCL, 1997, p. 163-186.

SENNET, R. *A corrosão do carácter*. Lisboa: Terramar, 2001.

SILVA, M.R. *Trama doce-amarga* – (Exploração do) trabalho infantil e cultura lúdica. São Paulo: Hucitec, 2003.

SIROTA, R. "Le metier d'éleve". *Revue Française de Pédagogie*, 104, 1993.

VINCENT, G.; LAHIRE, B. & THIN, D. "Sur l'histoire et la Théorie de la Forme Scolaire". In: VINCENT, G. (dir.). *L'Éducation prisionniere de la forme scolaire?* – Scolarisation et socialisation dans les societes industrielles. Lyon: Presses Universitaires de Lyon, 1994, p. 11-47.

WHITE, B. "Globalization and the child labour problem". *Journal of International Development*, 8 (6), 1996, p. 829-839.

WOODHEAD, M. "Combatting child labour: listen to what the children say". *Childhood*, 6 (1), 1999, p. 27-49.

ZELIZER, V. "The Priceless Child Revisited". In: QVORTRUP, J. (ed.). *Studies in Modern Childhood*: Society, Agency and Culture. Londres: Palgrave, 2005, p. 184-200.

_____. *Pricing the Priceless Child*: the Changing Social Value of Children. Princeton, NJ: Princeton University Press, 1994.

# Parte II

## Às vezes criança: vidas marcadas pela exploração do trabalho

# "Tenho de fazer tudo para o meu irmão"
## Crianças que cuidam de crianças

*Elena Colonna*

> *Paulino vai comprar sabão com Mutuzy na banca onde costuma comprar pipocas para o Mutuzy. Quando chega lá e só compra sabão porque não tem mais dinheiro, o Mutuzy começa a chorar e a não querer sair do lugar. Por um lado, Paulino tenta carregá-lo à força, enquanto ele chora, mas sobretudo Paulino tenta distraí-lo da ideia das pipocas fazendo-lhe ver outras coisas: "Está a ver chinelo? Se parar, vai se estragar..." O Mutuzy olha e fica concentrado por alguns segundos, mas logo lembra-se das pipocas e senta no chão recusando sair. Paulino vai avançando com ele aos poucos, inventando a cada passo uma nova estratégia: "Está a ver carro?" Depois apontando para um homem a passar carregando um tubo comprido: "Está a ver este senhor? Vai te cortar!" "Está a ver esta senhora? Come pessoas!" "O-oh! O-oh!" "Então vamos lá para casa levar dinheiro... vamos levar dinheiro para voltar!" Aos poucos vão andando até chegar perto de casa, onde Mutuzy se distrai ao encontrar o grupo das outras crianças e ao ver as suas brincadeiras (Diário de campo, 14/05/2009).*

Principalmente no mundo minoritário[1], de forma cada vez mais precoce e frequente, as crianças são confiadas por períodos diários prolongados aos cuidados de educadores profissionais adultos, com a sua bagagem de teorias psicopedagógicas, estágios de formação, cursos de estudo e atualizações contínuas. Entretanto, existem muitos lugares onde são as próprias crianças que desempenham este papel, tomando conta dos irmãozinhos mais novos, de outras crianças da família ou da vizinhança. Nos bairros da periferia de Maputo é muito usual encontrar crianças que, sem a supervisão de um adulto, andam à vontade pelas ruas com um bebê amarrado às costas ou de mão dada com outra criança que mal aprendeu a caminhar.

O cuidado de crianças por parte de crianças constitui um fenômeno muito difundido no continente africano e, especificamente, em Moçambique. Sem dúvida, trata-se de uma resposta cultural à necessidade das mães de desempenhar uma multiplicidade de tarefas para o sustento da família. No seu trabalho etnográfico desenvolvido no sul de Moçambique, publicado pela primeira vez em 1912, Junod (1996) explica que uma mãe, forçada a trabalhar nos campos ou a cozinhar, costuma procurar uma menina da família para tomar conta do seu bebê. Hoje em dia, as mães moçambicanas, quando precisam sair ou estão envolvidas em outra atividade, utilizam frequentemente a mesma estratégia de deixar as crianças com uma irmã, um irmão ou uma outra criança mais velha. Contudo, de acordo com Durkheim (2007), para explicar um fenômeno não é suficiente mostrar a necessidade social que satisfaz.

Apesar de esta prática ser amplamente conhecida e considerada um contributo essencial para a subsistência de muitas famílias em Moçam-

---

1 A maior parte das crianças do mundo vive nas regiões mais pobres da América Latina, Ásia e África, constituindo assim o tipo mais comum de "infância". Porém, paradoxalmente, as suas vidas tendem a ser consideradas "desviantes" em relação ao modelo de infância globalizado baseado nos ideais ocidentais que preveem que as crianças deveriam apenas brincar e estudar, vivendo em espaços privados e protegidos criados especificamente para elas. Ao fim de corrigir o desequilíbrio de percepção das crianças dos chamados Primeiro e Terceiro mundos, indicaremos estas áreas do mundo como "mundo minoritário" e "mundo maioritário", respectivamente. Mesmo reconhecendo que estes termos homogeneízam indevidamente ambas as regiões, ao menos o seu uso convida a uma reflexão sobre as desiguais relações entre eles, sublinhando que as crianças do Primeiro Mundo são a minoria e as do Terceiro Mundo são a maioria da população infantil mundial (PUNCH, 2003).

bique como em outros países do mundo, as experiências das crianças e os seus pontos de vista acerca desta atividade têm sido pouco estudadas. Weisner e Gallimore (1977) apontam que, durante a maior parte do século XX, a atenção focalizou-se quase exclusivamente sobre os cuidados maternos (e, de modo mais reduzido, paternos), com a consequente marginalização de todos os cuidadores diferentes dos pais, por exemplo, adultos familiares e não familiares e uma variedade de crianças, principalmente os irmãos. Embora alguns estudos interculturais (GREENFIELD & COCKING, 1994; LAMB; STERNBERG; BROBERG & HWANG, 1992) indiquem que os cuidados não parentais representam a norma ou uma forma significativa de cuidado na maioria das sociedades, especialmente no mundo maioritário, as investigações acerca das crianças que cuidam dos irmãos ou de outras crianças são ainda reduzidas (NSAMENANG, 2011; DAHLBLOM; HERRARA; PEÑA & DAHLGREN, 2008; POLETTO; WAGNER & KOLLER, 2004; PUNCH, 2003; MAYNARD, 2002; KOSONEN, 1996) e as implicações teóricas desta prática permanecem pouco desenvolvidas[2].

Com o intuito de contribuir para colmatar esta lacuna, este capítulo procura fornecer uma análise aprofundada das práticas e das representações das crianças relativas ao tomar conta de outras crianças.

Começarei por enquadrar o meu objeto de estudo no contexto mais amplo da divisão do trabalho no seio das famílias, que implica um envolvimento ativo das crianças nas tarefas domésticas, nas atividades produtivas e nos negócios familiares. Depois de definir algumas características da prática estudada e de descrever as ações que as crianças concretamente desempenham para cuidar de outras crianças, procurarei dar conta da complexidade deste fenômeno. A seguir, focalizar-me-ei nas formas em que o cuidar de crianças

---

2 Diversamente, existe uma bibliografia bastante rica em relação aos chamados *young carers*, as crianças que cuidam de familiares adultos doentes ou com desabilidades físicas e/ou mentais (WIHSTUTZ, 2011; DEARDEN & BECKER, 2004; ROBSON, 2004, 2000; THOMAS; STAINTON; JACKSON; CHEUNG; DOUBTFIRE & WEBB, 2003; BECKER; ALDRIDGE & DEARDEN, 1998; ALDRIDGE & BECKER, 1993). Existem também alguns estudos acerca das "crianças chefes da família" que não apenas cuidam dos irmãos, mas são também as únicas responsáveis pela subsistência da família (MEINTJES; HALL; MARERA & BOULLE, 2010; RICHTER & DESMOND, 2008; DONALD & CLACHERTY, 2005; AYIEKO, 2003; SLOTH-NIELSEN, 2003).

e as questões de gênero se configuram nas representações das crianças. Finalmente, apresentando alguns casos concretos e levando também em consideração o ponto de vista das crianças cuidadas, explicarei como as crianças cuidadoras são definidas na prática, a partir de uma multiplicidade de fatores.

## 1 "Sinto vontade de ir ao mercado": algumas considerações sobre o trabalho das crianças no contexto moçambicano

Em cada sociedade, "a criação de sentido passa por processos complexos, interativos e dinâmicos de classificação que originam o 'senso comum' e regem os processos de reconhecimento e identificação e de estranhamento e exclusão" (SARMENTO; BANDEIRA & DORES, 2005, p. 40-41). Por isso, pessoas diferentes, inseridas em contextos diferentes, mesmo que todas comprometidas para a promoção do bem-estar e dos direitos das crianças, elaboram interpretações diferentes em relação à noção de trabalho das crianças. O valor atribuído às atividades das crianças é variável em relação ao contexto geográfico, histórico e cultural, assim como varia o reconhecimento da sua legitimidade enquanto trabalho. A variabilidade e a complexidade associadas ao trabalho das crianças podem ser melhor ilustradas através da apresentação de dois casos concretos.

Durante uma comunicação relativa a alguns resultados parciais da minha investigação sobre a vida das crianças moçambicanas no âmbito de um congresso que teve lugar em Portugal[3], apresentei uma imagem que suscitou um animado debate entre os participantes de diferentes nacionalidades. A fotografia, que foi tirada na varanda da minha casa em Maputo no decorrer da pesquisa, mostrava duas meninas de costas lavando a louça. Duas colegas brasileiras consideraram que a imagem tinha um impacto emocional muito forte e que, a partir dela, eu poderia ser criticada por exploração de mão de obra infantil. Eu fiquei surpreendida porque, ao escolher a fotografia, não tinha imaginado reações deste tipo. Pelo contrário, eu procurava mostrar, por um lado, a familiaridade que as crianças têm com as tarefas domésticas, por outro lado, o costume típico das mulheres moçambicanas de visitar familiares ou amigas e colaborar com elas nas atividades da casa.

---

3 X Congresso Luso-Afro-Brasileiro de Ciências Sociais. Braga, fevereiro de 2009.

Três meses mais tarde, em Maputo, participei numa capacitação[4] sobre os direitos das crianças para operadores sociais de instituições e organizações públicas e privadas, onde todos os participantes eram moçambicanos, com cargos e níveis de formação acadêmica diferentes. Numa das discussões, perguntei se consideravam alguma violação dos seus direitos o fato de as crianças ajudarem nas tarefas domésticas, tais como lavar a louça, varrer ou ir buscar água. Todos concordaram que não tinha mal nenhum e, pelo contrário, constituía um elemento essencial da educação, desde que a carga de trabalho fosse apropriada à idade das crianças. Um participante deu-me o exemplo da água: não há problema se uma criança dos seus 6 anos acompanha a mãe que foi buscar água e volta com ela, carregando na cabeça um garrafão de cinco litros; mas já seria um problema se aquela mesma criança fosse obrigada a trazer para a casa água para toda a família, devendo ir buscar um bidão de 20 litros muitas vezes por dia.

Analisamos agora os dois casos descritos. A primeira situação é bem representativa de uma ideia que, segundo Belotti (2010), povoa o imaginário coletivo do mundo ocidental e domina também na formulação das normas internacionais: o trabalho das crianças equivale à exploração das crianças, sem meios-termos nem caminhos alternativos. Desta forma, na construção contemporânea de infância, para eliminar a praga da exploração infantil, eliminou-se *in toto* o trabalho como uma das possíveis experiências da vida quotidiana das crianças. A infância é representada como uma geração retirada da esfera da produção e do mundo do trabalho e colocada sob o cuidado exclusivo dos adultos, numa posição de dependência. Porém, considerando as crianças como dispensadas do esforço da construção dos meios de subsistência e desenvolvimento pessoal e familiar, desvalorizam-se e tornam-se invisíveis as suas atividades (SARMENTO, 2000).

O segundo caso ilustra-nos uma noção do trabalho das crianças como parte do processo de socialização, uma noção dominante na África, assim

---

4 Seminário de Capacitação sobre os Direitos da Criança, organizado pela Rede da Criança. Maputo, 25 a 29 de maio de 2009. O seminário era aberto a todos os interessados da Zona Sul de Moçambique (Cidade de Maputo, Província de Maputo e Província de Gaza), nomeadamente, os operadores sociais das organizações-membros da Rede e da Ação Social e os administradores públicos (chefes de quarteirão, secretários do bairro, chefes de localidade e de posto administrativo...).

como na Ásia, na América Latina e em grupos étnicos minoritários espalhados nos outros continentes[5]. O trabalho é representado como uma fonte de aprendizagem necessária para garantir a sobrevivência das crianças no presente e no futuro. No contexto africano, as crianças trabalham sobretudo no âmbito familiar, sendo que as suas contribuições constituem uma parte importante das estratégias de sobrevivência de inúmeras famílias (BASS, 2004). Até se pode afirmar que, na África, quando as crianças trabalham não se trata de uma exceção, mas da regra (KIELLAND & TOVO, 2006). Segundo as autoras, esta ideia é confirmada por um estudo sobre a alocação do tempo das crianças em Benim, segundo o qual todas as crianças da amostra, entre 6 e 14 anos de idade, desenvolviam algum tipo de trabalho durante as 24 horas em que estavam sob observação, em contraste com as estatísticas oficiais nacionais que relatavam uma taxa de participação infantil no trabalho de 27,5%.

Os dados mais recentes sobre Moçambique (INE, 2006) indicam que 32% das crianças com idades compreendidas entre os 7 e os 17 anos estão envolvidas em algum tipo de atividade econômica definida como "trabalhar na machamba, vender produtos ou outra atividade econômica". O inquérito revela que a grande maioria das crianças que trabalham estão fazendo trabalho não remunerado para a família e que moças e rapazes estão envolvidos aproximadamente em igual percentagem. Aos 7 anos de idade, 6% das crianças já estão envolvidas em alguma atividade produtiva e cerca de metade das crianças dos 14 anos ou mais são economicamente ativas. Mais de dois terços das crianças com idades compreendidas entre os 7 e os 17 anos que estão trabalhando frequentam a escola, o que reflete o fato de a maior parte do trabalho efetuado por crianças ser trabalho não pago para a família, realizado para além das atividades escolares.

Porém, estes dados não proporcionam nenhuma indicação da percentagem de crianças envolvidas em trabalho doméstico que representa um âmbito significativo do trabalho realizado por crianças. O fato de muitos inquéritos não considerarem o trabalho doméstico não é uma novidade e, conse-

---

5 Segundo Bass (2004), apesar de grande parte da atenção mediática e acadêmica se focalizar na Ásia e, em menor medida, na América Latina, as mais altas taxas de trabalho infantil encontram-se na África, onde cerca de uma em cada três crianças trabalha.

quentemente, a maioria das atividades de trabalho das crianças, sobretudo meninas, fica amplamente sub-representada, dando às vezes a falsa impressão que os rapazes trabalham mais do que as suas coetâneas. Ironicamente, até as próprias meninas tendem a não considerar as suas tarefas domésticas como trabalho. A antropóloga Pamela Reynolds (1991), no seu trabalho com as crianças das zonas rurais no Vale do Rio Zambeze, notou que os rapazes, às vezes, descreviam os trabalhos domésticos das suas irmãs, enquanto as próprias meninas se esqueciam de mencionar estas atividades.

Perguntamo-nos: O que é afinal o trabalho das crianças? Uma definição absoluta não existe, mas tudo depende dos critérios que adotarmos. Na literatura existente, a forma de "medir" o trabalho das crianças varia de estudo para estudo: alguns consideram apenas o trabalho remunerado, outros perguntam às crianças se trabalharam pelo menos uma hora ao longo da última semana. Certas pesquisas avaliam se a atividade principal da criança é a escola ou o trabalho, e outras contam como crianças que trabalham, apenas aquelas que não estão na escola, ignorando todas as crianças que combinam a escola com o trabalho.

Deveríamos também perguntar, antes de mais, quem é criança para o trabalho? Aqui também as definições são diferentes. Segundo a CDC, é criança todo o ser humano de 0 a 18 anos, mas a maioria dos estudos sobre trabalho das crianças concentram-se na faixa etária dos 7 até os 14 anos, sugerindo que o trabalho desempenhado por adolescentes não deveria ser considerado como trabalho na infância. A própria Organização Internacional do Trabalho (OIT) define o trabalho das crianças de acordo com a chamada "Minimum Age Convention" (n. 138):

> 5-11 anos de idade: "Todas as crianças que trabalham numa atividade econômica". A OIT não define as tarefas domésticas na sua própria casa como atividades econômicas.
>
> 12-14 anos de idade: "Todas as crianças que trabalham em atividade econômica, menos aquelas em trabalhos ligeiros". O trabalho ligeiro é definido como um trabalho não perigoso, por um máximo de 14 horas por semana. O trabalho perigoso, por sua vez, é qualquer atividade ou ocupação que pode ter efeitos adversos na segurança, na saúde e no desenvolvimento moral da criança.
>
> 15-17 anos de idade: "Todas as crianças nas *piores formas* de trabalho infantil". De acordo com a OIT, as piores formas de traba-

lho são escravatura, tráfico e trabalho forçado, crianças-soldados, prostituição infantil e uso de crianças em tráfico de droga e outras atividades criminais. Finalmente, inclui-se o trabalho que, pela sua natureza ou pelas circunstâncias em que é desenvolvido, possa prejudicar a saúde[6], a segurança ou a moral das crianças.

Considerando esta pluralidade de critérios e definições, investigar o trabalho das crianças aparece como uma atividade bastante desafiadora. Com efeito, mesmo no âmbito das ciências sociais, o trabalho na infância tem sido objeto de estudo e de controvérsia. De acordo com Sarmento (2000), de uma forma algo redutora, pode-se resumir que as posições teóricas sobre trabalho na infância oscilam entre a sua condenação como desvio e patologia social e a consideração do trabalho das crianças como algo inerente à sua condição de atores sociais plenos. Assim, para os primeiros, o trabalho na infância é um mal que importa combater; diversamente, para os segundos, o trabalho não é visto como uma imposição humilhante, mas como um direito, que precisa ser devidamente protegido e regulado, contra a exploração.

Agora, a questão que fundamenta o meu trabalho não é decidir se as crianças *deveriam* estar fazendo o que fazem, mas, antes de mais nada, descobrir o que elas fazem e o que isso significa. Para descrever a forma em que os trabalhos das crianças são divididos e ajustados com os pares e com os adultos, parece-me apropriado utilizar o conceito de *interdependência negociada* (PUNCH, 2002b). Esta ideia pretende enfatizar a flexibilidade da divisão das tarefas de acordo com as circunstâncias e com as exigências tanto da família no seu conjunto quanto de cada um dos seus membros. Parte-se do entendimento que as atividades domésticas são desempenhadas para o bem comum e todos têm o direito e o dever de contribuir na medida das suas possibilidades. Acordando e descobrindo que a irmã já fez

---

6 O impacto do trabalho na saúde das crianças representa também uma questão controversa. Muitos estudos focalizam-se nos efeitos negativos do trabalho, enfatizando os perigos para a saúde e o incremento das necessidades nutricionais, que levaria a um aumento do risco de malnutrição. Contudo, Edmonds (2007) nota que o trabalho pode ter impactos positivos na saúde, sobretudo entre as populações mais pobres, onde mais crianças trabalham: recursos adicionais podem aumentar a disponibilidade de alimentos e o fato de as crianças contribuírem para o rendimento familiar amplia a sua participação na tomada de decisões. Em geral, o autor afirma que não há evidências que, em média, o trabalho tenha efeitos prejudiciais na saúde das crianças trabalhadoras.

alguns trabalhos, Bento não fica parado, mas lança logo mãos à obra para fazer a sua parte, assim como também o irmão mais novo faz a parte dele.

*Acordei as 7:10h porque dormi muito tarde arrumei o meu quarto escovei e fui lavar a cara. Fui bom-diar os meus pais e irmãos. E a minha irmã mais velha já tinha varrido o quintal. E eu fui arrumar a cozinha, varrer e limpar. O meu irmão mais novo que eu varreu dentro de casa e limpou. Acabamos os trabalhos as 9:10h fomos tomar o pequeno jantar com os meus irmãos, meu primo e a minha mãe* (Diário de Bento, 02/10/2008).

As negociações e os arranjos relativos à divisão do trabalho no âmbito familiar podem depender de uma variedade de fatores. Às vezes, as crianças dedicam-se a uma certa atividade porque reconhecem que a pessoa que costuma desempenhá-la não está em condições de fazê-lo ou, simplesmente, porque "sentem vontade" de trabalhar. Estas possibilidades são ilustradas pelo Jiassi: "Fui ao mercado porque a minha mãe tinha saído, mas às vezes eu vou porque ela não está bem ou porque sinto vontade de ir ao mercado" (Diário de Jiassi, 03/10/2008). Em geral, vimos que, no contexto considerado, as próprias crianças, encorajadas pelos pais, tendem a encarar positivamente o seu envolvimento no trabalho doméstico. Esta atitude decorre do fato de que os valores atribuídos às atividades das crianças, incluindo o trabalho, são social, cultural e historicamente construídos[7] (VOGLER, MORROW & WOODHEAD, 2009).

Até aqui, as questões relacionadas com o trabalho das crianças foram examinadas em termos puramente qualitativos. Agora, gostaria de fornecer também alguns dados quantitativos acerca das atividades das crianças que participaram na investigação[8]. Os resultados não possuem valor para generalizações, mas são extremamente úteis para oferecer uma "fotografia" do grupo estudado em termos de trabalhos desempenhados. Com efeito, con-

---

7 Nomeadamente, Bass (2004) sublinha a importância de considerar a tripla herança africana de fatores locais, islâmicos e coloniais, para além do contexto pós-colonial atual, para a compreensão do trabalho das crianças no continente.

8 Os dados representam os resultados do questionário que foi subministrado às crianças no âmbito das atividades de investigação desenvolvidas na escola. As crianças que responderam às perguntas foram 94, das quais 49 rapazes e 45 meninas.

sidero que o envolvimento ativo e significativo das crianças nas atividades domésticas, produtivas e comerciais familiares constitui o contexto onde se insere também o tomar conta de outras crianças, o meu objeto de estudo inicial e o foco de análise deste capítulo.

A partir das respostas das crianças, verificamos que todas afirmam desempenhar algum tipo de atividade doméstica, sendo que o seu envolvimento nas atividades específicas é apresentado no Gráfico 1. O gráfico mostra que as duas tarefas mais desenvolvidas (arrumar o quarto e lavar o uniforme) são atividades de "autocuidado", contudo muitas das atividades seguintes são desempenhadas também para outros membros, sobretudo crianças mais novas (p. ex., preparar o mata-bicho, cozinhar e lavar roupa), ou para o bem da família no seu conjunto (p. ex., varrer dentro e carregar água). Em menores percentagens, as crianças ocupam-se também de vários tipos de limpezas e arrumações[9], cuidam de pequenos animais[10], engomam roupa e lavam o carro dos pais.

GRÁFICO 1 AS TAREFAS DOMÉSTICAS DESEMPENHADAS PELAS CRIANÇAS

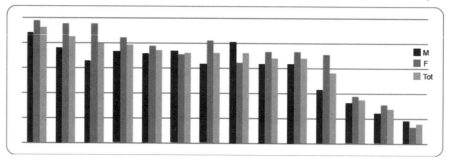

Agrupando todas as respostas das crianças em categorias mais amplas, obtemos os resultados mostrados no Gráfico 2. Vários trabalhos (MONTGOMERY, 2009; WELLS, 2009; EDMONDS, 2007; NIEWENHUYS, 1994; REYNOLDS, 1991) indicam que as meninas estão geral-

---

9 Limpar, tirar o pó, limpar a casa, lavar a casa de banho, limpar a cozinha, limpar o quarto, limpar os bens materiais, limpar o chão, varrer na casa de banho, varrer o rodapé, arrumar a sala, arrumar o sofá.

10 Cozinhar para os cães, servir os animais, dar comida ao cão, criar os pintos, alimentar os pintos.

mente mais envolvidas do que os rapazes nos trabalhos domésticos. Os dados relativos ao grupo de crianças por mim estudado tendem a confirmar esta ideia: apesar de meninas e rapazes estarem envolvidos aproximadamente da mesma maneira nas limpezas e arrumações dentro e fora de casa, nas compras e no transporte de água, as meninas assumem maiores responsabilidades em lavar a louça e a roupa e em servir as refeições. Pelo contrário, os rapazes ocupam-se mais dos trabalhos no jardim e na machamba, um fato relatado também por Wells (2009) e Corsaro (1997), segundo os quais, enquanto as meninas trabalham mais dentro de casa, os seus coetâneos estão mais envolvidos em atividades fora dela, como a jardinagem e a agricultura.

GRÁFICO 2 OS PRINCIPAIS ÂMBITOS DE TRABALHO DAS CRIANÇAS

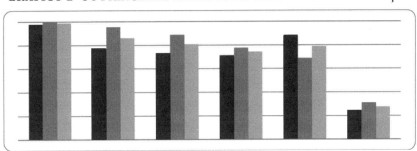

Finalmente, um grupo considerável de crianças refere também ajudar os pais ou outros familiares nas suas atividades. Nomeadamente, a maioria colabora na venda de produtos em casa, na loja ou na barraca. Alguns participam em atividades de costura, trabalho agrícola, mecânica, informática, construção (Gráfico 3). Os outros trabalhos referidos pelas crianças incluem fazer bolos para encomendas, comprar material para o restaurante dos pais, "fazer cadernos", plantar, ajudar a mãe no salão e transportar produtos.

GRÁFICO 3  A COLABORAÇÃO DAS CRIANÇAS NOS NEGÓCIOS DA FAMÍLIA

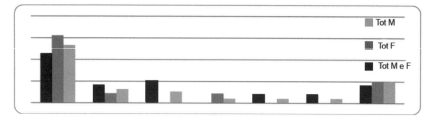

Esta breve panorâmica permitiu compreender que o trabalho desempenhado pelas crianças no âmbito familiar, longe de constituir uma questão de fácil resolução através da sua erradicação, representa uma realidade complexa e articulada. No trabalho infantil, convergem múltiplas estratégias, tanto de socialização e educação das crianças quanto de sobrevivência individual e familiar. Ainda, o trabalho constitui para as crianças uma oportunidade para experimentar formas de autonomia, participando ativamente na vida familiar. Passamos agora a analisar a atividade das crianças de tomar conta de outras crianças que, para além de integrar-se na multiplicidade de estratégias referidas, representa uma atividade ainda mais complexa, uma vez que não se trata de um trabalho com "coisas", como lavar a louça, varrer e assim por diante, mas tem a ver com responsabilidades e relações interpessoais.

## 2 Cuidar de crianças: definindo um fenômeno social complexo

Neste tópico pretendo focalizar uma forma específica de "trabalho" das crianças: o tomar conta dos irmãos mais novos ou de outras crianças da família. Enquanto não conseguir uma definição que dê plenamente conta das perspectivas das próprias crianças, utilizarei, de forma provisória, os termos *trabalho*, *tarefa* e *atividade* para indicar o que as crianças fazem quando assumem a responsabilidade de outras crianças mais novas. O "tomar conta de crianças" desenvolvido pelas crianças que participam do estudo se apresenta como um fenômeno complexo e multifacetado, pela variedade de modalidades em que se apresenta, pela pluralidade de dimensões identificáveis nas práticas quotidianas e, finalmente, pela multiplicidade de significados que lhe são atribuídos. A partir da observação dos quotidianos das crianças, dos seus diários e das suas respostas ao questionário, procurarei apresentar o fenômeno e dar conta da sua complexidade.

Já referi anteriormente que o fato de as crianças cuidarem de outras crianças representa uma prática muito comum no contexto considerado. Esta ideia é confirmada também pelos resultados do questionário, onde 89% das meninas e 90% dos rapazes afirmam que costumam tomar conta de outras crianças. As crianças cuidadas são principalmente irmãos mais novos (77%), mas também primos (52%) e sobrinhos (30%) e, mais raramente, vizinhos e amigos (9%). Contudo, o que significa concretamente tomar conta de uma outra criança depende de uma variedade de elementos, tais como as características das crianças cuidadas, o tipo de cuidado oferecido, as atividades desempenhadas e a presença dos adultos.

As crianças cuidadas podem ser definidas tanto a partir de elementos que são apreendidos de forma subjetiva quanto a partir de características objetivas, como a idade. As crianças costumam utilizar duas categorias para definir as crianças mais novas que lhes são confiadas: "crianças que dão trabalho" e "crianças que não dão muito trabalho". O primeiro termo é utilizado sobretudo para os bebês que choram muito e que precisam de muito tempo e esforço por parte da criança cuidadora para calar. Atalina explica-me que cuidar de bebês é "muito complicado" porque eles não falam e, quando choram, é necessário descobrir o que têm para os acalmarem. O segundo termo usa-se sobretudo para as crianças mais crescidas e autônomas, que não requerem uma atenção constante dos mais velhos.

A grande maioria das crianças (71%) afirma ter sob a sua responsabilidade crianças mais crescidas, de idade compreendida entre os 6 e os 12 anos. Porém, é também significativo o número daquelas que tratam de crianças pequenas, sendo que 41% se ocupa de bebês de 0 a 2 anos e 47% cuida de crianças de 3 a 5 anos. De acordo com a idade, variam as exigências das crianças cuidadas e, consequentemente, muda também o tipo de trabalho das crianças cuidadoras. A este propósito, a conversa entre a Apolinária e Márcia, cujos irmãos têm respectivamente 7 e 2 anos de idade, é ilustrativa das diferentes responsabilidades que lhes são exigidas.

> A: Mas ser a mais velha não anima, tenho de fazer tudo para ele... Se ele quer repetir a comida, se quer sumo, sou sempre eu que tenho de levantar para servir enquanto ele não faz nada!

*M: Pior quando ele à noite chora e tens de acordar para ficar com ele...*
*Eu: Quando o teu irmão acorda à noite, és tu que levantas?*
*M: Sim, quando o meu pai e a minha mãe saem, ele fica comigo. Depois tenho de lhe dar de comer, de lhe mudar de roupa, mudar as fraldas...*
*Eu: Com dois anos tem fralda?*
*M: Bem!*[11] *Tenho de mudar fralda...* (Diário de campo, 09/10/2008).

De acordo com Weisner e Gallimore (1977), uma definição ampla do fenômeno das crianças que cuidam de crianças inclui todo o tipo de socialização, formação e responsabilidade quotidiana que uma criança assume e desempenha em relação a outras. A expressão "tomar conta" refere-se a "atividades que variam da responsabilidade total e a tempo inteiro de uma criança em relação a outra criança mais nova até o desempenho de atividades específicas para uma outra criança sob a supervisão de adultos ou de outras crianças; isto inclui quer as ordens verbais e não verbais para formar e direcionar o comportamento da criança, quer o simples 'dar uma olhadela' no irmão mais novo" (WEISNER & GALLIMORE, 1977, p. 169).

Na altura da elaboração do meu projeto de investigação, tinha pensado estudar as crianças que tomam conta de outras crianças, na ausência dos adultos. Contudo, a partir das primeiras observações exploratórias, resolvi não limitar o meu olhar às situações em que as crianças se encontravam sozinhas, uma vez que tinha notado que elas frequentemente se encarregam dos cuidados relativos a outras crianças mais novas, mesmo na presença dos adultos. Vimos que também Weisner e Gallimore (1977), na sua definição do fenômeno, incluem tanto os cuidados que as crianças desenvolvem em autonomia quanto aqueles sob a supervisão de outros. À luz destas considerações, achei interessante perguntar às crianças onde se encontram os adultos quando elas tomam conta de outras crianças.

Meninas e rapazes apontam que, na maioria dos casos (64%), os pais ou outras pessoas mais crescidas estão perto e podem ver o que eles fazem. Porém, emerge uma diferença ligada à variável de gênero: os rapazes que tomam conta de crianças enquanto os adultos estão muito longe são cer-

---

11 *Bem*: expressão coloquial para dizer "sim" com muita ênfase, utilizada frequentemente pelas crianças.

ca da metade em relação às meninas (22% e 40%, respectivamente). Isto faz-nos pensar que são sobretudo as meninas que assumem a responsabilidade total das crianças quando os adultos não estão; os rapazes também desempenham tarefas para cuidar dos mais novos, mas quase sempre tendo alguém ao lado ou num lugar próximo, de onde pode chegar ajuda em poucos minutos, em caso de necessidade (Gráfico 4). As crianças ficam cuidando de crianças com ou sem a supervisão dos adultos, mas o que fazem concretamente para tomar conta delas? Vamos analisar as atividades que desempenham na próxima seção.

GRÁFICO 4  LOCALIZAÇÃO DO ADULTO, QUANDO AS CRIANÇAS TOMAM CONTA DE OUTRAS CRIANÇAS

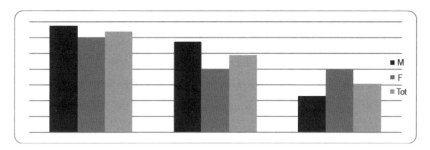

## 2.1 As atividades das crianças para tomar conta de crianças

As crianças cuidam de outras crianças. Isto significa que tanto os cuidadores quanto os sujeitos cuidados fazem parte do mesmo grupo social geracional, o que implica que as suas vidas se desenvolvem de forma bastante parecida. As rotinas diárias que caracterizam o quotidiano de uma criança de 12 anos, tais como dormir, comer, cuidar da higiene pessoal, trabalhar, brincar e ir para a escola, são aproximadamente as mesmas para uma criança de 7, mas também não diferem muito daquelas dos irmãos de 3 anos. No contexto estudado, desde os primeiros anos de vida, as crianças são encorajadas a envolver-se progressivamente no mundo de forma responsável (NSAMENANG, 2006). Nomeadamente, elas devem aprender, antes de mais, a cuidar de si e, depois, a assumir responsabilidades, proporcionais às suas capacidades, em relação aos outros e ao grupo familiar.

No contexto estudado, as crianças aprendem a agir no seu mundo quotidiano observando e, sobretudo, fazendo. Este processo é bem-ilustrado pelo conceito de *participação guiada* (ROGOFF, 2008), onde a "participação" se refere quer à observação, quer ao envolvimento prático na atividade, enquanto a "guia" é representada pela orientação oferecida tanto pelos valores culturais, assim como pelos parceiros sociais. A partir desta ideia, tomar conta de crianças significa principalmente guiá-las na sua participação no mundo e, nomeadamente, no desempenho das rotinas quotidianas. As crianças cuidadoras estão envolvidas aproximadamente nas mesmas atividades das outras crianças, só que elas as desempenham no papel de "guias" ou de "acompanhadoras" de outras crianças. Célia descreve a sequência de ações que todas as crianças desempenham para se preparar para a escola, só que, neste caso, ela não a realiza para si, mas para a irmã.

> *Eu de manhã acordei as 6h e fui lavar a cara e escovei os dentes e acordei a minha irmã mais nova para acordar para ir para a escola e lhe dou banho e levo a escovar dou-lhe para escovar os dentes e lhe vesto o uniforme e matabicha um bocado e depois eu digo Rabia vamos para a escola porque vais atrasar por favor vamos para a escola minha querida* (Diário de Célia, 02/10/2008).

Com o aumento das capacidades e da autonomia das crianças cuidadas, diminui progressivamente o envolvimento das crianças cuidadoras nas suas rotinas diárias. Primeiro, a criança mais velha cumpre as rotinas para a mais nova: "Eu hoje lavei as roupas da minha irmãzinha" (Diário de Célia, 05/10/08). Mais tarde, o mais velho realiza as rotinas com o mais novo: "Fui fazer o mata-bicho com a ajuda do meu irmão mais novo" (Diário de Anselmo, 02/10/2008). Finalmente, a criança cuidadora precisa só de lembrar a outra o que tem de fazer e verificar que o faça:

> *Tocou para ir para escola, fui tomar banho quando voltei apanhei a minha irmã e eu disse: vai tomar banho porque já está na hora de ir para escola, ela foi tomar banho e mudou de uniforme ou melhor mudou de roupa e pus uniforme. Depois de fazer isso tudo fomos para a escola* (Diário de Elídio, 01/10/2008).

A fim de especificar o conteúdo empírico do "cuidar de crianças" das crianças, será útil voltar a considerar as diferentes rotinas que marcam os quotidianos infantis, iluminando o papel que os mais velhos desempenham em relação aos mais novos para cada uma delas. A primeira ação do dia é acordar: às vezes os irmãos acordam juntos, outras vezes, como no caso da Célia, são os mais velhos que vão acordar os mais novos. No caso dos bebês, pode ser necessário velar por eles até acordarem, para depois tratar das outras necessidades:

*Acordei a minha mãe saiu da cama e me chamou para ir ficar com bebé a minha irmã estava a dormir fui dormir com ela porque havia-de cair[12] depois acordou e a minha mãe chamou-me Loló anda fazer comer bebé fiz comer e depois foi para o serviço* (Diário de Lourenço, 30/09/2008).

A seguir, é necessário tratar da higiene das crianças mais novas e da eventual preparação para a escola. De acordo com a idade das crianças cuidadas, pode ser necessário dar-lhes o banho, como no caso da Célia, ou simplesmente lembrar-lhes que têm de ir tomar banho, como no caso do Elídio. Na realidade social analisada, a forma em que as crianças se apresentam na escola é muito importante, porque é considerada o indicador das condições de vida e dos cuidados que as famílias lhes proporcionam. Conscientes da relevância deste aspecto, as crianças se preocupam em mandar os irmãos mais novos para a escola limpos e bem-arrumados, o que pode implicar uma carga de trabalho doméstico adicional para lavar e engomar as suas roupas.

*9h dei banho a minha irmã lhe arrumei ficar bem bonita lhe dei uniforme bem engomada e lhe acompanhei na escola* (Diário de Flórida, 30/09/2008).

No contexto estudado, as crianças tornam-se progressivamente mais autônomas e competentes na conquista do espaço. Contudo, antes de atingirem uma completa autonomia, as crianças menores são acompanhadas

---

12 No contexto estudado, os bebês não costumam ter um berço separado, mas geralmente dormem na mesma cama com os pais, tornando-se assim mais prática a amamentação no horário noturno. Uma vez que a cama não tem proteções, surge a necessidade de arranjar alguém que fique vigiando o sono do bebê, quando os pais saírem.

por outros familiares para a escola, a escolinha ou a casa de alguém. Acompanhar as crianças é uma atividade geralmente desenvolvida pelas crianças mais velhas. Esta supervisão é particularmente relevante se o trajeto a percorrer implica apanhar o transporte público ou atravessar uma estrada transitada.

*Voltando da escola, encontramos Nemia que está a procura do irmão mais novo, da 3ª classe, para irem para casa juntos. Ela diz que às vezes vão juntos e às vezes não, mas ela parece bastante preocupada em encontrá-lo. Várias vezes ao longo do caminho, ela pára para gritar o nome dele ou para ver se é uma das crianças que estão a chegar. Explica-me que ele não sabe andar com os carros a passar, ela tem sempre de lhe dizer "Cuidado com carro!" Ela continua a caminhar connosco, mas diz que perto de casa vai parar e sentar para ficar a espera dele* (Diário de campo, 14/10/2008).

A alimentação é outro âmbito de responsabilidade das crianças que cuidam de outras crianças. Isto não significa apenas cozinhar e servir as refeições, mas também ter o poder de gerir os alimentos disponíveis em casa. Em particular, durante as minhas observações nas casas das crianças, o pão foi frequentemente objeto de disputas e negociações entre os mais velhos e os mais novos. Muitas vezes, o pão representa o único alimento pronto a comer que se encontra nas casas moçambicanas, por isso é pedido pelas crianças mais novas quando sentem fome de repente, fora do horário das refeições. Em contrapartida, as crianças mais velhas utilizam o pão como moeda de troca para exigir que os mais novos façam o que eles estão mandando[13]. Em alguns casos, os mais novos tentam "invadir" o saco de pão sem autorização e são logo repreendidos pelos mais velhos. No seguinte episódio, Márcia tenta convencer a irmã Nina a fazer o seu trabalho de tirar a louça suja para o quintal, enquanto a Nina se agarra ao corpo da irmã para conseguir que ela lhe dê um pedaço de pão.

*Márcia entra em casa e Nina corre atrás dela. Márcia está a tirar a água do tambor para poder tomar banho. Nina tenta mexer o saco de pão e*

---

[13] Na Escócia, Punch (2010) nota que doces, brinquedos e uso de aparelhos eletrônicos representam moedas de troca comuns nas negociações entre irmãos.

*Márcia chama-lhe a atenção: "Não é para você roubar!" Nina choraminga. Márcia não se deixa comover: "Chora!" Nina tenta pegar de novo a perna da irmã e Márcia reclama: "Nina pá, Nina, ah! Nina! Nina!" "Quero pão... tou com fome...", diz a Nina choramingando. A Márcia tenta libertar-se da irmã: "Nina vou atrasar... me deixa!" Nina insiste: "Quero pão!" "Tira lá isto aqui primeiro!", ordena a Márcia apontando à loiça suja que está no chão. Nina nega. Márcia ameaça: "Não te dou pão!" Nina volta a negar e Márcia repete a sua ameaça: "Não vou te dar pão, eu!" Nina nega e Márcia continua firme: "Hei-de tirar...não vou te dar pão..." Então Nina começa a organizar a loiça nas bacias para a poder carregar para fora* (Diário de campo, 07/05/2009).

Uma outra atividade que as crianças desempenham quando ficam com as crianças mais novas é ajudá-las a fazer o TPC. Esta tarefa é geralmente relatada pelas crianças como algo que fazem com prazer, uma vez que o fato de saber coisas que os outros não sabem as faz sentir importantes e contribui para a sua autoestima: "Eu gosto de ensinar as minhas sobrinhas a ler coisas da primeira classe" (Diário de Albertina, 07/10/2008). Dependendo da classe das crianças cuidadas, esta atividade pode ser mais ou menos desafiadora e, às vezes, as crianças cuidadoras precisam de voltar a estudar algumas coisas que já não se lembram.

*Márcia tem um irmão na 2ª e um na 5ª, enquanto a irmã da Linda está na 3ª. Pergunto se elas os ajudam nos TPC e dizem que sim. Linda conta que a irmã a chama para pedir ajuda: "Mana, mana!" Márcia diz que quando não sabe alguma coisa da 5ª classe vai ter com a sua mãe para lhe explicar e depois ela explica ao irmão* (Diário de campo, 05/05/2009).

Finalmente, os bebês requerem alguns cuidados especiais por parte das crianças cuidadoras. Já vimos que o Lourenço tinha de se deitar ao lado da irmã para ela não cair da cama. No caso da alimentação, não basta preparar e servir a comida, mas é necessário também dar de comer à criança. Pelo que se refere à higiene, para além do banho, há o trabalho adicional das fraldas, já referido pela Márcia. Um outro aspecto marcante dos bebês talvez seja que eles não caminham autonomamente e, por isso, precisam de ser constantemente transportados pelas pessoas que tomam conta deles. No contexto estudado, a maneira mais comum de as mulheres carregarem os bebês é nenecá-los, isto é, amarrá-los nas costas com uma *capulana*. As crianças que cuidam de outras crianças também nenecam os bebês que lhes são confiados, não apenas para se deslocarem para algum lugar, mas também para ficarem brincando com os seus amigos na rua.

A seguir, os resultados do questionário contribuirão para compreender quais são as atividades mais desempenhadas e quem as realiza com mais frequência. Perguntei às crianças o que elas fazem efetivamente quando tomam conta de crianças, e estas foram as suas respostas: elas brincam com as crianças (98%), ajudam-nas a fazer TPC (84%), dão-lhes de comer (83%), dão-lhes banho (73%), carregam-nas no colo (65%), ajudam-nas a atravessar a estrada (65%), acompanham-nas à escola (55%), nenecam-nas (48%), lavam a sua roupa (47%), cozinham para elas (40%) e mudam-lhes a fralda (39%).

GRÁFICO 5 ATIVIDADES DESENVOLVIDAS PARA TOMAR
CONTA DE UMA OUTRA CRIANÇA

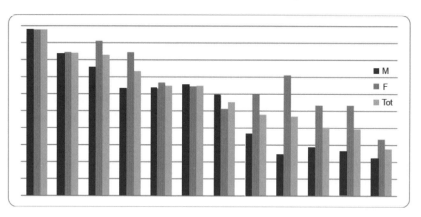

De acordo com os resultados apresentados no Gráfico 5, também neste âmbito, as respostas das crianças revelam uma diferença interessante em relação ao gênero: enquanto algumas atividades são praticadas equitativamente por meninas e rapazes (brincar, fazer TPC, carregar no colo e atravessar a estrada), outras são desempenhadas sobretudo por meninas. Atividades marcadamente femininas no mundo adulto, tais como dar comida, dar banho e, sobretudo, nenecar, cozinhar e lavar roupa para as crianças começam a ter uma conotação de gênero já a partir da infância. Porém esta fronteira, bastante rígida entre os adultos, é ainda flexível e negociável no mundo das crianças, como demonstra o fato de existir um grupo significativo de rapazes desempenhando estas tarefas, apesar de ser um número mais reduzido em relação às meninas.

Em alguns casos, as próprias crianças não reconhecem o fato de tomar conta dos mais novos como algo que implique alguma atividade ou trabalho. Uma vez conversei com o Samito sobre aquilo que ele tinha de fazer para o seu irmão Marino, de três anos de idade, quando ficavam sozinhos em casa. A sua visão do trabalho decorrente do fato de ficar responsável pelo irmão é ilustrada no diálogo que segue:

> Eu: "Ficar em casa sozinho com o Marino?"
> S: "Não custa."
> Eu: "Não te dá muito trabalho?"
> S: "Não."
> Eu: "Tens de fazer o quê quando ficar sozinho com ele?"
> Silêncio.
> Eu: "Não precisa de nada ele?"
> S: "Não."
> M: "Eh! Tens de lhe dar de comer!" – reclama a mãe, que está acompanhando a conversa.
> S: "Lhe dar comida... quando ele sentir fome".
> Eu: "Só tens de lhe dar comida... então tens de cozinhar para ele?"
> S: "Sim" (Diário de campo, 14/03/2009).

Muitas vezes, a contribuição das crianças para a vida familiar é vista simplesmente como uma "ajuda" em casa (BOYDEN, 1999). Isto pode fazer com que o valor real do trabalho das crianças não seja reconhecido pelas próprias crianças nem pelas suas famílias. Por exemplo, no âmbito da investigação de Reynolds (1991) sobre o trabalho infantil, as meninas esqueciam-se de mencionar as tarefas que desempenhavam em casa. Da mesma forma, Samito disse-me que, quando fica em casa com o irmão, não precisa de *fazer nada* para ele. Contudo, existem casos em que as crianças devem apenas "dar uma olhadela" a uma criança mais nova, e esta responsabilidade é geralmente considerada como algo que não dá muito trabalho.

*Pergunto ao Charles se às vezes fica a tomar conta dos seus sobrinhos de 3 e 4 anos e diz que sim. Eu pergunto: "E não custa?" Ele e o Miro dizem logo que não. Miro aponta para a Joaninha (3 anos), sentada na rua a brincar com uma outra menina da mesma idade: "Estás a ver a minha sobrinha aí, por exemplo? Assim ela está a brincar com uma amiga dela e costuma brincar com a sobrinha dele também." Eu pergunto: "Assim vocês podem ficar a brincar enquanto elas estão a brincar também?" Miro e Charles: "Ah, sim..." Depois me explicam que só atendem as crianças, se elas precisarem de alguma coisa* (Diário de campo, 12/05/2009).

Até aqui, procurei traçar um primeiro quadro das modalidades em que o fenômeno das crianças que cuidam de crianças se manifesta no contexto estudado. Focalizei-me sobretudo nas atividades que as crianças mais velhas desempenham para tomar conta das mais novas. Contudo, alguns dos episódios apresentados, por exemplo a negociação entre a Nina e a Márcia, permitiram vislumbrar que cuidar de crianças é muito mais que simplesmente "fazer coisas" para elas, uma vez que se constroem complexas relações sociais, não apenas de cuidado, mas também de afeto, de amizade e de poder.

Rampazi (2007) define a casa como o espaço onde são satisfeitas não apenas as necessidades fisiológicas, mas também as exigências identitárias e relacionais das pessoas que a habitam. De forma análoga, considero que cuidar de crianças não significa só tratar dos seus corpos e da satisfação das necessidades básicas, mas inclui também a negociação de identidades e a configuração de diferentes tipos de relações. Nomeadamente, a prática das crianças que tomam conta de outras crianças pode ser decomposta em três principais dimensões: funcional, relacional e lúdica. Ao falar da dimensão funcional, refiro-me às razões que justificam a existência deste fenômeno e ao papel que efetivamente desempenha dentro da organização familiar e social. A dimensão relacional tem a ver com as múltiplas relações que as crianças cuidadas e cuidadoras estabelecem entre elas, tanto de poder quanto de aprendizagem e de afeto. Finalmente, a dimensão lúdica focaliza-se nas experiências e nas relações vividas pelas crianças não apenas em termos de trabalho e responsabilidade, mas também como cumplicidade, divertimento e brincadeira.

## 3 "Porque nós todos somos iguais" – Gênero e cuidado nas representações das crianças

Muitas investigações reconhecem que as crianças passam grande parte das suas vidas em companhia, e frequentemente sob o cuidado, dos seus irmãos mais velhos, que desempenham um papel central nas suas vidas (CICIRELLI, 1994; WEISNER & GALLIMORE, 1977). Contudo, os pontos de vista das próprias crianças sobre esta realidade raramente são indagados e discutidos (MONTGOMERY, 2009). Ainda, em muitos estudos acerca da vida das crianças, a ênfase na geração tem acabado por marginalizar a variável de gênero. Nomeadamente, segundo Montgomery (2005), nas análises da divisão do trabalho familiar, é assumida como adquirida a centralidade do gênero, sem procurar compreender de que forma as crianças aprendem, negociam e desafiam papéis culturalmente estabelecidos. Nesta seção, procurarei então analisar as representações das crianças cuidadoras acerca da atividade que elas desempenham, prestando uma atenção especial às questões de gênero.

Em particular, uma pergunta específica do questionário proposto às crianças permite-me explorar as suas representações relativas aos papéis de gênero: "Achas que tomar conta de uma outra criança é um trabalho: Só para meninas? Só para rapazes? Para meninas e rapazes?" De acordo com os resultados apresentados no Gráfico 6, nota-se que a maioria das crianças (84% dos rapazes e 62% das meninas) considera que não se trata de uma atividade exclusiva das meninas ou dos rapazes, mas que ambos podem desempenhar esta tarefa. As crianças enfatizam a igualdade entre as meninas e os rapazes, recusando a ideia de uma diferença que implique a atribuição da tarefa de tomar conta apenas às meninas:

*Porque para mim eles são iguais e por isso eu não vejo nenhum motivo de só cuidar uma menina* (Apolinária, 13 anos).

GRÁFICO 6 TOMAR CONTA DE CRIANÇAS É TRABALHO PARA QUEM?

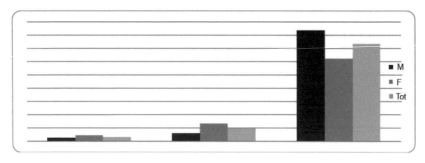

De acordo com as respostas das crianças, tanto as meninas como os rapazes são reconhecidos como competentes nas atividades necessárias para cuidar de uma criança: "Porque tanto menina ou rapaz podemos dar de comer a criança, trocar de fralda, dar banho, lavar a sua roupa e outras coisas" (Lourenço, 12 anos). Por um lado, a importância de as crianças de ambos os sexos tomarem conta de outras crianças fundamenta-se no entendimento que todos, independentemente do gênero e da idade, devem dar a sua contribuição à vida familiar:

*Porque nós todos somos iguais não é que porque é mulher ou homem que é só para ele isso é para nós todos* (Florência, 13 anos).

Como já referido, esta ideia constitui um dos pressupostos da organização social nos contextos africanos e é ressaltada também na Carta Africana sobre os Direitos e o Bem-Estar da Criança. Similarmente, as crianças interpeladas reconhecem que tanto as meninas como os rapazes são chamados a tomar conta de crianças porque isto significa "ajudar a família", uma atividade culturalmente muito valorizada: "Porque cuidar de uma criança é ajudar a família" (Anselmo, 11 anos).

Por outro lado, as crianças sublinham o valor de aprendizagem para o futuro que a experiência de tomar conta de crianças possui, independentemente do gênero. As suas respostas parecem contrariar a ideia difusa tanto no contexto estudado como em outros (WOLF, 1972), segundo a qual, no mundo adulto, o cuidado das crianças representaria uma responsabilidade exclusivamente feminina. Com efeito, as crianças dão um passo à frente em direção à igualdade de gênero, afirmando que tomar conta de outras crianças é um trabalho tanto para meninas como para rapazes porque, na vida adulta, ambos deverão ter as capacidades e os conhecimentos necessários para lidar com os seus filhos: "Porque tomar conta de uma criança é para rapazes e para raparigas para no teu futuro saberes tomar conta do teu bebê" (Neyma, 12 anos).

Segundo Montgomery (2009), em diferentes contextos, a contribuição das crianças nas tarefas domésticas e no cuidado dos irmãos é frequentemente encarada como "brincadeira" ou como uma preparação para a vida adulta. Porém, alerta-nos a antropóloga, esta conceção faz com que o valor e a relevância econômica do trabalho das crianças sejam sistematicamente subestimados tanto pelos pais quanto por elas mesmas. Contudo, os resultados do questionário mostram que geralmente as crianças encaram de forma positiva a prática de tomar conta dos irmãos. Descobertas similares são relatadas por Dahlblom et al. (2008), uma vez que cuidar de crianças era considerado uma experiência gratificante e significativa para a maioria das crianças envolvidas no seu estudo na Nicarágua. Na mesma direção, um menino moçambicano explica que tomar conta de crianças representa uma atividade apreciada tanto por meninas quanto por rapazes, até ao ponto de eles chegarem a competir para poder desempenhar: "Porque as meninas assim como os rapazes é bom, todos sentem uma certa energia positiva de ficar com as crianças, às vezes lutam por querer ficar com elas" (Denilson, 12 anos).

Finalmente, segundo as crianças, o fato de meninas e rapazes tomarem conta de crianças mais novas justifica-se também porque estas não têm preferências e apreciam ficar tanto com uns como com outros: "Porque entre elas não há diferença e porque eles gostam tanto das brincadeiras das meninas como dos homens" (Aurora, 11 anos). Porém, apesar desta tendência geral de afirmar uma certa igualdade entre os dois sexos, as respostas de algumas meninas revelam que algumas diferenças ainda existem. Nomeadamente, a frase seguinte reconhece a existência de uma diferença radical entre meninas e rapazes: Cuidar de crianças é trabalho só para rapazes porque eles não gostam de crianças, quando veem batem (Rita, 12 anos).

À primeira vista, as palavras da Rita não parecem facilmente compreensíveis. Em trabalho anterior (COLONNA, 2010), defendi que esta resposta era contraditória e sugeria duas possíveis interpretações. A primeira hipótese era que a criança se tivesse enganado ao responder e talvez quisesse escrever que cuidar de crianças *não* é trabalho para rapazes, porque eles não gostam de crianças. De acordo com a segunda possibilidade, a Rita estaria sugerindo que os rapazes deveriam ser obrigados a ficar com as crianças, pelo próprio fato de não gostarem delas. Se esta segunda hipótese fosse correta, a menina estaria primeiro a identificar uma diferença de gênero (as meninas gostam de crianças e os rapazes não gostam) e depois a propor medidas para contrabalançar esta diferença: colocar os rapazes cuidando de crianças para se habituarem e também passarem a gostar delas.

Só mais tarde, graças à colaboração de um informador privilegiado local, consegui entender o autêntico sentido das palavras da Rita. A chave de leitura é representada pela palavra "trabalho" que eu tinha utilizado na pergunta. Rita quis explicar que tomar conta de outra criança constitui algo trabalhoso, que implica um esforço, apenas para os rapazes. Uma definição análoga de trabalho é identificada por Boyden, Ling e Myers (1998) na sua investigação. Segundo estes autores, quando interpeladas sobre as suas atividades, as crianças tendiam a identificar como trabalho apenas as coisas que não gostavam de fazer. Deste modo, enquanto cuidar de crianças é "trabalho" para os rapazes, Rita considera que seja algo "normal" para as meninas, uma atividade que faz parte do seu quotidiano e que não chega a ser considerada trabalho porque elas gostam de crianças e se ocupam delas com prazer.

As respostas das crianças à questão seguinte[14] contribuem para confirmar a minha interpretação. De acordo com os resultados visualizados no Gráfico 7, nota-se que, para a maioria das crianças, cuidar de crianças às vezes anima e às vezes custa (82% dos rapazes e 58% das meninas). Esta atividade anima para mais meninas (60%) do que rapazes (33%) e custa apenas para alguns rapazes (8%). Estes resultados são plenamente coerentes com a ideia expressa por Rita. Para os rapazes, cuidar de crianças não

---

14 A questão é: "Achas que tomar conta de uma outra criança: Anima? Custa? Às vezes anima e às vezes custa?" Optei pelos termos *anima* e *custa* porque representam expressões típicas das crianças moçambicanas, utilizadas para indicar algo positivo e negativo respectivamente.

é sempre fácil e divertido: é por isso que pode ser considerado um "trabalho". Pelo contrário, para as meninas, tomar conta dos mais novos constitui principalmente uma experiência positiva.

GRÁFICO 7 TOMAR CONTA DE CRIANÇAS ANIMA OU CUSTA?

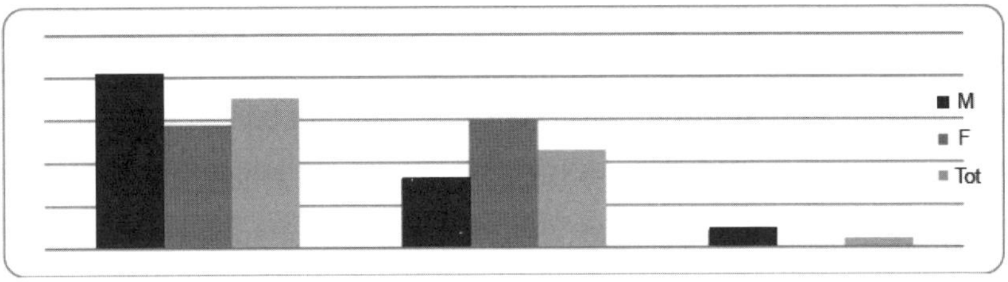

Como explicar esta diferença? Efetivamente, há uma expectativa cultural bastante forte que requer que as meninas estejam preparadas para o seu futuro papel de mães, o que resulta em socializações diferentes para as meninas e os rapazes. Mas, acima de tudo, as crianças podem observar quotidianamente que os adultos que tomam conta de crianças são quase sempre mulheres. Considero que a observação das práticas adultas por parte das crianças constitua o elemento central para deduzirem que, para uma menina, é "normal" tomar conta de crianças.

Nas conversas informais, quando pergunto com quem aprenderam a cuidar de crianças, as meninas costumam apontar para mães, tias e irmãs. Por outras palavras, nas suas experiências quotidianas, as crianças dificilmente encontram, entre os adultos, exemplos de homens que tomam conta de crianças. Por isso, apesar de o gênero não representar o eixo estruturante da divisão do trabalho nas práticas das crianças, este elemento parece central nas suas representações e expectativas em relação ao mundo dos adultos. As crianças que participaram da investigação demonstram ter uma visão bem clara da divisão de gênero dos trabalhos domésticos, sobretudo no âmbito do casal, assim como ilustrado através dos dois exemplos que seguem.

Um dia, voltando da escola com um grupo de crianças, passamos em frente da casa de um jovem que está lavando a louça na varanda. Eu cumprimento-o e Urzula, uma menina de 14 anos, pergunta-me admirada: "Está lavando a louça sozinho? Não tem mulher ele?" A mesma admiração percebe-se também nas palavras de Atalina, meses mais tarde, quando conto que ao acordar ponho água na bacia para eu tomar banho: "E não pões água para o teu namorado? Ele põe sozinho?" Apanhada de surpresa, respondo que depende, que posso pôr primeiro para ele e depois para mim. Ela faz uma cara e uma exclamação de aprovação e de alívio. O fato de eu, enquanto mulher, preparar primeiro a água para o banho do homem e só depois para mim coloca-me logo dentro daquilo que Atalina considera a "normalidade" e que a deixa mais tranquila. Da mesma forma, Urzula teria considerado "normal" ver uma mulher e não um homem a lavar a louça.

O reconhecimento por parte das crianças de alguns trabalhos como especificamente femininos (ou masculinos) depende da educação e da aprendizagem da tradição e o meu "ser estrangeira" contribui para melhor identificar os elementos que respondem a regras aprendidas. Contudo, as normas sociais, incluindo aquelas relativas à divisão de gênero do trabalho, não representam algo fixo e imposto às crianças, mas devem ser entendidas como o resultado de um processo de relações e negociações em que elas também participam, junto com os outros atores sociais. A partir desta perspectiva, na próxima seção, considerarei as formas em que a atribuição da responsabilidade de cuidar de crianças é gerida e negociada na organização quotidiana das crianças e das suas famílias.

Antes disso, parece-me relevante explorar as opiniões das crianças em relação ao seu papel de cuidadoras dos mais novos. Será que elas se consideram como uma "saída de emergência" na ausência dos adultos? Ou, pelo contrário, acham-se sujeitos competentes para assumir a responsabilidade de outras crianças? As respostas das crianças são surpreendentes (Gráfico 8). A quase totalidade do grupo (87%) concorda em afirmar que, quando os pais vão trabalhar, é melhor que as crianças fiquem com os seus irmãos mais velhos. Apenas em medida inferior, as crianças apontam para os avós (57%), outros familiares (56%) e a empregada (39%). A mensagem das crianças é clara: elas reivindicam o seu papel de cuidadoras dos irmãos mais novos, considerando-se as pessoas ideais para ficar com eles na ausência dos pais.

### Gráfico 8 Com quem é melhor que fiquem as crianças na ausência dos pais?

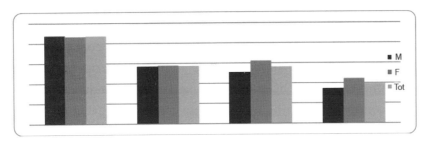

Ainda, segundo Rogoff et al. (1975), num número significativo de sociedades não ocidentais, no período de idade entre os 5 e os 7 anos, os pais delegam às crianças a responsabilidade de cuidar de crianças mais novas. Como representado no Gráfico 9, também no meu estudo algumas crianças apontam que uma criança pode cuidar de outra a partir dos 5 anos de idade. Contudo, a grande maioria (73%) indica que uma criança se torna suficientemente competente e responsável para cuidar de uma outra criança a partir de uma idade compreendida entre os 9 e os 12 anos. O que é interessante é que se trata exatamente da faixa etária das crianças interpeladas. Por outras palavras, mais uma vez, as crianças reconhecem-se como os sujeitos mais apropriados para tomar conta dos seus irmãos mais novos e das outras crianças da família. Consideradas as representações das crianças em relação ao seu papel de cuidadoras, passarei agora a analisar as formas em que elas assumem e negociam esta responsabilidade na prática.

### Gráfico 9 Idade a partir da qual uma criança pode cuidar de outra criança

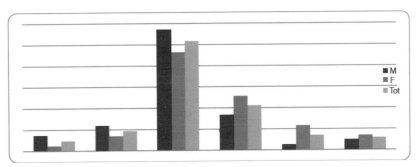

## 4 Quem cuida de crianças na prática?

As conversas com as crianças e as observações etnográficas realizadas em algumas famílias tendem a confirmar a ideia geral de igualdade entre meninas e rapazes no desempenho da tarefa de tomar conta dos irmãos, uma ideia que tinha sido amplamente defendida pelas crianças no âmbito do questionário. As evidências indicam que a quase totalidade das crianças costuma contribuir para o bom andamento da vida familiar, independentemente do gênero. Na prática, nota-se uma elevada variabilidade em relação à qual criança é nomeada como cuidadora em uma determinada família. De acordo com Dahlblom et al. (2008), também na sociedade nicaraguense, quem assume a responsabilidade pelos mais novos muitas vezes não é o mais velho, como se poderia esperar, e nem sempre se trata de uma menina.

O gênero representa apenas um dos múltiplos fatores a partir dos quais a divisão do trabalho doméstico é realizada (PUNCH, 2001). Às vezes, outros elementos, tais como a ordem de nascimento, a idade, a composição familiar e o horário de entrada na escola, revelam-se igualmente ou até mais relevantes do que a variável de gênero. Através da apresentação de alguns exemplos concretos, procurarei aqui esclarecer a influência dos diferentes fatores na divisão das tarefas domésticas e, de modo especial, na assunção da responsabilidade pelas crianças mais novas. Nesta discussão, os pontos de vista das crianças cuidadoras e das crianças cuidadas serão levados em consideração.

### *Família de Paulino*

Paulino, de 12 anos, é o segundo de cinco irmãos: Cindinha de 15 anos, Albino de 10 anos, Tica de 7 anos e Mutuzy de 1 ano. Durante as manhãs, Cindinha e Albino estão na escola, enquanto a mãe se encontra ocupada no trabalho agrícola e na venda das hortaliças que ela mesma cultiva. Tica, assim como o Paulino, entra na escola à tarde, mas ela é mais nova e prefere ocupar as suas manhãs brincando com as amigas sem a preocupação de ficar com o irmão mais novo. Desta forma, apesar de não ser o mais velho e de ser um rapaz, Paulino costuma ser o principal responsável pelo irmãozinho mais novo, Mutuzy. Por sua vez, Mutuzy já está habituado a ficar com ele e, mesmo estando outras pessoas em casa, prefere ir sempre atrás do Paulino.

*Paulino dá-me cadeira. Depois diz que vai pegar a bacia com água para tomar banho e, como sempre, o Mutuzy vai atrás dele. Depois de algum tempo vem ter comigo e diz que não pode ir para a escola agora porque a avó disse-lhe que todos querem sair, de modo que ele tem de ficar em casa com o irmãozinho. Pergunto-lhe se não custa. "O que?", pergunta ele. "Ficar com o Mutuzy.", respondo-lhe. Ele explica: "Ah não, ele já sabe o que deve e não deve saber... por exemplo, não faz cocó nas calças mas me avisa,..." Diz também que o Mutuzy gosta de ficar sempre com ele e é por isso que agora também está a querer chorar, porque pensa que o Paulino vai sair comigo. Eu não tinha dado conta mas, quando olho para o Mutuzy, noto que, de facto, parece estar a ponto de chorar. Entretanto chega a mãe e vem sentar comigo. Enquanto falamos, o Mutuzy sobe no colo dela e chora. Inicialmente não entendo a razão do seu choro, mas depois penso que talvez seja porque o Paulino saiu* (Diário de campo, 11/05/2009).

O irmão mais novo demonstra ter uma ligação muito forte com o Paulino, que representa o seu ponto de referência. Em contrapartida, Paulino sente-se orgulhoso de ter sido escolhido como "preferido" pelo irmão mais novo e trata dele com muita paciência e dedicação, levando-o consigo nas suas atividades e brincadeiras. Também Read (1960), no âmbito da sua investigação no Malawi, identifica um extremo orgulho das crianças pelas suas habilidades de cuidadoras e pela proteção garantida aos mais novos. Contudo, apesar de o Paulino encarar positivamente o seu papel de cuidador do irmãozinho, existem ocasiões em que precisa ou prefere ser libertado do desempenho desta tarefa.

Quando ele vai à escola, quando tem de realizar algum trabalho para a família ou simplesmente quando quer sair com os amigos, dependendo das circunstâncias, a mãe, os irmãos ou outros familiares ficam tomando conta do menino. Se, por acaso, chegar a hora de ir para as aulas e não estiver ninguém com quem deixar o Mutuzy, Paulino leva-o consigo para a escola, onde encontra o Albino saindo e lhe entrega o irmãozinho para voltarem juntos para casa. Neste caso, a disponibilidade e as relações de afinidade estabelecidas entre os irmãos representam os principais fatores que determinam e organizam a assunção de responsabilidade das crianças mais velhas em relação às mais novas.

### Família de Atalina

Atalina, de 11 anos, é a mais nova de sete irmãos e mora na casa dos pais, que estão frequentemente fora da cidade por razões de trabalho. Vivem com ela quatro irmãos, uma irmã com a sua filha de um ano e uma prima da mesma idade da Atalina. A irmã mais velha trabalha fora todo o dia e à noite vai para a escola, de modo que a bebé, Ulani, costuma ficar sob a responsabilidade dos outros irmãos. Na parte da manhã, os irmãos que estão em casa dividem as tarefas domésticas entre eles: Atalina lava os pratos e limpa a cozinha, a prima lava as panelas e limpa a casa de banho, um dos irmãos cozinha etc. Ulani circula pela casa, tendo a possibilidade de escolher com quem ficar entre as pessoas disponíveis. De acordo com as minhas observações, a menina opta principalmente pela companhia de Atalina e da prima que, por sua vez, parecem dedicar-lhe mais tempo e atenções.

*Atalina pede licença e levanta da mesa com o seu prato. Ulani quer seguir Atalina, mas ela prefere ficar livre para fazer o seu trabalho de lavar a loiça. Então, apontando para a prima, exorta-a: "Vai lá Vitória te dar papinha! Vai..." Ulani, sempre carregando a sua cadeirinha, aproxima-se da mesa e a prima indica-lhe um espaço ao seu lado: "Senta aqui!" Ulani senta. Vitória continua a comer, só que agora algumas colheres de papinha vão para a sua boca e outras mete na boca da Ulani, que come satisfeita. Quando acabam de comer, Ulani e Vitória passam para a cozinha onde Atalina está a lavar a loiça. Ulani circula pela casa, enquanto Vitória passou para a zona dos quartos, talvez a varrer. Atalina entra na zona dos quartos e fala com a prima Vitória. Depois vem em direcção ao quintal, dizendo zangada: "Vou queixar no mano! Mano! Vitória não quer ficar com Ulani porque está a arrumar a gaveta, diz que é para eu escovar a cozinha com Ulani!" Ulani vem atrás dela. Um outro irmão, que também está no quintal, aproxima-se e chama Ulani: "Anda cá, mano Jassi. Deixa tia Atalina, vamos lá..." Ulani chora. O mano Jassi estica os braços para a pegar mas ela não quer. Esconde-se atrás das pernas da Atalina e depois abraça-as. "Não queres doce hoje? Vamos lá comprar doce...", insiste o tio. Atalina encoraja a sobrinha a ir: "Vai comprar doce com o mano Jassi..." Ulani parece ainda duvidosa e com as lágrimas nos olhos, mas se entrega nos braços do mano para ir comprar o doce (Diário de campo, 20/06/2009).*

Esta situação permite compreender as múltiplas formas em que a responsabilidade pelos mais novos é negociada nas interações quotidianas, iluminando também o papel jogado pelas próprias crianças cuidadas. Apesar de não falar, Ulani é capaz de comunicar aos tios as suas preferências, que está disposta a modificar só após a promessa de obter alguma coisa em troca, neste caso, um doce. A sua participação ativa nas negociações que se desenvolvem no âmbito familiar contribui para o reconhecimento dos bebês enquanto atores sociais competentes, um entendimento que constitui o alicerce do trabalho desenvolvido por Coutinho (2010).

Mas Ulani não é a única a ter as suas preferências, uma vez que as crianças mais velhas também são portadoras de exigências e interesses específicos, que procuram defender negociando papéis e responsabilidades com os outros membros da família. Nomeadamente, Vitória e Atalina costumam encarar positivamente a responsabilidade pela sobrinha durante os momentos livres, as brincadeiras, as refeições e até mesmo o desempenho de algumas tarefas domésticas. Por exemplo, Atalina não se importa que Ulani circule pela cozinha enquanto ela está lavando a louça. Porém, existem ocasiões em que a presença de uma criança pequena pode representar um obstáculo e as crianças preferem que seja alguma outra pessoa a tomar conta dela. De fato, a responsabilidade constitui uma prática que, dependendo das circunstâncias, é experienciada pelas crianças tanto como um privilégio quanto como um peso (BJERKE, 2011).

No caso acima apresentado, a disputa entre a Vitória e a Atalina é resolvida pela intervenção de um dos irmãos mais velhos e ambas conseguem o resultado esperado de serem libertadas da responsabilidade pela criança mais nova. Contudo, as negociações familiares nem sempre se concluem com a satisfação de todos os participantes e, às vezes, os que têm menos poder são obrigados a aceitar as decisões dos outros. No episódio seguinte, as duas meninas levam a sobrinha com elas para uma festa na escola, apesar de terem preferido ir sozinhas. Neste caso, Atalina e Vitória foram escolhidas para ficar com Ulani não tanto por serem meninas, mas por serem as únicas a ir para um lugar onde poderiam levar consigo o bebê.

*Hoje na escola não há aulas, mas uma festa para todos os alunos. Ao lado do campo de futebol, encontro Atalina, Vitória e Ulani. Vitória está sentada com o bebé no colo. Atalina limpa com um pano o leite que Ulani se despejou nas calças e depois entrega-lhe o biberão. Pergunto a Atalina se vieram todas juntas para comemorar o Dia da Criança. "Eu nem queria vir com ela!", responde-me. Depois Atalina explica-me que cuidar de bebé "dá trabalho". Ela teve de levar porque não estava ninguém em casa para ficar com ela, mas não gosta porque, enquanto as outras crianças estão a brincar, ela tem de cuidar da sobrinha* (Diário de campo, 01/06/2009).

## Família de Samito

Samito, 12 anos de idade, é o mais velho de três irmãos: ele, Valter de 9 anos e Marino de 3. Nesta família, o critério de atribuição da responsabilidade é, em primeiro lugar, o horário escolar e, a seguir, a idade e o próprio comportamento de cada uma das crianças. Uma vez que o Valter estuda de manhã e o Samito à tarde, quando a mãe se ausenta para comprar e vender produtos, Marino fica sob o cuidado do irmão que estiver em casa. À noite, quando a mãe vai para a escola e os três meninos ficam sozinhos em casa, a responsabilidade de servir o jantar para os irmãos é confiada ao Samito, não apenas por ser o mais velho, mas também porque a mãe o considera mais responsável.

*A mãe do Samito explica-me que prefere mandar o Valter a vender na outra rua porque lá não tem amigos por perto. Se ela lhe confiar a banca em casa, ele pode pensar "volto já!" e depois vai brincar e se esquece da banca. Depois acrescenta: "Só Samito é que entende, você pode lhe mandar e ele faz boa coisa"* (Diário de campo, 15/04/2009).

Através das observações, pude também notar que os dois irmãos mais velhos tendem a exercer práticas diferenciadas em relação ao mais novo. Por um lado, o Samito costuma ocupar-se das tarefas domésticas e dos TPC, enquanto o Marino fica na rua brincando com outras crianças. Como ele mesmo relata, tomar conta do irmão não representa um trabalho difícil, uma vez que não precisa fazer nada para ele, a não ser responder aos seus pedidos. Contudo, em alguns momentos, é o Samito que toma a iniciativa de interagir com o irmão para lhe ensinar alguma coisa, para o mandar ou para brincar. Por outro lado, apesar de o Valter dar algumas ordens verbais ao irmão e o tentar consolar quando chora, ele e Marino tendem a ser sobretudo parceiros de brincadeiras. Por isso, o Valter experiencia o tempo passado sozinho com o irmão mais novo, principalmente como uma oportunidade para brincarem antes que a mãe volte e lhes confie alguma tarefa.

> *Valter e Marino estão a cabriolar num colchão deitado no chão da sala. Chega a mãe com uma bacia de roupa que acaba de lavar e logo volta a sair para ir buscar o resto. Valter propõe: "Marino, vamos lá brincar de Tchó, tchó, tchó!"[15] O Marino responde: "Estou cansado!" "Então eu não vou brincar também!", replica o Valter ofendido. Marino continua a cabriolar e Valter deita-se no colchão, chamando a atenção ao irmão: "Aqui não é sítio para dar pinos! Quero dormir!" Mas logo depois o Valter levanta e amostra ao Marino como parar na cabeça, que tenta sem conseguir. "Vamos brincar de Tchó, tchó, tchó primeiro, porque daqui a pouco a mamã vai voltar.", volta a propor o Valter. Marino começa a contar, enquanto o irmão esconde-se* (Diário de campo, 12/03/2009)

O Valter parece ter menos autoridade sobre o mais novo, que não aceita imediatamente o que o irmão sugere. Contudo, graças à sua esperteza, Valter consegue convencer o irmão a realizar a brincadeira que ele tinha proposto. Apesar do jeito mais brincante do Valter e o mais sério do Samito, Marino expressa-me a sua preferência em ficar com o irmão mais velho, mas não tive a oportunidade de esclarecer as motivações da sua opção. Contudo, entre as possíveis razões, considero a paciência do Samito em responder às questões do irmãozinho e também o fato de ele ficar mais frequentemente responsável no atendimento das suas necessidades, principalmente alimentares, um aspecto que o Marino valoriza de modo particular.

> *Pergunto ao Marino com quem gosta de brincar e ele responde: "Com mamã!" "E com Valter e Samito?", pergunto eu. "Com Samito!", grita o Marino. "E com quem gostas de ficar?", continuo eu. "Com Samito!", grita ele de novo* (Diário de campo, 18/03/2009).

---

15 *Tchó, tchó, tchó*: nome moçambicano da clássica brincadeira onde alguns se escondem e um outro os procura.

Em várias oportunidades, Marino demonstra uma clara predileção pelos cuidados da mãe, porém, na sua ausência, aceita de bom grado os cuidados e a proteção que lhe são garantidos pelos irmãos. A presença familiar dos irmãos é considerada de longe preferível e mais tranquilizadora em relação a ficar sozinho ou com uma pessoa desconhecida. Esta ideia é explicitada no seguinte diálogo:

> *Marino e Samito estão sozinhos em casa e está quase na hora de o Samito sair para a escola. Pergunto-lhe com quem vai ficar o Marino quando ele sair e ele responde que vai ficar sozinho. Marino: "Não quero, não quero ficar sozinho. Quero ficar com mamã". Samito: "Há-de vir". Marino: "Não quero ficar sozinho, vou ficar com quem?" Samito: "Com você". Marino: "Não quero ficar com ladrão[16]. Vou com você. Vou te perseguir." Samito: "Pra onde?" Marino: "Na escola"* (Diário de campo, 10/03/2009).

### Família da Márcia

Márcia tem 12 anos de idade e vive com a mãe e os seus três irmãos: Ronaldo, de 10 anos, Domingos, de 8 anos e Nina, de 4 anos. De manhã, enquanto os dois irmãos vão para a escola, a mãe está ocupada nas suas atividades e a empregada vai buscar água longe de casa, Márcia fica tomando conta da sua irmã mais nova. Atualmente, a irmã não parece dar-lhe muito trabalho, sendo que Márcia tem de servir-lhe o mata-bicho e controlar que ela cumpra os pequenos deveres que lhe são atribuídos. Contudo, Márcia conta-me que, sobretudo no passado, cuidar da irmã representou uma atividade bastante cansativa porque ela tinha que nenecar a criança por períodos prolongados, talvez por ser menina, mas provavelmente sobretudo por ser a mais velha.

> *Eu, Márcia, Linda e Cesaltina estamos na minha casa a conversar e as meninas veem no jornal uma fotografia de uma criança que neneca uma outra. Eu pergunto: "Não custa fazer neneca?" Linda diz que não.*

---

16 Ao dizer "ladrão", Marino provavelmente refere-se à investigadora, cuja presença na sua casa não lhe ficou esclarecida, apesar das explicações do irmão mais velho.

> *Márcia ri e apontando para o ombro, explica-me: "Quando você ficar muito tempo, aqui começa a doer... Agora já descansei de nenecar a Nina". Então pergunto: "Costumavas nenecar a tua irmã?" "Todos os dias, quando eu voltar da escola... eu entrava de manhã, quando eu voltava, eeeeh..."[17], responde-me a Márcia e conta que, quando a mãe não estava, costumava ir para todo o sitio com ela. Pergunto-lhe se nenecava a Nina só quando era bebé e ela diz: "Mesmo agora, quando ela está doente... Mas dói!" Cesaltina também comenta que não gosta tanto de nenecar desde o dia em que nenecou um bebé que fez xixi e molhou a sua roupa, enquanto ela já estava de uniforme para a escola, então teve de voltar para casa e mudar de roupa* (Diário de campo, 15/10/2008).

Para muitas meninas, nenecar um bebê constitui um divertimento, uma oportunidade para brincar com um "boneco de verdade", mas também uma ocasião para mostrar aos outros as próprias competências e força. Pelo contrário, Márcia reconhece que se trata de uma tarefa desafiadora do ponto de vista físico, devido à relativamente exígua diferença de tamanho entre a criança carregada e a que carrega. Em relação à perspectiva da Nina acerca das pessoas que cuidam dela, observa-se que as suas preferências são substancialmente as mesmas indicadas pelo Marino: primeiro a mãe e, a seguir, os irmãos.

> *Eu: "Gostas de ficar com quem aqui em casa?" Nina: "Com minha mãe". Eu: "Com tua mãe?" Nina: "Só!" Eu: "E com os teus irmãos?" Nina: "Com aqueles ali, aqueles ali... que foram na escola, só!" Eu: "E a mana Márcia?" Nina: "Gosto de ficar com a mana Márcia, só!" Eu: "Gostas?" Nina: Mh. Só!* (Diário de campo, 07/05/2009).

Todos estes exemplos da vida das famílias de Maputo indicam que, na prática da organização quotidiana, não é tanto o gênero a representar o fator determinante na divisão do trabalho doméstico quanto a disponibilidade das pessoas para o desempenho de certas tarefas. Nomeadamente, a própria presença das crianças em casa, definida essencialmente pelo horário escolar, revela-se um dos critérios fundamentais para a atribuição da responsabilidade pelos mais novos. Resultados análogos são relatados por

---
17 *Eeeeh*: expressão coloquial para indicar alguma atividade muito intensa ou pesada.

estudos acerca das crianças que cuidam de crianças realizados em diferentes contextos, tais como o da Nicarágua (DAHLBLOM et al., 2008) e o da Bolívia (PUNCH, 2001).

Contudo, através da convivência e dos cuidados prestados e recebidos, as crianças vão estabelecendo entre elas relações de afeto, de amizade, de confiança e de cumplicidade. A meu ver, nos casos em que haja mais de uma pessoa disponível para cuidar das crianças, estas relações de afinidade desempenham um papel importante. Nas inúmeras negociações quotidianas para a definição da responsabilidade pelos mais novos, tanto as crianças cuidadoras como as cuidadas procuram utilizar os recursos à sua disposição para defenderem as suas prioridades e satisfazerem as suas exigências. Algumas vezes, os mais novos conseguem prevalecer, mas, na maioria dos casos, acabam submetendo-se às decisões dos mais velhos.

Ainda, apesar de as crianças reconhecerem teoricamente uma divisão social do trabalho doméstico baseada no gênero, a maioria delas contribui ativamente nas atividades familiares, independentemente do sexo. Deste modo, parece-me apropriado considerar as famílias como unidades flexíveis que, mesmo reconhecendo as normas tradicionais de distribuição de tarefas ligadas ao gênero e à geração, têm frequentemente de adaptar-se a mudanças dependentes da disponibilidade dos seus membros para o trabalho, que pode variar por causa de múltiplas circunstâncias (PUNCH, 2001).

## Concluindo – O direito/dever das crianças de participar na vida familiar

Neste capítulo pretendi demonstrar que a grande maioria das crianças estudadas desempenha um papel central na vida familiar. No bairro estudado, "as necessidades das crianças dificilmente podem ser separadas das necessidades dos outros membros da família que são importantes para elas" (WIHSTUTZ, 2011). Por isso, noções como trabalho e responsabilidade não podem ser assumidas como adquiridas nem discutidas de forma abstrata, mas precisam ser analisadas em contextos específicos, a partir das referências sociais e culturais locais. Ainda, a documentação das responsabilidades que assumem e dos trabalhos que realizam representa um caminho imprescindível para tornar visível a agência das crianças nas suas vidas quotidianas "normais" (BJERKE, 2011).

Nomeadamente, procurei aqui discutir a responsabilidade e o trabalho de tomar conta de crianças, encarando esta realidade como um aspecto significativo e quotidiano das vidas das crianças envolvidas na investigação. Não reconhecer os cuidados que prestam aos mais novos significa silenciar as crianças e relegá-las à concepção cultural dominante que considera a infância como um período de dependência e incompetência (WIHSTUTZ, 2011). As experiências das crianças que cuidam de crianças representam um fenômeno social complexo, no âmbito do qual são chamadas a desempenhar uma multiplicidade de atividades. As circunstâncias específicas e as características das crianças cuidadas, que variam desde os bebês até àquelas mais crescidas, determinam o papel das crianças cuidadoras. Cuidar de crianças pode significar um envolvimento constante na supervisão dos mais novos e na satisfação das suas necessidades, o desempenho de atividades pontuais ou a simples disponibilidade para atender eventuais pedidos das crianças sob a sua responsabilidade.

Concordando com Durkheim (2007), considero que uma visão compreensiva do fenômeno não pode limitar-se à identificação da função social que este desempenha dentro de uma dada sociedade. Assim, depois de reconhecer a utilidade desta prática como uma forma de libertar as mães dos cuidados das crianças para tratarem da subsistência familiar, procurei analisar as múltiplas dimensões que compõem a experiência das crianças que cuidam de crianças. De acordo com Gilligan (1995, p. 123), "as pessoas vivem em conexão umas com as outras e as vidas humanas estão entrelaçadas em uma miríade de formas mais ou menos sutis". Olhando para as conexões e as ligações entre as crianças, consegui identificar relações de poder, de ensino e aprendizagem e de afeto e amizade. A dimensão lúdica, reconhecida como um dos pilares das culturas infantis (SARMENTO, 2004) e como a maneira peculiar das crianças de estarem no mundo (NUNES, 1999), foi também reconhecida enquanto elemento constitutivo da prática das crianças que cuidam de crianças.

Através do uso de múltiplas ferramentas de investigação foi possível delinear uma visão multifacetada do fenômeno estudado, uma vez que cada instrumento captura um aspecto diferente da realidade social. Por um lado, os resultados do questionário iluminam as representações das crianças acerca do cuidar de crianças, trazendo à tona as normas culturais que regulamentam a sua atividade enquanto cuidadoras. Por outro lado, a observação participante permitiu captar as interações quotidianas no seu decorrer, compreendendo como as representações e as normas se transformam em práticas concretas.

Em diferentes contextos do mundo maioritário, as crianças nem sempre reconhecem o valor real do trabalho que desenvolvem no âmbito familiar, uma vez que este tende a ser encarado como socialização, preparação para a vida adulta, educação e brincadeira (NIEUWENHUYS, 1996). As crianças envolvidas na investigação confirmam que tanto a dimensão lúdica quanto a preparação para a vida adulta são aspectos relevantes na sua atividade como cuidadoras. Tanto as meninas como os rapazes são encarados como competentes para tomarem conta dos mais novos. Independentemente do gênero, todos são chamados a desempenhar esta atividade porque representa uma experiência positiva, preparatória para o futuro papel de pais e útil para o núcleo familiar. Conscientes que cada um tem de cumprir as suas obrigações na família, as crianças tendem a não reconhecer a relevância da sua contribuição, pensando que estão apenas "ajudando" em casa (PUNCH, 2001).

Apesar de as crianças afirmarem uma geral igualdade entre meninas e rapazes, as diferenças de gênero existem. Os efeitos do cruzamento das variáveis de gênero e de geração em subestimar o trabalho das crianças torna-se evidente quando as meninas descrevem o tomar conta de crianças como um "trabalho" para os rapazes e uma "rotina normal" para elas. De acordo com Montgomery (2005), muitos estudos têm reconhecido o gênero como algo que afeta fortemente a vida das crianças, sem procurar analisar como isto ocorre na prática. De forma exploratória, foi este o exercício que tentei realizar: não considerar a divisão sexual do trabalho como algo fixo e imposto às crianças, mas como um processo de relações e negociações em que elas também participam. A observação etnográfica permitiu evidenciar que as crianças reconhecem as normas estabelecidas, mas as negociam e as aplicam de forma flexível nas suas práticas quotidianas. A divisão intrageracional do trabalho doméstico, incluindo o tomar conta de crianças, é estabelecida de acordo com as diferentes exigências dos membros da família e o gênero representa apenas um dos múltiplos fatores que a fundamentam.

As crianças mais novas também participam nas negociações quotidianas para definir os seus cuidadores e, na ausência das mães (e às vezes até na sua presença), expressam a sua preferência pelos cuidados dos irmãos ou das outras crianças mais velhas da família. Similarmente, as crianças mais velhas reconhecem-se como as pessoas mais apropriadas para cuidarem dos irmãos mais novos, quando os pais não estão. Sem negar os possíveis riscos que as crianças correm ao ficarem sozinhas nem as situações em que a responsabilidade pelos mais novos é percebida como um peso, a realidade moçambicana representa um estímulo para olhar as coisas de uma outra perspectiva e valorizar também o que as crianças "ganham" em termos de competências, habilidades e autoconfiança.

Para as crianças, ser encarregadas do cuidado dos mais novos implica um implícito reconhecimento da sua agência e da sua capacidade de lidar com esta responsabilidade (MONTGOMERY, 2009). Numa sociedade fortemente hierarquizada, onde as crianças se encontram no nível mais baixo da escala social, esta prática representa também a oportunidade de exercer um certo poder, mesmo que limitado, sobre os mais novos, obtendo a sua assistência no desempenho das múltiplas tarefas que lhes são confiadas. Finalmente, as crianças mais velhas, graças à sua maior experiência do mundo, representam um recurso precioso para as crianças mais novas, com as quais partilham os seus conhecimentos, obtendo benéficos efeitos em termos de autoestima.

As perspetivas das crianças sobre a sua atividade de tomar conta de outras crianças contribuem para enriquecer o debate sobre os seus direitos e sobre o seu papel na vida social. Liebel e Saadi (2010) afirmam que, nos movimentos das crianças trabalhadoras, a reivindicação do seu direito a trabalhar e a ser reconhecidas como atores sociais autônomos e competentes é inseparável da vontade de assumir responsabilidades em relação à comunidade e à sociedade mais ampla. No bairro da periferia de Maputo estudado, as crianças que cuidam de crianças reivindicam este papel, afirmando o seu estatuto de sujeitos competentes e responsáveis e defendendo o seu direito/dever a uma participação ativa na vida familiar. Mas qual é a fronteira entre autonomia e falta de cuidados? As sociedades atuais estão confrontando-se com a necessidade de encontrar respostas acerca da relação entre os direitos e as responsabilidades das crianças. A questão relativa até que ponto as crianças podem ser responsáveis por si mesmas e pelos outros é deixada em aberto (WIHSTUTZ, 2011).

## Referências

BASS, L.A. *Child Labor in Sub-Saharan Africa.* Boulder, CO: Lynne Rienner Publishers, 2004.

BELOTTI, V. "Il lavoro come scelta". In: GRANELLO, V. *Infanzia, lavoro, protagonismo* – Diritti umani in azione. Treviso: Progetto Mondo Mlal, 2010, p. 17-31.

BJERKE, H. "Children as 'differently equal' responsible beings: Norwegian children's views of responsibility". *Childhood*, 18 (1), 2011, p. 67-80.

BOYDEN, J. *A Time for Play and a Time for School.* Estocolmo: Save the Children, 1999.

BOYDEN, J.; LING, B. & MYERS, W. *What works for working children.* Firenze: Rädda Barnen/Unicef, 1998.

CICIRELLI, V. "Sibling Relationships in Cross-Cultural Perspective". *Journal of Marriage and Family*, 56 (1), 1994, p. 7-20.

COLONNA, E. "Crianças que cuidam de crianças: representações e práticas". In: TELES, N. & BRÁS, E.J. *Gênero e direitos humanos em Moçambique.* Maputo: Departamento de Sociologia da Universidade Eduardo Mondlane, 2010, p. 131-161.

CORSARO, W.A. *The Sociology of Childhood.* Londres: Pine Forge, 1997.

COUTINHO, Â.S. *A ação social dos bebês*: um estudo etnográfico no contexto da creche. Braga: Universidade do Minho/Instituto de Educação, 2010.

DAHLBLOM, K.; HERRARA, A.R.; PEÑA, R. & DAHLGREN, L. "Home Alone: Childrens as Caretakers in León, Nicaragua". *Children & Society*, 2008, p. 43-56.

DURKHEIM, É. *As regras do método sociológico.* Lisboa: Presença, 2007.

EDMONDS, E.V. *Child Labor.* Bonn: IZA, 2007 [Discussion Paper, n. 2.606].

GILLIGAN, C. "Hearing the Difference: Theorizing Connection". *Hypatia*, 10 (2), 1995, p. 120-127.

GREENFIELD, P.M. & COCKING, R.R. *Cross-cultural roots of minority child development.* Hillsdale, NJ: Lawrence Erlbaum, 1994.

INE. "Projecções". In: SOCIAL, M.-M. *Plano Nacional de Acção para a Criança 2006-2010.* Maputo: Ministério da Mulher e Acção Social, 2006.

JUNOD, H.A. *Usos e costumes dos bantos.* Maputo: Arquivo Histórico de Moçambique, 1996.

KIELLAND, A. & TOVO, M.C. *Children at work*: child labor practices in Africa. Boulder, CO: Lynne Rienner Publishers, 2006.

KOSONEN, M. "Siblings as Providers of Support and Care during Middle Childhood: Children's Perceptions". *Children & Society*, 10, 1996, p. 267-279.

LAMB, M.E.; STERNBERG, K.J.; BROBERG, A.G. & HWANG, C.P. *Child Care in Context*: Cross-Cultural Perspectives. Hillsdale, NJ: Lawrence Erlbaum, 1992.

LIEBEL, M. & SAADI, I. "Participation in the traps of cultural diversity". In: PERCY-SMITH, B. & THOMAS, N. *A Handbook of Children and Young People's Participation.* Oxon: Routledge, 2010, p. 150-153.

MAYNARD, A.E. "Cultural Teaching: The Development of Teaching Skills". *Child Development*, 73 (3), 2002, p. 969-982.

MONTGOMERY, H. *An Introduction to Childhood* – Antrropological Perspectives on Children's Lives. West Sussex, UK: Wiley-Blackwell, 2009.

_____. "Gendered Childhoods: a cross disciplinary overview". *Gender and Education*, 17 (5), 2005, p. 471-482.

NIEUWENHUYS, O. "The Paradox of Child Labor and Anthropology". *Annual Review of Anthropology*, 25, 1996, p. 237-251.

_____. *Children's Lifeworlds*: Gender, Childhood and Labour in the Developing World. Londres: Routledge, 1994.

NSAMENANG, A.B. "Human ontogenesis: An indigenous African view on development and intelligence". *International Journal of Psychology*, 41 (4), 2006, p. 293-297.

NUNES, Â. *A sociedade das crianças A'uwe-Xavante*: por uma antropologia da criança. Lisboa: Instituto de Inovação Educacional, 1999.

POLETTO, M.; WAGNER, T.M. & KOLLER, S.H. "Resiliência e desenvolvimento infantil de crianças que cuidam de crianças: uma visão em perspectiva". *Psicologia*: teoria e pesquisa, 20 (3), 2004, p. 241-250.

PUNCH, S. "Childhoods in the Majority World: Miniature or Tribal Children?" *Sociology*, 37 (2), 2003, p. 277-295.

_____. "Household Division of Labour: Generation, Gender, Age, Birth Order and Sibling Composition". *Work, Employment & Society*, 15 (4), 2001, p. 803-823.

_____. "Youth Transitions and Interdependent Adult-Child Relations in Rural Bolivia". *Journal of Rural Studies*, 18, 2002, p. 123-133.

RAMPAZI, M. "I mutevoli confini della domesticità nello spazio-tempo contemporaneo". *Seminario "La costruzione quotidiana della domesticità: trasformazioni e continuità"*. Pádova, 2007.

READ, M. *Children of their fathers*: growing up among the Ngoni of Nyasaland. New Haven: Yale University Press, 1960.

REYNOLDS, P. *Dance Civet Cat*: Child Labour in the Zambezi Valley. Athens-Ohio: Ohio University Press, 1991.

ROGOFF, B. "Observing Sociocultural Activities on Three Plans: Participatory Appropriation, Guided Participation, and Apprenticeship". In: HALL, K.;

MURPHY, P.F. & SOLER, J. *Pedagogy and practice*: culture and identities. Londres: Sage, 2008, p. 58-74.

ROGOFF, B.; SELLERS, M.J.; PIRROTTA, S.; FOX, N. & WHITE, S.H. "Age of Assignment of Roles and Responsibilities to Children". *Human development*, 18, 1975, p. 353-369.

SARMENTO, M.J. "As culturas da infância nas encruzilhadas da Segunda Modernidade". In: SARMENTO, M.J. & CERISARA, A.B. *Crianças e miúdos*. Porto: ASA, 2000.

_____. "Os ofícios da criança". *Atas de Os mundos culturais e sociais da infância*. Vol. II. Braga: IEC/Universidade do Minho, 2000, p. 125-145.

SARMENTO, M.J.; BANDEIRA, A. & DORES, R. *Trabalho domiciliário infantil*: um estudo de caso no Vale do Ave. Lisboa: Peti, 2005.

VOGLER, P.; MORROW, V. & WOODHEAD, M. *Conceptualising and measuring children's time use*: A technical review for YL. Oxford: Young Lives, 2009.

WEISNER, T.S. & GALLIMORE, R. "My brother's keeper: child and sibling caretaking". *Current Anthropology*, 18 (2), 1977, p. 169-190.

WELLS, K. *Childhood in a Global Perspective*. Cambridge: Polity Press, 2009.

WIHSTUTZ, A. "Working vulnerability: Agency of caring children and children's rights". *Childhood*, 18 (4), 2011, p. 447-459.

WOLF, M. *Women and the Family in Rural Taiwan*. Stanford: Stanford University Press, 1972.

# Trabalho da criança no Asilo de Órfãs

*Ana Maria Melo Negrão*

*Órfã é pra lavar, passar e cozinhar e mais nada*[1].

As reflexões aqui tecidas sobre o trabalho exercido por meninas órfãs asiladas tiveram como substrato as valiosas falas dos sujeitos depoentes, por ocasião da construção da tese de doutorado sob o título *Infância, educação e direitos sociais: Asilo de Órfãs (1870-1960)*, a questionar práticas, propostas educativas e identidades sociais aplicadas pela congregação jesuítica das Irmãs de São José de Chambéry a crianças órfãs desvalidas, em uma instituição privada confessional de inclusão total, assistencial-filantrópica de Campinas, cidade elitista.

As histórias de vida de vinte e duas egressas, entre 55 e 85 anos de idade, com suas representações e lembranças da infância, deixaram aflorar marcas, sonhos, folguedos, humilhações, misto de alegria e dor, rituais, regras disciplinares do tempo de exclusão social e confinamento.

Os relatos das egressas, mediante entrevistas, complementaram o que os documentos institucionais silenciavam, em relação ao dia a dia. As identidades das entrevistadas foram preservadas, porém, mencionadas apenas as iniciais, embora, pela voz da pesquisa, elas libertaram-se de um passado estigmatizante, de menos-valia, por sentirem-se importantes e protagonistas da história de Campinas, deixando-se até serem fotografadas.

As egressas, já na velhice, por meio de um exercício de memória, ao despertarem as lembranças do tempo do asilo, com representações (CHARTIER, 1990), sonhos, traquinagens, castigos, estudos, trabalhos e mesmo

---

1 Repriminda feita pela Madre Superiora à aluna interna **J.B.S.** que ousou aprender a tocar órgão, mediante lições ministradas por uma freira da Santa Casa, a qual também foi advertida pela madre.

contradições, significou reviverem a infância, sob o olhar de um novo tempo, capaz de matizar as vivências do passado com as cores do presente.

Pela presentificação de um passado guardado, velado, adormecido por trás do véu do esquecimento ou do inconsciente desejo de não revelar pedaços de vida, ocorreu um processo de construção e reconstrução da própria história.

Fernandes, R.S. (2002, p. 82), ao pesquisar *as Memórias de menina*, preceitua que:

> A possibilidade de evocar imagens significativas vivenciadas no passado e de relacioná-las com o que é vivenciado no tempo atual revela um processo de ressignificação das vivências, tanto das passadas como das presentes e futuras, ou seja, do que se viveu, do que se vive, do que se procura manter ou viver futuramente.

Revisitar as trajetórias das órfãs no Asilo, reativar-lhes a memória, fez vir à tona, sem linearidade, os trabalhos que lhes eram impostos pela instituição e a obediência às ordens.

Halbwachs (1986, p. 46) reconhece a importância do ambiente vivido, no que tange à memória coletiva, porém considera mais essencial a memória individual: "[...] há, em todo ato de memória, um elemento específico que é a existência mesma da consciência individual capaz de se bastar".

Embora cada relato contenha o que a depoente selecionou e quis oferecer ao reconstruir o que vivenciou no Asilo de Órfãs, também delinearam-se as interações com colegas do grupo de trabalho, membros da instituição, visitas e pessoas da sociedade que para lá afluíam, inserindo-se o individual no contexto coletivo institucional.

Para subsidiar a análise de dados para traçar o perfil e a identidade das asiladas, Simson (1988, p. 21) nos ensina a diferença conceitual entre depoimento e história de vida:

> A diferença entre a história de vida e depoimento está na forma específica de agir do pesquisador ao utilizar cada uma dessas técnicas, durante o diálogo com o informante. Ao colher um depoimento, o colóquio é dirigido diretamente pelo pesquisador; pode fazê-lo com maior ou menor sutileza, mas na verdade tem nas mãos o fio da meada e conduz a entrevista. Da vida de seu informante só lhe interessam os acontecimentos que venham a inserir

diretamente no trabalho. [...] Voltando novamente às histórias de vida, embora o pesquisador sub-repticiamente dirija o colóquio, quem decide o que vai relatar é o narrador. [...] Este é quem determina o que é relevante ou não narrar, ele é quem detém o fio condutor. Nada do que relata pode ser considerado supérfluo, pois tudo se encadeia para compor e explicar sua existência.

## Epidemia de febre amarela

Figurou, como pano de fundo, a dimensão filantrópica de uma cidade significativamente aristocrata, que, por meio da Irmandade de Misericórdia, composta por cidadãos de terra, detentores de títulos de nobreza, profissionais liberais, políticos e sacerdotes, acolheu a orfandade, na vertente feminina, entre 6 a 14 anos, advinda da terrível epidemia de febre amarela de 1889, transmitida pelo mosquito *Stegomya fasciata*, cuja disseminadora fora Rosa Beck, professora de Francês, de 24 anos, suíça, solteira, contaminada no porto de desembarque, Santos ou Rio de Janeiro. Permaneceu no período de incubação na casa do Sr. Baenninger, proprietário da Padaria Suíça, espalhando o mal, vindo a falecer em 2 de fevereiro de 1899. A contaminação rápida, a ceifar vidas, provocando êxodo geral. A cidade ficou deserta, com o comércio de portas fechadas, apenas hospitais mantinham-se em atividade para atender os amarelentos, pela icterícia provocada pela febre amarela.

Havia cerca de quatrocentos óbitos diários e colchões e roupas eram incinerados. O terrível mal atingira, com mais intensidade, pessoas das classes média e baixa, pois a classe alta, incluindo médicos e cidadãos abastados, deixara as casas da cidade para se refugiar nas suas fazendas ou em casas de parentes, reduzindo-se a menos da metade a população urbana, em torno de dez mil habitantes.

## Asilo de Órfãs – um imperativo

Embora desde 1878 já funcionasse na Santa Casa de Misericórdia de Campinas o Asilo de Órfãs, como escola regular para alunas externas que viviam com as suas famílias, urgia, em razão das meninas órfãs pela catástrofe epidêmica, a consolidação do internato.

Pela união da Igreja, oligarquia e imprensa, maiores forças daquele contexto histórico, organizou-se uma monumental "Kermesse", na praça, denominada Jardim Público, em 29 de setembro de 1889, para angariar recursos à concretização da obra para as órfãs, a ressuscitar de Campinas, com o retorno das famílias que a haviam abandonado.

Uma reportagem jornalística[2] detalhou a imponência da festa, reunindo forças políticas, eclesiásticas, sociedade civil, comércio e de indústrias locais, de São Paulo e Rio de Janeiro, a demonstrar a força social e econômica de Campinas, uma das cidades de maior prestígio no Brasil, pelas suas trezentas fazendas circundantes, em especial, de cafeicultura:

> Tivemos hontem ensejo de percorrer o jardim público, onde a commissão incubida da Kermesse, em benefício do Asylo da Kermesse, trabalha com grande atividade na direção dos mesmos trabalhos. Os pavilhões estão, quase todos construidos, dando nós em seguida uma pequena discripção de todos elles.
>
> **Face da Rua Augusto Cesar (Torre Eiffel).** Logo a entrada ergue-se magestosamente um fac-símile da Torre Eiffel. Tem 20 metros de altura, é dividida em 4 planos; sendo o primeiro, ocupado por um pequeno restaurant, o segundo, dedicado à imprensa fluminense, onde se hasteará uma bandeira proposital e na cupula, será collocado um intenso fóco de luz elétrica. Além desta illuminação terá a de grande número de copinhos de cores variadas. No tope da Torre será erguida a bandeira franceza.
>
> **Pavilhão Italiano.** De fórma quadrangular, artisticamente enfeitado de flores, arcos illuminados a giorno, ergue-se em seguida um pavilhão dedicado à Itália.
> Tem à frente, os emblemas de artes e offícios, taes como: compaços esquadros, réguas etc. Será encimado com a bandeira italiana.
>
> **Pavilhão Oriental.** É construído, na realidade, com gosto artístico e luxo deslumbrante, que fazem lembrar as tradições que trouxeram até nós os contos orientaes: é dedicado à Espanha, cuja bandeira será, nelle, hasteada.

---

2 *Diário de Campinas*, 21-22/09/1889 (sábado e domingo), p. 2 do acervo da Biblioteca da Unicamp. "Grande Kermesse".

**Pavilhão Ramos de Azevedo.** A este benemerito cidadão, autor dos desenhos para os diversos pavilhões, foi este dedicado em homenagem aos seus serviços. É edificado em estylo que se aproxima, pela disposição de colunnas, fórma da cupula e enfeites exteriores, do estylo romano antigo. Os enfeites são elegantemente dispostos com folhas de carvalho artificiaes. O interior é luxuosamente forrado à seda.

**Moinho de Vento.** A denominação deste, exprime precisamente a sua fórma. No alto será collocado um fóco de luz electrica e a bandeira nacional será collocada na parte mais alta deste pavilhão.

**Gruta Artificial.** A gruta existente no jardim estará caprichosamente illuminada a giorno, cópinhos e enfeitado de vistosos galhardetes.

**Face da Rua Conceição (Pavilhão do Comércio e Industria).** É este um dos maiores pavilhões, reconstruindo com caprichoso esmero, dedicado ao commércio de Campinas, de S. Paulo e do Rio e às casas industriais destas cidades.

**Pavilhão Lidgervood.** Está sendo edificado pelos empregados da casa Lidgervood, que pretendem realizar ali a extração de uma loteria, organizada do modo seguinte: serão vendidos mil bilhetes a rasão de dois mil réis cada um produzindo 2:000$, destes tirar-se-há 1:000$ que se dividirá em premios, sendo: 1 de 500$, 1 de 80$, 2 de 35$, 5 de 20$, 10 de 10$ e 30 de 5 $, ficando um conto de réis para a Kermesse.

**Face da Rua Antonio Cezarino (Pavilhão Chinez).** Tem a fórma exterior de um chalet chinez. Pela sua originalidade causa uma excellente impressão à vista.

**Pavilhão Portuguez.** Em attenção aos tradicionaes arrojos da marinha protugueza, este pavilhão dedicado a Portugal, tem a forma externa de um navio, cujos enfeites, compõem-se dos respectivos accessos – ancoras, velames, cordas, mastros etc.

**Pavilhão Norte-Americano.** Sem construção symbolica, é contudo edificado com muito gosto. É dedicado aos Estados-Unidos, cuja bandeira será nelle collocado.

Vae ser construido um bello pavilhão de estylo grego, que a loja do Japão, da capital se imcubiu de levantar, onde exporá à venda vários objectos delicados, cujo resultado reverterá em benefício da Kermesse.

**Face da Rua General Osório (Pavilhão Alemão).** Trançado habilidosamente em bambús, este pavilhão é de uma originalidade e sengeleza encantadora. A bandeira allemã será hasteada ahi como signal de dedicatoria à colonia germana.

**Pavilhão Sport-Club.** É uma das ideias mais felizes do plano que dirigiu a organização dos pavilhões. Tem a forma de uma grande ferradura e os enfeites consam de objectos proprios a equitação.

**Pavilhão Arens.** Este pavilhão, construido pel casa Arens & Irmão, é destinado à venda de café. Tem o exterior imitando mais ou menos um botequim ambulante.

**Centro do Jardim (Pavilhão do Club Amizade).** Foi levantado pelo Sr. João Scherrington, em nome do Club Amizade, situado sobre o lago do Jardim, e será ocupado por uma commissão de senhoras do mesmo club.

No pavilhão, doado há annos ao Jardim Público, pela casa Lidgernood & C. tocará a banda de música que acompanhar o Club Tenentes de Plantão, da capital, ficando o estandarte deste club hasteado neste pavilhão. Todos os pavilhões dedicam-se à venda de prendas. No pavilhão Ramos de Azevedo, porém, serão vendidos objetos de ourivesaria. Em cada entrada do jardim está atravessado um arco de illuminação a gaz com distico Asylo de Orphans e, além destes, outros arcos no interior do jardim, prefazendo a conta de 12 arcos. Todas as ruas serão atravessadas de cordas com galhardetes, illuminação a giorno e a copinhos de côr.

**Companhia C.C. de Ferro.** Agora que se aproximam os dias da grande Kermesse em benefício do Asylo de Orphãos, torna-se necessário que a Companhia C. Carris de Ferro melhore os seus carros, fazendo-os passar por uma reforma de modo que possam corresponder ao grande transito que naturalmente deve haver durante aquelles festejos, mandando preparar os referidos carros.

A quermesse beneficente, amparada pelos sentimentos filantrópicos e por uma causa emergente, além de congregar novamente os campineiros, teve apoio de pessoas ilustres, com a oferta de grande quantidade de prendas das mais distintas origens, incluindo-se peças de porcelana europeia doadas pela Princesa Imperial Dona Isabel e pelo Conde D'Eu.

O resultado da quermesse propiciou o término das obras do Asilo de Órfãs, pela diretoria da Santa Casa, inaugurado, em 15 de agosto de 1890, inicialmente com vinte internas[3], representando a solução filantrópico-cristã para um complexo problema do tecido social campineiro: crianças órfãs pelas ruas de Campinas, predominantemente, aristocrata.

FIGURA 1 FACHADA DA SANTA CASA DE MISERICÓRDIA DE CAMPINAS, COM PRÉDIO DO ASILO DE ÓRFÃS À DIREITA DA CAPELA CENTRAL (1940)

Acervo da pesquisadora.

## Educação preceituada pela congregação de São José de Chambéry

O asilo iniciou as suas atividades como instituição de acolhimento às órfãs pobres, com oferta de primeiras letras, trabalhos domésticos e manuais, sob uma proposta educativa francesa jesuíta – Congregação São José de Chambéry – pautada por regras rígidas de disciplina com irrestrita obediência aos superiores para agradar a Deus.

---

3 Por esse tempo, o externato já contava com 212 alunas.

Preceituava o regulamento do Asilo: "Dar às orphãs recolhidas no Asylo, além da prática do serviço doméstico, o ensino que for ministrado ás alumnas da Escola"[4].

Destinar a prática dos serviços domésticos apenas para as órfãs asiladas, precedendo o ensino, demonstrava tratativa diversificada, sem atingir as alunas do externato, de forma a manter o *status quo* daquelas que ali estavam por estarem inseridas na condição de orfandade.

Lapa (1995, p. 224-225), referindo-se ao Asilo de Órfãs, declara que subjacente à filantropia, a prática do serviço doméstico e os trabalhos tinham conotação escravizadora:

> Por trás, portanto, do aparato filantrópico, por todos celebrados, estavam objetivos bem racionais e práticos, próprios de uma sociedade capitalista, capaz de transformar o Asilo numa escola de treinamento e formação de empregadas domésticas e futuras e laboriosas esposas de operários produtivos. [...] A rotina da vida em comum no Asilo era absorvida pelo trabalho chamado doméstico, que se distribuía entre os cuidados com a roupa, aos arranjos da cama e mesa, cabendo-lhes lavar a roupa, engomar, consertar, costurar. Todos os serviços ligados à cozinha, banheiros etc. também cabiam às órfãs, sob a superintendência das irmãs.

As órfãs eram preservadas dos perigos mundanos, evitando-se contatos fora da instituição total, conforme os relatórios da Irmandade de Misericórdia:

> As orphans continuam a ser educadas para o destino que devem ter: aprendem a todos os trabalhos domésticos, que pódem na vida facilitar o ganho honesto, a formação da família e uma decente collocação social. Principalmente a sua educação moral é rigorosamente vigiada pelo fato de irem ter ao Asylo creaturas de todas as classes, onde nem sempre a virtude dos paes, parentes e protectores póde lhes servir de exemplo e espelho. Tenho posto, neste particular, cuidado bastante e severidade, sempre de accordo com a digna Superiora, para que as orphans, resguardadas durante o anno, de toda eiva de vícios, não saiam nas férias para lugares perigosos, onde aprendam as

---

4 No prédio destinado ao Asilo de Órfãs funcionava desde 1876 uma escola para alunas externas não órfãs.

lições contrarias á moral e aos bons costumes e vão contaminar e perverter as suas companheiras[5].

## Regimento Interno da Irmandade de Misericórdia e criação da Santa Casa

As normatizações referentes ao funcionamento do Asilo de Órfãs eram definidas pela Irmandade de Misericórdia no Regimento Interno, com seis capítulos, trinta e um artigos. Os art. 2º § 5º, 15 e 25 tratavam dos serviços a serem executados pelas órfãs.

ASYLO DE ORPHÃS
SECÇÃO III
**CAPITULO I**
Da sua Direcção

ART. 1 – A direcção do Asylo de Orphãs, estabelecimento destinado á educação e manutenção de orphãs pobres deste município, será confiada, na sua parte económica, á Irmã Superiora.

ART. 2 – A' Irmã Superiora, como directora do Asylo, compete:

§ 1º – Distribuir ás irmãs de S. José, sob sua inspecção, não só o serviço do Asylo, propriamente dicto, como o da Escola que lhe está annexa, cuja direcção também terá.

§ 2º – Acceitar e despedir livremente os empregados que forem necessários ao serviço, marcando-lhes ordenado de conformidade com o que está prescripto no regulamento do Hospital.

§ 3º – Dar entrada na Escola ás alumnas e fazer mensalmente um mappa do movimento dessas alumnas.

§ 4º – Cumprir e fazer cumprir, com referencia ás alumnas da Escola, o programma estabelecido nos grupos escolares do Estado, havendo ensino religioso facultativo.

---

5 Esse fragmento citado faz parte do Relatório Geral da Santa Casa de Misericórdia, tendo como ano de referência 1907, p. 21, redigido pelo mordomo Antonio Alvares Lobo, endereçado ao provedor.

§ 5º – Dar ás orphãs recolhidas no Asylo, além da pratica do serviço domestico, o ensino que for ministrado ás alumnas da Escola.

§ 6º – Ter a mais constante vigilância em que tanto as orphãs do Asylo, como as alumnas da Escola, sejam tratadas com o devido zelo e carinho.

§ 7º – Conservar todo o edifício do Asylo, bem como suas dependências, no mais perfeito estado de asseio.

§ 8º – Permittir que pessoas decentemente vestidas visitem o estabelecimento, designando uma pessoa de confiança para acompanhal-as nestas visitas.

§ 9º – Observar para os pequenos concertos ou reparos no Asylo o que ficou dicto em relação ao Hospital.

§ 10º – Fazer para o consumo do Asylo a compra dos géneros, fazendas e miudezas que não estiverem contractadas, tendo sempre em vista o preço e qualidade.

§ 11º – Dirigir ao Provedor trimensralmente o pedido das prestações para o vestuário das irmãs encarregadas quer do serviço no Asylo, quer do ensino na Escola.

§ 12º – Communicar ao Mordomo, para providenciar, qualquer falta ou irregularidade grave que observar no exercício de suas funcções, resolvendo por si as de somenos importância.

§ 13º – Propor ao Provedor todas as medidas que julgar convenientes para o melhoramento do serviço sob sua direcção.

§ 14º – Apresentar biennalmente ao Provedor um mappa das entradas e sahidas tanto das alumnas da Escola, como das orphãs do Asylo, e bem assim uma lista dos donativos feitos ao estabelecimento.

## CAPITULO II
### Das Orphãs em Geral

ART. 3 – Nenhuma orphã será admittida no Asylo sem permissão do Provedor.

ART. 4 – A candidata ao recolhimento no Asylo de Orphãs deverá apresentar authenticados os seguintes requisitos:

1º – Ser orphã (certidão de óbito de um dos progenitores ou de ambos, quando os dous forem fallecidos).

2º – Ter edade inferior a 12 annos (certidão de nascimento).

3º – Ser vaccinada e não soffrer de moléstia contagiosa ou repugnante, nem ter defeito physico que a inhabilite para o trabalho (attestado medico).

4º – Ter residência neste municipio ha mais de um anno e não possuir meios de subsistência (certidão do sub-delegado do districto ou certificado passado por duas pessoas do conhecimento do Provedor).

ART. 5 – A proposta para admissão de orphãs será feita, por escripto, pelo parente ou pessoa que pela orphã se interessar, dirigida ao Provedor e acompanhada dos certificados provando os requisitos acima.

ART. 6 – Ao entrar para o Asylo, a orphã será matriculada pela Irmã Superiora, recebendo d'ella um numero que servirá para marcar a roupa que usa no estabelecimento.

ART. 7 – A orphã que for admittida com certificados fraudulentos será entregue á pessoa ou parente que a propoz e não poderá de novo ser acceita.

ART. 8 – A orphã que attingir á maioridade não poderá ser conservada no estabelecimento como asylada, cessando desde então para com a mesma toda a responsabilidade da Irmandade.

ART. 9 – Antes da maioridade a orphã só poderá sahir do Asylo quando se casar, ou quando, algum parente ou pessoa honesta de provada abastança requerer ao Provedor sua retirada, responsabilisando-se de accôrdo com as leis do paiz pela guarda da mesma orphã.

ART. 10 – Os livros, as missivas, os bilhetes ou quaesquer objectos destinados ás orphãs não lhes serão entregues senão depois da Irmã Superiora tomar conhecimento do facto.

ART. 11 – As orphãs terão alimentação substancial e abundante, e vestir-se-ão decentemente, nada trazendo comsigo que lembre fausto ou grandeza.

ART. 12 – Nos passeios que as orphãs fizerem reunidas, fora do estabelecimento, usarão uniforme, isto é, irão vestidas todas por igual.

ART. 13 – Quando enfermarem, as orphãs serão tratadas no próprio Asylo pêlos facultativos do Hospital.

ART. 14 – As orphãs só poderão ser visitadas pêlos parentes, ou amigos de sua família, no 1º domingo de cada mez, das 8 horas da manhã ás 5 horas da tarde, com auctorisação da Irmã Superiora e na presença de uma pessoa da confiança desta.

§ ÚNICO – Fora deste dia, as orphãs não receberão visitas, nem se communicarão com pessoa extranha ao estabelecimento, salvo motivo de força maior.

ART. 15 – As orphãs serão tratadas sem distincção uma das outras, havendo distribuição de turmas que se occuparão alternadamente, fora das horas de estudo, dos seguintes serviços: lavagem de roupa, engommado, costura, cosinha etc.

ART. 16 – Além da pratica do serviço domestico, as orphãs receberão instrucção igual á das alumnas da Escola.

ART. 17 – As orphãs terão durante o dia três horas e meia de recreio, distribuídas a juízo da Irmã Superiora.

ART. 18 – Nos domingos e quintas-feiras as orphãs terão os recreios prolongados, podendo sahir nestes dias a passeio fora do estabelecimento.

## CAPITULO III
### Da Despensa, Cosinha e Refeitórios

ART. 19 – Estas dependências do Asylo serão regulamentadas, *mutatis mutandis*, pelo disposto no mesmo capitulo do regulamento do Hospital.

## CAPITULO IV
### Da Rouparia e Lavanderia

ART. 20 – As disposições regulamentares destas dependências serão idênticas ás que foram prescriptas para o serviço hospitalar.

## CAPITULO V
### Dos Dormitórios

ART. 21 – Os dormitórios serão organisados de accôrdo com a edade das orphãs, e se denominarão: das grandes, das médias e das pequenas.
ART. 22 – As camas serão feitas do mesmo modo, e cada orphã ao sahir do dormitório deverá deixar sua cama feita.
ART. 23 – Para fazer deitar, e o mais que for necessário, cada orphã grande tomará, conta de uma pequena.
ART. 24 – As roupas de cama, em qualquer dos dormitórios, deverão ser trocadas uma vez por semana e sempre que for preciso.
ART. 25 – A varredura dos dormitórios e dos corredores adjacentes, bem como o asseio geral dos mesmos, estarão a cargo das orphãs alternadamente.

## CAPITULO VI
### Das Disposições Geraes

ART. 26 – O numero das orphas do Asylo será fixado em 60, assim como limitado a 400 será o das alumnas da Escola, podendo ser elevado ou diminuído tanto um como outro, conforme os recursos da Irmandade.
ART. 27 – Tanto as asyladas como as alumnas não soffrerão castigos corporaes, sendo passíveis apenas de correcções moraes, que ficarão a cargo da Superiora e das Professoras.
ART. 28 – Si, porém, a falta committida, principalmente pela asylada, for grave, a Superiora dará immediatamente parte do occorrido ao Mordomo que deliberará de accôrdo com que o for determinado pelo Provedor, que communicará o facto na primeira reunião de Mesa.

> ART. 29 – A porta do Asylo será também a porta da Escola, que estará aberta ás 11 horas da manha para entrada das alumnas e ás 4 horas da tarde para sahida das mesmas, salvo caso especial.
> ART. 30 – Além dos livros precisos para a escripturação do Asylo e da Escola, haverá um especial para a matricula das orphas, no qual sejam declarados: o nome, a edade, a filiação, a naturalidade, o dia da entrada, o dia da sahida, o gráo de aproveitamento instructivo que teve durante o tempo de asylada, o comportamento no mesmo período de tempo, o modo pelo qual sahiu do Asylo e mais informações necessárias a um bom registro.
> ART. 31 – No fim de cada anno haverá distribuição de prémios ás asyladas e ás alumnas que se distinguirem dentre si, entregando o Provedor, em acto solemne, o diploma da Escola áquellas que terminarem o curso.
>
> Campinas, 15 de Julho de 1904.
> Provedor
> BENTO QUIRINO DOS SANTOS
> Mordomo
> DR. MANOEL DE ASSIS VIEIRA BUENO

Juntamente com as normas regimentares da Provedoria da Santa Casa, torna-se relevante ressaltar que as órfãs estariam sob a égide de irmãs de congregação jesuíta, relembrando que a presença dos jesuítas foi marcante, desde a colonização do Brasil, inclusive, em ênfase na educação e catequese da orfandade.

## Escorço histórico sobre o trabalho da infância no Brasil e a criação do Asilo de Órfas de Campinas

Padre Manoel da Nóbrega fundou, em 1554, o primeiro colégio de catecúmenos em São Vicente, composto por órfãos provindos de Portugal e mestiços da terra, dirigidos pela Confraria do Menino Jesus, com a incumbência de adestrar e criar o pequeno indígena com o "leite da doutrina cristã", e também "açoitá-lo ou amá-lo pelo seu rendimento, costumes e vida cristã" (CORAZZA, 2000, p. 134). A trajetória dessa educação correcional balizava-se no *Ratio Studiorum*[6] inaciano, escorada na disciplina do espírito e na submissão dos sentidos.

No século XVI, com as expedições encaminhadas por Portugal, crescia, no Brasil, o arrebanhamento dos órfãos pelos padres e irmãos:

> Em 1550 e 1553, duas expedições foram enviadas de Portugal com mais onze padres para trabalhar no Brasil, em companhia de sete órfãos vindos de uma escola de Lisboa. Estes órfãos foram ensinados a falar tupi-guarani, tendo como tarefa a confissão dos nativos: eram os chamados "meninos-língua". O registro desses meninos, que iam da Bahia para São Vicente, demonstra a mobilidade espacial dessas crianças que riscavam o litoral na companhia de irmãos e padres. [...] Era comum ainda que "quatro ou cinco órfãos dos nascidos de pais português, mas mãe brasileira que viviam em casa sob o regimento do pai" fossem recolhidos por algum tempo ao colégio, enquanto outros tantos eram pedidos ao cacique. Assim, crianças índias e mestiças, chamadas "os órfãos da terra" reuniam-se sob cuidados jesuíticos nas "Casas dos Muchachos". Nessas casas, os muchachos recitavam juntos na igreja a ladainha, e depois do meio-dia, entoado o cântico 'Salve-Rainha; em cada sexta-feira "disciplinando-se com uma devoção até fazerem sangue"; saíam em procissão; cantavam hinos e entoavam o nome de Jesus; tinham aula de flauta e canto; confessavam-se de oito em oito dias; à tarde "saíam a caçar e a pescar", pois cada um precisava prover a sua subsistência e se não trabalham não comem (CORAZZA, 2000, p. 135-136).

---

6 Inácio de Loyola, ao fundar a Companhia de Jesus, intentava peregrinar pelo mundo, para evangelização, pelas missões ordenadas pelo papa. Os jesuítas, soldados de Cristo, deveriam cultivar os *exercícios espirituais*, com meditação e silêncio. Inácio de Loyola, por ter sido oficial antes de sacerdote, imprimiu caráter militar à Ordem a serviço do papa e da Igreja. Para normatizar o trabalho em colégios dirigidos por jesuítas, codificou-se o Plano de Estudos da Companhia de Jesus – *o Ratio atque Institutio Studiorum Societatis Jesu* –, para garantir a uniformidade de procedimentos, de mente e coração dos educadores jesuítas e dos alunos, opondo-se à turbulência desencadeada no movimento reformista do século XVI. O *Ratio Studiorum* permaneceu por quase dois séculos, até a supressão da ordem, em 1773, quando o Papa Clemente XIV proibiu a Companhia de Jesus de atuar em seus colégios. Posteriormente, o Papa Pio VII, em 1814, restaurou a ordem, reelaborando-se o *Ratio Studiorum*, em 1832 (FRANCA, L.E.S. *O método pedagógico dos jesuítas: o* Ratio Studiorum – Introdução e tradução. Rio de Janeiro: Agir, 1952.

Essa educação jesuítica invadiu a cultura indígena para transformar crianças em "jesusinhos", cuja representação do órfão era de submissão servil.

Pela ausência de mulheres brancas nas colônias portuguesas, a Coroa recrutava órfãs em orfanatos de Lisboa e Porto, ou meninas com mãe falecida, ou prostitutas, entre 14 e 30 anos, para serem enviadas nas expedições, para as Índias e Brasil, a fim de se casarem[7].

Em 1759, com a expulsão dos jesuítas, seguiu-se um período de escassos recursos humanos para cuidar da orfandade infantil. Após a Independência, com foco na instrução pública para meninas, destacou-se o projeto do Deputado Lino Coutinho, em 1826, ao propor que nos conventos de religiosas houvesse escolas gratuitas para o sexo feminino.

Em 1827, aprovou-se a lei nacional, instituindo-se a abertura de escolas para meninas nas cidades e vilas, com ensino de primeiras letras, princípios de moral cristã, economia doméstica às meninas, em substituição à geometria. A Constituição do Império era o texto para ensino do idioma pátrio e o catecismo de D. António Joaquim de Mello, 1º bispo paulista, para as aulas de doutrina cristã. Com a volta dos jesuítas, revitalizaram-se os colégios dirigidos pelos jesuítas, afluindo ao Brasil as Irmãs de São José de Chambéry.

Integraram, nessa breve retrospectiva, a fundação das Santas Casas de Misericórdia, a primeira em Santos, em 1543, já no século XVI, e, sucessivamente, as outras com asilos anexos, e também com a "Roda de Expostos" em seus muros ou em suas entradas, para acolher crianças abandonadas. Criou-se em 1716, por iniciativa privada, um recolhimento para meninas órfãs e pobres na Bahia, abrigo, sem plano educacional, onde as meninas ficavam soltas pelas dependências físicas, alimentavam-se precariamente, expunham-se nas janelas a olhar a rua, o que indignava a sociedade. Em

---

7 Em nosso país tem-se notícias de órfãs que aportaram em 1551 (três irmãs, filhas de Baltazar Lobo Sousa), com o governador Duarte da Costa e, em 1553, nove órfãs, das quais se tem referências apenas de cinco. Mem de Sá trouxe seis em 1557. Vagas são as informações a respeito de órfãs trazidas por Estácio de Sá em 1561. Outras chegaram, mas os informes são incompletos, e a última remessa de que se tem conhecimento se deu pelos anos de 1608 e 1609. Cf. GARCIA, R. "As órfãs". *Revista do Instituto Histórico e Geográfico*, vol. 192, 1946. • RODRIGUES, L.M.P. *A instrução feminina em São Paulo*. São Paulo: Escolas Profissionais Salesianas, 1962, p. 31.

1739, fundou-se o abrigo de órfãs no Rio de Janeiro, ao lado da Santa Casa, com práticas educativas direcionadas:

> Os Estatutos do Recolhimento das Órfãs do Rio de Janeiro, de 1793, afirmavam: "No tempo que lhes sobejar dos exercícios espirituais, se ocuparão de cozer, fazer rendas e em aprender todas as mais coisas que são necessárias a uma mulher honesta e uma boa mãe de família, para que, com as prendas adquiridas, facilitem melhor o seu estado; e se recomenda muito à regente que, com cuidado, particularmente evite nas recolhidas a ociosidade" (MARCÍLIO, 1998, p. 165).

Agravava-se uma situação social complexa atingindo as meninas deixadas nas "rodas" que eram, em princípio, criadas nas casas das amas de leite mercenárias até 3 anos, segundo Marcílio (1998), depois tuteladas pelas Santas Casas até 7 anos de idade e, se não encontrassem uma casa de família que as acolhesse, vagavam nas ruas. Foi criado na Bahia, em 1801, um Recolhimento das Órfãs da Misericórdia, no qual recebiam educação para o casamento, aprendendo serviços domésticos e, para atrair o pretendente, havia o dote, prática comum em testamentos de pessoas abastadas.

Com a chegada à Bahia, em 1857, das Irmãs de Caridade de São Vicente de Paula, a Casa de Recolhimento de Órfãs pobres adquiriu outra feição, "vigiar que as portas se fechem no anoitecer e se não abram senão quando for dia claro, salvo as necessidades do serviço" (MARCÍLIO, 1998, p. 170). As Irmãs de Caridade celebraram contratos com demais Irmandades, em que as recolhidas eram preparadas para serem mães de família ou empregadas domésticas, com quatro horas de estudo, e o restante para trabalhos manuais e domésticos, limpeza dos ambientes, lavagem de roupa, trabalhos de agulha, refeições e momentos de recreio.

Conforme Foucault (1995, p. 114), instituições de internamento de várias modalidades, pela estrutura, eram caracterizadas como espaços de "formação de pessoas submissas".

Proliferou no Brasil[8] o modelo dos Recolhimentos de Órfãs Pobres da Bahia e do Rio de Janeiro, com apoio das Irmandades e das Santas Casas de Misericórdia.

---

8 Em Minas Gerais foi criado, em 1866, o Recolhimento da Santa Casa de São João del-Rei; no Maranhão, em 1855, o Asilo de Santa Teresa para amparar as órfãs desvalidas e as expostas da Santa Casa de Misericórdia.

> Estavam em jogo: a questão da preservação da honra das meninas desvalidas; a erradicação da prostituição e da mendicância; e o amparo às meninas que deixavam a Casa dos Expostos. As autoridades estavam igualmente preocupadas em preparar bem as moças desvalidas, pois poderiam servir à sociedade como boas domésticas, instruídas e bem treinadas (MARCÍLIO, 1998, p. 173-174).

A Igreja Católica, com ingerência nas Santas Casas, colocava congregações femininas para trabalharem ao lado de Irmandades, pois os bispos, no final do regime imperial, preocupavam-se com Irmandades leigas, por afastarem-se da Igreja romanizada, compostas por pessoas das oligarquias locais e membros da maçonaria, com autonomia a gerir rendas provindas do sistema do padroado[9], muitas vezes desvirtuando os fins a que se propunham.

Por outro lado, as Irmandades fazendo "suas próprias igrejinhas", eivadas de maçons, conforme Lapa (1995), atuavam como se fossem uma longa *manus* do Estado, a construir obras de misericórdia às classes menos favorecidas, asilos a órfãs desamparadas.

Embora Campinas fosse um município com forte segmento de elite, a assistência era precária aos enfermos pobres. Não havia saneamento urbano, água encanada, cuidados à higiene pública, o que acarretava alta incidência de enfermidades, como as epidemias da "peste da bexiga" – a varíola, a tuberculose, a atingirem a camada mais pobre e indigente.

Apesar de haver norma municipal, em Campinas, a proibir hospital no perímetro urbano, o Cônego Joaquim José Vieira fundou e construiu a Santa Casa de Misericórdia, apoiado pela sociedade local, sediado no quadrilátero doado em área nobre pela benemérita, Maria Felicíssima de Abreu Soares, inaugurada em 15 de agosto de 1876.

---

9 Com a Constituição de 1824, o império controlava a Igreja através do beneplácito – direito do imperador de aprovar ou não as ordens do Vaticano no Brasil – e do padroado – direito do imperador de nomear os bispos e remunerá-los como funcionários públicos. Em 1872, o Papa Pio IX proibiu os católicos de fazerem parte da maçonaria, ordem não aprovada por Dom Pedro II, mas acatada pelos bispos, a gerar perseguição às Irmandades Religiosas, cujos membros eram maçons, a chamada Questão Religiosa; bispos foram presos e condenados a quatro anos de prisão com trabalhos forçados (BOULOS, 1997, p. 83).

## Trabalho de responsabilidade das órfãs

Pelas vozes das informantes possibilitou-se interpretar representações, entender como as órfãs sentiam esse microcosmos, espaço fechado em que viviam e como se relacionavam com o mundo externo, mediante convites de protetores, ou de pessoas generosas.

**Ci.:** *Tinha limpeza de sala de aula, porque a parte do colégio não tinha funcionário, só tinha lavadeira e cozinheira. Então, essa parte de limpeza, de faxina, era tudo a gente que fazia, tudo dividido. Então, uma turminha era pra limpar o banheiro, outra turminha era pra varrer a sala de aula, outra turminha era pra limpar o dormitório, outra turminha limpava os banheiros de cima. Mas só as internas. [...] Tempo de festa, mês de agosto, a gente começava a fazer flor, por exemplo, das seis horas da manhã até meia-noite e tinha o serviço do outro dia que a Irmã não dispensava. Você tinha que passar o dia inteirinho trabalhando. Eram 15, 20 minutos para o almoço e 15, 20 minutos para o jantar, café ela trazia pra gente ali pra não parar de trabalhar. Era uma religiosa que saiu de casa para ir para o convento com 13 anos, se formou freira com 17 ou 18 anos. Ela não viu o mundo lá de fora, ela só viu o regime religioso.*

A voz de Ci. reitera o que estava preceituado no regulamento, em art. 2º § 5º: "Dar às orphãs recolhidas no Asylo, além da prática do serviço doméstico, o ensino que for ministrado ás alumnas da Escola". Sua fala denunciou que as crianças supriam a ausência de serviçais, pois eram responsáveis pelos trabalhos pesados de faxina e montagem das flores para o mês da padroeira, em horário e ritmo inadmissíveis, comprometendo até mesmo refeições de forma saudável e descanso. Infere-se que Ci. aceitava a discriminação referente às meninas internas, para trabalhos pesados, de uma forma absolutamente natural, sem perceber dominação, violência simbólica, segundo Bourdieu (1992); no entanto, criticava os condicionamentos da freira, fechada em seu casulo, sem ver o entorno.

O artigo 15: "As orphãs serão tratadas sem distincção uma das outras, havendo distribuição de turmas que se occuparão alternadamente, fora das horas de estudo, dos seguintes serviços: lavagem de roupa, engommado, costura, cosinha etc.", enseja concluir que as turmas eram formadas, e todas elas, independente da faixa etária, deveriam executar todas as modalidades contempladas na redação do artigo.

No mesmo sentido, o art. 25: "A varredura dos dormitórios e dos corredores adjacentes, bem como o asseio geral dos mesmos, estarão a cargo das orphãs alternadamente", impunha às órfãs trabalho braçal, de forma alternada.

Os trabalhos domésticos pesados institucionais exercidos pelas meninas, indubitavelmente, asseguravam a manutenção hegemônica da classe que as dominava ou preparavam-nas para servir como futuras empregadas domésticas ou esposas habilidosas.

> **M.B.:** *Eu ficava orgulhosa de prestar serviços para as freiras. Eu sabia passar roupa muito bem e, uma vez, para a procissão de 15 de agosto, passei e engomei 78 vestidos de saia preguada e gola marinheiro, que era o uniforme de gala das internas. Nem todas as meninas tinham habilidades, mas eu bordava, passava roupa, e chegava a fazer cinco trabalhos pra exposição que se fazia pra vender artesanato. Um dia a Irmã falou: "M.B., vai até a porta da cozinha da Santa Casa". Fui preocupada, pensando que ia ser castigada por alguma coisa, mas era para limpar os lustres da Santa Casa para as festas. Às vezes, ajudava nos doces para as festas da Nossa Senhora da Boa Morte. Ficava contente por ter sido a escolhida e, muitas vezes, ganhava um cálice de vinho, quando acabava o serviço.*

A procissão de 15 de agosto, festa da Padroeira, Nossa Senhora da Boa Morte, era tradicional na cidade, e algumas órfãs trajavam-se de anjos e as demais de vestidos de gala. Pela fala de **M.B.**, o trabalho executado – "passei e engomei 78 vestidos das internas", sem dúvida, era considerado excessivo e inadequado a uma criança, no entanto, apresentado sob a aparência de uma imposição natural, de uma inculcação, quando, na verdade, tratava-se de dominação a manter a submissão, o *status quo*, como preceituam Bourdieu e Passeron (1992), acompanhada de manifestação de pseudoafetividade, de prêmio ao ser contemplada com um cálice de vinho, o que a deixava feliz. A quantidade de setenta e oito vestidos, com saias pregadas, a serem engomados por uma única pessoa demonstra a forma escravagista como o trabalho era exigido pelas freiras, embora a órfã sentisse orgulho por ter sido escolhida. Para **M.B.** o ter sido escolhida – "para limpar os lustres da Santa Casa para as festas", tinha a conotação de privilégio. Limpar lustres pendentes de enormes formatos, com muitas lâmpadas, além de trabalho exaustivo, era temerário, a exigir subir em escadas, segurar peças de vidro, com riscos de graves ferimentos, inviável para ser executado por crianças.

A sociedade campineira aguardava com ansiedade as procissões de 15 de agosto, pois espiritualizavam o ambiente externo, fazendo a apologia das ideologias católicas, por expor publicamente um ritual santificador (CAPELATO, 1988), com órfãs brancas vestidas de anjo, de mãos postas, pois jamais as negras vestir-se-iam de anjos, em manifesta contradição ao regimento: "Art. 15 – As orphãs serão tratadas sem distincção uma das outras [...]".

> **Ci.:** *A gente saía de vestidinho branco de saia pregueada, sapatinho preto, meinha e cabelinho bem cortado, sempre uma religiosa do lado do grupo, e a procissão fazia a volta todinha na cidade. Quem se vestia de anjinho na procissão eram só as escolhidas, as branquinhas. Daí faziam a preferência. Quer dizer, as pretinhas nunca iriam sair de anjo, porque não existia anjo preto, assim as Irmãs nos ensinavam. Nós, que éramos negras, tínhamos consciência que não poderíamos ser escolhidas, pois a gente não existia. Elas nunca mostraram um anjo preto, nunca comentaram sobre um anjo preto. Para nós sobrava só trabalho e mais trabalho.*

As órfãs, desfilando nas ruas vestidas de anjo, emocionavam a população, comoviam os mais sensíveis, conotavam signo de inocência e pureza, relevante ao catolicismo, embora excluíssem e discriminassem as negras, pois, por muito tempo, a doutrina católica considerava que os negros não possuíam alma. A vestimenta, com batas brancas e imensas asas, as coroas de flores, as mãos postas eram estratégias para angariar donativos e legados.

FIGURA 2 PROCISSÃO DE 15 DE AGOSTO

Fonte: Acervo De Biasi

Embora a disciplina fosse rígida, vez ou outra uma órfã quebrava os códigos e surgia uma situação de contraste, uma irreverência, porém seguida de punição:

**Der.**: *Na procissão eu ia sempre de uniforme branco e sapato preto e as meninas me chamavam de "pomba de perninha preta". Aí eu não queria ir na procissão. Um dia na classe, a freira estava mandando todo mundo parar de conversar e disse: "Quem der um pio não vai sair na procissão". Eu, lá no fundo da sala, falei: "Piu!" e aí fiquei de castigo até a procissão terminar. E me deram muito trabalho para fazer, como castigo. Lavei, enxuguei e guardei muita louça. Limpei a cozinha.*

Corajosa a atitude de **Der.** com o irreverente "piu", que lhe rendeu a reprimenda de não participar da procissão, a maior festividade da instituição. Ainda **Der.** teve de ficar trabalhando, porém a sua personalidade e ousadia estavam longe da submissão.

**M.H.**: *As freiras eram cruéis, e nós, órfãs e humilhadas, não tínhamos a quem reclamar. Lembro-me que tinha de varrer o chão, em silêncio, limpar tudo. Eu tinha 7 anos e precisava trabalhar muito. Só no recreio podíamos conversar e íamos na gruta onde hoje é a prefeitura, principalmente nos domingos. Meu pai podia visitar-me no domingo de visitas e, quando não era dia de visita, meu pai ficava me olhando da rua, através das grades pelo lado de fora, perto do portão de entrada. Quando ele ia embora, (lágrimas) eu ficava muito triste, vendo meu pai ir se afastando. Jamais apaguei essa imagem de minha vida: eu ali dentro e meu pai separado de mim por uma grade.*

O trabalho, com as suas representações de exploração da força física da criança, marcou profundamente a órfã de 7 anos, que mescla o trabalho com outras representações, como a falta de carinho e a grade como fronteira entre ela e o pai, que a amava. Esses trabalhos reiteravam a manutenção do *status quo* do pauperismo, os quais justificavam a tratativa dicotômica pertinente ao trabalho doméstico exigido apenas das *internas e não das alunas do externato*.

**J.B.**: *Fiquei sete anos internada no Asilo, porque minha mãe morreu de febre amarela e meu pai não podia criar os filhos. Um dia a Irmã de São*

*José escolheu-me para fazer limpeza porque eu era forte. A limpeza no dormitório era feita com areia e lixívia, que era um sabão muito fino. Eu esfregava o chão de joelhos, junto com outras oito ou dez meninas. Depois, puxávamos a água e a areia para não molhar o andar de baixo, puxava o pano com areia, lixívia e água. Tinha uma sala para passar roupa. Lá nós passávamos os hábitos e a murça das freiras. As freiras eram muito rigorosas com as meninas. Todas as noites, depois do jantar, íamos rezar na igreja da Santa Casa. Quando a gente voltava, às 7 horas da noite, se alguém olhasse pra trás ou conversasse, ficava de castigo, ajoelhada, no dormitório de camisolão, com as mãos levantadas, rezando pras almas até 10 horas, quando as irmãs iam dormir.*

Os dormitórios eram salões enormes, com fileiras de camas; portanto, a limpeza, conforme descrita por **J.B.**, exigia um esforço hercúleo das meninas, inclusive posicionarem-se de joelhos seria prejudicial à saúde, pois lixívia era água sanitária, hipoclorito de sódio, queimava a pele desprotegida. Passar a murça das freiras era trabalho inadequado às órfãs. As freiras impingiam um regime monástico ao Asilo, silenciando as crianças, e impondo-lhes castigos muito severos se houvesse um simples "olhar para trás no retorno da igreja".

Os trabalhos domésticos, executados pelas órfãs no Asilo, até poderiam estar previstos como prática educativa, desde que permeada de critérios que não fossem instrumentos de dominação, conforme preceituam Bourdieu e Passeron (1982).

Petitat (1994, p. 32) corrobora com a reflexão sobre a hegemonia e dominação:

> Em qualquer sociedade, o grupo dominante esforça-se por impor certas significações como legítimas, dissimulando as relações de força, que são o fundamento de seu poder [...] e obtém um efeito de reprodução simbólica.

Repensando a educação assistencialista e filantrópica sem interesse e objetivo de promoção e reintegração social, por reproduzir a submissão servil e mesmo humilhante, Kuhlmann Jr. (1998, p. 182-183) oferece uma reflexão muito pertinente para subsidiar a análise:

> A pedagogia das instituições educacionais para os pobres é uma pedagogia da submissão, uma educação assistencialista marcada

pela arrogância que humilha para depois oferecer o atendimento como uma dádiva, como favor aos poucos selecionados para o receber. Uma educação que parte de uma concepção preconceituosa da pobreza e que, por meio de um atendimento de baixa qualidade, pretende preparar os atendidos para permanecer no lugar social a que estariam destinados.

Uma das depoentes se recorda de pessoas da sociedade que a convidavam para um fim de semana em ambiente familiar, como gesto filantrópico; porém, nada mais era do que simular passeio a troco do serviço doméstico gratuito, ao qual ela não ousava insurgir-se, pois a formação institucional preceituava que devia servir a Deus, através do homem, com polidez, humildade, submissão, obediência e temor a Deus:

> **M.H.:** *Às vezes, recebia convite para passar o dia de domingo em casa de alguma família, até mesmo conhecida de meu pai. Ia muito contente, acreditando que iria almoçar com a família, comer coisas gostosas, brincar. Mas a visita era para trabalhar como empregada: lavava louça, limpava a cozinha, o banheiro, varria, enfim, o passeio era trabalho. Comia pão com goiabada e voltava triste e cansada.*

A sociedade campineira fazia benemerência com donativos ao Asilo para investir na empregada doméstica, ou até mesmo em futura agregada que trabalhasse a troco da cama e comida. **M.H.** jamais se libertou das sequelas do Asilo, crendo ter sido internada por ser órfã de mãe, mas somente descobriu a verdade mais tarde, conforme sua própria história de vida:

> **M.H.:** *Nas férias, ficava sozinha no orfanato, pois meu pai precisava trabalhar. Fui internada no orfanato porque minha mãe teria morrido. Na verdade, ela o abandonara, fugindo com minha irmãzinha de 2 anos. Só soube disso mais tarde com 21 anos, quando, no dia de meu casamento em 1959, minha mãe apareceu na igreja. Foi um susto, pois ela, que era morta, de repente apareceu viva. Imagine como foi minha lua de mel, em que só pensava na minha mãe que apareceu no meu casamento. Mais tarde, minha irmã contou-me que minha mãe tivera outros filhos com seu companheiro. Como soube do meu casamento, quis me ver, por isso, sem me avisar, surgiu na igreja. Não dá para descrever a sensação que tive. Nunca soube por que ela abandonara meu pai, e quando quis*

*conversar com ela sobre isso, minha irmã impediu, pois ela estava muito doente com câncer. Nunca me libertei disso, até fiz terapia, tive bons empregos, mas meu casamento fracassou e sou infeliz.*

Este relato demonstrou fraude na internação de **M.H.** pela condição imprescindível de ser órfã, e no ato de admissão ter de apresentar atestado de óbito, nos termos regimentais. Nem mesmo o sucesso profissional recuperou-lhe a autoestima, perdida na infância.

**Ci.:** *Entrei lá no Asilo em 1945, com 7 anos e saí em 1983, quando eu me aposentei. Agora estou com 72 anos. Não esqueço que era marcada por causa de minha cor; ao brincar de passar anel, quem estava presa era princesa, rainha, florista. Quando eu ficava presa, não sabia por que era içá, besourão. A freira me ofendia com brincadeiras de mau gosto. Aí eu falava: "Por que as outras são princesas, e eu içá? Comecei a pôr aquilo na cabeça, fui me ignorando, não tinha valor. Quando terminei o primário na escola da Santa Casa, arranjavam lugar para mim na Escola Normal, mas infelizmente, naquele tempo, não aceitavam meninas de cor. Voltei para a Santa Casa; as irmãs precisavam de uma menina para ajudar no serviço de lá. Fiquei três anos trabalhando pela cama, mesa e ajuda de custo das religiosas até fazer 15 anos para ser registrada como funcionária até me aposentar. Não pude estudar mais, ninguém me incentivou. A minha madrinha, criada também com as freiras, morou lá na Santa Casa, e me falava: "Pra que estudar? Da família ninguém estudou. Você tem que trabalhar pra sobreviver". Não podia pensar alto, cortava. Então, fiz até o quarto ano. Quis fazer enfermagem, essa religiosa para quem trabalhava não deixou. Hoje acho que fui escravizada, mas naquele tempo não tinha noção, ficava sempre devendo um favor para quem nos esticou a mão. Hoje compreendo assim, naquele tempo a gente era uma máquina. Fui criada para trabalhar: lavar, passar e cozinhar, estava presa no serviço ali... me acomodei lá.*

Pela história de vida de **Ci.**, a causa de sua marginalização social e das barreiras quanto à continuidade de estudos, de sentir-se escravizada – *uma máquina* –, resumia-se à categoria: "cor". Ninguém a apoiou, nem mesmo a madrinha que reiterou que deveria apenas trabalhar, dominação e inculcação só percebida na velhice: "Fui criada para trabalhar: lavar, passar e

154

cozinhar, estava presa no serviço ali..." Na sua trajetória como serviçal, a única porta aberta foi a da Santa Casa, porém, por conta da marginalização, foi impedida de tornar-se enfermeira. Ficou introjetada em sua mente a submissão, tendo absorvido o espírito de servir a Deus com humildade segundo os ditames das Irmãs de São José.

Muitas lembranças das salas de aula emergiram nas histórias de vida. No térreo, havia seis salas de aulas: quatro para as externas e duas separadas para as internas. As salas eram amplas e com bancos, usadas também para estudos, em silêncio absoluto, cabendo à freira acompanhante vigiar, na esteira de Foucault (1999). Ao reconstruírem o ambiente de ensino, o cotidiano da sala de aula, certas situações mereceram destaque.

*M.L.P.B.: No 4º ano, a Irmã escalou-me pra ajudá-la nas aulas do 1º ano, na cartilha. Por isso não tirei boas notas, não dava tempo para estudar. Tinha de trabalhar muito, olhar o caderno das meninas e corrigir as cópias da cartilha. A diretora chamou meu pai e pediu pra eu ir para o convento, estava certo até o dote. Meu pai não deixou, estava ali porque minha mãe tinha morrido, não pra ser freira.*

*Ci.: Ah, estudar Ciências? Qualquer coisa a freira mandava virar a página. No catecismo, fiquei uma semana de castigo porque me atrevi a perguntar: – Nossa Senhora foi virgem antes e depois do parto? O que era "parto"? A freira não respondeu e fiquei de castigo, sem poder falar com ninguém. Tive que trabalhar na cozinha em silêncio e passar cera nas escadas de madeira.*

*T.J.C.: Uma órfã era "secretária" do inspetor de ensino, Sr. J.Br., que ia lá quase todo dia, pra "fiscalizar". Ele tirava a órfã da sala pra ficar ajudando ele. Um dia, as freiras viram "algo errado" entre ele e a órfã predileta. Ele adotou ela como filha e levou pra sua casa. A mulher dele, se percebia alguma coisa, acho que não falava, mas quando ela morreu ele casou com a órfã. "O pai casou com a filha!" Ele era velho e ela "mocinha", e pra parecer mais velha fazia uns coques no cabelo.*

Os depoimentos das órfãs são exemplos de como a sala de aula era espaço de ação pedagógica, com traumas e trabalhos fora do contexto, inculcação de elementos da violência simbólica e dominação, como preceituam Bourdieu e Passeron (1992).

Para **M.L.P.B.** as freiras queriam fazer dela uma Irmã, atraindo-a com o dote, demonstrando que, por trás da caridade e filantropia, existia o interesse de instigar vocações. As Irmãs haviam testado a capacidade ao trabalho, comprometendo a aprendizagem em aula.

Traumática foi a reação da freira ao questionamento de **Ci.** sobre "parto". Castigo com muito trabalho. Supõe-se que a formação jesuítica das Irmãs, ao abdicar do corpo e da sexualidade, gerava atitudes que incentivassem o desapreço pelo sexo, pela maternidade, pelo corpo. Infere-se que as aulas de Ciências poderiam induzir as órfãs a lascívias.

Pelo relato, as atitudes hegemônicas do inspetor de ensino, que representava o poder, ultrapassaram os limites. Não se soube em que consistia a cooperação da órfã, porém as freiras, ao perceberem que o trabalho não era bem um trabalho, devem ter tomado providências junto à provedoria, conforme o regimento. A solução encontrada foi a adoção, pois as demonstrações flagradas, possivelmente de afeto ou abuso, foram justificadas como amor paternal. Ficou a suposição de que o inspetor de ensino levou a órfã já com a esposa doente, vindo a falecer logo depois. O posterior casamento foi jocosamente interpretado pelas colegas. Seria possível o casamento civil, pois a lei não legitimava o filho adotivo.

FIGURA 3  GRUPO DE ÓRFÃS DO ASILO DA
SANTA CASA DE MISERICÓRDIA – 1919

Fonte: Acervo de Maria Luiza Pinto de Moura
(Centro de Ciências, Letras e Artes).

## Prêmio de obediência e bom comportamento

Quem fizesse com esmero, em especial, os trabalhos domésticos, recebia uma fitinha vermelha, aos domingos, como prêmio de bom comportamento, que a órfã ostentava ao redor do pescoço, na missa de domingo. A fitinha vermelha, vista pelas pessoas da cidade que participavam da missa na Capela da Santa Casa, aos domingos, motivava o aperfeiçoamento contínuo, pois quem a recebera uma vez, precisava manter esse *status* de bem-comportada.

Era um ritual ver o cortejo das órfãs bem disciplinadas, em fila, na capela, com a emblemática fitinha vermelha que lhes dava tanto orgulho.

As fotos possuem linguagem, cuja decodificação fornece elementos de interpretação de práticas educativas. Essa foto, de 1919, teve como pano de fundo a porta de entrada do Asilo de Órfãs, apresentando um grupo social de gênero feminino, com idades variadas e *status* diversos, deixando entrever a disciplina rígida, o silêncio e o ficar imóvel. Em destaque, no último plano, na sétima fila, as Filhas de Maria, mulheres mais adultas, com suas largas fitas e medalha sobre o peito, deveriam deter o controle do grupo. Pelo traje das crianças, botas, vestidos de gola marinheiro sobre a qual algumas ostentavam as fitinhas vermelhas – símbolo do bom comportamento semanal –, infere-se ter sido tirada essa fotografia, em um domingo, antes ou depois da missa.

Ao decodificá-la, percebe-se que não há meninas negras ocupando a primeira e segunda filas, ficando elas alojadas, de preferência, próximas às extremidades das demais filas, diluídas no grupo. Não se nota qualquer sorriso em qualquer rosto, porém semblantes sérios. Embora a fotografia seja datada e paralisada em 1919, não é uma imagem neutra. Por trás de seu aspecto mudo e silencioso, esta fotografia fala, explode numa linguagem semiótica, prenhe de representações, permitindo uma leitura ampla dos significados que de implícitos, vão se desfraldando, revelando-se à superfície explícita.

Além da preocupação com a divisão de planos, tanto na horizontalidade como na verticalidade, estão presentes as representações de padronização; de unidade; de ausência de sorriso, de infância submissa e reprimida, de disciplina rígida, de segregação racial, como entendem Baudelot e Establet (1975), de respeito advindo do traje discreto e com mangas compridas[10], nada deixando entrever do corpo à exceção do rosto, como rezavam os termos regimentais:

> ART. 11 – As orphãs terão alimentação substancial e abundante, e vestir-se-ão decentemente, nada trazendo comsigo que lembre fausto ou grandeza.

A fala de **Der.**, que jamais merecera a fitinha vermelha e a recebera indevidamente, subsidiou a decodificação da fotografia, no aspecto disciplinador da fitinha, conforme elucida Dubois (1993, p. 26) quando assevera que "subsiste na imagem fotográfica um sentimento de realidade incontornável do qual não conseguimos nos livrar, apesar da consciência de todos os códigos que estão em jogo e que se combinaram para sua elaboração".

*__Der.:__ ...uma das meninas mais velhas ficava com um caderninho marcando quem fazia alguma coisa errada, ou no trabalho, ou na aula, ou no refeitório... e eu sempre tinha um monte de cruzinhas. Quem não tinha cruzinha ganhava fita vermelha de bom comportamento. Um dia entregaram uma fitinha para mim, talvez por terem esquecido de marcar as cruzinhas. Aí fui na missa de Domingo com a fita, e bem no meio da missa, a Irmã Virgilina percebeu, foi lá e tirou a fita.*

**J.B.S.** viveu uma frustração discriminatória e cruel, guardada para sempre:

*Eu gostaria muito de tocar órgão e queria aprender. Uma das freiras do Asilo, que usava roupa branca, começou a ensinar-me, mas, quando chegou uma madre superiora nova, vinda do Colégio de São Paulo, tive que parar com as aulas. Foi assim que aconteceu. Um dia, durante a aula de órgão, fui surpreendida por essa madre, que falou: "Órfã é prá lavar, passar e cozinhar e mais nada". A madre exigiu que eu parasse de tocar, repreendeu severamente a freira que tentava me ensinar e mandou-a exercer a sua função de anestesista.*

Cabe ressaltar que a mesma inculcação de dominação a gerar submissão irrestrita era cultivada na congregação. E ainda mais, existia uma discriminação entre as Irmãs de São José de Chambéry, pois as que tra-

---

10 Recomenda-se a leitura de Gilda de Mello e Souza (1996), que, em seu estudo sobre o espírito das roupas, assevera que a vestimenta possui uma linguagem simbólica.

javam-se de preto consideravam-se com um capital cultural superior por serem educadoras e professoras, enquanto as de branco eram enfermeiras que cuidavam dos enfermos, consideradas com cultura inferior. Essa discriminação fazia-se sentir até na mesa de refeição, onde as trajadas de preto não se misturavam com as de branco.

Ficou evidente a discriminação em relação a não permitir que **J.B.S.** aprendesse a tocar órgão, por tal atividade não estar inserida em seu *status* de órfã, cabendo-lhe apenas aprender a lavar, passar, cozinhar e nada mais. **J.B.S.**, resignada e submissa, entendeu que apenas o trabalho lhe estava destinado, e acatou naturalmente a impossibilidade de tocar órgão, na esteira de Bourdieu e Passeron (1992).

Nesse sentido, corrobora Bosi (1999, p. 83):
> Se examinarmos, criticamente, a meninice podemos encontrar nela aspirações truncadas, injustiças, prepotência, a hostilidade habitual contra os fracos. Poucos de nós puderam ver florescer seus talentos, cumprir sua vocação mais verdadeira.

Ainda, **J.B.S.**, em sua trajetória de vida, casou-se, e o marido jamais lhe permitiu exercer profissão ou função remunerada, tendo ela assumido os trabalhos domésticos e acalentado o sonho de, ainda um dia, ter um salário que lhe permitisse comprar um presente aos netos. A dominação e o espírito submisso introjetaram-se em sua personalidade.

## Repercussões das lembranças guardadas no silêncio

Reconstruir os passos e os dias das asiladas no que tange à dimensão laboral fez aflorar histórias vividas, cujas falas adquiriram particular importância, a partir da síncrese, ou seja, da visão da vida adulta, mediada pela análise dos dados coletados.

Um aspecto a merecer destaque deveu-se a muitas delas terem levado para suas vidas pós-asilada, um parâmetro de boa educação por terem aprendido a bordar, costurar, executar todos os trabalhos domésticos, ter bons modos, enfim, tudo reproduzido na educação dos filhos. Em aparente contradição, ficou um orgulho pela educação por mãos francesas, sem perceberem as diferenças de tratamento requintado destinado à classe rica, incluindo-se, nos colégios jesuítas regulares, as aulas de piano (CUNHA, 1999), excluídas para as órfãs.

*RG, TG e IG (três irmãs órfãs): Para a festa de quinze de agosto a gente confeccionava todos os doces, docinhos de abóbora cristalizada, de amendoim, paçoquinha, tudo. Tinha coelho assado. Eu me lembro tão bem que nós fazíamos os saquinhos da bala de papel crepom, dávamos o lacinho de fitinha azul. Até hoje, nós três fazemos esses docinhos para as festas de nossos filhos e netos. Não compramos nada pronto, porque não é tão saboroso como os que as freiras nos ensinaram a fazer. Nossas filhas aprenderam com a gente fazer docinho, fazer meinhas de lã, bordar toalhas, fazer flores lindas de papel, enfim, tudo que fazemos, aprendemos no Asilo. Tudo era certinho, muito rígido, mas tivemos educação francesa, sabendo subir escada sem fazer barulho, não chamar mais velhos de você, não falar alto e ter bons modos na mesa. A educação que a gente aprendeu, a gente passou.*

Vani Moreira Kenski sobre a *Memória e prática docente*, na Coleção Seminários – 2 – do Centro de Memória de Campinas, apud Meneses, (199-?, p. 109), diz-nos que:

> As vozes, que atuam na recuperação da memória, vêm mostrar a interferência de muitos outros fatores no momento do relato. O primeiro é a seletividade da memória. A memória é seletiva e envolve não apenas lembranças, mas também silêncios e esquecimentos. O que é narrado é, praticamente, uma reconceituação do passado de acordo com o momento presente. As pessoas não têm, em suas memórias, uma visão fixa, estática, cristalizada dos acontecimentos que ocorreram no passado. Pelo contrário, existem múltiplas possibilidades de construir-se uma versão do passado e transmiti-la oralmente de acordo com as necessidades do presente. É nesse momento, o da narrativa de uma versão do passado, que as lembranças deixam de ser memórias para tornarem-se histórias. [...] O que ocorre é que, geralmente no momento em que as pessoas vão relatar situações de suas vidas, elas aproveitam para passar a limpo o passado e construir um todo coerente, onde se mesclam situações reais e imaginárias.

As recordações das egressas colocam de novo no coração as fases de criança e de asilo, as colegas, as freiras, em que o tempo não se baliza por dias, meses, anos, mas pelo que foi significativo na reconstrução de um passado.

Enfim, o Asilo de Órfãs da Santa Casa de Campinas esteve a serviço da elite em acolhimento às meninas pobres, contemplando contradições: de um lado, o acirramento das desigualdades, por conta das discriminações sociais e exploração do trabalho infantil; de outro lado, educação ao lado das externas, com formação básica permeada de valores evangélicos, em que o confinamento, naquele contexto, era uma exclusão social, mas inclusão em uma instituição total, única possibilidade naquele contexto.

> Enquanto a criação do Asilo foi um acontecimento notável, a mobilizar parte da nação, o seu fechamento foi silencioso, como a tarde que se finda, com o sol se escondendo, sem pedir licença a ninguém, levando consigo a luz do dia; a noite irrompe com sua magia, para depois de longas horas de escuridão ceder lugar ao sol que desponta, matizando o horizonte. No entanto, em um dia furtivo da década de 1950, a noite não se findou, o dia não renasceu, e o Asilo de Órfãs ficou perdido, imerso na escuridão, somente na memória de quem por ali passou e na história arquivada de Campinas, que já não era a mesma (NEGRÃO, 2004, p. 236).

O prédio do Asilo, depois de seis décadas de trajetória, foi utilizado para sediar a Faculdade de Medicina que chegava a Campinas, integrando a Unicamp.

## Referências

AMARAL, L. (org.). *A cidade de Campinas em 1901.* Campinas: Livro Azul, 1900.

APPENZELLER, M. *O ato fotográfico.* 3. ed. Campinas: Papirus, 1993.

*Às orphãs.* Campinas: [s.l.], [s.e.], 1890.

AZZI, R. *A Igreja e o menor na história social do Brasil.* São Paulo: Cehila/Paulinas, 1992.

BAUDELOT, C. & ESTABLET, R. *A escola primária segrega.* Paris: Maspéro, 1975.

BOSI, E. *Memória e sociedade* – Lembrança de velhos. 7. ed. São Paulo: Companhia das Letras, 1999.

BOULOS JR., A. *História do Brasil*: império & república. São Paulo: FTD, 1997.

BOURDIEU, P. *A economia das trocas simbólicas*. São Paulo: Perspectiva, 1992 [Estudos].

_____. *O poder simbólico*: memória e sociedade. Lisboa: Difel, 1989.

BOURDIEU, P. & PASSERON, J.C. *A reprodução*. Rio de Janeiro: Francisco Alves, 1992.

CAMBI, F. *História da pedagogia*. São Paulo: Unesp, 1999.

CAPELATO, M.H.R. *Multidões em cena*: propaganda política no varguismo e peronismo. Campinas: Papirus, 1988.

CHARTIER, R.A. "A história hoje: dúvidas, desafios, propostas". *Estudos Históricos*, vol. 7, n. 13, 1992. Rio de Janeiro.

_____. *A história cultural*: entre práticas e representações. Lisboa: Difel, 1990.

CORAZZA, S.M. *História da infância sem fim*. Ijuí: Unijuí, 2000.

CUNHA, M.I.G. *Educação feminina numa instituição total confessional católica*: Colégio Nossa Senhora do Patrocínio. [s.l.]: Faculdade de Filosofia, Letras e Ciências Humanas/USP, 1999 [Dissertação de mestrado].

DERMATINI, Z.B.F. "Crianças como agentes do processo de alfabetização no final do século XIX e início do XX". In: MONARCHA, C. (org.). *Educação da infância brasileira*: 1875-1983. Campinas: Autores Associados, 2001, p. 121-156.

_____. "Resgatando imagens, colocando novas dúvidas: reflexões sobre o uso de fotos na pesquisa em história da educação".*Cadernos Ceru*, Série 2, n. 8, 1997. São Paulo.

_____. "Relatos orais – Nova leitura de velhas questões educacionais". *Revista Portuguesa de Educação*, vol. 8, n. 1, 1995, p. 5-20.

DOLTO, F. & HAMAD, N. *Destinos de crianças*: adoção, famílias, trabalho social. São Paulo: Martins Fontes, 1998.

DUBOIS, P. *O ato fotográfico e outros ensaios*. 14. ed. Campinas: Papirus, 1993 [Trad. de Marina Appenzelier].

ELIAS, N. *A condição humana*. Lisboa: Difel, 1991.

FERNANDES, R.S. "Memórias de menina". *Cadernos Cedes*, n. 56, 2002, p. 81-100. Campinas.

FRANCA, L.E.S. *O método pedagógico dos jesuítas – O Ratio Studiorum*: introdução e tradução. Rio de Janeiro: Agir, 1952.

FREINET, C. *Educação para o trabalho*. Vol. 2. Lisboa: Presença, 1974.

FREITAS, M.C. (org.). *História social da infância no Brasil*. São Paulo: Cortez, 1997.

FOUCAULT, M. *Vigiar e punir*. 20. ed. Petrópolis: Vozes, 1999.

GARCIA, R. *As órfãs* – Revista do Instituto Histórico e Geográfico, vol. 192, 1946.

HALBWACHS, M. *A memória coletiva*. São Paulo: Vértice, 1990.

KENSKI, V.M. *Memória e prática docente*, 199-? Campinas.

KULHMANN JR., M. *Infância e educação infantil*: uma abordagem histórica. Porto Alegre: Mediação, 1998.

LAPA, J.R.A. *Os cantos e os antros*. São Paulo: Edusp, 1995.

MACIEL, C.S. *Discriminações raciais*: negros em Campinas (1888-1921). Campinas: Unicamp, 1987.

MARCÍLIO, M.L. *História social da criança abandonada*. São Paulo: Hucitec, 1998.

MARCÍLIO, M.L. (org.). *Família, mulher, sexualidade e Igreja na história do Brasil*. Vol. 3. São Paulo: Loyola, 1993.

NEGRÃO, A.M.M. *Arcadas do tempo*: o Liceu tece cem anos de história. São Paulo: Dórea Books and Arts, 1997.

_____. *Infância, educação e direitos sociais*: Asilo de Órfãs (1870-1960). Campinas: Unicamp/CMU, 2004.

PETITAT, A. *Produção da escola* – Produção da sociedade: análise sócio-histórica de alguns momentos decisivos da evolução escolar no Ocidente. Porto Alegre: Artes Médicas, 1994.

POLLAK, M. "Memória, esquecimento, silêncio". *Estudos Históricos*, vol. 2, n. 3, 1989. Rio de Janeiro.

PRIORE, M. (org.). *História das crianças do Brasil*. São Paulo: Contexto, 1999.

RODRIGUES, L.M.P. *A instrução feminina em São Paulo*. São Paulo: Escolas Profissionais Salesianas, 1962.

SANTA CASA DE MISERICÓRDIA DE CAMPINAS. *Primeiro centenário MDCCCLXXI-MCMLXXI*. São Paulo: Revista dos Tribunais, 1972.

SIMSON, O.R.M. (org.). *Os desafios contemporâneos da história oral*. Campinas: Centro de Memória da Unicamp, 1997.

_____. *Experimentos com histórias de vida*: Itália-Brasil. São Paulo: Vértice, 1988.

SILVA, M.R. "Recortando e colando as imagens da vida cotidiana do trabalho e da cultura lúdica das meninas – mulheres e das mulheres: meninas da Zona da Mata Canavieira Pernambucana". *Cadernos Cedes*, n. 56, 2002, p. 23-52. Campinas.

UHLE, A.B. "A filantropia e a educação". *Educação e Sociedade*, n. 42, ago./1992, p. 174-179.

VIEIRA, Pe. J.J. *Relatório do Asylo de Orphãos de Campinas*. Campinas: Gazeta de Campinas, 1879.

# As "empregadinhas" domésticas

## Elas "não brincam em serviço" e "quando descansam carregam pedra"!*

*Maurício Roberto da Silva*

> *Na tina vovó lavou, vovó lavou a roupa que*
> *mamãe vestiu quando foi batizada*
> *E mamãe quando era menina teve que passar; teve*
> *que passar,*
> *Muita fumaça e calor no ferro de engomar*
> *E mamãe quando era menina teve que passar; teve*
> *que passar,*
> *Muita fumaça e calor no ferro de engomar...*[1]

Este texto tem como objetivo "refletir e problematizar sobre a exploração do trabalho da infância, feminino doméstico na cidade do Recife, visando reunir evidências empírico-teóricas acerca desse mundo da exploração do trabalho da infância e da juventude". Este escopo traz em sua formulação uma pergunta-problema (pergunta-síntese), que representa um impasse e desafio para os pesquisadores, governantes e militantes dos movimentos sociais: "sendo uma prática social de dominação pré-capitalista

---

* Agradecimentos: a) À Capes pela Bolsa de Pós-doutoramento em 2007, quando apresentei o projeto no Departamento de Estudos da Criança. Uminho, Portugal. b) Ao professor e amigo português Dr. Manuel Sarmento, coordenador dos estudos de Pós-doutoramento na Uminho em 2007/2008, pelo apoio e sugestões de ideias para a reflexão da problemática das empregadinhas domésticas no Nordeste do Brasil. c) Ao Cendhec pela excelente, relevante produção, cedida em pdf para realização deste texto. d) À Profa.-Dra. Ana Lúcia Goulart de Faria que me incentivou a escrever o texto sobre " as meninas-mulheres" no *Caderno Cedes*, n. 56, 2002.

1 Trecho da música *Coisa da antiga*, composição de Roberto Ribeiro e eternizada na voz de Clara Nunes.

(escravidão), que se estende pelo capitalismo até a sua versão neoliberal do capitalismo da atualidade, a exploração do trabalho da infância feminino doméstico, ainda tem seu curso nas casas das famílias de classe média e das elites da cidade do Recife? Essa pergunta norteadora traz nas entrelinhas algumas "questões de pesquisa" da seguinte monta: Quais os motivos que levam essas meninas a migrarem em idade tão prematura para os grandes centros urbanos? Que tipo de atividades fazem as meninas nas casas de família, nas quais são empregadas? Como são "tratadas" essas meninas nas residências onde trabalham, em termos das relações patroa-empregada? Que tempo elas têm para o processo de escolarização? Como elas lidam com o usufruto do "tempo livre" ou tempo de lazer, tendo em vista a construção da cultura lúdica?

A epígrafe que abre este texto sintetiza o problema de pesquisa em pauta, remetendo-nos à problemática da gênese do trabalho da infância doméstico feminino dos adultos. Os versos nos remetem a algumas idiossincrasias do fenômeno da reificação do trabalho doméstico e escravo na colônia e no império, que anuncia, em alguns aspectos, semelhanças com a problemática da exploração do trabalho doméstico das meninas na sociedade capitalista. Os versos, se considerarmos "a poesia como método sociológico" (BASTIDE, 1983), anunciam algumas possibilidades de análise, consequentemente, de alguns elementos teórico-metodológicos, epistemológicos, estéticos, éticos e políticos para se pensar a exploração do trabalho doméstico das meninas empobrecidas que trabalham nas casas de família das médias e grandes cidades. A letra da música nos deixa, como legado, o caráter transgeracional e perverso da exploração do trabalho doméstico, que passa das avós, para as mães e filhas, se tomarmos como instrumento de reflexão os: "na tina, vovó lavou, vovó lavou a roupa que mamãe vestiu quando foi batizada. E mamãe, quando era menina, teve que passar; teve que passar / Muita fumaça e calor no ferro de engomar".

Os versos expressam de maneira dramática incisiva sobre a situação das mulheres trabalhadoras adultas domésticas e sobre as condições de trabalho precoce das meninas da classe trabalhadora empobrecida, em sua maioria negras e mestiças, que vivem as agruras dos maus-tratos, do trabalho semiescravo, das jornadas de trabalho insalubres e intensas, assédio moral e sexual.

A letra da música nos convida a fazer um exercício de olhar para o passado pré-capitalista da escravidão, no que concerne à gênese da exploração do trabalho de homens, mulheres e crianças. Nestes termos, torna-se imprescindível visitar as produções que abordam a história do negro no Brasil. No livro *A história do negro no Brasil*, escrito por Albuquerque e Fraga Filho (2006), é possível perceber uma outra versão da história do Brasil, contada a partir de imagens, episódios e versões sobre a história dos negros, em especial, a respeito da exploração do trabalho feminino doméstico, nomeadamente, do trabalho das meninas empregadinhas domésticas nesse contexto histórico. Ao evocar os versos da música "mamãe quando era menina teve que passar, teve que passar / Muita fumaça e calor no ferro de engomar", a letra nos induz, invariavelmente, a voltar o olhar para a história do negro no Brasil e, simultaneamente, a situação das empregadinhas domésticas na atualidade, pois, de acordo com os estudos de Albuquerque e Fraga Filho (2006, p. 83), nos sobrados urbanos, as escravas domésticas faziam de tudo: eram domésticas, cozinheiras, amas-secas, amas de leite que limpavam, arrumavam, lavavam, **engomavam e passavam roupa** (grifos meus), cozinhavam amamentavam e cuidavam das crianças. Elas se encarregavam também de inúmeros afazeres fora da casa dos senhores. As jornadas de trabalho começavam cedo, antes mesmo que os senhores acordassem, pois era preciso abastecer a casa de água potável, muitas vezes carregada das fontes públicas. Acrescente-se a isso o dado de que, se pertencessem a senhores com dificuldades financeiras, eram obrigadas a trabalhar em outras casas como alugadas. Esses são os legados de classe e étnico-raciais, oriundos do período colonial, através do escravo doméstico. São raízes ligadas ao papel da mulher na execução e supervisão das atividades laborais domésticas pertencentes à classe trabalhadora empobrecida (SCHNEIDER, 2012, p. 2-3; SILVA, 2002).

No conteúdo do texto, faço alusão à expressão "Elas não brincam em serviço", que tomei emprestado da publicação "Cartilha para jovens multiplicadoras", editada pelo Cendhec sob a autoria e organização de Maryluce Mesquita e Renato Pinto (2003)[2]. Essas histórias revelam como as meni-

---
2 A cartilha traz para reflexão as vozes de 12 crianças e jovens sobre suas próprias histórias de trabalho doméstico da cidade do Recife.

nas-mulheres³, a exemplo das trabalhadoras adultas domésticas, labutam arduamente, sob a égide do trabalho abstrato, do trabalho alienado, do "trabalho oculto", do trabalho escravo. Ainda no título, recorro à expressão popular "quando descansa, carrega pedra" (SILVA, 1998), visando, a exemplo da frase "elas não brincam em serviço", alertar aos professores e professoras das redes de ensino, acadêmicos e militantes sobre a ilegalidade, insalubridade e perversão desse tipo de exploração do trabalho da criança e do adolescente nas diversas cidades brasileiras.

O epicentro desse fenômeno tem seu *locus* em diversas cidades brasileiras, em especial no Recife, onde jovens meninas continuam a saga da migração ao se empregarem nas casas de classe média e das elites recifenses, sofrendo, assim, as agruras dos "múltiplos constrangimentos" ou "múltiplas alienações", no ponto de vista de classe, geração, gênero, raça/etnia e cultura (SILVA, 2000, 2002). Essa situação parece ser comum, tanto às meninas que migram para trabalhar como empregadinhas domésticas quanto às que vivem no campo, uma vez que são humilhadas, ofendidas e aviltadas pela lógica do sistema, originariamente, patriarcal e, hoje, capitalista.

As mulheres-meninas e as meninas-mulheres carregam no corpo as marcas da dominação patriarcal, impostas pelo machismo, que portam já ao nascerem. Somam-se os constrangimentos de classe social (pobreza, fome, trabalho alienado. Tais marcas de classe (pobreza, fome, miséria), por sua vez, fundem-se, duplamente, com os constrangimentos de gênero, maculados historicamente pela dominação masculina patriarcal. Nessa dimensão ontológica são impressas nos corpos as marcas das múltiplas alienações, que repercutem de maneira insofismável sobre suas identidades e suas histórias de labuta, obrigando-as a lutar, incessantemente, pela sobrevivência numa sociedade fundamentada no patriarcalismo e na dominação capitalista (FALCI, 1997; SILVA, 2003). Tudo isso, verifica-se à luz das articulações e rearticulações entre classe e gênero, admitindo, com base na "noção diretriz do nó", os possíveis entrecruzamentos entre gênero e classe,

---

3 O termo surgiu durante o trabalho de campo na cana-de-açúcar (SILVA, 2002). A categoria analítica "meninas-mulheres" e dialeticamente as "mulheres meninas", colocar em destaque as questões transgeracionais de classe e gênero, que leva em conta a precocidade com que adentram no mundo do trabalho doméstico feminino adulto no âmbito da Zona da Mata Canavieira Pernambucana.

e as demais categorias analíticas de raça-etnia, cultura e geração, que podem priorizar a análise das relações sociais com categorias analíticas mais consistentes (SAFIOTTI, 1992; SILVA, 2006).

## Modos de abordar e analisar a realidade

Para construir lancei mão de diversas maneiras de abordar o fenômeno em questão. A ideia foi fazer a associação de diversas fontes de coleta de dados com o objetivo de tentar chegar a uma visão mais efetiva da realidade, além de buscar uma intercomplementaridade entre os diferentes métodos de abordagem do real, ampliação do campo de visão do fenômeno investigado e, consequentemente, o enriquecimento do trabalho com informações que não apareceriam se utilizasse apenas uma fonte (LANG et al., 2010). Nestes termos, o movimento teórico-metodológico, em pauta, buscou, em "primeiro lugar", recuperar diversas fontes documentais como: textos, pesquisas, livros diversos e cartilhas produzidas por ONGs (Cendhec)[4] e o Sindicato das Trabalhadoras Domésticas do Recife. Em "segundo lugar", considerei, introdutoriamente, alguns elementos teórico-metodológicos dos chamados "trabalhos da memória", nomeadamente, fragmentos de história oral de vida (QUEIROZ, 1991, p. 5-6)[5]. A ideia é, à medida do possível, levar em consideração alguns aspectos da autobiografia e memórias da minha própria infância, inspirados no livro de Gabriel Garcia Márquez *Viver para contar* (2003). Neste sentido, trago fragmentos das minhas memórias de trabalho doméstico na infância, que busca nortear todo o processo de construção do texto referido. As pala-

---

4 O Centro Dom Helder Câmara de Estudos e Ação Social (Cendhec) é uma organização não governamental, fundada em 1989, constituída como Centro de Defesa de Direitos Humanos, que desenvolve ações de proteção jurídico-social e psicológica de crianças e adolescentes vítimas de violência e exploração. Dentre as formas de exploração está o trabalho infantil. Atua também na luta pela defesa pelo direito à moradia da população das comunidades de bairros populares, com vistas ao desenvolvimento de ações jurídicas e educativas no campo da regularização fundiária.

5 De acordo com a autora, numa perspectiva mais ampla da história oral, a "história de vida" constitui uma espécie ao lado de outras formas de informação também captadas oralmente. Assemelham-se às histórias de vida as entrevistas, os depoimentos pessoais, as autobiografias e as biografias. Todas elas fornecem dados e materiais para a pesquisa sociológica, contudo, diferem em sua definição e características.

vras a seguir referem-se ao período em que, como filho da empregada, fui tratado como "filho de criação":

> [...] cresci em meio à casa grande e à senzala, à sala de jantar e à cozinha, em meio aos resquícios da decadência da colônia e da escravidão, no berço da decadente política integralista remanescente dos anos de 1940, sendo eufemisticamente chamado até os 14 anos de "filho de criação". Fui crescendo assim, sem me dar conta do paradoxo de viver tratado com amor, atenção, paparicação, indiferença, preconceito e abandonos eventuais (SILVA, 2001, p. 13).

A condição de "filho de criação" ou "crias da casa" é análoga ao caso das meninas que, enquanto agregadas das casas das elites, sofrem o dilema por não serem filhas nem empregadas. Essa situação faz com que elas se encontrem num limbo que as aproxima das escravas contemporâneas, mostrando as contradições e desigualdades reais da sociedade brasileira em diferentes regiões do país e, em especial, na Região Nordeste do Brasil, conforme pode-se inferir no clássico *Casa grande e senzala* de Gilberto Freyre (1997)[6]. Ao garimpar do texto algumas lembranças do trabalho doméstico da minha própria infância, tomo como referência epistemológica a imaginação sociológica. Assim, procuro recuperar nos subterrâneos da memória, um problema pessoal e, ao mesmo tempo, de relevância pública, com base em reflexões de Mills (1982, p. 211-218), que diz ser uma das tarefas dos intelectuais em termos de imaginação sociológica promover a "fusão da vida pessoal e intelectual".

Em "terceiro lugar", considerei como fonte de dados, a combinação entre o questionário e a entrevista padronizada (THIOLLENT, 1982), realizada via on line com umas lideranças do Sindicato das Trabalhadoras Domésticas do Estado de Pernambuco.

Em "quarto lugar", tento analisar sociologicamente a realidade, utilizando letras de música e poesias, a partir das ideias de Roger Bastide

---

6 Cf. as críticas sobre o dualismo das proposições teóricas do autor, isto é, entre sobrados e mocambos (MARINS. *Ceru*, s.d. [mimeo.]) casa grande e senzala etc. Além disso, polêmicas e controvérsias contra o autor em torno de sua visão idílica do passado colonial e da escravatura, culminando com a ideia de que o Brasil vive uma democracia racial, sem conflitos entre negros e brancos (CARVALHO, M.C. *Folha de S. Paulo* – Caderno Mais!, 18/03/2000, p. 4-8).

(1983), contidas no texto *A propósito da poesia como método sociológico*.

Todas essas fontes de dados são analisadas a partir dos procedimentos hermenêutico-dialéticos. Esses procedimentos implicam um mergulho heurístico nas entrelinhas dos conteúdos expressos e velados, tendo como eixo epistemológico e ontológico algumas categorias e leis do materialismo histórico-dialético.

## Trabalho, capitalismo e exploração do trabalho das crianças: algumas reflexões para os educadores e militantes

> Somos meninos e meninas obrigados a laborar no campo e na cidade, carregando o fardo do trabalho pesado na cabeça e os brinquedos apenas no imaginário insistente e resistente. **Somos ainda, apesar dos discursos otimistas, milhões de crianças-adultos em miniatura que engordam as falsas estatísticas dos cientistas burgueses**. Somos meninas que brincam com as sobras do tempo do trabalho doméstico e o peso dos irmãos sobre os ombros. E, como tais, somos de vez em quando violentadas e servidas na bandeja para os banquetes dos senhores do dinheiro e do desrespeito. **Somos, precocemente, mercadorias geradoras de valor contra a nossa própria vontade e desejo. Somos simultaneamente mercadoras e mercadorias dos nossos próprios corpos-infantes-adolescentes, impúberes** (grifos meus) (SILVA & ARROYO, 2012, p. 364).

No plano filosófico e sociológico, o trabalho humano vem sendo amplamente debatido enquanto categoria central no processo de formação humana a partir dos elementos da ontologia marxista do ser social. Essa perspectiva teórico-metodológica nos permite explicar como nos tornamos seres humanos ao longo da história, tendo como eixo teleológico o trabalho. O homem, diferentemente dos animais, é o único ser que transforma a natureza, ao produzir as suas próprias condições de sobrevivência. Neste sentido, faz história ao produzir as suas condições de existência, que são transformadas pela sua própria ação. Este processo se verifica à medida que o ser social transforma a natureza, quando nela investe para obter as condições objetivas para sua sobrevivência e, neste âmbito, é transformado por ela ou é transformado pelo seu próprio trabalho através das condições naturais sobre as quais age (TAFFAREL, 2007; MÉSZÁROS, 2007; ANTUNES, 2009).

A concepção marxista problematiza o trabalho em seu sentido ontológico e histórico, compreendendo-o, de um lado, como ato de sobrevivência, podendo se constituir num ato de emancipação (trabalho concreto), isto é, quando dirigido conscientemente para fins determinados, elaborados pelo intelecto e pela imaginação humana, em suma, como um ato de liberdade e criação livre do homem. De outro lado, pode ser um simples ato de sobrevivência, inconsciente e de caráter reificado e, por isso mesmo, um meio para obter um fim imediato, que se reproduz na vida cotidiana de maneira mecânica e alienada (trabalho abstrato). No entanto, sob a vigência do capitalismo, o trabalho tem sido para grande parte dos trabalhadores apenas um instrumento de luta pela sobrevivência, um meio e não um fim (trabalho socialmente necessário). Deste modo, o trabalho, no âmbito da divisão social de classes, tornou-se meramente "meio de vida" para a grande maioria dos trabalhadores assalariados, e "meio de acumulação de riqueza" para uma minoria que detém os meios de produção, os donos do capital. Daí resulta todo o processo da luta entre capital e trabalho, que consiste na exploração da grande maioria da humanidade pelos detentores do capital, que vivem às custas do trabalho alheio, do trabalho produtivo, alimentando-se da mais-valia ou o "valor a mais", como forma de acumulação de riqueza (ANTUNES, 2009). Nesta linha de pensamento, problematizar sobre a exploração do trabalho das crianças, e, consecutivamente, do feminino doméstico, implica, primeiramente, refletir sobre a exploração generalizada na lógica do capital. Esse movimento é importante, embora tenhamos que admitir que, na atualidade, a exploração do trabalho feminino doméstico adulto e infantil é caudatária do trabalho escravo ou semiescravo pré-capitalista. Contudo, convém lembrar que o trabalho escravo ou semiescravo continua seu curso no capitalismo, assumindo, assim, a lógica e as vicissitudes do capitalismo na atualidade.

De fato, nas economias pré-capitalistas, fundamentalmente, no estágio anterior à revolução agrícola e industrial, as mulheres das camadas trabalhadoras eram ativas. Elas trabalhavam nos campos, nas manufaturas, nas minas, nas lojas, nos mercados e nas oficinas, teciam e fiavam, fermentavam cervejas e ainda faziam outras tarefas laborais domésticas. No contexto das sociedades pré-capitalistas, embora as mulheres sejam jurídica, social e politicamente inferior aos homens, elas participam do sistema produtivo, desempenhando um importante papel econômico (SAFIOTTI, 1976, p. 34-35). De fato, [...] antes da introdução das máquinas, a fiação e tecelagem das matérias-primas efetuavam-se na própria casa do trabalhador. Mulheres e crianças fiavam o fio que o homem tecia ou que elas vendiam, quando o chefe da família não o trabalhava (ENGELS, 1985, p. 11).

A exploração do trabalho na infância, remanescente do século XIX, faz parte do processo de exploração generalizada dos trabalhadores na lógica destrutiva do capital, do alto de sua crise estrutural, e vem provocando o aviltamento do trabalho em todo o mundo e no Brasil, mostrando, assim, a obsolência do sistema capitalista. Nesses termos, há uma proletarização da classe trabalhadora empobrecida, que se traduz em precarização progressiva, que obriga pais e mães a se submeterem às agruras do trabalho precário e escravo, na maioria das vezes tendo que, por necessidade, contar com a participação das crianças na renda familiar, ou, em alguns casos, como no mundo da exploração do trabalho no campo: cana-de-açúcar, olarias, carvoarias, casas de farinha e outros, e, na cidade: trabalho doméstico, borracharias, comércio informal, carregadores de frete nos mercados e outros (SILVA, 2003).

Esses efeitos de reificação começam na infância, passando pela juventude e culminam com o processo aviltante e alienante da condição humana na aposentadoria. O capital se organiza através do trabalho humano, abrangendo as determinações de classe (classe trabalhadora empobrecida), gênero (mulheres), geração (crianças, jovens, adultos, velhos e velhas) e raça/etnia (negros, índios), forjando diversos mundos visíveis e ocultos do trabalho no campo e nas cidades, com o fim de extração de mais-valia (MÉSZÁROS, 2011; SILVA & PIRES, 2011; ANTUNES, 2007, 2008).

## A exploração do trabalho das crianças, feminino doméstico, sua gênese e atualidade: "elas não brincam em serviço" e "quando descansam, carregam pedra"

> Onde está Kelly? Entre os cômodos da casa, procuro Kelly em vão, porque esta minha ânsia é alegórica, pois sei onde Kelly está... **Lá está Kelly, confinada à cozinha, antes tirava o pó da sala, embala agora a criança**, com um desejo de também ser embalada, cuida-

da, velada, amada... [...] **Kelly, exausta da labuta do dia a dia (des)cansa no seu quarto**, sem janelas para o mar, por onde não passa brisa, por onde se vê um céu distante. [...] **Kelly é clandestina, anônima, não aparece nas estatísticas do trabalho infantil, porque já é quase parente, trazida para a casa grande ainda pequena**. Foi salva da sarjeta, da seca e da fome, mas apesar de tudo isto Kelly se enfeita com sua alegria, com batons e fantasia, **e mesmo na lida e habitando em senzalas modernas** (grifos meus) (Andréa Lima)[7].

Como já foi aludido anteriormente, o trabalho doméstico tem raízes pré-capitalistas, nomeadamente, no trabalho escravo e no patriarcalismo, estendendo-se até o capitalismo atual. O sistema patriarcal de colonização portuguesa no Brasil imprimiu uma imposição imperialista da raça adiantada à atrasada no país. A estrutura da casa grande, aliada à senzala, fenômeno social, econômico e político do Brasil, marcante nos anos de 1800, de acordo com a obra *Casa grande & senzala*, de Gilberto Freyre. Esse clássico dá as pistas sobre a gênese da exploração do trabalho doméstico feminino e masculino e suas relações com os primórdios do trabalho escravo, que hoje se traduz na "senzala moderna". Segundo o autor, a mulher negra/escrava tem uma importante presença na constituição da raça e da cultura no âmbito da *Casa grande e da senzala*.

As amas de leite, por exemplo, tiveram um destacado papel na vida social do Brasil, nos meados do século XIX. (FREYRE, 1997; SILVA, 2003; FREIRE apud SCHNEIDER, 2012; DOURADO & FERNANDEZ, 1999).

Seguindo as pistas historiográficas sobre a gênese da exploração do trabalho das crianças, feminino doméstico na casa grande e senzala, os estudos de Hidete Pereira de Melo (1998, p. 1), indicam que, na história do serviço doméstico no Brasil, antes da abolição da escravatura, os escravos domésticos eram encarregados das tarefas do lar. Ao longo do século XIX as famílias tinham, além das escravas domésticas, a possibilidade de contar com mocinhas para uma espécie de "ajuda contratada". Essa forma de trabalho doméstico continuou depois da Abolição, tornando-se a maior fonte de trabalho feminino. As meninas ("ajudantes") eram enviadas pelas suas famílias para outra casa, como um passo intermediário entre a casa de sua família e o matrimônio.

---

7 Poeta potiguar, assistente social e mestranda em Serviço Social pela UFPE. In: "Onde está Kelly". *Cendhec*, 2002a.

Nesses meandros, a industrialização e a urbanização, com a expansão da classe média, transformaram a chamada "ajuda" em serviço doméstico. Esse serviço, em razão da pobreza das famílias das jovens migrantes brancas e não brancas do campo, era realizado sobre as bases da promessa de casa e comida. Deste modo, as meninas pobres eram cedidas ou emprestadas às casas mais ricas para que, em troca de seus serviços, tivessem o direito à moradia, à comida e a outros bens (ou para que aí permanecessem até que se casassem). O trabalho doméstico com ideia de "ajuda" vingou até a primeira metade do século XX no Brasil, sobretudo nas regiões Norte e Nordeste e mesmo no Sudeste, para desaparecer praticamente nas últimas décadas, mediante uma espécie de contrato verbal entre famílias de classes sociais opostas, ao longo do século XIX até meados do XX. Essas relações perversas de trabalho, "contrato de ajudante", possui graus de semelhança com a exploração do trabalho, ainda hoje impostos a várias jovens meninas, que, igualmente, são cedidas por suas famílias para trabalharem nas casas alheias, sob um regime de semiescravidão: submetidas ao confinamento do trabalho escravo, jornadas excessivas de trabalho, maus-tratos e abusos sexuais (MELO, 1998; CENDHEC, 2002b; SCHNEIDER, 2012).

Até bem pouco tempo a exploração do trabalho doméstico adulto era visível nas unidades familiares, e hoje ainda o é, pois ainda carrega traços do passado serviçal e escravista, além do desrespeito à legislação nacional e às normas internacionais do trabalho. Observa-se que não apenas a remuneração se mantém depreciada, como também o exercício do trabalho apresenta-se desvalorizado, em meio à invisibilidade, com relações de trabalho ainda desumanas e anacrônicas. Esse quadro ainda permanece tanto para as trabalhadoras adultas quanto para as jovens meninas, mesmo com o advento legal da PEC 66/2012[8]. Todavia, há a expectativa de que, a partir da PEC, as patroas e patrões que realizam práticas ilegais, empregando (explorando) jovens meninas menores de 16 anos[9], passem, de fato, a respeitar os novos marcos legais do trabalho doméstico.

---

8 Novos marcos legais do trabalho doméstico adulto (POCHMANN, 2012, DIEESE, 2013).

9 Cf. sobre os marcos legais do trabalho na infância: "Convenção Internacional dos Direitos da Infância e nas Convenções da Organização Internacional do Trabalho. As Convenções 138 e 182 da OIT (CENDHEC, 2002b).

De acordo com as pesquisas do Cendhec (**2002, p. 24**), o trabalho doméstico **na infância continua a crescer,** impulsionado, de um lado, pelas difíceis condições de sobrevivência das famílias das classes mais pobres, como já foi mencionado, e, de outro lado, pelo crescimento da demanda do mercado de trabalho, alimentado por uma classe média também empobrecida. Tudo isso faz com que a exploração do trabalho doméstico na infância se mantenha como um "fenômeno oculto" na sociedade brasileira e, em especial, na cidade do Recife. Isso dificulta a sua fiscalização, controle e, consequentemente, da punição aos patrões e patroas exploradores. O próprio Sindicato das Trabalhadoras Domésticas do Recife fala do âmbito de suas atribuições ao dizer que: "não temos como fiscalizar, porque não podemos entrar nas residências dos empregadores". Some-se a esses fatores impeditivos de fiscalização o fato de que as famílias empregadoras usam do artifício afetivo-emocional, ao tratar as meninas como "crias da casa" ou "filhas de criação", o que culmina por caracterizar essa atividade laboral como "trabalho oculto" ou invisível.

Assim, algumas famílias da classe média e das elites, mesmo que, legalmente, não possam empregar crianças, continuam na clandestinidade, explorando a força humana de trabalho de um grande contingente de jovens e meninas. Para burlar a lei e manter viva a exploração, o patronato se baseia em alguns fatores objetivos, tais como: a) Vulnerabilidade social e péssimas condições de vida em que vivem as famílias e consequentemente as meninas, obrigando-as a submeter-se a condições indignas de vida, trabalho (exploração), educação, moradia e lazer. b) Pelo fato de as meninas estarem expostas e vulneráveis, simultaneamente, às determinações e constrangimentos de classe (ser pobre), geração (ser criança), gênero (ser menina-mulher), raça/etnia (ser negra ou mestiça). c) Pelo fato de apostar no silêncio das crianças, no sentido de não denunciarem os maus-tratos desse tipo de exploração. d) A utilização das relações de apadrinhamento das meninas como forma de demonstrar bons tratos, cuidados e afetos. e) Muitas famílias tratam as meninas como "filhas de criação" ou "como se fossem da casa", visando ocultar ou driblar os possíveis vínculos de trabalho existentes na relação "patroa-empregada"; conforme a fala do sindicato: "são tratadas como empregadas, mas as patroas dizem que são da família, para não pagarem os direitos", fazendo com que as meninas trabalhem sem "carteira assinada e sem proteção" (CENDHEC, 2002, 2004).

## Trabalho, educação e cultura lúdica: "Elas não brincam em serviço" e "quando descansam carregam pedra"

> **Kelly está sem seguro, sem escola, sem assistência, sem dignidade e liberdade**, mas vejo no olhar tímido de Kelly, ainda que fosca, a luz da esperança. Kelly ri, dança, coleciona pôsteres de artistas, gosta de novelas **e, se tivesse tempo, assistiria desenhos, pularia corda e amarelinha, brincaria de roda essa menina...** [...] **Kelly chora por ter de deixar a escola. Com os soluços já contidos, ela segue para o trabalho** (grifos meus) (CENDHEC, 2002a).

Alguns estudos que abordam a exploração do trabalho das crianças, feminino doméstico (CENDHEC, 2002a, 2002b, 2004), têm trazido para o debate a situação das meninas-mulheres que trabalham nas casas de terceiros na cidade do Recife. Essas pesquisas centram suas análises, em especial, nas condições perversas de insalubridade a que são submetidas as meninas trabalhadoras (jornadas de trabalho extensas, condições de moradia precárias, alimentação inadequada, pouco tempo livre para o descanso, entre outras). Em meio a todo esse quadro de maus-tratos, destacam-se ainda as precárias condições para a escolarização e o pouco tempo, ou quase nenhum, destinado à construção da cultura lúdica. Essas questões não aparecem apenas nas pesquisas do Cendhec, mas também nas falas dos representantes do Sindicato das Trabalhadoras Domésticas do Recife, que podem ser traduzidas nas metáforas: "elas não brincam, nem estudam e não têm contato com ninguém". O sindicato, inquirido sobre a frequência e permanência das meninas na escola, respondeu peremptoriamente: "não temos como fiscalizar isso, porque não podemos entrar nas residências dos empregadores".

Na cartilha produzida pelo Cendhec/OIT (2004), intitulada "Elas não brincam em serviço: 12 histórias de trabalho doméstico de crianças e adolescentes: Cartilha para educadores", consistiu em dar voz a um grupo de 19 jovens meninas e um menino, com predominância de empregadas domésticas e babás[10], a respeito da inserção precoce no trabalho doméstico, a partir de seus relatos e trajetórias de vida.

"Elas não brincam em serviço" é uma metáfora do real, que, junto com outra que enunciei no título "quando descansam, carregam pedra", traz à tona a relação entre trabalho e tempo livre, presentes na produção de pesquisas que realizei, fundamentalmente, ligadas à exploração do trabalho das crianças na Zona da Mata canavieira pernambucana (SILVA, 2000, 2003).

Conforme afirmei em diversos textos e artigos (SILVA, 2000; SILVA, 2003), a expressão "não brincam em serviço", foi utilizada por mim para indicar as estratégias e brechas que as crianças utilizavam durante o tempo de trabalho nos canaviais de Pernambuco. Os sindicalistas da Fetape e trabalhadores entrevistados afirmaram que, por diversas vezes, as crianças eram flagradas "brincando em serviço". Nesses trabalhos, interpretei que as crianças, ao brincarem em serviço, estavam utilizando a alegria e o prazer do jogo, como manifestação de transgressão e resistência aos ditames do trabalho alienado, insalubre e impróprio para a idade delas. Assim, para além da adaptação e do conformismo às regras do trabalho forçado, elas, mesmo de forma passageira, buscavam, nesses curtos momentos, experimentar a liberdade e o direito de serem crianças. Contudo, essa situação não pode ser vista apenas de forma monolítica, pois as crianças, num jogo dialético, ao mesmo tempo se conformavam e se submetiam às exigências dos patrões por necessidade; mas também resistiam, no momento em que o ímpeto de brincar era mais forte do que a situação de opressão laboral.

---

10 O programa que deu origem a esta publicação integrou uma campanha de esclarecimento sobre o trabalho doméstico de crianças e adolescentes, que inclui também cartilha dirigida às adolescentes, programas de rádio, cartazes, comercial para TV e uma série de atividades realizadas com grupos de adolescentes. Esta publicação também surgiu a partir da experiência do Programa de Prevenção e Enfrentamento do Trabalho Doméstico das Crianças e dos Jovens, no Recife, realizado pelo Cendhec. A cartilha foi elaborada para apoiar educadores da rede pública de ensino, bem como de outras instituições educativas, com o intuito de servir de instrumento para que eles possam assumir esta causa. A cartilha nasce como fruto de histórias vividas por crianças e adolescentes, ex-trabalhadoras ou trabalhadoras domésticas que ilustram a realidade a ser modificada. É uma oportunidade para os educadores estimularem nos educandos uma reflexão sobre a necessidade de permitir que crianças vivam suas infâncias dignamente.

Esses episódios, contudo, não são novos e, provavelmente, não pertencem apenas ao mundo do trabalho da cana-de-açúcar, pois muitas situações similares têm sua origem no processo de industrialização e o apogeu do capital no início do século XIX, conforme os relatos de Engels (1985, p. 190-191) sobre as fábricas de Manchester, na Inglaterra. Na cidade de São Paulo, as crianças desapontavam os capatazes e eram severamente castigadas se brincassem durante as jornadas de trabalho. Assim, qualquer desleixo no trabalho comprometia a produtividade e, por essa razão, eram responsabilizadas pela perturbação no ambiente de trabalho e até pelos próprios acidentes ali ocorridos. Muitas situações, naquela época, permitem inferir sobre a capacidade de resistência delas ante as regras e ditames do trabalho. Nesse contexto, o "brincar em serviço" pode ser interpretado, a meu ver, como uma luta real e simbólica pelo direito de ser criança, brincar e não trabalhar precocemente. Elas fugiam das torturas e dos castigos dos capatazes e supervisores, pulando os muros das fábricas insurgentes, ou reagiam, às vezes, a pauladas e pedradas, e ainda participavam intensamente das greves com os adultos (RAGO, 1985, p. 143; SILVA, 2003, p. 221-222).

O "brincar em serviço", relacionado à esfera da exploração do trabalho das crianças, feminino doméstico, relaciona-se com as intensas jornadas de atividades que as meninas são obrigadas a cumprir nas casas onde trabalham; tem a ver com natureza das diversas e ininterruptas atividades laborais que elas devem cumprir, muitas vezes, o dia inteiro, além de ir à escola, quando vão. Neste sentido, o que está em jogo é usufruto do tempo da infância empobrecida, que se constitui de um tempo cada vez mais "não livre", isto é, mais ocupado com tarefas insalubres e de muita responsabilidade e esforço, tais como: lavar e passar roupa, faxinas pesadas, cozinhar, cuidar de crianças pequenas etc. Todas essas atividades incidem sobre o tempo livre das meninas que, além de não ter tempo para a construção da cultura lúdica, podem correr os riscos de acidentes de trabalho e, fundamentalmente, de comprometer o processo de desenvolvimento, que se relaciona com a aprendizagem. Vale destacar que, no processo de escolarização, a relação entre aprendizagem e desenvolvimento é expressada não como processos idênticos, mas como processos que se constituem uma unidade (VYGOTSKY, apud RIGON, 2010, p. 46). Daí, intuir dos prejuízos que podem causar para a educação das meninas um desenvolvimento, cujas relações com a aprendizagem não se verificam mediadas pela imaginação, pela criação, devido à opressão causada pelo trabalho forçado e alienado. Como se sabe, o brinquedo tem um papel preponderante no desenvolvimento infantil, uma vez que intimamente ligado aos processos criativos e imaginários, isto é, simbólico-reais. A criação de uma situação imaginária não é algo fortuito na vida da criança; ao contrário, é a manifestação da emancipação da criança, que se expressa diante das restrições situacionais (VYGOTSKY, 2010, p. 79-130; SILVA, 2012, p. 229).

Os trechos do poema de Andréa Lima [...] "Kelly chora por ter de deixar a escola, com os soluços já contidos ela segue para o trabalho"[...] "e se tivesse tempo assistiria desenhos, pula corda e amarelinha, brinca de roda essa menina..." (CENDHEC, 2002), nos indica o dilema e a saga dessas meninas no que pese ao usufruto do tempo destinado aos jogos e brincadeiras, além do comprometimento do tempo para uma educação de qualidade.

Brincar em serviço não deve ser nada fácil para elas, devido ao tempo pertencer, quase que exclusivamente, às famílias que as "acolhem", ou seja, o tempo pertence às patroas que, supostamente, as tratam "como se fossem de casa" ou "filhas de criação".

Para ilustrar as questões relativas às jornadas de trabalho, o tempo de construção da cultura lúdica e a escolarização das meninas empregadinhas domésticas, recorro a um trecho do depoimento da Margarida, 16 anos de idade, e, em seguida o episódio que envolve Aninha (10 anos de idade), filha da patroa, e Neném (babá), ambas com 10 anos de idade e citada cartilha "Elas não brincam em serviço: 12 histórias de trabalho doméstico de crianças e adolescentes" (CENDHEC, 2004, p. 46): "No começo, eu pensei que era só pra brincar com as crianças. Mas era muito trabalho e eu não brincava em serviço".

> Aninha (tem 10 anos e é filha da patroa. Veste roupa de adulto, bem na moda) / NENÉM (tem 10 anos, **veio do interior para cuidar de Aninha** e veste roupa mais gasta) / PATROA (Dona Rosana tem 42 anos, boa aparência e tenta ser bem-intencionada). (*A cena acontece numa sala de estar de um apartamento de classe média. O telefone toca. Aninha está brincando com o videogame e nem liga para o telefone.*) PATROA (gritando): – Neném! Ô Ne-

ném! Atende o telefone pra mim!(Neném, entrando na sala, pega o telefone timidamente. Do outro lado da linha ninguém responde nada). PATROA (entrando na sala com uma toalha enrolada na cabeça): Então, quem é? NENÉM: – Sei não. Fala a senhora... PATROA: – A ligação caiu. Que coisa estranha... (O telefone toca novamente. A patroa atende). PATROA: – Alô? Sou eu, sim. Eu tava no banheiro. **Quem atendeu foi a Neném, a menina que eu trouxe do interior pra fazer companhia pra Aninha. Licença um instantinho...** (tapa o bocal do fone com a mão e fala para Neném, que está de longe olhando para o *videogame*). **Menina! Ainda não arrumou os brinquedos de Aninha?** Tá tudo espalhado aqui na sala! **(Neném começa a recolher os brinquedos, tira-os de cena e depois volta.** Enquanto isso, a patroa volta a conversar ao telefone). **Pois é, amiga. A situação da família é tão ruim que eu trouxe a menina pra ajudar a Dona Joseilda, mãe dela. Pelo menos aqui a Neném se distrai com a Aninha...** Licença (tapando o bocal com a mão). **Neném, minha querida, passe uma vassourinha aqui na sala, que tá tudo sujo de biscoito...** (volta a conversar enquanto a menina varre o chão). Ah, amiga, criança é fogo. **A Aninha comeu uns biscoitos e sujou tudo... Pois é, minha filha é sozinha e precisa de companhia...** ANINHA: – Mainha, tô com sede! PATROA: – Licença, amiga (tapando o bocal). **Neném, minha querida, pegue uma aguinha pra Aninha...** Neném serve água enquanto a patroa volta a conversar. **Você sabe como é, amiga, eu não posso ver ninguém passando dificuldades... Ah, mas aqui ela vai ser tratada como se fosse minha filha!** Eu dei a ela umas roupas que foram da Aninha, praticamente novas (tapando bocal). **Neném, faltou limpar a mesa!** (Neném pega um paninho e limpa a mesa enquanto a patroa volta a conversar) É. **Só tem matrícula na rede pública no ano que vem. E colégio particular não dá pra Neném. Ela é do interior, sabe, não iria se adaptar...** (tapa o bocal e fala com a filha). **Aninha, minha filha, esse resto de lanche aí vai encher de formiga! Vá guardar, menina!** ANINHA: – Ah, mainha! Não quero limpar isso agora, não (volta a jogar *videogame*). PATROA: – **Neném, minha querida, faz isso pra mim?** NENÉM: – Sim, senhora, Dona Branca (recolhe uma bandeja com restos de lanche). PATROA: – **Pois é, amiga. Vai ser bom pra Aninha e pra Neném.** (Sem querer, Neném derruba a bandeja no chão.)

**181**

PATROA: – Valha-me Deus! NENÉM: – **Eu limpo tudo, Dona Branca**. PATROA: – Hum? Pois é, amiga! **As duas têm dez anos. (Neném se ajoelha com um pano úmido e passa no chão.) Só assim a Neném vai ter uma amiguinha pra se distrair. Vai ser uma neném brincando com a outra...** (grifos meus).

Diante desse longo depoimento, as perguntas que urgem ser colocadas são: As meninas brincam ou não brincam em serviço? Quando e em que tempo constroem a cultura lúdica? Que atividades inventam para burlar e subverter a situação de opressão do trabalho doméstico precoce? A que horas vão à escola? Como pode a Neném se distrair e brincar com tanta tarefa e comandos proferidos simultaneamente e sem pausa? Ao fim e ao cabo, resta investigar, "em que tempos, espaços e brechas do cotidiano as meninas brincam?

As respostas a essas questões demandam da realização de mais pesquisas, de natureza qualitativa na linha do que vem pesquisando o Cendhec. Nestes termos é possível inferir que essas meninas, com tantas atividades, "dormindo no serviço" e expostas aos maus-tratos simbólicos e reais pelas patroas (mães de criação ou madrinhas), têm a vida cotidiana semelhante à das meninas-mulheres da Zona da Mata açucareira. As experiências lúdicas no campo canavieiro se verificam, em meio aos seus múltiplos afazeres domésticos ou duplas jornadas de trabalho, num tempo residual, exíguo e precário, para eles/elas e suas famílias; tempo este permeado de constrangimentos e alienações, por conseguinte, um tempo não livre.

Os jogos e brinquedos das meninas trabalhadoras domésticas são construídos no terreno da adversidade e da penúria, na sucata do tempo residual, migalhas de tempo conquistadas a duras penas. Uma cultura lúdica que é tecida na boca da noite, na "boca de forno", na natureza quase morta e, apesar de tudo, da maneira mais criativa possível. Suas brincadeiras e jogos, para se expressarem plenamente, são realizados, contraditoriamente, em situações e brechas encontradas na luz do dia, em situações onde domina a opressão e desrespeito à infância eivada pelas determinações e humilhações de classe, raça/etnia, gênero e geração... Seus jogos e brincadeiras são mediados pela distância de suas famílias, pelos falsos afetos, pela necessidade de sobrevivência, pela alienação do trabalho e do lazer, pela diversão laboral, pelas condições insalubres de vida. Em meio a todo esse imbróglio existencial, os constructos e legados culturais de seus jogos e brincadeiras, tais como: a criatividade, a rebeldia, a delicadeza, o imaginário, a estética das suas gestualidades, as vozes agudas, os gritos graves por justiça, o respeito, a dignidade e a desobediência civil infantil, provavelmente, continuam vivos, enquanto estratégia de sobrevivência, criação, recriação, transgressão e resistência, visando, em meio a tanta alienação, o anúncio nas entrelinhas de um outro projeto de mundo e sociedade (SILVA, 2000, 2003).

A cultura lúdica e as meninas imersas na exploração do trabalho doméstico podem ser pensadas a partir das metáforas de Manoel de Barros, em seu livro homônimo. Podem ser pensadas à luz do texto "Exercícios de ser criança: O corpo em movimento na Educação Infantil" (SILVA, 2012) no livro *Corpo infância* (ARROYO & SILVA, 2012). A inspiração na expressão, exercícios de ser criança, ligada ao cotidiano das meninas-mulheres exploradas na perspectiva do trabalho doméstico, se justifica pelo fato de elas construírem suas vidas cotidianas, em meio às barreiras sociais, impedimentos e alienações encontrados no cotidiano perverso do labor. Elas constroem história e cultura em tempos e espaços extremamente desfavoráveis para a construção da cultura lúdica e da cidadania infantil, conforme se pode ver nos seus "corpos produtivos". O corpo produtivo é aquele que trabalha enquanto produtor de mercadorias e desigualdades sociais, ele próprio como mercadoria (corpo-objeto), sobretudo quando aparece sob a forma de valor de troca. Trata-se do corpo que trabalha ao produzir mercadorias e, mercadorizando-se, reifica-se, coisifica-se. Isso faz com que perca a sua especificidade e o vínculo estreito que mantinha com a subjetividade do trabalhador, deixando de ser o metabolismo entre o homem e a natureza, para plasmar uma outra identidade, uma outra subjetividade: a de vendedor da força de trabalho (SILVA, 2003; CODO, 1993; ANTUNES, 1995; SILVA & PIRES, 2010). Essas marcas corporais implícitas e explícitas, provavelmente, se originam dos processos laborais alienantes no âmbito do trabalho doméstico, como por exemplo: longas jornadas de trabalho, falta de "tempo livre" para os jogos e as brincadeiras, situações de humilhação e maus-tratos físicos e psicológicos, assédio moral e sexual, acidentes de trabalho e outros (SILVA, 2012, p. 216-217; CENDHEC, 2002).

Na narrativa que envolve o episódio da Aninha (10 anos de idade), filha da patroa, e Neném (babá), ambas com 10 anos de idade e citada cartilha do Cendhec (2002), contém muitos pontos para possíveis análises mais consistentes e até para a realização de futuras pesquisas. Trata-se das seguintes afirmações por parte da patroa sobre o direito à educação e ao "lúdico" da empregadinha Neném: "só tem matrícula na rede pública no ano que vem. E colégio particular não dá pra Neném"; "Ela é do interior, sabe, não iria se adaptar..." "Só assim a Neném vai ter uma amiguinha pra se distrair. Vai ser uma neném brincando com a outra..."

Então vejamos, em relação ao direito à educação, proponho a hipótese de que não há por parte das patroas interesse que suas "filhas de criação" (como se fossem filhas) frequentem a escola. Mais ainda, mostra que as classes médias e as elites só acreditam na escola pública apenas para os filhos dos pobres. Isso porque "o colégio particular não dá pra Neném", pois, afinal, "ela é do interior, sabe, não iria se adaptar..." Essa fala mostra que as meninas empregadas nas casas de família das classes já mencionadas, apesar de receberem a promessa de serem tratadas pelas patroas "como se fossem filhas", ao fim e ao cabo vivem uma vida mediada pela filantropia com requintes de escravidão, conforme as palavras da patroa: "eu não posso ver ninguém passando dificuldades... Ah, mas aqui ela vai ser tratada como se fosse minha filha".

Para essas classes, as meninas que trabalham em suas casas, ao invés de irem para a escola privada, para onde vão os seus filhos, devem contentar-se a frequentarem, se tiverem tempo, a escola pública, provavelmente à noite, quando já tiverem se "divertido" com as tarefas da casa e os cuidados com seus supostos "irmãos". Quanto à frase "Neném vai ter uma amiguinha pra se distrair. Vai ser uma neném brincando com a outra...", pode-se recorrer às minhas pesquisas no campo canavieiro pernambucano, onde observei crianças muito pequenas que cuidavam de outras mais novas, enquanto os pais trabalhavam na cana, assumindo responsabilidades precoces para a idade (SILVA, 2000, 2003). Nesta mesma linha de raciocínio, o texto de Elena Colonna, neste livro, intitulado "Tenho de fazer tudo para o meu irmão: crianças que cuidam de crianças na periferia de Maputo". De acordo com a autora, sobretudo, no mundo globalizado, em regiões empobrecidas da

América Latina, Ásia e África, as crianças, de forma cada vez mais precoce e frequente, são obrigadas, pela necessidade, a desempenharem o papel de adultos cuidadores das outras crianças, em razão de suas mães terem que desenpenhar uma multiplicidade de tarefas para o sustento da família. De acordo com a autora,

> elas tomam conta dos irmãozinhos mais novos, de outras crianças da família ou da vizinhança. Nos bairros da periferia de Maputo é muito usual encontrar crianças que, sem a supervisão de um adulto, andam à vontade pelas ruas com um bebê amarrado às costas ou de mão dada com outra criança que mal aprendeu a caminhar. O cuidado de crianças por parte de crianças constitui um fenômeno muito difundido no continente africano e, especificamente, em Moçambique (COLONNA, 2010, p. 131-161).

Grosso modo, pode-se dizer que, em termos de acesso aos direitos a uma educação de qualidade, as empregadinhas domésticas vivem, na pele, uma prática excludente e de precarização, que consiste em "segregar incluindo" ou "incluir excluindo". Isso vale dizer que essa forma de exclusão significa que determinados indivíduos estão dotados das condições necessárias para conviver com os "incluídos", porém em condições de inferiorização e subalternidade. Assim, no caso das pequenas trabalhadoras domésticas, pode-se dizer que elas são subcidadãs, que participam da vida social sem os direitos daqueles que possuem as qualidades necessárias para uma vivência ativa e plena nos assuntos da comunidade (GENTILI, 2012, p. 32).

Em relação à inserção das meninas da educação, pode-se recorrer às diversas histórias das meninas contadas na cartilha "Elas não brincam em serviço" (2002). Nela pode-se ler e ouvir não só as vozes das meninas com suas histórias de trabalho e educação, principalmente no que diz respeito à inclusão precária ou total exclusão destas nas escolas. Pode-se ver ainda indícios de abandono escolar, o que sustenta a hipótese da incompatibilidade entre trabalho precoce e escola. Na cartilha é possível também conferir os dados sobre o trabalho infantojuvenil doméstico no Recife, entre novembro de 2001 e março de 2002. Essa pesquisa entrevistou 298 meninas e 17 meninos que trabalhavam em casas de família. Do universo de meninas entrevistadas, 90,8% afirmaram ter algum tipo de estudo, mas 86,4% admitiram que não chegaram ao Ensino Médio, o que aponta a baixa escolaridade daqueles que tão cedo se inserem no trabalho doméstico. Durante as entrevistas, 74,1% afirmaram estar estudando, mas 28,6% disseram ter deixado os estudos por causa do trabalho. Das meninas ouvidas, 71,7% tinham entre 12 e 15 anos e estavam, portanto, abaixo da idade mínima permitida para o trabalho (CENDHEC, 2002, p. 10). Esses dados indicam que não basta frequentar a escola, mas sim em que escola e em que condições de tempo e disponibilidade para realizar os estudos, afinal "o fato de que todos tenham acesso à escola não significa que todos tenham acesso ao mesmo tipo de escolarização (GENTILI, 2012, p. 31). Os dados indicam também que, em razão do tipo de tarefas realizadas e da extenuante carga horária realizada durante o dia pelas meninas, há a necessidade de se reafirmar as reflexões supracitadas de Gentili (2012, p. 37) a respeito do "*apartheid* educacional como política de ocultação", isto é, "segregar incluindo", "incluir excluindo" ou "exclusão includente", cujo papel paradoxal da escola é a promessa de incluir excluindo (LUFT, 2003).

A negação ao direito à educação e à cultura lúdica (lazer) não atinge apenas as meninas (e meninos) que trabalham nas casas das classes média e elite, mas também de grande parte dos filhos e filhas da classe trabalhadora empobrecida. No caso da exploração do trabalho infantil e, no caso do trabalho feminino doméstico, a questão é mais grave, pois essas crianças e jovens deveriam estar protegidos pelo ECA – Estatuto da Criança e do Adolescente (1990, p. 19-20), cuja promessa de cidadania se dá apenas no papel e nos discursos: "toda criança e adolescente têm o **direito à educação**, com vistas ao pleno desenvolvimento da sua pessoa, preparo para o **excercício da cidadania** (grifos meus) e qualificação para o trabalho" (artigo 53). Quanto ao direito ao lazer, o "tempo livre", ou melhor, o tempo que seria destinado ao usufruto da cultura lúdica, também é desrespeitado pelas patroas, ficando apenas nos documentos legais, conforme o Artigo 29 do ECA: "Os municípios, com apoio dos estados e da União, estimularão e facilitarão a destinação de recursos e espaços para programações culturais, esportivas e de lazer voltadas para a infância e a juventude" (1990, p. 20).

**Exploração do trabalho feminino doméstico das crianças – Concluindo para continuar pesquisando, pois há muito o que se fazer em termos de desafios para os professores e professoras atuantes nas redes de ensino acadêmicos e militantes.**

**1)** Levar a cabo o objetivo de "refletir e problematizar sobre a exploração do trabalho infantil feminino doméstico na cidade do Recife, visando reunir evidências empírico-teóricas acerca desse mundo da exploração do trabalho das crianças e jovens", não foi tarefa fácil. Em primeiro lugar, porque se trata de uma problemática bastante complexa que, apesar de já contar com os profundos estudos realizados pelo Cendhec e outros, ainda carece de mais pesquisas quantitativas e qualitativas, sobretudo porque a exploração do trabalho das meninas é, antes de tudo, uma forma de "exploração oculta". A segunda dificuldade que encontrei foi prometer e cumprir a realização dos trabalhos da memória a partir de alguns dados da autobiografia da infância, considerando que, além de ter trabalhado muito como filho da empregada enquanto criança, senti muitas dificuldades de revolver os subterrâneos da memória... Em linhas gerais, pode-se dizer que os objetivos não foram alcançados de forma "exata", pois as reflexões teórico-empíricas e teórico-metodológicas não são "a verdade", nem o "real" em toda a sua complexidade e abrangência, mas sim "uma aproximação exploratória da verdade".

**2)** A pergunta-problema ou pergunta-síntese assim formulada, desdobrada em "questões de pesquisa", pode ser respondida da seguinte forma: **a)** A exploração do trabalho das crianças, feminino doméstico, ainda tem seu curso nas casas das famílias de classe média e das elites da cidade do Recife, e apresenta vestígios do trabalho pré-capitalista com características análogas ao trabalho escravo e semiescravo, mas ao mesmo tempo apresentando facetas da lógica da exploração capitalista. **b)** Pelo que afirma o Sindicato das Trabalhadoras Domésticas do Recife e os estudos do Cendhec, as meninas migram do campo (Zona da Mata, Sertão e Agreste) ou são mesmo da periferia da cidade, em busca de trabalho e um futuro melhor... **c)** Apesar de toda a produção científica nas universidades, em especial, de uma ONG como o Cendhec, há uma grande dificuldade de se investigar esse fenômeno, além de se confiar nas estatísticas a respeito, devido ao fato de grande parte das meninas que, em sua maioria, migram do campo para a cidade, recorrerem ao trabalho por necessidade e, além disso, serem, de forma ardilosa, tratadas pelas patroas e patrões "como se fossem da casa" ou "filhas de criação". **d)** As leituras indicam que a exploração do trabalho feminino das crianças promove múltiplas alienações e constrangimentos, sobretudo quando se leva em consideração as determinações de classe e gênero, classe e geração, classe e raça/etnia e, por fim, todas essas categorias amalgamadas numa só problemática dialética e contraditória, ou seja: as determinações de classe, articuladas com as demais categorias analíticas anunciadas: gênero (meninas-mulheres), geração (infância, juventude), raça/etnia (negritude, trabalho escravo). **e)** Os dados indicam que grande parte delas muitas vezes trabalha por um prato de comida e um cantinho para dormir, fato este que as deixa muito vulneráveis à exploração e às condições de trabalho (tarefas insalubres, extensas jornadas de trabalho, relações de trabalho aviltantes, como por exemplo: maus-tratos psicológicos, assédio moral e sexual. **f)** Em relação à educação, os dados indicam que grande parte delas não tem tempo para ir à escola, ou quando vão estão "incluídas de forma precária" em escolas noturnas precárias. Além disso, têm grande dificuldade de permanecer na escola. Aliás, esse é um ponto para novas investigações. **g)** Os motivos pelos quais as meninas migram são por necessidade e falta de opções de trabalho e educação no campo. Elas vão em busca de trabalho para ajudar a manter suas famílias necessitadas. **h)** Com relação ao tipo de atividades, desempenham as mais diversas, tais como: cuidar de bebês (babás), faxina, arrumação da casa, cozinha e outras. **i)** Quanto ao tempo destinado à cultura lúdica, elas pouco dispõem dele, "livre" para brincar, embora arranjem sempre uma brechinha na "boca da noite" para se divertirem, para ver televisão ou ainda brincar com os filhos dos patrões com a finalidade de diverti-los. De fato, também oportunidade para descansar é rara. Por isso que se diz no ditado popular "quando descansa, carrega pedra". **j)** Em relação aos temas que emergiram das evidências empírico-teóricas, nota-se que há lacunas para a realização de novas pesquisas, como por exemplo: a questão do "trabalho oculto" e credibilidade das estatísticas, pesquisas qualitativas/quantitativas, cultura lúdica, a educação, estudos mais apurados sobre o "tempo livre" para o descanso e a construção da cultura lúdica, aprofundamento das relações afetivas entre as patroas e as meninas "como se fossem da casa" (filhas de criação), os efeitos do Programa Bolsa Família e a suposta retração das taxas de migração para a cidade.

Para finalizar, deixo para reflexão um trecho da cantiga de trabalho da cultura popular pernambucana:

> Ô tempo ruim de passar, quem mais trabalha menos tem.
> Ô tempo ruim de passar, quem mais trabalha menos tem...

## Referências

ALBUQUERQUE, V. & FRAGA FILHO, W. *A história do negro do Brasil*. Salvador/Brasília: Centro de Estudos Afro-orientais/Fundação Cultural Palmares, 2006.

ANTUNES, R. *O continente do labor*. São Paulo: Boitempo, 2011.

_____. "Editorial". *Revista Katálysis*, vol. 12, n. 2, jul.-dez./2009. Florianópolis: UFSC.

_____. "O que temos a comemorar?" *Folha de S. Paulo*, 02/05/2008.

_____. "Dimensões da precarização estrutural do trabalho". In: DRUCK, G. & FRANCO, T. *A perda da razão social do trabalho*. São Paulo: Boitempo, 2007.

ARROYO, M. & SILVA, M.R. "Posfácio". In: ARROYO, M. & SILVA, M.R. (orgs.). *Corpo infância*. Petrópolis: Vozes, 2012.

BASTIDE, R. "A propósito da poesia como método sociológico. In: QUEIROZ, M.I.P. (org.). *Roger Bastide*. São Paulo: Ática, 1983 [Coleção Cientistas Sociais].

BRUSCHINI, C. "A bipolaridade do trabalho feminino no Brasil contemporâneo". *Cadernos de pesquisa*, n. 110, jul./ 2000. Fundação Carlos Chagas.

CENDHEC (Centro Dom Helder Câmara de Estudos e Ação Social). "Elas não brincam em serviço: 12 histórias de trabalho doméstico de crianças e adolescentes". *Cartilha para educadores*. Recife: Cendhec/OIT, 2004.

_____. Onde Está Kelly? – O trabalho oculto de crianças e adolescentes exploradas nos serviços domésticos na cidade do Recife. Recife: Cendhec, 2002a.

_____. *Rompendo a invisibilidade do trabalho infantojuvenil doméstico de crianças e adolescentes.* Recife: Cendhec, 2002b.

COLONNA, E. (2010). "Crianças que cuidam de crianças: representações e práticas". In: TELES, N. & BRÁS, E.J. *Gênero e direitos humanos em Moçambique.* Maputo: Universidade Eduardo Mondlane.

DIEESE. "O emprego doméstico no Brasil". *Estudos e Pesquisas do Dieese*, 2013.

DEL PRIORE, M. (org.). *História das crianças no Brasil.* São Paulo: Contexto, 1999.

_____. *História das crianças no Brasil.* 2. ed. São Paulo: Contexto, 1992.

DOURADO, A. & FERNANDEZ, C. "Uma história da criança brasileira". *Cadernos Cendhec*, n. 07, 1999, 128 p.

DOURADO, A. et al. "Crianças e adolescentes nos canaviais de Pernambuco". In: DEL PRIORE, M. *História das crianças no Brasil.* São Paulo: Contexto, 1999.

ENGELS, F. *A situação da classe trabalhadora na Inglaterra.* São Paulo: Global, 1985.

*Estatuto da Criança e do Adolescente.* São Paulo: Fisco e Contribuinte.

FALCI, M.K. "Mulheres do sertão nordestino". In: DEL PRIORE, M. *História das mulheres no Brasil.* São Paulo: Contexto, 1997.

FORRESTER, V. *O horror econômico.* São Paulo: Universidade Estadual Paulista, 1997.

FREI BETTO. "As veredas perdidas da Pós-modernidade". *Caros Amigos*, maio/1997.

FREYRE, G. *Casa grande e senzala*. Rio de Janeiro: Record, 1997.

_____. *Poesia reunida*. Recife: Pirata, 1980.

GENTILI, P. *A exclusão e a escola* – O *apartheid* educacional como política de ocultação. Petrópolis: Vozes, 2012.

KOFFES, S. *Mulher, mulheres* – Identidade, diferença e desigualdade na relação entre patroas e empregadas. Campinas: Unicamp, 2001.

LANG, A.B.S.G.; CAMPOS, M.C.S. & DEMARTINI, Z.B. (orgs.). *História oral, sociologia e pesquisa* – A abordagem do Ceru. São Paulo: Humanitas/Ceru, 2010.

LUFT, H.M. "O paradoxal papel da escola: promete incluir, excluindo". In: BONETI, L.W. (org.). *Educação, exclusão e cidadania*. Ijuí: Unijuí, 2003.

MARINS, P.C.G. *Através da rótula* – Sobre mediações entre casas e ruas. São Paulo: Ceru/USP, s.d. [mimeo.].

MARQUEZ, G.G. *Viver para contar*. Rio de Janeiro: Record, 2003.

MARX, K. *O capital* – Crítica da economia política. 3. ed. São Paulo: Nova Cultural, 1988.

MELO, I.P. *O serviço doméstico remunerado no Brasil*: de criadas a trabalhadoras. Rio de Janeiro: Ipea, jun./1998.

MÉSZÁROS, I. *A crise estrutural do capital*. São Paulo: Boitempo, 2011.

_____. *Desafio e o fardo do tempo histórico*. São Paulo: Boitempo, 2007.

MILLS, W. *A imaginação sociológica*. Rio de janeiro: Zahar, 1982.

MINAYO, M.C. *O desafio do conhecimento*. São Paulo: Hucitec, 2010.

POCHMANN, M. *Alternativa ao tradicional trabalho doméstico no Brasil* [Disponível em www.revistaforum.com.br – Acesso em 18/05/2014].

QUEIROZ, M.I.P. *Variações sobre a técnica de gravador no registro da informação viva*. São Paulo: T.A. Queiroz, 1991.

RAGO, M. *Do cabaré ao lar*. Rio de Janeiro: Paz e Terra, 1985.

RIGON, A.J. et al. "O desenvolvimento psíquico e o processo educativo". In: MOURA, M.O. (org.). *A atividade pedagógica na teoria histórico-cultural*. Brasília: Liber Livro, 2010.

RONCADOR, S. "Criadas *no more* – Notas sobre testemunhos de empregadas domésticas". *Revista Estudos de Literatura Brasileira Contemporânea*, 21, 2003.

SAFFIOTI, H.I.B. "Prefácio". In: SILVA, M.A. *Errantes do século*. São Paulo: Unesp, 1999.

_____. "Rearticulando gênero e classe social". In: COSTA, A.O. & BRUSCHINI, C. (orgs.). *Uma questão de gênero*. Rio de Janeiro/São Paulo: Rosa dos Tempos/Fundação Carlos Chagas, 1992.

_____ *A mulher na sociedade de classes*: mito ou realidade. Petrópolis: Vozes, 1976.

SCHNEIDER, É.C. "Trajetória de empregadas domésticas: desrespeito social e lutas por reconhecimento". *36º Encontro Anual da Anpocs* – GT 15: Gênero, deslocamentos, militâncias e democracia, 21-25/10/2012 [Disponível em anpocs.org. – Acesso em 18/04/2014].

SEIFE, C. *Os números (não) mentem* – Como a matemática pode ser usada para enganar você. Rio de Janeiro: Zahar, 2012.

SILVA, M.R. "Exploração do trabalho infantojuvenil e o fetiche dos dados estatísticos oficiais ou como transformar seres humanos em meras cifras". In: SILVA, M.R.; PAIM, E.A. & BERTICELLI, I. (orgs.). *Educação em análise* – Formação de educadores e produção de pesquisas num contexto de desigualdades sociais. Passo Fundo: UPF, 2013.

_____. "'Exercícios de ser criança' – O corpo em movimento na Educação Infantil". In: ARROYO, M. & SILVA, M.R. (orgs.). *Corpo infância*. Petrópolis: Vozes, 2012.

_____. "Trabalho infantil ou exploração do trabalho infantil". In: REDIN, E.; MULLER, F. & REDIN, M.M. (orgs.). *Infâncias* – Cidades e escolas amigas das crianças. Porto Alegre: Mediação, 2007.

_____. "Prefácio: 'Achadouros de Infância'". In: MARTINS FILHO, A.J. *Infância plural* – Crianças do nosso tempo. Porto Alegre: Mediação, 2006.

_____. "Infância empobrecida no Brasil, o neoliberalismo e a exploração do trabalho infantil: uma questão para a Educação Física". *Revista Brasileira de Ciências do Esporte*, vol. 26, n. 3, mai./2005. Campinas.

_____. *Trama doce-amarga*: (exploração do) trabalho infantil. São Paulo/Ijuí: Hucitec/Unijuí, 2003.

_____. "Recortando e colando as imagens da vida cotidiana do trabalho e da cultura lúdica das meninas-mulheres e das mulheres-meninas da Zona da Mata Canavieira Pernambucana". *Cadernos Cedes*, 56, ano XXII, abr./2002. Campinas.

_____. *O sujeito fingidor*. Florianópolis: UFSC, 2001.

_____. "A exploração do trabalho infantil e suas relações com o tempo de lazer/lúdico: quando se descansa se carrega pedra!" *Revista Lícere*, vol. 4, n. 1, 2001. Belo Horizonte.

SILVA, M.R. & PIRES, G.D. "Editorial". *Motrivivência*, ano XXII, n. 35, dez./2010, p. 7-17.

TAFFAREL, C.N. et al. "Como iludir o povo com o esporte para o público". In: SILVA, M.R. (org.). *Esporte, educação, estado e sociedade*: as políticas públicas em foco. Chapecó: Argos, 2007.

THIOLLENT, M. *Crítica metodológica, investigação social e enquete operária*. São Paulo: Polis, 1982.

VYGOTSKY, L.S. *O desenvolvimento psicológico na infância*. São Paulo: Martins Fontes, 1998.

# Trabalho na infância, narcotráfico e sistema prisional: "Não dá nada pra nós?"

*Walter Ernesto Ude Marques*

"Não dá nada pra nós" ou "Pra menor não dá nada" são frases rotineiramente emitidas quando se ouve falar da participação de crianças, adolescentes e jovens no crime. Essas falas estão presentes no senso comum devido ao seu imediatismo, o qual os próprios pequenos trabalhadores do narcotráfico reproduzem sem uma avaliação crítica do que pode acontecer posteriormente na sua vida, seja pela sua própria morte ou pela sua trajetória no sistema socioeducativo e posterior encarceramento no sistema prisional, e sua efetiva criminalização no campo penal. Essa foi uma conclusão apontada por um detento da Associação de Proteção aos Condenados (Apac), numa cidade de Minas Gerais, num projeto de pesquisa-intervenção que desenvolvi durante um debate no qual toda a sua história de envolvimento no mundo do crime foi avaliada, desde adolescente, até culminar em vários anos de condenação na sua vida adulta, já que se tornou um dos assaltantes de banco mais temidos do território de Minas Gerais.

Diante desse diálogo resolvi captar as experiências e as consequências do trabalho da criança no narcotráfico por meio de entrevistas, oficinas reflexivas e observação participante junto a jovens apenados que são nomeados como recuperandos conforme a proposta metodológica do Sistema Apac, a qual foi criada no início da década de 1970 com apoio da Pastoral Carcerária, em São José dos Campos, sendo seu método composto por doze elementos fundamentais: participação da comunidade, integração família-recuperando, trabalho voluntariado, ajuda mútua entre os recuperandos, trabalho dentro e fora da instituição, conquistas de benefícios por mérito, Centro de Reintegração Social (CRS), jornada de libertação em

Cristo, apoio e busca religiosa, assistência jurídica, valorização humana e assistência à saúde (COSTA & PARREIRAS, 2007). Trata-se de um modelo alternativo em relação ao sistema comum, sendo que trabalha com alguns processos de autogestão, participação e responsabilidade, entremeados por regulamentos prescritos pelo método desenvolvido pelo seu criador Mário Ottoboni. Nesse aspecto, é interessante verificar que lá não se depara com a presença de policiais e nem de agentes armados, como ocorre na maioria dos sistemas prisionais. Aliás, alguns agentes são egressos da Apac e o porteiro também é um apaquiano.

Essa perspectiva de pesquisa adotada foi interessante porque se confrontou diretamente com uma das consequências mais cruéis de infâncias anuladas ou comprometidas pela ocupação do trabalho explorado da criança por uma sociedade desigual produtora de crimes e de ações punitivas que condenam suas próprias vítimas à morte ou ao cárcere. As atividades executadas no narcotráfico por meninos e meninas se tornam invisíveis perante o contexto criminalizado que ocorre devido ao envolvimento precoce desse público com atos infracionais diante da necessidade de sobrevivência, busca de *status*, acesso ao mundo consumista, visibilidade social, falta de suporte social e emocional, baixa escolaridade e ausência de um projeto de vida digno, conforme apontaram os entrevistados.

No caso das meninas, são tachadas de "mulas" para o transporte e guarda das drogas, numa cultura machista na qual os homens são concebidos como guerreiros, dominadores e ativos, cabendo às mulheres trabalhos subalternos. Nesse aspecto, num debate realizado pelo II Encontro Nacional do Encarceramento Feminino, nos dias 21 e 22 de agosto de 2013, em Brasília, as representantes da Pastoral Carcerária de São Paulo questionaram a crescente criminalização das ditas "mulas" do narcotráfico, já que são obrigadas, forçadas e até ameaçadas de morte para realizar essa tarefa. Na verdade, segundo as debatedoras, trata-se de tráfico de pessoa humana; ou seja, *escravidão*. Naquele momento, remetendo o diálogo para o âmbito das relações de classe, gênero e étnico-raciais, coloquei a seguinte problematização: "As mulas são mulatas". Isso baseado no quadro de desigualdade racial no Brasil, considerando que, de acordo com as próprias palestrantes, 75% dessas mulheres aprisionadas eram negras e pardas. Como se nota, são resquícios da nossa história colonial, ainda presente no nosso cotidiano, porém ofuscados por discursos e práticas punitivas e criminalizantes.

Quanto aos jovens masculinos pesquisados, um entrevistado que ocupou precocemente sua infância com experiências adultas e violentas, assumindo responsabilidades de alta periculosidade, na posição de soldado e "aviãozinho" do narcotráfico, tal como os demais, produziu uma fala reveladora desse seu processo de adultização: "A pessoa tem um aprendizado, um conhecimento, que ele ainda não tá capacitado para adquirir" (Guerreiro). Segundo ele, aos 11 anos já dirigia moto e aos 13 anos já conduzia carro, sendo que o desenvolvimento dessas habilidades diante das suas dificuldades escolares e do consequente conflito com seu pai provocou-o a investir na sua capacidade de aprendizagem para o mundo do crime, sem avaliar onde isso tudo iria levá-lo, conforme sua reflexão atual. Esse caso ilustra como o imediatismo da ilusória crença na afirmação "não dá nada pra nós" remete esses pequenos trabalhadores para uma cilada sinistra e perversa.

Nesse ponto, o comentário de outro entrevistado revelou de forma complementar a situação de abandono social das crianças brasileiras jogadas às ruas do centro da cidade, das periferias e favelas, sem o suporte protetivo de um projeto social com atividades educativas e culturais, bem como seu subsequente abandono da escola, conforme sua avaliação. A escola para ele perdeu o significado de um lugar de socialização e tornou-se uma estratégia para vender drogas. Quanto ao seu abandono social, desabafou: "Não encontrei ninguém para me tirar do crime" (Escritor). Nesse sentido, apontou que a Apac representou uma instância na qual encontrou uma possibilidade para refletir sobre sua trajetória e as consequências do crime. Acentuou a importância de detentos que conheceram o mundo do crime, como ele, revelarem os resultados do envolvimento com este tipo de atividade para crianças, adolescentes e jovens que estejam em situação de vulnerabilidade. Para isso, tem tentado com seus colegas algumas intervenções junto ao sistema socioeducativo para gerar processos de conscientização compartilhados com populações juvenis em medida judicial. Nesse aspecto, ressaltou a seguinte ilusão: "Quando a gente entra no crime, pensa que vai encontrar um pote de ouro" (Escritor).

Contudo, toda essa problemática evidencia um mecanismo de desumanização enfrentado pela classe empobrecida, impedida de ter acesso aos bens culturais e materiais produzidos pela sociedade, tornando-se composta pelos desclassificados perante a desigualdade social, a dita "ralé" brasileira, como aponta Jessé Souza (2011, 2012). Não se pode negar que quem está sendo negligenciado para viver o seu tempo de ser criança no aspecto lúdico, familiar, comunitário, escolar, e cultural – enquanto um momento singular do ser humano – se encontra marginal aos processos de humanização. Nesse aspecto, quando indaguei um dos entrevistados quanto às consequências da ocupação da sua infância com o mundo do crime, ele respondeu veementemente: "Perdi a infância. Perdi aquela essência da criança, aquela tranquilidade, boa, de poder brincar, de estudar, de divertir, para poder ser alguém na vida" (Garrincha). Essa observação também foi discutida por Marques (2001, p. 104) na sua pesquisa com pequenos trabalhadores das ruas da cidade:

> Dentro dessa perspectiva, o brincar é visto como uma questão ontológica, que diz respeito aos princípios do existir e que precede a brincadeira. A existência implica uma temporalidade para o ser, pois só se pode ser historicamente. Como alerta Heidegger (1989, p. 181), o ente "só existe e só pode existir porque, no fundo do seu ser, é temporal". O brincar é um porvir, é prévio ao ser criança e está para a humanidade como a humanidade está para o existir no seu tempo. Mas qual a temporalidade desses pequenos trabalhadores para viverem o seu brincar e o seu ser criança?

De acordo com Garrincha, diante da impossibilidade de viver seus tempos e espaços para ser criança, os infantes buscam no crime seus heróis. "Acabam querendo ser o que os seus heróis são – criminosos. Então perde essa essência, essa sensibilidade de criança" (Garrincha). Segundo ele, encontrou esse herói dentro da sua própria família – seu pai, o qual já faleceu e respondeu por uma condenação longa. Destacou que essa inspiração pode surgir também de um tio, demais parentes ou um vizinho. Viu de perto dinheiro, poder e *status* produzidos pelo crime; mas também sofrimento, opressão e perdas. Conviveu com seu pai, na maior parte da sua vida, dentro de um presídio, durante as visitas. Chegou a participar de rebeliões, nesse período, para tentar proteger os prisioneiros junto com os seus familiares e demais visitantes. Essas experiências ruins do crime propiciaram aprendizagens que ele considerou como: "Uma faculdade pra mim!" (Garrincha). Todavia, atualmente pretende ser pedagogo e se dedicar à Educação Social, com o objetivo de desenvolver atividades educativas que conscientizem crianças, adolescentes e jovens acerca das armadilhas do crime, e propor aprendizagens construtivas e comprometidas com um futuro digno.

O enlace com situações degradantes gerou adoecimento na vida do detento Escritor, o qual se envolveu com homicídio dentro e fora da prisão, dentre outras atividades que compõem os códigos do *ethos* bandido, como a intolerância com traidores e estupradores, bem como subjugar, explorar e humilhar os mais frágeis dentro do sistema prisional. Nesse ponto, comentou o seguinte: "No crime eu estava doente!" No entanto, o distanciamento propiciado pela sua condição atual na Apac, aliado aos processos reflexivos desenvolvidos na instituição, como atendimento psicológico, rodas de conversa, valorização humana, oficinas educativas, experiência religiosa e cursos de formação humana, contribuíram para que pudesse visualizar esses acontecimentos de forma diferente, conforme seu depoimento.

A perda da sensibilidade humana gerada pela experiência do crime e o sistema prisional, levantados acima por Garrincha, foram confirmados por outro participante desta pesquisa que nomeio de Capoeira, o qual numa oficina reflexiva referente ao filme *De dentro para fora*, produzido pelo Conselho Federal de Psicologia (2002), que levanta críticas acerca do isolamento como única forma de responsabilizar as pessoas que cometeram atos transgressores das leis e regras sociais, o recuperando revelou o seguinte: "A gente perde a sensibilidade no sistema. Eu mesmo, quando minha mulher me telefonou falando do nascimento da minha filha, fiquei frio como se não tivesse acontecido nada. Você vai ficando duro para aguentar a situação da cadeia". Penso que essa é uma consequência trágica do trabalho das crianças no narcotráfico e da criminalização da pobreza e dos oprimidos, desde tenra idade (WACQUANT, 2001; SANTOS, 2011). Trata-se de um retrato cruel de desumanidade que caracteriza esse tipo de atividade que precocemente ocupa a vida desses pequenos guerreiros.

A necessidade de sobrevivência não pode ficar invisível na análise da produção desse fenômeno, dentre outras dimensões que constituem a trama do trabalho da criança no narcotráfico. A invisibilidade da desigualdade social numa modernização periférica, como é o caso brasileiro, oculta as condições subumanas nas quais essa população está submetida (SOUZA, 2012). A ilusão de conseguir "dinheiro fácil" e rápido, associado ao poder propiciado pela posse de drogas, armas e *status* pelo pertencimento ao território do crime, desenvolvem na criança a heroicização de um mito que se realiza num contexto violento. Nesse aspecto, Guerreiro revelou que entrou no crime por necessidade, ignorância e falta de conhecimento. Diante das dificuldades encontradas na escola, sem apoio paterno, apesar de admirar o pai, foi tentar a vida como lavador de carro e também como carregador nas Centrais de Abastecimento de Minas Gerais (Ceasa), mas logo percebeu que as condições eram muito difíceis e ganhava quase nada de remuneração. Frente a esses impasses, se envolveu com o narcotráfico que: "Era bem mais vantajoso, ganhava quase sete vezes mais que num dia de trabalho no Ceasa. Quando vi, já tava mergulhado (no crime)" (Guerreiro). Um estudo sobre a história de um jovem que se envolveu com a criminalidade, realizado por Rocha e Torres (2011, p. 218), indica uma trajetória semelhante:

> E foi pelos 15 anos que Carlos trocou o *videogame* pelo baile *funk* e pelas "cachorras", a bolinha de gude na rua pelo bate-papo na esquina, e a correria atrás de pipas "laçadas" pela "correria" para passar umas "treta" e descolar um dinheiro. A exclusividade do lúdico na infância transforma-se, com a chegada da adolescência, na exclusividade do hedonismo, um lúdico que já passou pela puberdade. São aquelas mesmas tendências a sentir, pensar e agir focadas na satisfação imediata, cultivadas em Carlos durante a infância, que permanecem aqui, só que agora aplicadas a brincadeiras mais excitantes e mais perigosas: "as cachorras", as brigas entre "facções", as drogas, as correrias da bandidagem.

Esses relatos desconstroem a ideia de que o crime "Não dá pra nós" ou "Pra menor não dá nada", tão frequente no senso comum, como dito anteriormente. Os pequenos trabalhadores do narcotráfico não encontram condições materiais e simbólicas para avaliar essa trama degradante e nem têm como escapar, muitas vezes, dessas situações opressivas e letais. Afinal, estão na correria, na vida louca, ou na adrenalina, como eles próprios afirmam. No entanto, os sujeitos pesquisados só puderam refletir sobre as consequências do crime no sistema prisional da Apac, considerando a possibilidade de discutir criticamente as condições desumanas que enfrentaram em suas trajetórias. Infelizmente, nem todos conseguirão romper com esse quadro depois que retornarem à sociedade, pois as condições de desigualdade permanecem e o preconceito com o egresso do sistema prisional ainda representa uma barreira para a sua inserção social.

De maneira geral, esses pequenos trabalhadores tentam constituir-se como heróis de uma guerra que não sabem para onde irá conduzi-los, mas que supostamente poderá trazer poder e riqueza, bem como gerará um "ganho fácil". Essa condição de guerreiro frente aos inimigos e parceiros não produz vínculos de amizade. Estão alinhados e aliados para uma guerra pelo poder pessoal e para a dominação. Essas relações reproduzem as bases do sistema capitalista, com suas características individualistas, competitivas e opressivas, sustentadas por processos fomentados pela desigualdade social que lhe é intrínseca (SOUZA, 2012). A condição masculina presente nesse *ethos* guerreiro, entremeada pelo trabalho, revelou um elemento importante que foi discutido entre os pesquisados, como pretendo discutir no próximo item.

## Masculinidade, trabalho da criança e narcotráfico: entre pequenos trabalhadores e guerreiros

Embora se verifique a presença de mulheres nesse enredo hostil e violento, o número de crianças, adolescentes e jovens masculinos envolvidos na criminalidade é bem superior nesse contexto, devido à construção social da masculinidade associada à violência, ao enfrentamento do perigo e a uma identidade bélica, constituída desde a Antiguidade até a Modernidade (VIGARELLO, 2013). Além disso, a ideia de um homem trabalhador e provedor se configurou como um pilar complementar desse processo identitário. Na verdade, a masculinidade foi construída sobre dois pilares: ser guerreiro e trabalhador, conforme Oliveira (2004). Ou seja, ser guerreiro para invadir outras pátrias para enriquecer a própria pátria, bem como defender suas posses; e ser trabalhador para prover e ampliar a família para também enriquecer a sua pátria. Na história da humanidade encontramos vários episódios ilustrativos dessa configuração, como no caso da América Latina, a qual foi marcada pelas façanhas dos portugueses e espanhóis, dentre outros invasores, pelo modo viril de agir, de uma maneira predatória, colonial, patriarcal e opressiva.

De acordo com o Diagnóstico da Criança, do Adolescente e do Jovem em Belo Horizonte (2013, p. 193), no item Perfil dos Adolescentes Atendidos no CIA (Centro Integrado de Atendimento ao Adolescente Autor de Ato Infracional de Belo Horizonte), entre 2009 e 2011, 85,4% das entradas no CIA/BH, foram do sexo masculino. Esse indicador revela a predominância da figura masculina vinculada ao crime. Por outro lado, quando se observa a percentagem do item cor/raça verifica-se que pardos e negros atingiram 68,8%, sendo 39,3% e 29,5%, respectivamente, e 18% brancos, dentre os demais amarelos, indígenas e não respondentes (p. 194). Aqui fica evidente a desigualdade racial presente na produção desse fenômeno, o qual aponta a criminalização da juventude afrodescendente e pobre. Os indicadores revelados por esse diagnóstico se tornam mais preocupantes quando se observa o número de homicídios por mortes violentas, na faixa de 0 a 24 anos, pois neles encontram-se inúmeros casos vinculados ao trabalho infantil no narcotráfico, porém, muitas vezes, ficam opacos pelos conflitos violentos gerados por esse tipo de atividade no mundo do crime, como se lê abaixo no documento mencionado:

> Foi dos 15 aos 24 anos a faixa na qual ocorreu a maioria dos casos de homicídio. A evolução do número de mortes nas faixas etárias de 15 a 19 anos e de 20 a 24 anos mostrou que o maior número de mortes ocorreu entre os jovens pertencentes a esta última faixa (20 a 24 anos), contudo, a tendência dos homicídios juvenis demonstra que a dinâmica das mortes violentas se inicia a partir dos 15 anos, atingindo predominantemente os jovens do sexo masculino, sendo ainda expressiva a vitimização de jovens afrodescendentes, principalmente de cor/raça parda e preta (p. 188).

De todo modo, deve ficar claro que a situação das mulheres no sistema carcerário é bem mais precária do que dos homens, como foi relatado por vários representantes do II Encontro Nacional do Encarceramento Feminino, em Brasília, citado acima. Uma mulher envolvida com o crime é mais discriminada do que um homem por não cumprir seu papel de cuidadora da prole e doméstica, conforme o modelo patriarcal burguês. Na condição de aprisionada, é tratada como vagabunda, irresponsável e vadia. Enquanto o homem é valorizado por ter realizado a prescrição cultural do modelo machista ao revelar-se destemido, valente, corajoso e defensor da própria honra. Essa assimetria de gênero produz dicotomias na concepção e no envolvimento com atos transgressores. Sendo assim, as mulheres são menos visitadas do que os homens, tanto por familiares, vizinhos e companheiros. Por sua vez, elas são mais solidárias com os seus companheiros e maridos aprisionados do que o oposto.

Diante desse quadro, optei por discutir com os entrevistados o significado da predominância do trabalho masculino das crianças no narcotráfico. A maioria revelou que essa predominância está associada com a produção do *ethos* guerreiro e sua vinculação com o mundo capitalista. Nessa perspectiva, vários elementos identitários foram mencionados como geradores desse processo de violência, exploração, segregação e extermínio social. Uma trajetória sofrida e curta para grande parte dessa população infantojuvenil que se envolve precocemente com esse tipo de atividade. No caso dos pesquisados, são egressos do trabalho que estão aprisionados com penas que ultrapassam dezesseis anos de reclusão, assinalando não só a perda da infância, mas de um longo período da vida e da possibilidade de participação na sociedade de forma digna.

Dentre os componentes identitários apontados pelos participantes da pesquisa foi citada a dicotomia rua/casa como diferenciadora da relação de gêneros, sendo a rua indicada como um *locus* masculino privilegiado, e a casa e o ambiente doméstico como lugar de mulher e da disciplina, reforçando a construção social da masculinidade machista no decorrer da Modernidade durante a constituição do sistema urbano-industrial. Nesse aspecto, o entrevistado Guerreiro relatou sua história destacando seus conflitos escolares que engendraram caminhos distintos entre ele e seus irmãos, já que impossibilitado de dar prosseguimento à sua carreira escolar se conectou com a rua e mergulhou no crime, de acordo com a sua descrição. Os irmãos se dedicaram à vida escolar e disciplinada, e conseguiram conquistar uma profissão. Todavia, assumiram outra posição dentro da fronteira do *ethos* viril, tornaram-se militares. De acordo com Guerreiro, seu contato desprotegido com o mundo da rua foi decisivo: "Como eu te falei, meu caso foi esse, eu tive contato desde cedo (com o crime), já meus irmãos meu pai não deixava pôr o pé na rua, e eu tive contato buscando a minha independência e mergulhei". Essa armadilha ilustra as tensões entre ser trabalhador e bandido numa lógica produtiva que exige disciplina e formação moral para o trabalho fabril, desde os primórdios da Modernidade, como nos aponta Pillon (2013, p. 372):

> A imagem do proletário viril deve também muito à construção de um arquétipo em que se misturam atributos físicos, virtudes morais e qualidades psicológicas. Uma construção social e política que casa com o movimento de disciplinarização e de moralização dos operários no decorrer do século XIX. O patronato, os engenheiros, os economistas não separam a eficácia da organização da disciplina moral.

Além disso, a virilidade foi associada ao poder de posse para a ostentação de uma força simbólica e material, conquistada com a capacidade de compra de produtos da moda, armas, drogas, territórios, e assédio de mulheres, diante da disputa por um mercado competitivo e hostil. Esse tipo de manifestação foi verificado numa outra pesquisa que participei junto a jovens masculinos em medida judicial, em regime de semiliberdade, entre os anos de 2006 e 2007, na qual constatamos que essa disputa acirrada produz o que denominamos de *capital viril* (CARRETEIRO & UDE, 2007). Aqueles homens que exibem mercadorias fetichizadas pelo capital são venerados ou assumem uma posição supostamente superior aos demais. A capacidade de humilhar e subjugar o outro se mostra como uma máquina pulsante desse *ethos* capitalista. Essa lógica atravessa todas as faixas etárias e se materializa nas relações de gênero desde a tenra infância. Nas camadas empobrecidas, a possibilidade de estampar poder pela posse se torna viabilizada pela criminalização de algumas crianças mais vulneráveis que se embrenham iludidas em atingir *status* e reconhecimento, como nos relata Escritor:

> No meu modo de pensar, muitos garotos que entra no mundo do crime é porque quer ostentar, quer ter um poder aquisitivo. E as meninas fica mais visualizada pela gente como uma conquista. Muitos meninos que tá entrando no crime – esses menino novo aí – é por fato de conquistar uma menina. De ter dinheiro para poder gastar e exibir, fazer gracinha. E hoje eu cheguei à conclusão, olhando o mundo do crime lá fora, a maioria dos homens tá preso, muitos tá morto devido ao mundo do crime. Antes eu tinha essa ilusão, pô vou ganhar dinheiro, vou ter relação com aquela menina bonita ali, vou ter relação com a outra.

É curioso como Escritor e seus colegas da prisão insistem em afirmar sobre a ilusão de se envolver com o mundo do crime em busca de sobrevivência, poder e prestígio. No entanto, essa é a lógica que atravessa a sociedade consumista que vivemos, com suas formas de individualismo, competição, narcisismo e virilidade. A ilusão anunciada por esses sujeitos nos revela nossa própria ilusão de atingir *status* por meio de posse, ganância e depredação humana e da natureza. Estamos aprisionados por princípios burgueses e patriarcais voltados para a produção de um poder pessoal que se torna impessoal devido à sua individualização extrema, a qual busca realizar-se em si mesma, supostamente fora dos conflitos sociais mais amplos (SOUZA, 2012). Todavia, a violência bate na nossa porta, arromba grades e cancelas, e nos encarcera. Um fenômeno dialógico que expressa complementaridade e contradição entre a ralé e a elite, nas suas diferenças e similitudes, no que tange às consequências da desigualdade social.

A ideia de um homem forte e guerreiro que defende fronteiras para o enriquecimento do território do patrão se evidencia na disputa do narcotráfico nas favelas e periferias. Aliás, no narcotráfico o dono da boca é denominado de patrão. De acordo com pesquisa realizada por Santos (2011), num determinado sistema prisional de Minas Gerais, a recorrente afirmação do indivíduo que cometeu homicídio – de que não sabe bem qual o motivo que o levou a concretizar tal ato –, indica que a subjetivação de componentes culturais se inscreve no inconsciente, já que se caracterizam por prescrições de uma postura bélica que atua, inconscientemente, frente a um potencial inimigo pertencente a um território rival. Mata-se porque é alguém que é de outra facção, de outra torcida organizada do futebol, de outro estilo musical (*funk*, *punk*, *rock*, pagode etc.), de outra rua, de outro beco, de outra orientação sexual, dentre outras justificativas. São reações marcadas por excitação e "muita adrenalina", como afirmaram os pesquisados. Não se consegue existir sem rivalidades para que se afirme a própria subjetividade prescrita. Nessas condições, os indivíduos afirmaram que lhes resta matar, morrer ou ir preso. Frente a isso, a pergunta da investigação citada era: *Por que matarás?*

Além disso, no meu estudo pude verificar a recorrência de questões familiares transgeracionais por meio da presença de avôs, pais, irmãos, irmãs, tios e primos, no mundo do crime, a qual foi mencionada por alguns pesquisados nas conversas informais e nas entrevistas. Nesse aspecto, a promessa de vingança pela morte de parentes ou por traição no próprio âmbito doméstico mostrou-se repetitiva em determinadas situações em que suscitaram várias reflexões na tentativa de atenuar ou superar um ódio mortal. Esses elementos indicam a vulnerabilidade enfrentada por essas famílias por mais de uma geração e, por sua vez, denuncia a falência das políticas públicas que durante pelo menos três gerações se mostrou ineficiente e produziu reincidência entre parentes. Outros estudiosos como Marin (2005, 2006) e Marques (2001) apontam a importância de se considerar esse indicador nas investigações acerca do trabalho da criança para que não se caia em visões simplificadas que reduzem o problema no âmbito da criança. Esse reducionismo é grave, pois pode gerar mais trabalho da criança quando se cria políticas exclusivistas e pontuais que não consideram aspectos sociofamiliares mais amplos e complexos.

Frente a isso, os trabalhos educativos necessitam abordar essa problemática de forma contextualizada, sem adotar posições prescritivas e punitivas que ocultam a complexidade do fenômeno. O imediatismo reproduz o senso comum e não enfrenta fatores multidimensionais que mediam a produção do trabalho da criança no narcotráfico. A escola representa um lugar fundamental para a socialização do sujeito e para a constituição da sua cidadania. O depoimento de Guerreiro foi revelador dos impactos negativos da sua exclusão social da escola, bem como da falta de diálogo dos professores para tentar superar sua situação. Esse acontecimento refletiu nas suas relações familiares, gerando conflitos com seu pai, mergulhando-o no mundo do crime. Apesar de cumprir suas tarefas com facilidade na Educação de Jovens e Adultos (EJA), na Apac, não consegue encontrar motivação para desenvolver sua escolarização. Uma intervenção intersetorial se torna premente nesses casos, tendo em vista os aspectos afetivos, sociais, históricos, culturais, econômicos e educacionais que envolvem a trama desse problema.

### Educação e compromisso social: uma aliança necessária para o enfrentamento das desigualdades sociais

Nos relatos apresentados acima a escola foi mencionada pelos sujeitos entrevistados como um lugar marcante em suas vidas, mas que não propiciou uma mobilidade social capaz de superar as precárias condições de vida que enfrentaram nas suas infâncias. Pelo contrário, para um deles tornou-se um momento no qual teve contato com o uso de drogas, em tenra infância, e posteriormente um campo para o exercício do narcotráfico, na sua adolescência. Outro jovem relatou a sua ruptura com a escola no início da sua adolescência como delimitadora da sua inserção no mundo do crime, e simultaneamente a fragilização do seu vínculo familiar por contrariar valores familiares associados à disciplina e ao trabalho. Outro pesquisado revelou seu propósito de se tornar um pedagogo social com o objetivo de propiciar habilidades que instrumentalizem crianças e jovens vulnerabilizados pela sociedade para o desenvolvimento de processos de socialização em distintos âmbitos institucionais, bem como conscientizá-los das armadilhas do crime, como também fortalecer suas famílias para que as novas gerações familiares não reproduzam uma trajetória histórica marcada pela violência.

Essas manifestações indicam a necessidade de uma revisão crítica da relação entre educação, escola, sociedade, desigualdade e violência. Nesse aspecto, fica evidente a urgência de se considerar a educação como uma atividade humana que se configura nas diversas relações estabelecidas entre os seres humanos e o seu entorno. Na verdade, somos seres educativos que produzem um conjunto de códigos de convivência, aprendizagens, valores, crenças, ideias, representações e concepções que constituem a nossa cultura e tentam regular o nosso modo de ser numa coletividade. Sendo assim, a educação não representa uma prática que se reduz ao contexto escolar de um modo estandardizado como se todos os sujeitos fossem homogêneos ou como se todos os grupos respondessem de forma linear aos seus propósitos educacionais. Essa maneira escolarizada de entender a educação necessita ser revista, pois simplifica a realidade escolar e procura eliminar a diversidade de sujeitos escolares que frequentam seu território. Diante disso, educação e liberdade são inseparáveis, e configurou-se num tema debatido por vários autores identificados com uma educação libertadora (FREIRE, 1996; NEIL, 1972; ILLICH, 1971, TOLSTOI, 1888; MAKARENKO, 1975).

Todavia, as pedagogias libertárias sempre encontraram resistência num mundo marcado pela dominação e a desigualdade social. O compromisso com a emancipação das camadas oprimidas da sociedade, seja numa perspectiva humanista, marxista ou anarquista, bem como numa articulação integrada entre elas, dentre outras matrizes de caráter transformador, historicamente sempre esbarrou em forças opressivas e modelos autoritários que procuraram sucumbir lutas por uma vida comunitária livre de coerções e injustiças. Essa tensão ainda persiste numa sociedade de classes sustentada por privilégios de grupos dominantes que fomentam um modelo neoliberal, no mundo atual, o qual privatiza os direitos essenciais e oprime com os aparelhos do Estado aqueles desassistidos sociais que são jogados à criminalidade, ocorrendo aquilo que nomeio como a *criminalização dos desassistidos sociais*. Aqui diferencio a concepção de assistência como um direito social garantido pelos benefícios de um Estado democrático, da visão assistencialista entendida como uma prática tutelar que desqualifica e desclassifica os indivíduos, a qual não gera emancipação devido à dependência material e simbólica que produz nos seus usuários, de uma forma precarizada e subalterna.

Essa trama é respaldada pelo discurso de uma pretensa "tolerância zero" para justificar o estado policial que estamos vivendo. A violência tornou-se um problema exclusivo da polícia a ser enfrentado com prisões, armamentos pesados, redução da maioridade penal, construção de centros para jovens em medida judicial, e panoptismo eletrônico via utilização de câmeras, cercas elétricas, satélites e outras parafernálias ideológicas que ocultam a desigualdade social geradora desse quadro de violência. O fortalecimento de uma sociedade punitiva vai sendo consolidado por práticas corretivas e repressivas que não possibilitam um debate mais amplo acerca dessa problemática social que, cada vez mais, vai se tornando invisível diante dos olhos da população.

Os relatos dos jovens citados acima são suficientes para ilustrar os percursos de uma camada social que não encontrou suportes afetivos, econômicos, sociais, educativos e culturais para a construção de um projeto de vida alicerçado em condições favoráveis para um futuro digno e participativo em formas de sociabilidade e socialização capazes de emancipá-los como cidadãos. Suas trajetórias esbarraram em processos violentos desde a constituição familiar, o mundo escolar, o envolvimento precoce no crime, o encarceramento no sistema socioeducativo e prisional, até a inscrição nas suas almas e corpos com a marca de criminoso e bandido. A prescrição desse rótulo torna-se um fardo que os aprisiona por dentro e por fora. Nesse ponto, o jovem Escritor comentou: "A prisão é mental, e não física". Seu comentário procurou evidenciar como a subjetivação desse processo os oprime de um modo que não conseguem se libertar facilmente e vão reproduzindo toda a ideologia hegemônica que os encarceraram e criminalizaram suas vidas.

Nesses momentos, fica notório a importância da presença de diálogos reflexivos para uma pedagogia libertadora. A importância da mediação crítica por meio de discussões que colocam em dúvida estereótipos, preconceitos, determinismos, prescrições e discursos prontos que os criminalizam e os reduzem à condição de apenados representa uma possibilidade fundamental para problematizar a produção social desse tipo de contexto histórico-cultural. Nesse aspecto, os educadores mencionados acima são unânimes em defender a construção de espaços de conversação, assembleias, e rodas de conversa para estabelecer diálogos acerca de temas que envolvem os educandos. O pedagogo soviético Makarenko (1975), por exemplo, utilizava desse expediente para debater com jovens envolvidos em atos infracionais, a maioria órfãos da Revolução de 1917, questões que diziam respeito à comunidade educativa e à sociedade mais ampla. Para Makarenko educar era sinônimo de politizar. Uma educação política comprometida e responsável com a coletividade. Seu modelo autogestionário cobrava implicação dos participantes quanto às decisões coletivas. Uma educação voltada para a constituição de um sujeito ativo, interativo e consciente.

Como se observa, não se tratava de um modelo permissivo ou irresponsável, como habitualmente alguns discursos conservadores se posicionam no intuito de desqualificar práticas emancipatórias. Em contraposição a modelos autoritários, a proposta dessa pedagogia social não reconhecia os jovens como vitimados ou pobres coitados. Pelo contrário, Makarenko era um educador oriundo da camada operária, e fazia questão de desafiar seus educandos a mostrar para a sociedade a potencialidade do seu grupo de jovens, tanto no aspecto pessoal quanto social. Penso que esse exemplo e outros que estão contemplados em diversas práticas educativas, como é o caso das experiências desenvolvidas pelo educador brasileiro Paulo Freire, nos assinalam a necessidade de uma educação comprometida com a construção de uma sociedade democrática.

Esse foi o viés que tentei adotar na pesquisa realizada junto a esse público, ou seja, por meio de oficinas reflexivas intermediadas por filmes e teatros temáticos, seguidos de discussão acerca dos conteúdos desencadeados na identificação com as cenas e os personagens revelados na trama projetada. A sugestão dos temas emergia do grupo e as sessões eram organizadas respeitando as demandas dos sujeitos. Posteriormente, as conversas eram retomadas nos atendimentos de grupo oferecidos por estudantes de psicologia, por indicação dos presos, já que eram momentos constituídos por rodas de conversa. Em nível pessoal, o diálogo se estendia em conversas individuais junto ao pesquisador. Acredito que iniciativas baseadas na participação coletiva são extremamente importantes para a efetivação de um outro modelo de sociedade comprometido com relações mais justas e igualitárias. Sendo assim, remeto-me para as considerações finais com o intuito de repensar as condições sociais produtoras dessa cruel realidade enfrentadas por nossas crianças, adolescentes e jovens.

### Considerações finais

Considero que a estratégia adotada nessa pesquisa em captar o surgimento do trabalho infantil no narcotráfico a partir da trajetória de jovens adultos aprisionados no sistema penal, e as consequências desse envolvimento num momento posterior das suas vidas, representou um procedimento metodológico interessante para desconstruir o mito de que "não dá pra nós" ou "pra menor não dá nada", no mundo do crime. Os relatos foram ilustrativos nesse sentido, revelando a ilusão dessa promessa de se encontrar um "pote de ouro", como revelou um dos entrevistados, de uma forma mágica e salvacionista para livrar-se de uma condição de miséria e da falta de perspectivas para uma vida melhor. Na verdade, encontram violência, humilhação e exploração, além da sua condenação ao cárcere ou da interrupção precoce da sua existência. A realização de pesquisas nesse tipo de contexto não representa tarefa fácil devido às tensões produzidas por guerras de territórios e facções, como também aos códigos viris que regulam o conjunto de valores que constituem a identidade desses grupos que sobrevivem de atividades que transgridem o modelo hegemônico da sociedade. O respeito a esses processos pode garantir uma inserção e imersão mais pertinente no cenário dessa realidade.

Esse texto se concretizou pelo esforço de evidenciar a invisibilidade do trabalho infantil no narcotráfico que fica oculto pela criminalização e genocídio de crianças, adolescentes e jovens empobrecidos, na sua grande maioria constituída de pardos e negros, moradores das favelas e periferias das cidades brasileiras. A desigualdade social e racial compõe o pano de fundo dessa discussão que não pode ser ofuscada por debates calorosos que se prendem a questões secundárias a essa trama social. A luta contra essa atividade exige um empenho mais profundo e comprometido na desconstrução de uma sociedade punitiva, vingativa e segregacionista. As consequências reveladas nos depoimentos descritos acima, confrontados com dados quantitativos, apontaram uma crueldade que talvez seja capaz de tocar a sensibilidade do leitor e de quem ainda apresenta um pouco de humanidade nesse mundo tão desigual.

No campo escolar e socioeducativo, o enfrentamento dessa temática necessita ser investigada para além de posturas condenatórias que reproduzem o senso comum. Os próprios pesquisados indicaram a importância de se tomar distância desse enredo e avaliar a trajetória dos sujeitos e o contexto a que pertencem, no intuito de gerar uma conscientização dos processos de alienação que geram essa trama social. A ilusão do crime ultrapassa o mundo bandido. O mesmo sistema que nos vende um veículo, um celular, um tênis de marca, e outros fetichismos, nos rouba esses produtos e nos vende o suposto seguro que rende tanto dinheiro às seguradoras. A construção de prisões e centros socioeducativos para adolescentes em medida judicial, bem como a construção de condomínios isolados com cercas elétricas e vigiado por câmeras eletrônicas, dentre outras parafernálias, não trarão a falsa segurança prometida para os habitantes das cidades.

Afinal, estamos todos iludidos e aprisionados por um modelo social que cumpre as sofisticadas intransigências da proposta neoliberal de um Estado mínimo e de um mercado solapador que mercantiliza as relações sociais.

A escola representa um elemento da cidadania, e quem está fora dela se constitui como um subcidadão que enfrenta todas as mazelas oriundas dessa barreira social, como a falta de trabalho qualificado, o não acesso à maioria dos bens culturais e materiais produzidos pela sociedade, bem como o desconhecimento dos direitos humanos básicos para uma vida fraterna e solidária. Na experiência que compartilhei no presídio da Apac, a defasagem escolar se pronunciava quando boa parte dos presos expressavam suas dificuldades para compreender a contagem da sua progressão penal ou de interpretar o código jurídico e suas leis, devido à sua baixa escolaridade e nível de analfabetismo, decorrentes das suas condições de vida e também pelo envolvimento precoce com a criminalidade.

A defesa por uma educação libertadora pode suscitar práticas distintas das propostas tradicionais que reproduzem o senso comum. Várias experiências podem ser identificadas no campo da Pedagogia Social, a qual se ocupa dos processos de socialização e sociabilidade dos sujeitos, numa perspectiva que tenta articular diferenciadas dimensões da vida comunitária, bem como do campo acadêmico e das políticas públicas, com o objetivo de transformar condições sociais produtoras de desigualdade. Espero que o empenho empreendido neste trabalho de pesquisa contribua para novos estudos, debates e publicações que retirem esse grave problema social do ofuscamento que se encontra e gere políticas públicas voltadas para a humanização da sociedade.

## Referências

CARRETEIRO, T.C. & UDE, W. "Juventude e virilidade – A construção social de um *ethos* guerreiro". *Revista de Psicanálise*, ano XX, n. 191, set./2007. São Paulo: Pulsional.

CONSELHO FEDERAL DE PSICOLOGIA. "De dentro para fora". *Não é o que parece*. 2ª série, Vol. 1. Brasília/São Paulo: CFP/CRP-SP, 2002.

COSTA, L. & PARREIRAS. *Apac*: alternativa na execução penal. Belo Horizonte: PUC, 2007 [Mimeo.].

*Diagnóstico da criança, do adolescente e do jovem em Belo Horizonte*. Belo Horizonte: Unilivrecoop, 2013.

FREIRE, P. *Pedagogia da autonomia*. São Paulo: Paz e Terra, 1996.

HEIDEGGER, M. *Ser e tempo*. Petrópolis: Vozes, 1989.

ILLICH, I. *Une societé sans école*. Paris: Du Seuil, 1971.

MAKARENKO, A. *Poema pedagógico*. Moscú: Progresso, 1975.

MARIN, J.O.B. *Crianças do trabalho*. Goiânia/Brasília: UFG/Plano, 2005.

_____. *Trabalho infantil*: necessidade, valor e exclusão social. Goiânia/Brasília: UFG/Plano, 2005.

MARQUES, W.E.U. *Infâncias (pre)ocupadas* – Trabalho infantil, família e identidade. Brasília: Plano, 2001.

NEIL, A.S. *Liberdade, escola, amor e juventude*. São Paulo: Theor, 1972.

OLIVEIRA, P.P. *A construção social da masculinidade*. Belo Horizonte/Rio de Janeiro: UFMG/Iuperj, 2004.

PILLON, T. "Virilidade operária". In: CORBIN, A.; COURTINE, J.-J. & VIGARELLO, G. (orgs.). *História da virilidade* – Vol. 3: A virilidade em crise? – Séculos XX-XXI. Petrópolis: Vozes, 2013.

ROCHA, E. & TORRES, R. "O crente e o delinquente". In: SOUZA, J. *A ralé brasileira*: quem é e como vive. Belo Horizonte: UFMG, 2011.

SANTOS, A.P. *Por que matarás?* – Sobre o processo de subjetivação de jovens membros de gangues que cometem o crime de homicídio doloso. Belo Horizonte: PUC-MG, 2011 [Dissertação de mestrado].

SOUZA, J. *A construção social da subcidadania* – Para uma sociologia política da modernidade periférica. 2. ed. Belo Horizonte: UFMG, 2012.

_____. *A ralé brasileira*: quem é e como vive. Belo Horizonte: UFMG, 2011.

_____. *A modernização seletiva*: uma interpretação do dilema brasileiro. Brasília: UnB, 2000.

VIGARELLO, G. "Introdução – A virilidade, da Antiguidade à Modernidade". In: CORBIN, A.; COURTINE, J.-J. & VIGARELLO, G. (orgs.). *História da virilidade* – Vol. 1: A invenção da virilidade: da Antiguidade às Luzes. Petrópolis: Vozes, 2013.

WACQUANT, L. *As prisões da miséria*. Rio de Janeiro: Zahar, 2001.

_____. "Os três corpos do lutador profissional". In: LINS, D. (org.). *A dominação masculina revisitada*. Campinas: Papirus, 1998.

# A infância na indústria do entretenimento

## Crianças e jovens no espetáculo artístico e desportivo*

*Ana Melro*

*Catarina Tomás*

Existem mil e uma maneiras de falar sobre trabalho infantil artístico (que doravante designaremos por TIA). A definição das atividades que denominamos de trabalho das crianças deve ser analisado a partir do contexto sociopolítico, econômico-cultural e legislativo a partir do qual o discutimos. É um campo tenso, complexo e contraditório. Adotam-se vários ângulos de análise e assumem-se diferentes posições, algumas radicais e opostas: os que o defendem e os que o condenam.

Podemos caracterizar o TIA como um globalismo localizado (SANTOS, 2001), ou seja, como um impacto preciso da globalização hegemônica nos quotidianos infantis. Dados recentes referem que mais de 200 milhões de crianças trabalham, legalmente ou não, e 126 milhões desempenham tarefas perigosas. Muitas crianças trabalham antes da idade legal para o fazerem. Estas crianças estão expostas a diversos tipos de violência, nomeadamente a abusos e exploração. Mesmo as que têm idade para trabalhar são, muitas vezes, vítimas de violência no trabalho.

Com a finalidade de reduzir os números do trabalho da criança, Woodhead propõe três desafios: "o estabelecimento de padrões de qualidade que sejam universais e que reflitam a diversidade de infâncias, analisadas dentro dos seus contextos cultural e histórico; constituir procedimentos de aplicação destes padrões de qualidade em contexto apropriado, localmente

---

* Gostaríamos de agradecer ao Prof.-Dr. Maurício Roberto da Silva.

sustentados de forma centrada nas crianças; o terceiro desafio é garantir que as crianças sejam participantes ativos no processo" (1999, p. 28).

Estas medidas podem aplicar-se à sociedade portuguesa, em geral, e ao fenômeno do TIA, em particular, pois os números de crianças trabalhadoras artistas não param de aumentar.

Assim, em Portugal, o TIA e o desporto federado ou de competição são fenômenos sociais presentes, estando cada vez mais disseminados pelo país havendo cada vez mais crianças e jovens a desempenhar essas atividades. Os *castings*, modo através do qual muitas agências de manequins e atores selecionam as crianças que se enquadram no perfil desejado, já se realizam de Norte a Sul. Assim como os circos, que deambulam desde a mais pequena aldeia até à maior das cidades. Há, cada vez mais, escolas de circo ou de artes circenses. E, neste momento, quase todos os clubes desportivos têm uma escola onde se pode aperfeiçoar ou treinar uma arte ou habilidade desportiva, de forma cada vez mais precoce.

A realização deste estudo exploratório permitiu-nos observar a quantidade de crianças e jovens que recorrem aos *castings*, com desejos profissionais na área, ambicionando ultrapassar a barreira do anonimato, o direito aos "quinze minutos de fama" (Andy Warhol).

Acompanhamos os percursos das crianças-artistas de novembro de 2006 a janeiro de 2007 e a amostra selecionada para as entrevistas foi constituída por duas crianças do circo, duas da televisão/cinema/teatro, três da moda/publicidade e três do desporto federado, com idades compreendidas entre os seis e os quinze anos. A seleção das crianças entrevistadas não levou em consideração o gênero, a situação perante o trabalho ou a classe social, na medida em que esta seleção foi feita pela agência, pelo treinador e pelo dono do circo.

São percursos marcados por princípios de multiplicidade e de descentramento, ou seja, analisam-se a partir da sua individualidade e heterogeneidade, mas também a partir de algo que as une, o trabalho artístico.

Considerou-se igualmente importante considerar a opinião dos adultos que acompanham estas crianças. Por conseguinte, entrevistaram-se três mães na área circense, um pai e uma mãe das atividades na moda/publicidade, uma mãe de teatro/cinema/televisão e um pai na área do desporto.

Foram, ainda, entrevistados o treinador, o dono do circo e na agência a representante do departamento de agenciamento.

A realização das entrevistas pretendia que as crianças, os seus pais e agentes:

> [...] falassem livre e espontaneamente sobre o seu passado e também sobre o seu futuro – as experiências por que haviam passado e os sonhos/tormentos do futuro; recordações de infância, acontecimentos da vida de estudante; aspectos sobre a vida; enfim, contingências da vida quotidiana [e do trabalho] (PAIS, 2003, p. 99-100).

A observação foi uma técnica utilizada na medida em que houve possibilidade de participar em algumas gravações de filmes, desfiles, na realização de catálogos, no desempenho de atividades desportivas e mesmo nas atividades circenses.

A análise de conteúdo das entrevistas realizadas permitiu filtrar teoricamente os elementos empíricos recolhidos, pois, como refere Pais (2003):

> Se é verdade que toda a lógica de discurso, todo o contínuo da fala detêm uma espécie de força de segurança que deriva do seu próprio encadeamento discursivo, também é certo que a análise de conteúdo é o estilhaçar dessa unidade encadeada; é um desvelar de sentido, mas ao mesmo tempo um despedaçar desse mesmo sentido; é uma sequência de fragmentos cortados, um esquartejamento de uma unidade de sentido que dá lugar, sub-repticiamente, a outros sentidos (interpretativos) (p. 105).

### Hollywood como objetivo

A pobreza, geralmente, aciona os mecanismos de aceitação ou pelo menos permissão por parte dos pais do trabalho dos filhos. Cerca de 50% das crianças começam a trabalhar neste meio por influência dos pais (cf. SIETI/MSST, 2004). Crianças iniciam aos 4 anos as atividades artísticas, como por exemplo participar em desfiles de moda ou desde bebés em anúncios publicitários, obtendo a família dinheiro; todavia, relativamente ao TIA, esta não é a razão primordial; para que os números não parem de aumentar, devem-se analisar conjuntamente os fatores económicos com os familiares, individuais, educacionais, assim como as representações sociais positivas que este tipo de trabalho proporciona; a mobilidade ascendente e a reprodução social e cultural também contribuem para esse fato, como poderemos constatar nos seguintes excertos:

> [...] o meu sonho era ser ator, ir para Hollywood (Carlos, 11 anos)[1].

> [...] e então disse: "Carlos, é isso que queres, filho, então dá o sonho à mãe, se é isso que queres ser, ator e realizador, dá esse sonho à mãe, o meu sonho era ir para Hollywood e eu gostava que tu desses esse sonho à mãe [...] era isso que eu gostava de ver-te a ti mais tarde", e ele adora isso, e ele adora isso mesmo (Paula, mãe de Carlos (11 anos)).

Debord (1991) caracteriza as sociedades contemporâneas como *sociedades do espetáculo*, em que tudo se transformou em imagem/espetáculo.

Pela análise das palavras de Paula e de Carlos podemos constatar que esta ambição poderá estar relacionada com o sonho criado nos Estados Unidos da América, onde "os meios de comunicação como o cinema e a televisão ajudaram a construir símbolos, mitos e heróis nacionais, foram apreciados politicamente pelo seu contributo à circulação [desse sonho]" (PONTE, 1998, p. 17). Situação que também acontece em Portugal com os atores de séries infantojuvenis, resultado também de uma forte divulgação através do processo de mediatização, que são um veículo de extrema importância na divulgação de uma cultura hegemônica e consumista, criando ídolos infantis (TOMÁS, 2006).

Em Portugal, os dados estatísticos que caracterizam este fenômeno são ainda escassos. De acordo com o Relatório de Atividades de 2002 do Plano para a Eliminação da Exploração do Trabalho Infantil (Peeti), atual Programa para a Prevenção e Eliminação da Exploração do Trabalho Infantil (Peti), o número total de inquiridos em Portugal Continental inseridos em trabalho artístico é de duas crianças/jovens e em trabalho desportivo é de uma criança/jovem. Isso também é demonstrado pelo estudo elaborado em 2004 pelo Sistema de Informação Estatística sobre o Trabalho Infantil (Sieti), com uma amostra das cidades de Lisboa e Porto, como podemos observar no seguinte gráfico:

---

1 Será utilizado este procedimento para as entrevistas a fim de diferenciá-las de uma citação bibliográfica.

### Gráfico 1 Tipos de trabalho infantil, Portugal

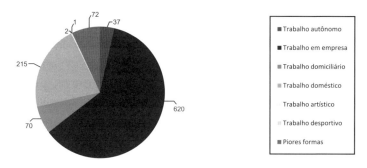

Fonte: Gráfico adaptado de Peeti, 2002.

Paulo Morgado de Carvalho, inspetor-geral do trabalho, refere que nos anos de 2005, 2006 não houve recepção de nenhuma comunicação de TIA, porém, "entre 1º de janeiro e 31 de maio, a IGT recebeu 53 comunicações, tendo sido instaurados 15 autos de notícia no setor audiovisual (telenovelas)" (*Jornal Público*, 02/06/2007).

Estes números poderão evidenciar uma maior procura de crianças para participarem em situações no meio artístico, mas também a escassa inspeção que se fez notar nos anos transatos, na medida em que a procura de crianças para protagonizarem espetáculos no meio circense, dar mais autenticidade a anúncios publicitários, demonstrarem as suas capacidades no meio do desporto, dança, música, cinema, não ocorreu apenas em 2007.

Esta procura é motivo suficiente para, por vezes, as exporem às contingências de alguns desses trabalhos, tais como as constantes quedas que acontecem no circo; as horas de trabalho que são necessárias para filmar uma cena no cinema ou na televisão; as horas de treino no desporto e na dança e também as horas de exercício para fazer um desfile, que cansam e magoam crianças que deixam de ter espaço e tempo para brincar com os seus pares e estar com a família ou mesmo frequentar a escola, como poderemos constatar nas palavras da Paula, mãe do Carlos (11 anos):

> Quando fomos fazer o Triângulo Jota, [série infantojuvenil portuguesa] a série, foi muitas horas, nem imagina [...] mas ele [Carlos], ele estava na mesma, bem-disposto, mesmo cheio de sono, mas bem-disposto (Paula, mãe do Carlos).

> É muito preguiçoso [Carlos], mas imaginamos que ele vai fazer um anúncio, imaginamos dois dias e calha-lhe à semana, [...] portanto, ele falta esses dois dias, mas ele, se quiser, quarta, quinta e sexta pode trabalhar para recuperar as aulas desses dois dias (Paula, mãe do Carlos).

Tal como nos refere Raquel Sampaio, responsável pelo departamento de agenciamento da agência de modelos e figuração do Porto, Pinguim Models:

> O tempo ocupado [nos desfiles] não é sempre em trabalho [...] há os ensaios que normalmente ocupam uma hora e depois o desfile em si que pode demorar 20, 30 minutos, o resto do tempo, apesar de ser contabilizado como trabalho, eles estão resguardados, sentados, nós tentamos conversar com eles, descontraí-los, não considero que essas oito horas de trabalho sejam excessivas (Raquel Sampaio, agente de moda/publicidade).

As deslocações exigidas, porque muitas vezes os trabalhos não são realizados na mesma cidade onde residem, são outra dimensão do complexado fenômeno. Por exemplo, o João (criança agenciada numa agência de figuração do Porto), quando da realização de um filme, teve que estar presente no Porto para as filmagens durante dois dias seguidos. No primeiro, a mãe decidiu ir de carro e o João teve que acordar às 6 horas da manhã para poder estar no estúdio de gravação às 8 horas, mas no segundo dia a hora foi alterada, por causa do receio de não haver luz suficiente para filmar todas as cenas necessárias para aquele dia; então o João, que vinha de Braga, teve que acordar às 5 horas da manhã para poder estar nos estúdios às 7 horas. No primeiro dia só conseguiu sair do local de gravações por volta das 18 horas, e entre o tempo de espera (que foi a maioria) e o tempo de filmagem, foi realizando com a mãe os trabalhos da escola. Mas foi notória a impaciência do João ao final do dia, aliás, como a de todos os adultos presentes.

Este aspecto reflete o tempo que, muitas vezes, as crianças e jovens são obrigados a esperar pela realização de um trabalho, que ultrapassa sempre o estabelecido por lei, devido aos momentos de pausa, à caracterização (maquiagem, guarda-roupa etc.), a toda a preparação envolvente. No entanto, o trabalho artístico inscreve-se num setor crescente da sociedade portuguesa e intensamente promovido, não só pelas questões financeiras envolvidas, mas também pelo estatuto "limpo e glamuroso" que assume.

## Infância e trabalho

São várias as dimensões que influenciam e são influenciadas pelo trabalho na infância: em primeiro lugar, o abandono ou o absentismo escolar, que tanto se podem considerar causas como consequências, o que Sarmento denomina de "desqualificação da atividade escolar como trabalho" (2004), assistindo-se a uma desqualificação das tarefas realizadas diariamente pelas crianças, na e para a escola, como, por exemplo, trabalhos de casa, leituras, desenhos, brincadeiras com os colegas no próprio espaço escolar.

O abandono escolar é explicado por várias razões, sejam elas relacionadas com aspectos econômicos, culturais ou sociais ou mediadas pela influência do grupo de pares, dos pais ou outros familiares. Este fenômeno "tem de ser analisado no quadro das relações que se estabelecem no interior do tecido social, as quais condicionam as realidades internas das escolas que os alunos abandonam" (SARMENTO et al., 2003, p. 272).

Em nível familiar, os pontos de vista variam acerca da influência no TIA, na medida em que o abandono escolar e a inserção de crianças e jovens no meio artístico é feita através dos pais e, apesar de alguns trabalhos serem realizados em parceria com estes, muitos há que não o são, são mesmo pautados por muitas horas de trabalho, por vezes em turnos noturnos, interferindo com outros aspectos da sua vida como a familiar. Assim sendo, o efeito geracional é, muitas vezes, o grande fator do TIA, transmitindo-se de avós para pais, de pais para filhos e destes para os seus filhos, até porque aparecer na televisão e ser reconhecido na rua parece ser um fator importante, na opinião dos pais, de mobilidade social ascendente.

Segundo Leandro, "numa ótica meramente econômica, poder-se-á antes dizer que o filho é doravante, durante a infância, a adolescência e em muitos casos até da juventude, objeto de investimento familiar, como garantia e construção do seu próprio futuro individualizado" (2000, p. 32). Este investimento faz com que, muitas vezes, se dê menor importância à sua própria carreira profissional em detrimento da do filho. Foi possível observar na rodagem de uma produção cinematográfica no Porto, já mencionada, a ocupação do João e da mãe, que vivem em Braga, enquanto o primeiro aguardava por trabalhar, a mãe, professora primária, faltou ao trabalho durante dois dias para poder acompanhar o filho ao Porto. Com o decorrer do tempo de espera, a mãe foi ajudando o João a realizar os trabalhos da escola e a decorar o texto, uma vez que atribui muita importância às atividades desempenhadas pelo filho no mundo artístico. Estamos face a uma "ideologia" que incentiva o trabalho artístico, cada vez mais precoce, das crianças.

Porém, a preocupação essencial desta família não era tanto o que poderia obter em termos económicos do trabalho realizado, mas mais em termos experienciais, culturais e sociais. Isso também se observa nas entrevistas efetuadas, na medida em que os esforços praticados para que o filho concretize o sonho de estar inserido no mundo artístico são enormes, mas têm quase sempre a intenção de evitar uma culpabilização futura por parte da criança ao pai/mãe. Neste caso, a escola nunca é analisada como um recurso mais ou menos secundário, mas sim um objetivo a concretizar, como podemos constatar nas palavras do pai de Catarina em resposta à pergunta da entrevistadora: E se ela puser a questão de desistir [da escola] antes de terminar, por exemplo, o 12º ano, se tiver assim um trabalho muito importante?:

> [...] Eu me preocupo sobretudo que ela tenha noções-base de educação" (João, pai de Catarina (9 anos)).

> Entrevistadora: – Ela teve que desistir dos estudos por causa das atividades?
> – Não, nem eu permitia uma coisa dessas (Raquel, mãe de Joana (6anos)).

Em todas as áreas analisadas para a presente investigação, estudar até ao 12º ano de escolaridade é uma finalidade sempre bem-definida, quer pelos pais, quer pelas crianças e mesmo pelos seus agentes que reafirmam esse objetivo:

> Entrevistadora: – Mas se isso acontecesse, uma criança [...] se lhe colocasse a questão, "eu quero desistir da escola [...]", o que é que aconselharia?
> – [...] tentava o mais possível que estudassem mais um bocado porque a área da moda e a área do espetáculo pode correr bem, como pode correr mal, não é? [...] tentava dissuadir da ideia de desistir (Raquel Sampaio, agente de moda/publicidade).

> Entrevistadora: – E quando lhe colocam a questão de desistirem da escola? Não sei se isso já lhe aconteceu.
> – Nunca me aconteceu, mas para mim acho que é uma tristeza muito grande, […] os melhores atletas são os mais evoluídos intelectualmente, […] dificilmente um atleta com pouca formação escolar atinge um nível de desenvolvimento intelectual elevado mesmo para o jogo, para a complexidade do jogo, porque não compreende o jogo (Camilo Teixeira, treinador).

> Entrevistadora: – Mas se as suas filhas quisessem desistir da escola, o quê que...?
> – Não, não deixava, nem pensar. Atenção, isso eu não deixava, nunca na vida, eu não deixava, isso é completamente fora de questão, porque é aquilo que eu disse há pouco, eu não sei se de hoje para amanhã elas vão querer a minha profissão […] (Israel Merito, dono do circo).

Analisando o que acontece com alguns jovens artistas da sociedade portuguesa, podemos encontrar várias situações em crianças que participam ou participaram em espetáculos, independentemente da respectiva natureza: as que conseguem realmente alcançar o sucesso e não a abandonar até à idade adulta fazendo disso o seu modo de vida; as que a certa altura deixam de ser requisitadas para qualquer tipo de trabalho, confluindo essas situações, geralmente, em depressões e diminuição da autoestima e, por último, as crianças que depois de adultas deixam de ter as "características exigidas" e são excluídas, tendo de procurar, sem formação, outro trabalho.

Importa dizer que seria pertinente melhorar as regras jurídicas e os novos códigos de proibição de trabalho para as crianças e jovens atores, manequins, jogadores etc., e também alertar para o fato de que passa despercebido o trabalho artístico, na medida em que ao nos divertir quando o vemos, esquecemo-nos de que as crianças e jovens que nos apresentam naquele momento, embora embelezadas e bem-remuneradas (algumas), estão trabalhando. Muitas vezes, a fronteira entre divertimento e trabalho é tênue e não conseguimos imaginar que aquele trabalho é fruto de disciplina, de horas de treino, fatores exigidos na apresentação de qualquer trabalho artístico, o que acarreta uma dedicação extrema, distanciando as brincadeiras, o divertimento da vida das crianças.

Entrevistadora: – Achas que são muitas horas de treinos ou por que tinhas mais horas?
– Por mim bem me chega isto.

Entrevistadora: – Não jogavas mais se pudesses escolher? Filipe: – Não (Filipe, 7 anos).

Um estudo realizado pelo MSST e pelo Sieti relativamente às atividades dos menores em atividades artísticas revela-nos que "o mundo artístico e em especial o do espetáculo detém na atualidade, designadamente em Portugal, uma enorme visibilidade pública, levando inclusive ao empolamento midiático de várias personagens artísticas, incluindo as crianças" (2004, p. 15). Deveria, por essa razão, ser detectável sinalizar, diagnosticar e combater, mas o que acontece é precisamente o oposto, é um fenômeno consentido, tolerado, naturalizado, todavia, "não pode ser negligenciado, pois tratam-se de atividades com valor econômico, ou seja, atividades produtivas que não podem ser qualificadas de 'lazer' (e, portanto, de 'não trabalho'), desempenhadas por menores e que podem, em algumas situações, afetar a saúde, o desenvolvimento físico ou moral, a educação e o aproveitamento escolar dos que nela estejam envolvidos" (p. 16), que é o que, de fato, está em causa.

É importante analisar em que patamar se encontram as crianças na altura de decidir o que ver em televisão, da mesma forma como se apresentam ao público espectador, se a sua privacidade é ou não protegida e se não haverá uma exploração efetiva do trabalho infantil artístico.

O Sieti apresenta-nos um estudo realizado com 152 crianças da região da Grande Lisboa, onde nos mostra que 33% das crianças entrevistadas se encontram desempenhando atividades nas áreas da televisão, cinema ou teatro. O gráfico seguinte possibilita a análise das diferentes áreas, em função da idade.

Assim, de acordo com o gráfico apresentado, a maior parte das crianças entre os 6 e os 11 anos encontra-se na área da Moda/Publicidade, tendência que reverte após os 12 anos para a área da Televisão/Cinema/Teatro, talvez porque são dois âmbitos que se imiscuem de alguma forma, através das agências de moda. Porém, a percentagem de crianças inseridas no circo não diminui consoante a idade, os números tendem a estabilizar, o que poderá evidenciar a continuidade da atividade como profissão.

GRÁFICO 2  DISTRIBUIÇÃO DOS MENORES POR IDADES E ÁREAS DE ATIVIDADE (EM %)

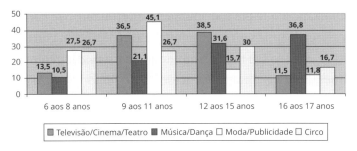

Fonte: MSST/Sieti, 2004.

## Os mundos sociais e culturais das crianças-artistas

As crianças estão rodeadas de atividades sociais, sejam elas o estar com os amigos, brincar, descansar, passar tempo em família, estudar e, no caso específico das crianças e jovens inseridos em TIA, as atividades que desempenham nessa área. Tudo isso contribui para a aprendizagem da cidadania, através de um processo de aprendizagem de normas e valores pelas crianças de acordo com as experiências que se vão transmitindo no seu grupo familiar, no grupo de amigos, na escola e nas diversas atividades que desempenham ao longo do dia. Quando questionadas sobre a gestão do tempo, as crianças afirmam:

> Entrevistadora: – Como é que fazes para conciliar, para juntar as atividades que tens no desporto, depois estares com a tua família e depois estares na escola e depois ainda brincares?
> – Oh, então tenho os dias todos... [...] Esta quarta tenho a manhã livre e sexta. A minha mãe trabalha fora e só vem à noite, não é? E então, às vezes estudo com a minha mãe na segunda [...]. E depois quinta-feira vou para os treinos, chego a casa, vou tomar banho, depois estou um bocado com a minha mãe, depois como e depois faço os deveres (Rui, 8 anos).

Tal como explica o Rui, apesar das várias atividades que tem para fazer durante toda a semana, o seu tempo tem de ser bem-gerido e já está, para ele, bem-delimitado e organizado, organização esta estabelecida pelos pais, pelo tempo escolar e por ele próprio, que vai definindo um pouco as suas vivências.

As atividades sociais das crianças e jovens podem ser consideradas como os agentes do processo de socialização, de aquisição de conhecimentos, de partilha de experiências, repletos de significado social, dependendo este da importância que lhe é atribuída no quotidiano. São várias as tarefas das crianças e cada uma tem o seu contributo específico na formação contínua da pessoa, desde o seu nascimento até ao final da vida. Iremos dedicar-nos especificamente a duas dimensões: a escola e o tempo de ócio e lazer.

## "Quero continuar a estudar": o lugar da escola

> Entrevistadora: – Como é que fazes para conciliar as atividades que tens na escola, para estares com a tua família e depois, agora tens mais atividades no mundo artístico?
> – Exato. Tento ter um tempo, um bocado de tempo para tudo (Catarina, 9 anos).

Para Lopes e Vasconcellos "a escola passa a dividir com a família as responsabilidades sobre a infância recém-inventada. A educação quotidiana, local até então de aprendizagem das crianças, cede lugar à educação escolar, onde as crianças, vistas nessa nova ótica como seres "puros" e "frágeis", serão preparadas para a "vida", para a entrada no mundo adulto" (2006, p. 114). No entanto, poucas crianças, com exceção das do circo, referiram que queriam abandonar a escola.

> Entrevistadora: – Gostas da escola?
> Filipe: – Eu gosto.
>
> Entrevistadora: – Queres continuar?
> Filipe: – Quero (Filipe, 7 anos).

O tempo escolar, de fato, adquiriu uma nova importância nas sociedades contemporâneas, podendo-se, inclusivamente, estabelecer uma comparação entre este e o tempo do trabalho, organizado da mesma maneira: local próprio, horário, calendário, progressão. Podemos considerar o tempo escolar a partir de uma "perspectiva metassocial, na medida em que a escola, tal como a família, quer pelo currículo formal, quer pelo chamado 'currículo oculto', cria contextos de aprendizagem para a estruturação e planejamento do tempo, escolar e não escolar (PRONOVOST, apud PINTO, 2000, p. 55). Esta aprendizagem encontra-se "cada vez mais globalizada e o 'capital humano' das crianças terá de ser aferido de acordo com os *standards* internacionais" (MTSS/SIETI, 2005, p. 19).

Referindo-nos a este aspecto, surgem, não raras vezes, situações de insucesso e abandono escolar ou por desinteresse pelas matérias lecionadas, escassez de tempo para dedicar ao estudo; "a idade mais avançada em relação aos colegas que frequentam o mesmo ano de escolaridade e até a mesma escola; a pobreza das famílias; o cansaço e a fadiga inerentes aos percursos escolares; a ausência de empatia com os professores; a necessidade de ajudar ao sustento da família e a existência de condições propícias à entrada precoce para o mercado de trabalho" (PINTO, 1998, p. 130).

> Entrevistadora: – Continuas a frequentar a escola? E as notas?
> – Hum… Tirei 3 negas.
>
> Entrevistadora: – E achas que se deveu às atividades no espetáculo?
> Carlos: – Um bocadinho, fica-se cansado (Carlos, 11 anos).
>
> Entrevistadora: – A partir do momento em que começaste a jogar futebol a tua vida sofreu alguma alteração, alguma mudança?
> – Sofreu, não é? As notas também desceram um bocadinho, e assim não havia hipótese, também estava a jogar e às vezes nem dava para estudar muito […] (Jorge, 11 anos).
>
> Entrevistadora: – Que parte é que gostas mais? […] Da escola, do circo…
> – Ah, o recreio da escola, mas só o recreio [ri-se] e trabalhar no circo (Patrícia, 13 anos).

No que, ao tempo de ócio e lazer, assistimos à institucionalização e à excessiva organização, burocratização e agenda do tempo das crianças.

De acordo com o artigo 31º da CDC: "Os estados-parte reconhecem à criança o direito ao repouso e aos tempos livres, o direito de participarem de jogos e atividades recreativas próprias da sua idade e de participar livremente na vida cultural e artística" (1989). Todavia, o que acontece frequentemente é que confunde direitos com deveres e proteção das crianças com organização total do seu tempo. Observemos a variedade de atividades propostas às crianças nos seus "tempos livres": aulas de dança, de música, grupo desportivo, escoteiros etc., decididos estes, muitas vezes, pelos pais ou representantes legais.

## Ócio e lazer: tempos multiplicados

Através do tempo de lazer, do jogo e da brincadeira exercita-se um saber-fazer, controla-se o tempo e o espaço. Além disto, as atividades das crianças enquanto participantes do jogo e do lazer "não devem ser compreendidas como meras atividades lúdicas, mas na expressão máxima da subversão dos valores da lógica da produção do utilitarismo da racionalidade produtiva capitalista; pelo contrário, ela é a própria negação desses valores, a negação do valor de troca" (SILVA, 2003, p. 28). São duas visões positivas das práticas lúdicas, na medida em que, por um lado, o exercício (experiência) e o autoconhecimento detêm alguma importância, mas, por outro, tenta-se ir contra os valores capitalistas da sociedade contemporânea.

A atividade social que contribuiu para a elaboração da investigação e para a compreensão do quotidiano das crianças e jovens é o trabalho produtivo, TIA, com características bem-definidas em termos de horário, regime e duração, não permitindo uma vivência adequada dos demais tempos e atividades sociais, constrangendo uma experiência plena da infância, com todas as suas vertentes e âmbitos que deveria conter: brincadeiras e conversas no grupo de pares; relacionamento familiar.

De acordo com a Tabela 1, a percentagem de crianças que desempenham duas atividades paralelas, o trabalho e o estudo, é bastante elevada, ultrapassando, nas três vertentes do trabalho na infância apresentadas, os 80%, sendo que no TIA atinge mesmo os 93,4%.

TABELA 1 PERCENTAGEM DE CRIANÇAS QUE TRABALHAM E ESTUDAM DENTRO DAS PRINCIPAIS ÁREAS DE TRABALHO DA INFÂNCIA

|  | Trabalha e estuda |
|---|---|
| Trabalho infantil 2001 [1] | 85,5% |
| Trabalho infantil no mundo rural [2] | 93,9% |
| Trabalho infantil no mundo artístico [3] | 93,4% |

Fonte: [1] Sieti, 2001; [2] Pinto, 2003; [3] Sieti, 2004.

De fato, algumas atividades realizadas pelas crianças e jovens no TIA são rotineiras, repetitivas, cansativas do ponto de vista do trivial e do hábito que se cria. Mas as relações que se criam com membros adultos propicia uma espécie de mistério em torno do adulto famoso com quem se contracena, com quem se joga futebol ou com quem se tem oportunidade de partilhar uma *passerelle*, como constatamos nas palavras da mãe de Carlos:

> – [...] o Carlos também fez o Triângulo Jota, o Nicolau Breyner também; já são atores e lidamos também com o mundo da moda, o que é bom (Paula, mãe de Carlos (11 anos)).

São múltiplas as causas explicativas para o fenômeno do trabalho artístico, onde destacamos o incentivo familiar associado à própria vontade das crianças. Pode-se, efetivamente, começar a realizar uma atividade artística por influência de algum membro da família que já se encontra inserido na mesma área ou gostaria de ter realizado a mesma atividade enquanto criança, mas, na sua maioria, as crianças e jovens afirmam a vontade de trabalhar no meio artístico.

> Entrevistadora: – Foi mesmo por gostares [que começaste a realizar atividades artísticas]?
> – Sim. Acho que sim (Catarina, 9 anos).

> – É assim, era [o meu sonho], mas [...] passou para o Carlos, de mãe para o filho, e se ele realmente for isso [ator], realmente que Deus lhe ajude, mas dou-lhe muita força e segue esse caminho, [...] se não fui eu é para o meu filho, e eu já fico feliz com isso (Paula, mãe de Carlos (11 anos)).

Tabela 2 Principal motivo para trabalhar nas principais áreas de trabalho infantil

|  | Principal motivo para trabalhar |
|---|---|
| Trabalho infantil [1] | Porque quer |
| Trabalho infantil no mundo rural [2] | Para setir-se adulto |
| Trabalho infantil no mundo artístico [3] | Por incentivo familiar |

Fonte: [1] Sieti, 2001; [2] Pinto, 2003; [3] Sieti, 2004.

Muitos outros fatores poderiam ser analisados, mas o principal objetivo foi perceber de que forma se considera que algumas atividades realizadas por crianças são avaliadas por elas e pelos adultos como trabalho ou como uma forma de ocupar o tempo divertindo-se. Face aos dados que este estudo exploratório nos fornece podemos afirmar a hibridez nestas duas concepções. As conclusões a que se chegaram não são representativas, mas ambos se confundem; se há trabalhos que dá prazer desempenhar, também há brincadeiras desagradáveis.

## Conclusão

Trabalhar na área artística, ser famoso ou poder um dia sê-lo é aliciante, deixando, por isso, de ser cansativo, mas sim um divertimento para a maior parte das crianças e jovens entrevistados, tendo tido estes um papel ativo na decisão em enveredar pela carreira artística ou pelo desporto federado.

De um modo geral, "o meio artístico e as profissões criativas detêm na atualidade, designadamente em Portugal, uma visibilidade pública e um grau de prestígio social como provavelmente nunca tiveram [...]. Neste contexto, não é de surpreender que os pais sejam mais tolerantes diante da opção artística de um filho, sentindo-se mais seguros na motivação direta do seu talento" (PAIS, 1995, p. 117).

Desta forma, tanto os filhos como, por vezes, os pais têm dificuldade em aceitar que poderá eventualmente não haver o sucesso tão almejado, surgindo situações de desalento, frustração e desilusão; todavia, o momento vivido, a alegria momentânea de aparecer na televisão, em revistas ou catálogos, desfilar numa passarela de modelos, fazer um jogo importante e até marcar um gol e ser a estrela do dia é algo marcante na vida.

Segundo Santos (2001) determinados fenômenos sociais globais afetam, de forma mais ou menos intensiva, pequenos sistemas, localidades, grupos e o que aí acontece. Exemplo disso mesmo foi a forma como se iniciou a procura de crianças para o desempenho de algumas atividades artísticas, através dos *castings* pelas pequenas localidades.

Não obstante, a classe social é um fator importante na altura de decidir ir até ao final na decisão de inscrever o filho numa agência ou num clube, pois só assim há a possibilidade de estar presente nos frequentes *castings* em nível nacional ou de assistir ao jogo do filho; no circo este problema coloca-se de outra forma, as crianças têm de possuir meios para se deslocarem da escola fixa até ao local onde o circo vai apresentar espetáculo; porém, a realização de todas estas atividades não foi considerada por nenhum entrevistado como prejudicando as restantes tarefas das crianças e jovens (escolares, familiares, brincadeiras).

O que se deve ter em consideração é, de fato, melhorar o conhecimento que se tem da realidade do TIA, a partir de agora, pela construção de uma base de dados, relacionando todas as instâncias e entidades que estão juntas nesta luta contra a exploração das crianças e jovens, para, assim, poder pôr em prática a legislação existente, aplicando sanções nos casos de abuso e negligência. Nestas situações deve também se pensar na melhor maneira de se realizar a reabilitação da criança maltratada ou então em momentos de fracasso da carreira; tal já vai acontecendo em alguns programas televisivos, situações em que são acompanhadas por psicólogos, para mais facilmente lidarem com a fama e com o desconhecimento, dois momentos distintos, mas que acontecem rapidamente.

## Referências

DEBORD, G. *Sociedade do espectáculo.* Lisboa: Mobilis em Mobile, 1991.

LEANDRO, M. "O trabalho infantil na interconexão de três vetores sociais: a família, a escola e o profissional". In: *Actas do Seminário Exploração do Trabalho Infantil Conhecer-intervir.* Lisboa: Plano para a Eliminação da Exploração do Trabalho Infantil/Ministério do Trabalho e da Solidariedade, 2000, p. 27-40.

LOPES, J. & VASCONCELLOS, T. "Geografia da infância: territorialidades Infantis". *Currículo sem fronteiras,* vol. 6, n. 1, 2006, p. 103-127. Braga/Porto Alegre: Instituto de Estudos da Criança/UFRGS.

MINISTÉRIO DA SEGURANÇA SOCIAL E DO TRABALHO & SISTEMA DE INFORMAÇÃO ESTATÍSTICA SOBRE O TRABALHO INFANTIL. Caracterização das atividades dos menores em espectáculos, moda e publicidade. Lisboa: MSST/Sieti, 2004.

MINISTÉRIO DO TRABALHO E DA SOLIDARIEDADE SOCIAL & SISTEMA DE INFORMAÇÃO ESTATÍSTICA SOBRE O TRABALHO INFANTIL. *Educação e trabalho infantil em Portugal*. Lisboa: MTSS/Sieti, 2005.

PAIS, J. *Culturas juvenis*. Lisboa: Imprensa Nacional/Casa da Moeda, 2003.

PAIS, J. (coord.). *Inquérito aos artistas jovens portugueses*. Lisboa: Universidade de Lisboa, 1995.

PINTO, G. *A televisão no quotidiano das crianças*. Porto: Afrontamento, 2000.

_____. *O trabalho das crianças* – De pequenino é que se torce o pepino (e o destino). Oeiras: Celta, 1998.

PLANO PARA A ELIMINAÇÃO DA EXPLORAÇÃO DO TRABALHO INFANTIL & MINISTÉRIO DA SEGURANÇA SOCIAL E DO TRABALHO. *Relatório Anual de Atividades, 2002*. Lisboa: Peeti/MSST, 2002.

PONTE, C. *Televisão para crianças* – O direito à diferença. Lisboa: Escola Superior de Educação João de Deus, 1998.

SANTOS, B.S. "Os processos de globalização". In: SANTOS, B.S. (org.). *Globalização*: fatalidade ou utopia? Porto: Afrontamento, 2001, p. 31-98.

SARMENTO, M. "As culturas da infância nas encruzilhadas da Segunda Modernidade". In: SARMENTO, M.J. & CERISARA, A.B. *Crianças e miúdos* – Perspectivas sociopedagógicas da infância e educação. Porto: ASA, 2004, p. 9-34.

SARMENTO, M.; MEIRA, E.; NEIVA, O.; RAMOS, A. & COSTA, A. "A escola e o trabalho em tempos cruzados". In: PINTO, M. & SARMENTO, M.J. (coords.). *As crianças*: contextos e identidades. Braga: Centro de Estudos da Criança/Universidade do Minho, 2003, p. 265-293.

SILVA, M.R. *Trama doce-amarga*: (exploração do) trabalho infantil e cultura lúdica. São Paulo: Hucitec, 2003.

TOMÁS, C. *Há muitos mundos no mundo...* – Direitos das crianças, cosmopolitismo infantil e movimentos sociais de crianças: diálogos entre crianças de Portugal e Brasil. Braga: Universidade do Minho, 2006 [Tese de doutorado].

UNICEF. *Situação mundial da infância 2006*: excluídas e invisíveis. Brasília: Unicef, 2006.

WOODHEAD, M. "Combatting chil labour: listen to what the children say". *Childhood*, vol. 6, n. 1, 1999, p. 27-49.

# Parte III

## As diversas faces da exploração do trabalho da infância

# Mapas do trabalho: faces ocultas da infância e da juventude

*Maria dos Anjos Lopes Viella*

> *Esses meninos [...] escravinhos e escravinhas [...] da economia globalizada [...] ocupam o escalão mais baixo da população ativa [...] nos lixões [...] e disputam restos de comida com os urubus [...]. São as toupeiras nas galerias das minas do Peru, imprescindíveis por causa da pequena estatura, e quando seus pulmões deixam de funcionar são enterrados em cemitérios clandestinos; colhem café na Colômbia e na Tanzânia e se envenenam com os pesticidas; envenenam-se com os pesticidas nas plantações de algodão da Guatemala e nas bananeiras de Honduras; ao norte da Índia se derretem nos fornos de vidro e ao sul nos fornos de tijolos; [...] colhem jasmins no Egito, destinados à perfumaria francesa; [...] nas guerras, os soldadinhos trabalham matando e, sobretudo, trabalham morrendo. [...] E os demais meninos pobres? Dos demais, são muitos os que sobram. O mercado não precisa deles, não precisará jamais. [...] a fome e as balas costumam lhes abreviar a viagem do berço à sepultura. O mesmo sistema produtivo que despreza os velhos, teme os meninos. A velhice é um fracasso, a infância um perigo. [...]*
> (GALEANO, 1999, p. 14-18).

Crianças sendo exploradas no trabalho estão por toda parte: nas plantações de cacau da Costa do Marfim; em Bangladesch nas fábricas de balões; no Oriente Médio como jóqueis de camelos; no Paquistão costurando bolas de futebol; fazendo tapetes no Afeganistão; na mineração de ouro, diamantes e metais preciosos na África; gemas na Ásia; estanho na América do Sul e bem mais perto de nós em todos os cantos do Brasil, acompanhando o movimento do capital. Em meio a essa explosão de trabalho, a força de trabalho das crianças permanece ainda, muitas vezes, muda para as estatísticas, invisível e difícil de ser captada.

Esse texto tem como foco o trabalho das crianças e jovens, no Brasil, apoiando-se principalmente na análise dos mapas de indicativos do trabalho da criança e do adolescente[1] de 1999 e 2005[2], editados pelo Ministério do Trabalho e Emprego e Secretaria de Inspeção do Trabalho[3].

Num primeiro momento do texto serão apresentados os mapas de indicativos e a seguir serão explicitadas as formas de como se deu o agrupamento das atividades econômicas, considerando-se a tabela da Cnae (Classificação Nacional das Atividades Econômicas) versão 2.0, de 2007, e estabelecidas comparações entre os mesmos, principalmente em relação aos aspectos da incrementação do trabalho das crianças[4] nos setores da economia. Considerando-se ainda informações dos mapas de indicativos, serão analisados as tarefas executadas, as condições e os processos de trabalho e riscos à saúde dos trabalhadores; por último serão abordados alguns aspectos referentes às inúmeras dificuldades postas no caminho da eliminação ou redução do trabalho das crianças, considerando-se especialmente os problemas metodológicos desses mapas.

### Situando os mapas: primeiras aproximações

Os denominados mapas de indicativos não se apresentavam na forma cartográfica, sendo esse formato resultante do trabalho da autora para possibilitar a análise comparativa das atividades econômicas exercidas por

---

1 A partir desse momento serão mencionados apenas como mapas de indicativos, seguidos do ano de publicação.

2 Os documentos denominados mapas foram elaborados na forma cartográfica pela autora, com a vetorização, digitalização e edição final do geógrafo José Henrique Vilela.

3 Na tese de Viella (2008) foi estabelecida ainda uma comparação desses mapas com uma pesquisa sobre trabalho infantil, realizada pelo IBGE (Instituto Brasileiro de Geografia e Estatística) como suplemento da Pnad (Pesquisa Nacional por Amostra de Domicílios) 2001, trabalho infantil.

4 Cabe esclarecer que o trabalho doméstico das crianças e o trabalho artístico não serão tratados neste texto, mas estão contemplados na tese de Viella (2008).

crianças e jovens nas diferentes regiões e unidades da federação, nos dois períodos submetidos à análise: 1999 e 2005.

O mapa de indicativos publicado em 1999 a partir de fiscalização feita no período de agosto de 1997 a julho de 1999 apresenta-se em forma de quadros para cada região e as respectivas unidades da federação. Esses quadros são compostos por cinco colunas: **atividade econômica** desenvolvida, os **municípios** brasileiros onde ela acontece, as **tarefas geralmente executadas**, as **condições de trabalho a que estão submetidos adultos, adolescentes e crianças** e na última coluna a relação dos **municípios com indicativos de redução do trabalho das crianças**.

O mapa de indicativos de 2005[5] aparece dividido em três módulos. Detalha primeiramente, no Módulo I, a situação do trabalho da criança e do adolescente no Brasil, ilustrados com doze gráficos: série histórica (1995-2002) da taxa de trabalho da criança e do adolescente nacional; variação do trabalho por unidades da federação de 1999 a 2001; variação do trabalho das crianças por unidades da federação de 2001 a 2002, ambos, abrangendo a faixa etária de 5 a 15 anos; distribuição do trabalho infantil segundo as regiões do Brasil; relação entre crianças trabalhadoras e a população do mesmo grupo etário, segundo as regiões do país; distribuição do trabalho das crianças segundo as áreas geoeconômicas (rural e urbano); distribuição do trabalho das crianças segundo as posições na ocupação (não remunerados, empregado, empregador, trabalho domiciliar, autoconsumo, sem declaração, doméstico, conta própria, não remunerado, autoconstrução), na faixa etária de 5 a 15 anos; distribuição do trabalho das crianças segundo sexo e grupos etários; distribuição do trabalho das crianças segundo raça ou cor e grupos etários; relação entre trabalho das crianças e frequência escolar (5 a 9 anos, 10 a 15 anos e 5 a 15 anos); rendimento do trabalho das crianças segundo trabalho principal da faixa etária de 10 a quinze anos; rendimento do trabalho das crianças segundo as posições na ocupação por terceiros (empregados ou trabalho doméstico).

---

5 De acordo com informações contidas no documento, as atualizações são até o ano de 2003, utilizando como referencial estatístico os dados da Pesquisa Nacional por Amostra de Domicílios (Pnad) de 2002, reprocessados pelo Ministério do Trabalho e Emprego para a faixa etária de 5 a 15 anos. [...].

A segunda parte do Módulo I traz os dados por regiões, apresentando primeiramente cinco gráficos: série histórica (1995-2002) da taxa de trabalho das crianças; distribuição do trabalho e taxa de trabalho segundo as unidades federativas; distribuição do trabalho segundo as áreas geoeconômicas e segundo as posições na ocupação.

Nessa segunda parte, logo depois dos gráficos, são exibidos quadros com três colunas relacionando as **atividades econômicas**, os **municípios com foco de trabalho infantil** e **municípios com redução do trabalho das crianças**.

O Módulo II refere-se às condições de trabalho a que estão submetidas crianças e adolescentes e as repercussões à saúde. Compõe-se de quadros divididos em quatro colunas: atividades econômicas, processo de trabalho, riscos ocupacionais e possíveis repercussões à saúde.

O Módulo III traz informações sobre indicativos de trabalho em atividades ilícitas (exploração sexual comercial infantil, narcotráfico e narcoplantio) nas unidades da federação[6] e que não figuravam no mapa de indicativos de 1999.

Por último, esse documento traz a relação das atividades econômicas desenvolvidas nos diferentes estados, em ordem alfabética. Com base nessas atividades e classificação das mesmas por setores da economia (apêndices A e B) foram construídos os mapas na forma cartográfica (apêndices C e D).

### Construindo os mapas e revelando a trama do trabalho das crianças

Num primeiro momento, todas as atividades econômicas exercidas por crianças e adolescentes listadas nos quadros divulgados nos mapas foram distribuídas uma a uma, pelas regiões e seus respectivos estados, no formato de pequenos círculos, devidamente identificados com números correspondentes a cada uma das atividades econômicas[7] listadas no mapa

---

6 A análise desse módulo já foi feita por Viella e Vendramini (2012).

7 Na tese, os círculos aparecem numerados e cada setor da economia é representado com cores diferentes. Para esse texto os círculos numerados foram substituídos por símbolos (■: Seção A: Agricultura, pecuária, produção florestal, pesca e aquicultura; ◆: Seção C: Indústria extrativa e de transformação; ●: Seção G: Comércio; e ▶: Seção S: Serviços) utilizou-se apenas as cores preto e branco.

de indicativos 1997-1999 (99 atividades) e no mapa de indicativos de 2005 (242 atividades). Essa imagem iluminou uma primeira leitura dos dados, propiciando uma comparação entre um mapa e outro.

Num segundo momento, aproveitando-se da representação cartográfica das atividades econômicas, espalhadas pelos estados e respectivas regiões do Brasil, optou-se agrupá-las por setores da economia (agricultura, pecuária, produção florestal, pesca e aquicultura; indústria de transformação; comércio; serviços e outras atividades[8]), atribuindo uma cor diferente a cada um. Uma outra face da realidade do trabalho das crianças é revelada constituindo-se nos mapas de indicativos na sua forma cartográfica[9].

Um primeiro contato com os mapas de 1999 e 2005 já deixava à mostra, sem muito esforço, o aumento dessas atividades econômicas[10]: 99 atividades em 1999 e 242 atividades no mapa de 2005. O que se percebia expressava a ampliação do trabalho, sua reinvenção nas mais variadas formas. Uma consulta na tabela de correspondência da Cnae, versão 2.0 (2007), comparada com a versão Cnae 1.0 apontava inúmeras "novas" atividades econômicas.

O processo de agrupamento das atividades econômicas não foi simples nem feito livremente. A direção tomada foi agrupá-las considerando as seções (setores) contidas na Cnae[11], mesmo sabendo das dificuldades de lidar com os diferentes níveis, suas inúmeras seções (divisões, grupo,

---

[8] Para esse agrupamento baseou-se na Classificação Nacional das Atividades Econômicas (Cnae) versão 2.0/2007 e Concla (Comissão Nacional de Classificação). A Cnae não utiliza o termo setores, e sim seções. Serão, contudo, considerados como equivalentes.

[9] Optou-se também fazer uma representação dos mapas em folha A4 para essa obra, considerando que o mapa da tese apresenta-se no tamanho de 95 x 59cm.

[10] Cf. apêndices A e B: Atividades econômicas por estados/setores da economia, 1999 (Quadro 4) e 2005 (Quadro 5).

[11] A Cnae é a classificação oficialmente adotada pelo Sistema Estatístico Nacional na produção de estatísticas por tipo de atividade econômica. O IBGE é o órgão gestor da Cnae. Em 2002, a estrutura da Cnae foi atualizada resultando na versão 1.0 da Cnae (Resolução Concla [Comissão Nacional de Classificação] n. 6, de 09/10/2002). Com a revisão de 2007, a estrutura hierárquica da Cnae 2.0 ficou conforme apresentada acima. A Cnae 2.0 é uma classificação estruturada de forma hierarquizada em cinco níveis, com 21 seções, 87 divisões, 285 grupos, 673 classes e 1.301 subclasses. Para mais detalhes acessar www.ibge.gov.br/concla

classe e subclasse) e respectivas descrições. O quadro a seguir ilustra essas informações:

**Quadro 1 Evolução no número de categorias nos vários níveis da Cnae**

| Número de categorias |||| 
|---|---|---|---|
| Níveis | Cnae 1.0 | Cnae 2.0 | Acréscimos |
| Seções | 17 | 21 | 4 |
| Divisões | 59 | 87 | 28 |
| Grupos | 223 | 285 | 62 |
| Classes | 581 | 673 | 91 |
| Subclasses | 1.183 | 1.301 | 118 |

Fonte: IBGE/Cnae 2.0, 2007.

Para exemplificar a forma como aparece especificada cada categoria e a hierarquização dos níveis, tomou-se como exemplo a seção a seguir:

**Seção A - Agricultura, pecuária, produção florestal, pesca e aquicultura**
Divisão 01: Agricultura, pecuária e serviços relacionados
Grupo 01.1: Produção de lavouras temporárias
Classe 01.11-3: Cultivo de cereais
Subclasse 0111-3/01: Cultivo de arroz
[...] O sistema de codificação é integrado, a partir do segundo nível, com o código de cada nível de grupamento mais detalhado incorporando o anterior. Assim, o código da subclasse (sete dígitos) incorpora o código da classe (quatro dígitos + DV), que, por sua vez, incorpora o código do grupo (três dígitos) a que pertence, e este, o da respectiva divisão (dois dígitos) (IBGE/CNAE, 2007, p. 18).

Com base nessa classificação[12] e depois da elaboração dos mapas e distribuição das atividades econômicas pelos estados, elas foram agrupadas por setores, considerando-se, além da descrição de cada seção, especialmente o capítulo 3: "Estrutura detalhada e notas explicativas da Cnae 2.0". Como

---

12 Maiores detalhes de como foi feita a classificação das atividades econômicas poderão ser encontradas na tese de Viella (2008), cap. 2.

essa estrutura é composta de 21 seções, o que definiu o agrupamento foram também as atividades realizadas pelas crianças que constavam nos mapas e que não encontravam correspondência em todas as seções da Cnae.

Considerando a extensão do documento da Cnae, serão realçados apenas alguns aspectos que colaboraram na inclusão das atividades nos setores correspondentes. De acordo com a Cnae a seção A – Agricultura, pecuária, produção florestal, pesca e aquicultura[13] – compreende

> [...] a exploração ordenada dos recursos naturais, vegetais e animais em ambiente natural e protegido, o que abrange as atividades de cultivo agrícola, de criação e produção animal; de cultivo de espécies florestais para produção de madeira, celulose e para proteção ambiental; de extração de madeira em florestas nativas, de coleta de produtos vegetais e de exploração de animais silvestres em seus *habitats* naturais; a pesca extrativa de peixes, crustáceos e moluscos e a coleta de produtos aquáticos, assim como a aquicultura – criação e cultivo de animais e produtos do meio aquático. Também fazem parte da seção A o cultivo de produtos agrícolas e a criação de animais modificados geneticamente. Esta seção compreende também os serviços de apoio às unidades de produção nas atividades nela contidas (IBGE/CNAE, 2007, p. 75).

Só que a compreensão não é nada simples devido à interconexão das atividades e a quase impossibilidade de estabelecer distinções reais e fronteiras entre as atividades dos diferentes setores da economia.

A seção Indústria é dividida em duas, na Cnae: Indústrias extrativas e Indústrias de transformação[14], porém, para esse texto, as duas seções foram agrupadas e denominadas apenas por seções B e C: Indústrias.

Mostrando-se afinada com as mudanças no processo produtivo, a Cnae contempla o que entende por atividade econômica, por aquilo que determina a atividade principal de uma unidade de produção, a combinação de atividades múltiplas realizadas na mesma unidade, a integração vertical das atividades, "[...] quando diferentes estágios da produção são realizados por uma mesma unidade, onde o produto de uma etapa torna-se o consu-

---

13 Maiores detalhamentos dessa seção estão na Cnae 2.0, p. 75-90.

14 Maiores detalhamentos desta seção estão na Cnae 2.0, p. 91-193.

mo intermediário de outra, como pode ser o caso de um estabelecimento onde se fabrica roupas de cama e banho e que tem como matéria-prima os fios que são transformados em tecidos, e estes em artefatos de tecidos" (p. 27); as atividades específicas como as atividades terceirizadas (os casos que envolvem terceirização da mão de obra, enquanto função de apoio, terceirização de partes do processo produtivo, do processo produtivo completo), o fato da localização das unidades contratadas e a contratante estar no mesmo território ou em territórios diferentes; o comércio eletrônico e seus serviços (manutenção, instalação e reparação), aluguel, atividades governamentais, tudo isto implicando as formas de classificar as atividades, afinal esquadrinha em minúcias as atividades envolvidas no processo produtivo. O desenvolvimento constante da divisão social do trabalho, no entanto, se num primeiro momento separou a agricultura da produção artesanal, a cidade do campo, agora dissolve essa separação.

Como coloca Mandel (1982, p. 266),

> A conquista maciça da agricultura por parte do grande capital acelerou por sua vez a divisão social do trabalho agrícola [...]. Todos os traços desse complexo processo de transformação na agricultura contemporânea – a crescente produtividade do trabalho; a penetração do grande capital; os empreendimentos de larga escala; a divisão acelerada do trabalho – podem ser sintetizados sobre a rubrica de industrialização crescente da agricultura.

Alguns desses traços podem ser detectados a partir dos mapas de indicativos, especialmente quando são abordadas as tarefas geralmente executadas por crianças e as condições de trabalho e riscos à saúde, a força total de máquinas variadas, assim como a utilização de produtos químicos diversos, significando "a conversão do processo de produção agrícola num processo análogo ao processo de produção industrial" (MANDEL, 1982, p. 266).

Após esse exercício e essas considerações, o número das atividades econômicas constantes nos mapas resultou na seguinte distribuição pelos diferentes setores:

QUADRO 2 RELAÇÃO DE ATIVIDADES ECONÔMICAS, POR SETORES DA ECONOMIA, LISTADAS NOS MAPAS DE INDICATIVO DO TRABALHO DA CRIANÇA E DO ADOLESCENTE[1] REFERENTE AOS ANOS DE 1999 E 2005

| Setores/Seções da economia | N. de atividades econômicas ||
|---|---|---|
| | Mapa de 1999 | Mapa de 2005 |
| Agricultura, pecuária, produção florestal, pesca e aquicultura | 49 atividades | 97 atividades |
| Indústria extrativa e de transformação | 26 atividades | 61 atividades |
| Serviços | 15 atividades | 61 atividades |
| Comércio | 9 atividades | 23 atividades |
| Total | 99 atividades | 242 atividades |

1 Este quadro foi elaborado pela autora para melhor visualizar os setores da economia, já que o mapa de indicativos não separa estas atividades por setores e explica as razões por que não o faz.

Fonte: Elaborado pela autora para este trabalho.

Algumas tendências vêm caracterizando o mundo do trabalho e, entre elas, destaca-se o assalariamento no setor de serviços, o Terceiro Setor e as novas formas de trabalho em domicílio. Concomitante à diminuição da classe operária industrial tradicional, assiste-se a "[...] uma expressiva expansão do trabalho assalariado, a partir da enorme ampliação do assalariamento no setor de serviços, [...] vivencia-se também uma subproletarização intensificada, presente na expansão do trabalho parcial, temporário, precário, subcontratado, "terceirizado" (ANTUNES, 2005, p. 49) que marca a sociedade atual.

As atividades econômicas exercidas por crianças aumentam visivelmente em praticamente todos os estados, apresentando redução apenas no Estado do Acre, Tocantins (mas não sendo uma redução significativa), e mantém-se no Maranhão.

A variedade de novas atividades econômicas desenvolvidas por crianças aponta que o capital ocupa tudo o que vê pela frente e as crianças contribuem com sua parcela para essa expansão, atuando em comércio ambulante em terminais de passageiros, comércio atacadista, varejista de todo tipo, na construção civil, como entregador, empacotador, distribuidor de panfletos, como flanelinhas, marqueteiros, em atividades inimagináveis, lá estão elas.

Quando se trata de exploração do trabalho de crianças e adolescentes a extração da mais-valia encontra terreno fértil, pois se pode contar com fatores que auxiliam de dupla forma a sua extração. Entre eles tem-se o fraco poder reivindicatório das crianças, remuneração inferior àquela oferecida aos adultos, sua fraqueza e docilidade, o fato de custarem pouco, receberem como pagamento alojamento e alimentação etc. Tudo isso encontra na informalidade, terceirização e serviços, formas que garantem a invasão da vida privada do trabalhador pelo trabalho, permitindo uma simbiose perfeita entre espaço doméstico e produtivo.

O aumento do número de atividades de um mapa de indicativos para outro acontece em todos os setores, sendo mais significativo nos serviços, seguido pelo comércio, indústria e agricultura.

Oliveira (2003, p. 37), na sua *Crítica à razão dualista*, chama a atenção para o conjunto coerente formado pela informalidade e acumulação: os serviços, em aparência, improdutivos (p. ex., serviços pessoais, chamados de "atividades por conta própria"), na verdade encontram seu dinamismo nos períodos de maior expansão da economia, capitaneado pelo setor secundário (industrial). Esclarece como é equivocada a expressão terciário "inchado" enquanto uma das características do modo de produção subdesenvolvido, e que "[...] o crescimento do terciário [...] faz parte do modo de acumulação urbano adequado à expansão do sistema capitalista no Brasil; não se está em presença de nenhuma 'inchação', nem de nenhum segmento "marginal" da economia (OLIVEIRA, 2003, p. 54-55). E continua o autor: "'[...] a aparência de "inchação" esconde um mecanismo fundamental da acumulação. Os serviços realizados à base da pura força de trabalho, que é remunerada a preços baixíssimos, transferem, permanentemente, para as atividades econômicas de corte capitalista, uma fração do seu valor, 'mais-valia' [...]" (p. 57).

Tentando aprofundar o entendimento da dinâmica do trabalho infantil, foi elaborado o quadro a seguir, distribuindo as atividades econômicas pelas regiões, unidades da federação por setores da economia, resultando numa totalização, no âmbito do Brasil, conforme segue:

QUADRO 3  RELAÇÃO DA QUANTIDADE DAS ATIVIDADES ECONÔMICAS
REALIZADAS PELAS CRIANÇAS E ADOLESCENTES, SEGUNDO SETORES DA
ECONOMIA, POR REGIÕES E UNIDADES DA FEDERAÇÃO, 1999 E 2005

| Regiões e unidades da federação | Setores da economia 1999 ||||  Setores da economia 2005 ||||
|---|---|---|---|---|---|---|---|---|
| **REGIÃO NORTE** | Agric. | Ind. | Com. | Serv. | Agric. | Ind. | Com. | Serv. |
| Acre | 2 | 2 | 3 | 5 | 3 | 1 | 2 | - |
| Amazonas | 1 | 3 | 4 | 6 | 4 | 2 | 8 | 7 |
| Amapá | 2 | 1 | 2 | 2 | 6 | 3 | 5 | 4 |
| Pará | 4 | 2 | 2 | 6 | 9 | 3 | 4 | 5 |
| Rondônia | 2 | 1 | 3 | 3 | 3 | 1 | 1 | 3 |
| Roraima | - | - | - | - | 6 | - | - | - |
| Tocantins | - | 2 | 2 | 2 | - | - | 1 | 2 |
| **Total** | **11** | **11** | **18** | **24** | **31** | **10** | **21** | **21** |
| **REGIÃO NORDESTE** | | | | | | | | |
| Alagoas | 2 | 1 | 3 | 5 | 5 | 3 | 2 | 5 |
| Bahia | 13 | 2 | - | 2 | 19 | 4 | 3 | 6 |
| Ceará | 2 | - | 1 | 3 | 6 | 4 | 3 | 5 |
| Maranhão | 7 | 1 | 5 | 5 | 8 | 2 | 3 | 3 |
| Paraíba | 4 | 6 | 3 | 4 | 21 | 10 | 7 | 13 |
| Pernambuco | 3 | 4 | 2 | 3 | 12 | 10 | 2 | 6 |
| Piauí | 5 | 1 | 3 | 8 | 12 | 9 | 4 | 8 |
| Rio Grande do Norte | 4 | 5 | 1 | 3 | 1 | 1 | 2 | 1 |
| Sergipe | 4 | 1 | - | 3 | 9 | 5 | 4 | 5 |
| **Total** | **44** | **21** | **18** | **36** | **93** | **48** | **30** | **52** |
| **REGIÃO CENTRO-OESTE** | | | | | | | | |
| Distrito Federal | 1 | 1 | 4 | 3 | 5 | 2 | 4 | 9 |
| Goiás | 7 | 1 | 1 | 3 | 8 | 1 | 1 | 2 |
| Mato Grosso | 2 | - | - | 4 | 5 | 2 | 2 | 7 |
| Mato Grosso do Sul | 8 | 2 | 6 | 4 | 14 | 2 | 3 | 3 |
| Total | 18 | 4 | 11 | 14 | 32 | 7 | 10 | 21 |
| REGIÃO SUDESTE | | | | | | | | |
| Espírito Santo | 5 | 7 | 2 | 4 | 7 | 2 | 2 | 2 |
| Minas Gerais | 14 | 9 | 2 | 4 | 18 | 8 | 6 | 12 |
| Rio de Janeiro | 6 | 3 | 2 | 5 | 5 | 7 | 4 | 10 |

| São Paulo | 11 | 7 | 3 | 3 | 24 | 20 | 8 | 34 |
| --- | --- | --- | --- | --- | --- | --- | --- | --- |
| **Total** | **36** | **26** | **9** | **16** | **54** | **37** | **20** | **58** |
| **REGIÃO SUL** | | | | | | | | |
| Paraná | 7 | 1 | - | 3 | 16 | 9 | 6 | 7 |
| Rio Grande do Sul | 6 | 2 | 1 | 2 | 9 | 10 | - | 2 |
| Santa Catarina | 8 | 2 | 1 | 2 | 8 | 4 | 3 | 2 |
| **Total** | **21** | **5** | **2** | **7** | **33** | **23** | **9** | **11** |
| **TOTAL GERAL** | **130** | **67** | **58** | **97** | **243** | **125** | **90** | **163** |

Fonte: Elaborado pela autora a partir das atividades econômicas listadas nos mapas de indicativos de 1999 e 2005.

Conforme quadro anterior, vê-se as repetidas ocorrências dessas atividades por regiões e unidades da federação, porém, em cada Estado há uma determinada flutuação em relação às atividades nas quais predomina o trabalho das crianças, ora um setor tem mais ampliado que outro o número dessas atividades. Isso assinala algumas especificidades no âmbito de cada Estado, região e país. Comparando-se as atividades econômicas nos mapas de indicativos de 1999 e 2005, a partir da análise das regiões, tem-se aumento significativo delas em todos os setores, exceto uma redução insignificante na indústria e nos serviços na Região Norte e no comércio na Região Centro-Oeste.

O aumento das atividades exercidas por crianças na indústria aparece em todas as regiões com pequena redução na Região Norte, mas acompanhada de aumento considerável nas regiões Nordeste e Sul, o que desmente a tão propalada tese da perda da centralidade do trabalho numa sociedade regida pela produção de mercadorias e na tese da "desindustrialização". Mesmo que as crianças não se encontrem trabalhando "formalmente", este setor apresentou maior número de atividades desempenhadas por elas do que a agricultura, isso sem considerar ainda os modos indiretos de apropriação do trabalho por este setor ao utilizar-se do comércio e serviços. Este último com incremento significativo de atividades na Região Sudeste.

E aqui ainda cabe uma consideração feita por Mandel (1982, p. 267) que afirma o seguinte:

> [...] a crescente industrialização da agricultura significa também uma separação crescente de setores inteiros da produção da agri-

cultura propriamente dita e sua conversão em setores industriais "puros", na indústria alimentícia. Embora a criação de galinhas organizada segundo o modelo industrial ainda possa ser considerada uma forma de transição, as fábricas que conservam leite e carne, frutas e legumes e que produzem alimentos congelados ou secos correspondem exatamente aos empreendimentos de larga escala que produzem meias ou móveis.

O incremento das atividades no setor do Comércio nas regiões Nordeste, Sudeste e Sul, seguido pelo aumento significativo dos serviços nas regiões Sudeste e Nordeste, bem como a majoração expressiva das atividades realizadas por crianças, na agricultura, na Região Nordeste em relação aos demais estados da federação simplesmente aponta que o reino da mercadoria penetra agora todos os setores da vida social. O engraxate, o carregador, o empacotador, o tintureiro, o pedreiro, o marceneiro, a cozinheira, a arrumadeira etc., representam a penetração do capital em outras esferas além da produção propriamente dita. E como indaga Oliveira (2003, p. 57-58):

> Não é estranha a simbiose entre a "moderna" agricultura de frutas, hortaliças e outros produtos de granja com o comércio ambulante? Qual é o volume de comércio de certos produtos industrializados – tais como lâminas de barbear, pentes, produtos de limpeza [...] e um sem-número de pequenos objetos, que é realizado pelo comércio ambulante [...]? Qual é a relação que existe entre o aumento da frota de veículos particulares em circulação e os serviços de lavagem de automóveis realizados braçalmente? [...] Esses tipos de serviços, longe de serem excrescência e apenas depósito do "exército industrial de reserva", são adequados para o processo de acumulação global e da expansão capitalista e, por seu lado, reforçam a tendência à concentração da renda.

Inúmeros outros exemplos são trazidos por Oliveira e Mandel, sinalizando que algumas atividades, por mais que apareçam como práticas de uma economia natural, casam-se muito bem com um processo de expansão capitalista, que tem suas bases na intensa exploração da força de trabalho. A relação de atividades econômicas que aparentam ser estritamente pessoais, realizadas ora dentro da família ou fora delas como guardador de carros, serviços em salão de beleza, em oficinas mecânicas, em sinaleiras, trabalho em transportes etc., que figuram no setor de Serviços e Comércio dos Mapas de Indicativos, podem revelar a exploração que reforça a acumulação e que se apresentam de formas disfarçadas.

Difícil, nessas condições, diferenciar trabalho de criança e do adulto. Nada de distinção de idades. "O trabalho obrigatório para o capital tomou o lugar dos folguedos infantis e do trabalho livre, realizado em casa, pela própria família, dentro dos limites estabelecidos pelos costumes" (MARX, 2002, p. 451). Introduzida num mundo que não tem nada de infantil, essas crianças são feitas adultos precocemente e torna-se difícil encontrar na cadeia produtiva algum produto que tenha sido produzido sem o uso da mão de obra das crianças nos mais remotos rincões dos mapas.

### Aproximando-se das atividades econômicas e distanciando-se das possibilidades de eliminação do trabalho das crianças

Se um primeiro contato com os mapas de indicativos deixava à mostra, sem muito esforço, o aumento dessas atividades econômicas, é bom destacar que "os fatos e os números não "falam"; eles permanecem mudos até serem corretamente interrogados (ordenados e analisados) com o auxílio de uma teoria consistente como conjunto da realidade social capitalista (CASTRO, 2003).

A leitura da relação das atividades econômicas listadas pela Cnae, nas suas duzentas e oitenta e quatro páginas (284), é um convite tentador para a extensão desse texto. Temos, por exemplo, na seção A[15] (agricultura, pecuária, produção florestal, pesca e aquicultura), no cultivo de cereais, o cultivo de alpiste, arroz, aveia, centeio, cevada, milho, milheto, painço, sorgo, trigo, trigo preto, triticale e outros cereais; isto sem mencionar o cultivo de algodão herbáceo (mas tem também o arbóreo) e tudo que isso envolve depois do cultivo: descaroçamento, o processo de maceração e secagem das fibras, a produção de sementes e mudas e ainda o cultivo de juta, junco, linho, malva, rami, sorgo vassoura e outras fibras de lavoura temporária; e tem ainda o cultivo de abóbora, feijão-verde, palma rosa, tomate rasteiro e vetiver, capim-napier, milho forrageiro, palma forrageira, trevo forrageiro,

---

15 Cabe insistir: São vinte e um o número de seções da Cnae, que aqui neste texto são denominadas "setores da economia" e são representadas em apenas quatro setores, muito mais extensos do que aqueles apresentados nos mapas de indicativos.

abacaxi, melancia, melão, ervilha em grão seco, fava, feijão, alho, cebola, batata-inglesa, mandioca.

Acrescenta-se ainda o cultivo de cidra, laranjinha (kinkan), lima (da pérsia, de bico), limão, pomelo, tangelo, tangerina, tangor, toranja e outras frutas cítricas; açaí, acerola, caju, camu-camu, groselha, guaraná, maracujá, tamarindo e outras frutas para produção de bebidas; abacate, ameixa, amora, araçá, araticum, banana, cajá-manga, caqui, carambola, cereja, seriguela, cherimólia, cupuaçu, figo, framboesa, fruta-do-conde, goiaba, graviola, jabuticaba, jaca, jambo, jamelão, jenipapo, lichia, maçã, mamão, manga, mangustão, marmelo, nectarina, nêspera, pera, pêssego, quiuí, pitanga, romã, sapoti e outras frutas de lavoura permanente; o cultivo de castanha de caju, castanha europeia, coco-da-baía, noz-europeia, noz-pecã, noz-macadâmia, tâmara e outros frutos secos.

E tem ainda a fabricação de secos, molhados, resfriados, congelados, temperos desidratados, liofilizados, elastômeros não vulcanizados, acaricidas, formicidas, sabões em barra, líquidos ou em pedaços, xampus, pizzas, purês, lãs, fios, tecidos, não tecidos, entre infindáveis itens da produção capitalista.

E ainda tem a pecuária (criação de bufalinos, caprinos, equinos, muares, ovinos, suínos e asininos). E haja asnos (jumento, jegue, mula, muares, bardoto, burro, cavalo)!!! Tudo isso desvela o quanto esse trabalho é ainda silenciado nos mapas de indicativos e sinaliza um longo percurso a ser percorrido rumo à erradicação da labuta das crianças.

As atividades seguem incontáveis. Intermináveis itens da produção agrícola que torna difícil aos profissionais da área de Fiscalização, Segurança e Saúde no Trabalho visualizar o problema, especialmente porque retratam apenas aquele(s) momento(s) em que a fiscalização esteve presente nos locais de trabalho e ainda pelo fato da coluna referente aos "municípios", contida nos mapas, não refletir o universo de municípios visitados pela fiscalização. Restringe-se apenas àqueles onde foi detectado o trabalho.

Parece que o adágio: "mãos desocupadas, oficina do diabo", atingiu o ponto máximo. Então, para manter as crianças sempre ocupadas, o capitalismo se serve da informalidade, terceirização e dos serviços nas suas mais variadas tipologias e expressões espaciais e territoriais, conforme é possível ver ao se analisar o comércio e serviços dos mapas de indicativos de 1999 e 2005. A fórmula encontrada de continuar mantendo o trabalho como *ethos* e assim uma certa ordem social, que poderia vir a ser ameaçada pela pressão daqueles que se encontram excluídos do mercado de trabalho formal, encontra, na informalidade e nos serviços, sua âncora. Mesmo que submeta o trabalhador às piores condições de trabalho, ele se vê ainda privilegiado por não ter patrão e ser dono do seu próprio negócio. Desse modo,

> A informalidade é determinada, no contexto da acumulação capitalista, pelo espaço econômico permitido pelo capital. Ao contrário dos autores que afirmam que o excedente de força de trabalho é o fator determinante da formação e crescimento das atividades informais, defendemos que a informalidade é parte integrante do modo capitalista de produção e [...] desempenha uma função subordinada e integrada à lógica da acumulação capitalista, mesmo quando não participa diretamente na produção de mais-valia (SABADINI & NAKATANI, 2002, p. 272).

Analisando as alterações no mundo do trabalho impulsionadas pelas mudanças no capitalismo contemporâneo, esses autores mostram a evolução da informalidade no Brasil na década de 1990, principalmente em duas principais ocupações informais: os trabalhadores por conta própria e os assalariados sem carteira de trabalho.

Ruas, balsas, ônibus, feiras livres, quiosques na praia e terminais de passageiros representam pontos e espaços de forte concorrência, podendo gerar jornadas cada vez mais crescentes para conseguir fazer circular as mercadorias e garantir a subsistência.

Bezerra (2007, p. 9) mostra como a multiplicação contínua de vendedores ambulantes e de mercadorias, nas praias da Zona Sul do Rio de Janeiro, é funcional ao capitalismo.

O que se pode afirmar é que a redução do trabalho infantil, na indústria ou mesmo em outros setores da economia, não encontra sustentação empírica se analisada a simbiose que se dá entre esses setores. A criança que trabalha no fumo não está trabalhando para a grande indústria do tabaco? E nas plantações/culturas de laranja, algodão, corte de cana-de-açúcar etc.? E no comércio ambulante, na fabricação de todo tipo de artefato (couro, gesso, metal)? Não há nenhuma indústria por trás?

Está-se diante de formas de acumulação que se baseiam na exploração da mão de obra infantil em setores orientados para o mercado e à exportação e não à subsistência. Por trás dos circuitos supostamente informais esconde-se a integração de crianças à grande indústria na produção e circulação das mercadorias. A suposta contradição entre moderno e arcaico é equivocada. A exploração do trabalho da criança e do adolescente cresce com a modernização de forma cada vez mais persistente. Ao transferir etapas da produção para os domicílios em serviços terceirizados ou na chamada informalidade, dispõe de mão de obra barata, na qual o trabalho da criança é uma constante. Longe de ser uma disfunção do sistema capitalista, ele se constitui num elemento a ele inerente. Empresas que utilizam de circuitos comerciais e que contam com a participação de vendedores ambulantes, supostamente informais, não se encaixam perfeitamente aos desenhos de produção e circulação de mercadorias das empresas?

### Tarefas geralmente executadas/Processo de trabalho

Nas colunas referentes a essas informações, nos mapas de indicativos de 1999 e 2005, encontram-se detalhadas as operações executadas pelas crianças no processo de produção e não se pode afirmar que elas diferem muito das operações que podem ser executadas por adultos. O trabalho das crianças e adolescentes não se reduz às operações menos qualificadas, nem a trabalhos leves. De serviços de corte, lixação e pintura para fabricação de móveis, corte, polimento e carregamento de pedras, serviços de lanternagem, esmerilhamento, pintura e polimento de veículos, manuseios de serras circulares e destopadeiras nos serviços nas madeireiras e serrarias, soldagem para confecção de grades e esquadrias, entre tantas inúmeras outras tarefas, até as atividades autônomas ou trabalho por conta própria, percebe-se o quanto a maquinaria continua alimentando o trabalho de crianças e adolescentes tanto na perspectiva não apenas da produção quanto na da circulação dos produtos.

O capítulo XIII, "A maquinaria e a indústria moderna", é aquele que parece fornecer a chave para o entendimento da utilização da mão de obra da criança trabalhadora quando afirma de entrada, no primeiro parágrafo, que não é objetivo do capital aliviar a labuta diária quando emprega maquinaria, mas utilizá-la para produzir mais-valia. Marx (2002, p. 430) explica como a máquina-ferramenta vai evoluindo e propiciando as condições para a apropriação não só do trabalho dos homens, mas de mulheres e crianças, pois, segundo Marx (2002, p. 451):

> Tornando supérflua a força muscular, a maquinaria permite o emprego de trabalhadores sem força muscular ou com desenvolvimento físico incompleto, mas com os membros mais flexíveis. Por isso, a primeira preocupação do capitalista ao empregar a maquinaria foi utilizar o trabalho das mulheres e das crianças. Assim, de poderoso meio de substituir trabalho e trabalhadores, a maquinaria transformou-se imediatamente em meio de aumentar o número de assalariados, colocando todos os membros da família do trabalhador, sem distinção de sexo e idade, sob o domínio direto do capital. O trabalho obrigatório, para o capital, tomou o lugar dos folguedos infantis e do trabalho livre, realizado em casa, para a própria família, dentro dos limites estabelecidos pelos costumes.

Milhares, milhões, bilhões, incontáveis meninos e meninas trabalham sob as barbas da lei e da incomensurabilidade das estatísticas. E ainda sobram meninos e meninas que, como os adultos, o mercado não precisa.

Questões e mais questões: Como é possível conviver com o trabalho infantil que grassa por toda parte e simultaneamente assistir a milhões de desempregados, que se colocam nas intermináveis filas de espera do emprego ou aparecem "[...] se oferecendo todo dia, toda semana, todo mês, todo ano, em vão, barrados previamente pelas estatísticas?" (FORRESTER, 1997, p. 14).

Por mais que os discursos anunciem a redução do trabalho da criança e do adolescente, o que se extrai dos próprios documentos que tecem louvores a essa cruzada é o aumento das atividades exercidas por crianças, num momento em que a sociedade projeta milhares de adultos ao desemprego. Fica também aberta a indagação: Se é que acontece a redução do trabalho infantil em alguns setores, isso não poderia ser atribuído também ao encolhimento do emprego para todos? Com o surgimento de um novo cenário, no tocante à distribuição setorial e espacial do trabalho das crianças demandando novas estratégias e instrumentos de combate, afirmada nos documentos oficiais, deduz-se que inúmeras situações de trabalho continuam invisíveis, impossíveis de serem captadas pela fiscalização e pode-se ainda afirmar que o motivo da anunciada diminuição deva-se ao desenvolvimento atual do capitalismo caracterizado pelas formas dispersas, fragmentadas, informais de exploração, de mais complicada apreensão.

## Condições de trabalho e riscos à saúde: a degradação do humano

Considerando no mapa de indicativos de 1999 as condições de trabalho a que estão submetidos adultos, crianças e adolescentes, têm-se como condições predominantes no local de trabalho, na maioria dos estados e municípios, a jornada excessiva, ambientes insalubres (más condições de higiene, instalações sanitárias e elétricas inadequadas, alojamentos inexistentes ou sem infraestrutura, não fornecimento de água potável etc.) e exposição a todo tipo de ruído, poeira vegetal, intempéries, problemas de ventilação, luminosidade, temperaturas elevadas, líquidos quentes, fuligem, áreas sujeitas a explosões, isso sem incluir os riscos de assaltos, acidentes de trânsito, picadas de insetos e animais peçonhentos[16]. Acrescente-se a isso a grande ocorrência de trabalho com máquinas perigosas, máquinas sem proteção das polias, exposição a instrumentos cortantes, contatos com produtos tóxicos, agrotóxicos e químicos, e ainda os transportes dos trabalhadores em veículos inadequados.

Quadro semelhante é traçado por Mantoux (1957) no período da Revolução Industrial. O autor vai mostrando, nesse capítulo, a exploração do trabalho das crianças nas oficinas domésticas, nas fiações, tecelagens, numa escravidão desumana. Trabalho contínuo, sem interrupção, dia e noite, acidentes frequentes, dedos esmagados, membros arrancados ou torcidos pelo raquitismo, colunas vertebrais desviadas, crescimento comprometido, doenças decorrentes do ambiente insalubre das fábricas, borras de algodão flutuando como nuvem penetrando nos pulmões e causando graves distúrbios; na prática da fiação umedecida, a poeira de água saturava a atmosfera e molhava as roupas que raramente eram trocadas, fumaça das

---

16 Os mapas de indicativos mencionam ainda a falta da Carteira de Trabalho e Previdência Social (CTPS), falta de Equipamentos de Proteção Individual (EPI). Embora legalmente indicados para os adultos, as crianças e adolescentes enfrentam os mesmos problemas.

velas noturnas, engendrando febre contagiosa, promiscuidade das oficinas e dormitórios favorecendo uma perigosa corrupção dos costumes, sobretudo porque envolvia crianças e eram "incentivadas pela conduta indigna de alguns patrões e contramestres que aproveitavam para dar livre curso a seus baixos instintos". Soma-se a isso o uso do chicote para disciplinar, manter as crianças acordadas, torturas engenhosas dos contramestres.

Na mesma direção, Engels (1986), quando aborda a situação da classe trabalhadora na Inglaterra, não exagera nas tintas ao apresentar a degradação física, intelectual e moral dos trabalhadores: a assustadora mortalidade infantil por queimaduras, afogamentos, quedas e outras causas variadas. São várias páginas dedicadas a revelar as precárias condições de vida e trabalho das crianças[17].

O mesmo se verifica no mapa de 2005, cujo Módulo II é dedicado a apresentar os efeitos danosos decorrentes do tipo de tarefas exercidas pelos indivíduos, bem como pelas circunstâncias em que o trabalho ocorre, acrescentando os riscos ocupacionais e as possíveis repercussões à saúde, aspecto este que não aparece no mapa de 1999, lista capaz de dar inveja ao velho Hipócrates, porque estão salpicadas de casos de Lesões por Esforços Repetitivos (LER/Dort), tendinites, tenossinovites, estresse, lombalgias, Doença Pulmonar Obstrutiva Crônica (Dpoc), envelhecimento precoce, câncer de pele e outras que chegam a "intoxicar" os Boletins de Inspeção Médica.

Para se entender o que significa precariedade do trabalho infantil, "desregulação", entre outros, os quadros e módulos nos mapas de indicativos de 1999 e 2005, referentes às condições de trabalho às quais estão submetidas as crianças, é um volumoso "Tratado".

As precárias condições de trabalho não podem esconder as causas da exploração decorrente do modelo de produção capitalista e as possibilidades de que ela se realize gerada pela própria legislação que, ao estabelecer os limites de competência da fiscalização, que só pode atuar em "situações nas quais se encontra caracterizada a relação de emprego" (MTE/SIT, 1999, p. 106), termina por impedir que muitas situações de exploração do trabalho de crianças e adolescentes venham à tona, já que ele adquire muitas vezes o estatuto de ajuda.

...................................................
17 Cf. esp. 173-195, entre outras.

Difícil, nessas condições, é pensar nas tais e tais fases de desenvolvimento humano que a criança precisa passar para amadurecer social e afetivamente. O filho de trabalhador e os filhos do povo são amadurecidos à força, a choque, pancadas. E como coloca Marx (2002, p. 307),

> O capital não se preocupa com a duração da vida da força de trabalho. Interessa-lhe exclusivamente o máximo de força de trabalho que pode ser posta em atividade. Atinge esse objetivo encurtando a duração da força de trabalho, como um agricultor voraz que consegue uma grande produção exaurindo a terra de sua fertilidade. O capital não tem, por isso, a menor consideração com a saúde e com a vida do trabalhador, a não ser quando a sociedade o compele a respeitá-las.

Conjugando as condições de trabalho a que estão submetidos adultos, crianças e adolescentes com as tarefas por eles executadas, é possível afirmar que o termo flexibilidade encaixa-se como uma luva nas atividades realizadas pelas crianças trabalhadoras. Sua força de trabalho aplica-se a partir de diversos trabalhos leves, muitas vezes encarados como ajuda, passando pelas tarefas de cuidados da casa, aos serviços gerais de limpeza, cuidado de gramados e jardins, como *office-boys*, empacotador, até o manuseio de máquinas perigosas, produtos tóxicos, transportes de fardos excessivos, aos trabalhos solitários realizados em florestas tropicais na extração vegetal até as piores formas de trabalho da criança, como a exploração sexual comercial, entre outras.

Nesses e em muitos casos, as análises não são nada alentadoras, e indaga Santos Júnior (2000, p. 86), no capítulo 3 de sua dissertação de mestrado: *Trabalho infantil x infância trabalhadora, quem será erradicado primeiro?* E o autor prossegue:

> Esse verdadeiro *lixo humano* para o capital começava a exceder, e junto com ele uma explosão de violência muitas vezes como resposta a uma vida onde tudo "*farta*": *farta* comida, *farta* educação, *farta* moradia, *farta* transporte, *farta* segurança etc. No final deste século [sic] a humanidade parece ter aprendido uma dura lição, a de que a violência se alimenta da pobreza e da opressão (SANTOS JÚNIOR, 2000, p. 86).

Considerando as precárias condições de trabalho às quais as crianças encontram-se submetidas e as tarefas que executam cotidianamente muito além de suas forças, torna-se patente que o ritmo de funcionamento do capitalismo vem consumindo os indivíduos que a ele servem.

### Considerações finais

As estratégias que vêm sendo encadeadas para a prevenção e eliminação do trabalho da criança e do adolescente não passam de um verniz frente às estratégias do capital em garantir força de trabalho servil, abundante e a custos baixíssimos em todos os setores da economia.

Embora a Pnad 2011 anuncie que de 2009 para 2011 o nível de ocupação de jovens caiu de 9,8% em 2009 para 8,6% em 2011 em praticamente todas as regiões, a questão do trabalho das crianças está longe de se resolver no Brasil. Também no mundo, as manchetes na internet anunciam que "'flanelinhas' chegam a Paris", que o trabalho das crianças volta à Europa. Não se pode falar da volta do trabalho da criança e do adolescente, em qualquer quadrante do mundo, mas da persistência do mesmo.

A lógica capitalista é regida por outras leis que desrespeitam as fases evolutivas das crianças. O que conta nessa lógica é que

> Todos são força de trabalho normal. Explorados normalmente. Enquadrados na jornada de trabalho, salários, leis, disciplinas da fábrica. Todos são normais para a exploração. Porém, para os direitos ao saber, à saúde, à moradia e saneamento passam a ser tratados como anormais, objetos de políticas especiais. No social são carentes psíquicos, culturais, biológicos, porém são normais para criar a riqueza deste país (ARROYO, 1986, p. 40).

O que sustenta os discursos e os próprios documentos, que revelam o "milagre" da redução do trabalho das crianças, não encontra sua correspondente numa análise mais minuciosa desses documentos. Agrupando-se as atividades econômicas exercidas por crianças em todos os estados do Brasil, reagrupando-as por setores da economia, convertendo-as em gráficos, tabelas, comparando-as por regiões, afinal desenhando o mapa do trabalho da criança e do adolescente, o que se revela é uma diversificação, incremento e ampliação das atividades econômicas por eles exercidas, que parece caminhar em direção à plenitude do trabalho abstrato e não em direção à sua redução.

Se no mundo do trabalho as crianças têm competências de sobra para fazer o que fazem e que são exploradas ao máximo nessas habilidades, poderiam ser exploradas ao máximo na escola, mas em direção à apropriação do conhecimento produzido historicamente se se equipassem as escolas para mergulhos tão desafiadores.

Se as atividades estampadas nos mapas "refletem apenas aquele(s) momento(s) em que a fiscalização esteve presente nos locais de trabalho" e ainda que "a fiscalização só pode atuar em situações nas quais se encontra caracterizada a relação de emprego" (MTE/SIT, 1999, p. 106), é sinal de que as atividades das crianças vão muito além e extrapolam aquilo que os documentos registram. A velha estratégia de mentir sobre a idade verdadeira das crianças ou instruí-las para fazer o mesmo, ou mesmo escondê-las do olhar de qualquer inspeção, são segredos dificílimos de serem desvendados.

Por mais que se tente atualizar os mapas de indicativos do trabalho de crianças e adolescentes e se avance nessa direção, a capacidade que adquiriu o capital de se mover, invadir todas as fronteiras e firmar cada vez mais seus contornos mercadológicos mostra as limitações de tal atividade.

Esses mapas constituem apenas uma fotografia muito reduzida da extensão do real, na qual apenas umas poucas coordenadas podem ser observadas. Num mundo onde continuam reinando as mercadorias é impossível falar de erradicação do trabalho das crianças e adolescentes, já que ele é imanente ao sistema capitalista. Aí está o fetiche: eliminar o trabalho desses sujeitos sem que se elimine o sistema que o gera.

### Referências

ANTUNES, R. *Adeus ao trabalho?* – Ensaio sobre as metamorfoses e a centralidade do mundo do trabalho. 10. ed. São Paulo/Campinas: Cortez/Unicamp, 2005.

BEZERRA, G.A.N. *Mercadores ambulantes na Zona Sul do Rio de Janeiro*: subjetividade e economia política, 2007 [Disponível em www.sociologia.com.br/congresso – Acesso em ago./2007].

CASTRO, R.P. "Novamente sobre a questão do trabalho". *Trabalho necessário*, ano 1, n. 1, 2003. Rio de Janeiro: UFRJ [Disponível em http://www.uff.br/trabalhonecessario – Acesso em 09/05/2007].

ENGELS, F. *A situação da classe trabalhadora na Inglaterra*. São Paulo: Global, 1986.

FORRESTER, V. *O horror econômico*. São Paulo: Unesp, 1997.

GALEANO, E. *De pernas pro ar* – A escola do mundo ao avesso. 7. ed. Porto Alegre: L&PM, 1999.

IBGE. *Cnae 2.0 (Classificação Nacional das Atividades Econômicas)* [Disponível em www.ibge.gov – Acesso em mar./2008].

IBGE; PNAD & OIT. *Trabalho infantil, 2001*. Rio de Janeiro: [s.e.], 2003.

MANDEL, E. "A expansão do setor de serviços, a "sociedade de consumo" e a realização da mais-valia". *O capitalismo tardio*. São Paulo: Abril, 1982.

MANTOUX, P. *A Revolução Industrial no século XVIII*. São Paulo: Unesp/Hucitec, 1957.

MARX, K. *O capital* – Crítica da economia política. Livro I. 20. ed. Rio de Janeiro: Civilização Brasileira, 2002.

MÉSZÁROS, I. *O século XXI*: socialismo ou barbárie. São Paulo: Boitempo, 2003.

MTE & SIT. *Mapas de indicativos do trabalho da criança e do adolescente, 2005*. Brasília: [s.e.], 2005.

_____. *Mapas de indicativos do trabalho da criança e do adolescente, 1997-1999*. Brasília: [s.e.], 1999.

OLIVEIRA, F. *O ornitorrinco*. São Paulo: Boitempo. 2003.

SABADINI, M.S. & NAKATANI, P. "Desestruturação e informalidade no mercado de trabalho no Brasil". *Revista Venezoelana de Análisis de Coyuntura*, vol. VIII, n. 2, jul.-dez./2002, p. 265-290 [Disponível em www.revele.com.ve/pdf/coyntura/ – Acesso em mar./2008].

SANTOS JÚNIOR, C.L. *O mito da erradicação do trabalho infantil via escola*. Recife: Universidade Federal de Pernambuco, 2000, 189 p. [Dissertação de mestrado].

VIELLA, M.A.L. *Fetichismo da infância e do trabalho nos mapas do trabalho infantil.* Florianópolis: UFSC, 2008, 268 f. [Tese de doutorado].

VIELLA, M.A.L. & VENDRAMINI, C.R. "Consumindo corpos infantis e juvenis – O intrincado fenômeno da exploração sexual comercial de crianças e jovens". In: ARROYO, M.G. & SILVA, M.R. (orgs.). *Corpo infância – Exercícios tensos de ser criança: por outras pedagogias dos corpos.* Petrópolis: Vozes, 2012.

# Apêndice A

## Quadro 4 Atividades econômicas exercidas por crianças e adolescentes categorizadas por setores da economia – Mapa de Indicativos de 1999

Legenda:
- ■ Agricultura, pecuária, produção florestal, pesca e aquicultura
- ◆ Indústria extrativa e de transformação
- ● Comércio
- ▲ Serviços

| 01 ■ | Agricultura | 18 ◆ | Confecção de roupas | 35 ■ | Cultura da mandioca | 52 ◆ | Fabricação de doces caseiros | 69 ◆ | Mineração | 86 ▲ | Serviços diversos |
|---|---|---|---|---|---|---|---|---|---|---|---|
| 02 ■ | Agricultura canavieira | 19 ◆ | Construção civil | 36 ■ | Cultura do morango e do pêssego | 53 ◆ | Fabricação de fogos de artifício | 70 ◆ | Panificação | 87 ▲ | Serviços e comércio de alimentos |
| 03 ■ | Agricultura | 20 ■ | Cultura do abacaxi | 37 ■ | Cultura do sisal | 54 ◆ | Fabricação de pré-moldados de cimento | 71 ■ | Pecuária | 88 ▲ | Serviços em atividades informais |
| 04 ■ | Agropecuária | 21 ■ | Cultura do algodão | 38 ■ | Cultura da soja | 55 ■ | Fruticultura | 72 ■ | Pesca | 89 ▲ | Serviços em casas de saúde |
| 05 ■ | Avicultura | 22 ■ | Cultura do alho | 39 ■ | Cultura do tomate | 56 ■ | Fumicultura | 73 ■ | Pesca: catadores de isca | 90 ▲ | Serviços em cerâmicas e olarias |
| 06 ◆ | Beneficiamento do camarão | 23 ■ | Cultura do arroz | 40 ■ | Extração de acácia | 57 ■ | Hortifruticultura | 74 ■ | Pesca: catadores de mariscos | 91 ▲ | Serviços em madeireiras e serrarias |
| 07 ■ | Cacauicultura | 24 ■ | Cultura da banana | 41 ◆ | Extração de cassiterita | 58 ■ | Hortifrutigranjeiros | 75 ■ | Plantio e corte de pinus | 92 ▲ | Serviços em oficinas mecânicas: lavagem de carro |

262

| 08 ■ | Cafeicultura | 25 ■ | Cultura da batata | 42 ■ | Extração de guaraná | 59 ▲ | Hotelaria | 76 ■ | Polinização do maracujá | 93 ▲ | Serviços em pedreiras |
|---|---|---|---|---|---|---|---|---|---|---|---|
| 09 ● | Catador de papel | 26 ■ | Cultura do café | 43 ■ | Extração de castanha-do-pará | 60 ◆ | Indústria | 77 ■ | Produção de carvão vegetal | 94 ▲ | Serviços em salinas |
| 10 ■ | Citricultura | 27 ■ | Cultura do caju | 44 ◆ | Extração de pedra brita, mármore e granito | 61 ◆ | Indústria calçadista | 78 ◆ | Produção de farinha de mandioca | 95 ● | Sorveteria |
| 11 ■ | Cata e comercialização do caranguejo | 28 ■ | Cultura da cebola | 45 ■ | Extração de resina | 62 ◆ | Indústria de plásticos | 79 ■ | Produção de sementes de capim | 96 ◆ | Tecelagem |
| 12 ● | Comércio ambulante | 29 ■ | Cultura do coco | 46 ◆ | Extração e beneficiamento de calcário | 63 ◆ | Indústria gráfica: jornal | 80 ▲ | Quebra de concreto | 97 ▲ | Transporte coletivo: kombistas |
| 13 ● | Comércio de bebidas: casas noturnas | 30 ■ | Cultura da erva-mate | 47 ◆ | Extração e beneficiamento de pedras semipreciosas | 64 ◆ | Indústria moveleira e assemelhados | 81 ■ | Sericicultura | 98 ▲ | Transporte coletivo: trocadores |
| 14 ● | Comércio de combustíveis: frentistas | 31 ■ | Cultura do feijão | 48 ■ | Extração vegetal: seringa | 65 ◆ | Indpustria têxtil | 82 ▲ | Serviços de engraxate | 99 ● | Vendas de jornais e distribuição de panfletos |
| 15 ● | Comércio, indústria e serviços | 32 ■ | Cultura da goiaba | 49 ■ | Extração vegetal de coco e babaçu | 66 ◆ | Lapidação de pedras preciosas | 83 ◆ | Serviços de estamparia | | |
| 16 ● | Comércio varejista | 33 ■ | Cultura da maçã | 50 ■ | Extrativismo | 67 ● | Lixão | 84 ◆ | Serviços de montagem de prendedores de roupa | | |
| 17 ◆ | Confecção de bordados | 34 ■ | Cultura do mamão | 51 ◆ | Fabricação de boné | 68 ◆ | Metalurgia e serralheria | 85 ▲ | Seviços de transporte | | |

Fonte: Mapa de indicativos do trabalho da criança e do adolescente, 1997-1999 – MTE/SIT.

## Apêndice B

**QUADRO 5** RELAÇÃO DAS ATIVIDADES ECONÔMICAS EXERCIDAS POR CRIANÇAS E ADOLESCENTES – MAPA DE INDICATIVOS DO TRABALHO DA CRIANÇA E DO ADOLESCENTE, 2005

| 01 ◆ | Abate de animais | 02 ◆ | Abatedouro: aves | 03 ● | Açougue | 04 ▲ | Administração pública em geral | 05 ■ | Agricultura | 06 ■ | Agricultura canavieira | 07 ■ | Agricultura familiar |
|---|---|---|---|---|---|---|---|---|---|---|---|---|---|
| 08 ■ | Agropecuária leiteira | 09 ■ | Agropecuária | 10 ◆ | Artesanato | 11 ▲ | Atendimento hospitalar | 12 ▲ | Atividades em organização religiosa | 13 ▲ | Atividades de lazer | 14 ▲ | Atividades desportivas |
| 15 ■ | Avicultura | 16 ▲ | Bancos | 17 ◆ | Beneficiamento de carvão mineral | 18 ◆ | Beneficiamento, moagem e preparação de alimentos de origem animal | 19 ◆ | Bordado manual | 20 ■ | Caieiras | 21 ■ | Catadores de caranguejo |
| 22 ● | Catadores de lixo | 23 ■ | Catadores de mariscos | 24 ● | Catadores de papel | 25 ● | Coleta de material reciclável | 26 ■ | Colheita e quebra de coco babaçu | 27 ■ | Colheita | 28 ■ | Colheita de manga |
| 29 ■ | Colheita de algodão | 30 ■ | Colheita de café | 31 ● | Comércio ambulante | 32 ● | Comércio ambulante: balsas, ônibus e terminais de passageiros | 33 ● | Comércio ambulante: combustíveis | 34 ● | Comércio atacadista | 35 ● | Comércio varejista |

| 36 ● | Comércio varejista: feiras-livres | 37 ● | Comércio varejista: livros, jornais, revistas e papelaria | 38 ● | Comércio varejista: produtos de padaria e confeitaria | 39 ● | Comércio varejista: produtos alimentícios | 40 ● | Comércio varejista: combustíveis | 41 ● | Comércio varejista: Quiosques na praia | 42 ◆ | Confecção de bolas |
|---|---|---|---|---|---|---|---|---|---|---|---|---|---|
| 43 ◆ | Confecção de peças interiores do vestuário | 44 ◆ | Confecção de roupas | 45 ▲ | Conservação de vias públicas: tapa-buracos | 46 ◆ | Construção civil | 47 ■ | Corte de cana-de-açúcar para trato de animais | 48 ■ | Corte, empilhamento e transporte de lenha | 49 ■ | Criação de animais |
| 50 ■ | Criação de bovinos | 51 ■ | Criação de caprinos | 52 ■ | Criação de ovinos | 53 ■ | Cultivo de algas | 54 ■ | Cultivo de flores e plantas ornamentais | 55 ■ | Cultura da banana | 56 ■ | Cultura da batata |
| 57 ■ | Cultura da beterraba | 58 ■ | Cultura de castanha de caju | 59 ■ | Cultura da cebola | 60 ■ | Cultura da cenoura | 61 ■ | Cultura da laranja | 62 ■ | Cultura da maçã | 63 ■ | Cultura da madioca |
| 64 ■ | Cultura da melancia | 65 ■ | Cultura da pimenta-do-reino | 66 ■ | Cultura da soja | 67 ■ | Cultura de abacaxi | 68 ■ | Cultura de acerola | 69 ■ | Cultura de Cacau | 70 ■ | Cultura do caju |
| 71 ■ | Cultura de cereais | 72 ■ | Cultura de dendê | 73 ■ | Cultura de erva-mate | 74 ■ | Cultura de frutas cítricas | 75 ■ | Cultura de gengibre | 76 ■ | Cultura de inhame | 77 ■ | Cultura de mamão |
| 78 ■ | Cultura de maracujá | 79 ■ | Cultura de outros produtos horticolas | 80 ■ | Cultura de taioba | 81 ■ | Cultura de algodão | 82 ■ | Cultura de alho | 83 ■ | Cultura de café | 84 ■ | Cultura de coco |
| 85 ■ | Cultura de cravo | 86 ■ | Cultura de feijão | 87 ■ | Cultura de guaraná | 88 ■ | Cultura de milho | 89 ■ | Cultura de morango | 90 ■ | Cultura de pêssego | 91 ■ | Cultura de tomate |

| 92 ■ | Cultura e desfibramento do sisal | 93 ■ | Desdobramento de madeira | 94 ▲ | Educação infantil e fundamental | 95 ▲ | Educação supletiva | 96 ▲ | Empacotador | 97 ▲ | Entregador | 98 ■ | Exploração florestal |
|---|---|---|---|---|---|---|---|---|---|---|---|---|---|
| 99 ■ | Extração de acácia | 100 ■ | Extração de carne de caranguejo | 101 ◆ | Extração de cassiterita | 102 ◆ | Extração de minerais não metálicos | 103 ◆ | Extração de minérios | 104 ■ | Extração de palmito | 105 ◆ | Extração de pedra britada |
| 106 ◆ | Extração de pedras preciosas | 107 ◆ | Extração de pedras, areia e argila | 108 | Extração e beneficiamento de pedras semipreciosas | 109 ◆ | Extração e britamento de pedras e outros minerais não metálicos | 110 ◆ | Extração e quebra de pedras em pedreiras | 111 ■ | Extração vegetal: açaí | 112 ■ | Extração vegetal: fibras naturais |
| 113 ■ | Extração vegetal | 114 ◆ | Fabricação de aparelhos e instrumentos de medida | 115 ◆ | Fabricação de arreios e selas | 116 ◆ | Fabricação de artefatos de concreto | 117 ◆ | Fabricação de artefatos de couro: calçados | 118 ◆ | Fabricação de artefatos de couro | 119 ◆ | Fabricação de artefatos de gesso |
| 120 ◆ | Fabricação de artefatos de metal | 121 ◆ | Fabricação de artefatos de papel | 122 ◆ | Fabricação de artefatos de plástico | 123 ◆ | Fabricação de artefatos de madeira | 124 ◆ | Fabricação de artigos têxteis | 125 ◆ | Fabricação de automóveis e caminhonetes | 126 ◆ | Fabricação de caixas de madeira |
| 127 ◆ | Fabricação de concreto e cimento | 128 ◆ | Fabricação de doces e balas | 129 ◆ | Fabricação de ferramentas manuais | 130 ◆ | Fabricação de fogos de artifício | 131 ◆ | Fabricação de gaiolas | 132 ◆ | Fabricação de máquinas e equipamentos | 133 ◆ | Fabricação de peças forjadas de aço e ferro |
| 134 ◆ | Fabricação de peças para veículos | 135 ◆ | Fabricação de produtos químicos | 136 ◆ | Fabricação de queijos | 137 ◆ | Fabricação de redes de pesca | 138 ◆ | Fabricação de sandálias | 139 ◆ | Fabricação de santos | 140 ◆ | Fabricação de tintas |

| 141 ◆ | Fabricação de torneiras | 142 ▲ | Faixa azul fiscal | 143 ▲ | Farol fiscal | 144 ▲ | Feiras-livres e mercados: carregador | 145 ● | Frentista | 146 ■ | Fruticultura | 147 ■ | Fumicultura |
|---|---|---|---|---|---|---|---|---|---|---|---|---|---|
| 148 ▲ | Guardador de carro | 149 ■ | Horticultura | 150 ■ | Hortifruticultura | 151 ■ | Hortifrutigranjeiro | 152 ■ | Hortigranjeiro | 153 ▲ | Hotelaria | 154 ◆ | Indústria calçadista |
| 155 ◆ | Indústria de esquadrias de madeira | 156 ◆ | Indústria de esquadrias de metal | 157 ◆ | Indústria moveleira e assemelhados | 158 ▲ | Lavagem de automóveis | 159 ■ | Lavoura | 160 ▲ | Limpeza de túmulos | 161 ▲ | Limpeza urbana |
| 162 ▲ | Manutenção e reparação de bicicletas | 163 ▲ | Manutenção e reparação de motocicletas | 164 ▲ | Matadouro | 165 ● | Músico | 166 ▲ | Office-boy e office-girl | 167 ▲ | Panfletagem | 168 ● | Panificação |
| 169 ■ | Pecuária | 170 ■ | Pecuária: leite | 171 ■ | Pesca | 172 ■ | Pesca: catadores de isca | 173 ■ | Pesca: arrastão do camarão | 174 ■ | Pesca e beneficiamento de peixes e camarões | 175 ▲ | Pintura de peças de bicicleta |
| 176 ◀ | Pizzaiolo, forneiro e ajudante | 177 ■ | Plantação de eucaliptos | 178 ◆ | Produção de aço | 179 ◆ | Produção de álcool | 180 ◆ | Produção de carvão vegetal | 181 ◆ | Produção de farinha de mandioca | 182 ■ | Produção mista: lavoura e pecuária |
| 183 ▲ | Puxador de lancha | 184 ■ | Quebra de castanha de caju | 185 ◆ | Reciclagem de sucatas metálicas | 186 ◆ | Reciclagem de sucatas não metálicas | 187 ◆ | Rendeiras | 188 ◆ | Reparação de objetos pessoais | 189 ■ | Resinagem |
| 190 ■ | Retireiro de leite | 191 ■ | Rizicultura | 192 ■ | Salinas | 193 ▲ | Salões de beleza | 194 ▲ | Seleção, agenciamento e locação de mão de obra | 195 ■ | Sericicultura | 196 ▲ | Serviços de engraxate |

| 197 ▲ | Serviços de flanelinha | 198 ▲ | Serviços de rua | 199 ▲ | Serviços de transporte: carregadores | 200 ▲ | Serviços de transporte: mototaxi | 201 ▲ | Serviços diversos: restaurantes e estabelecimentos de bebidas | 202 ▲ | Serviços diversos: convênios e programas educativos/sociais: guardas mirins | 203 ▲ | Serviços diversos: convênios e programas educativos/sociais |
|---|---|---|---|---|---|---|---|---|---|---|---|---|---|
| 204 ▲ | Serviços diversos | 205 ▲ | Serviços diversos: atividades jurídicas/contábeis | 206 ▲ | Serviços domésticos | 207 ▲ | Serviços e comércio de alimentos | 208 ▲ | Serviços em cerâmicas | 209 ▲ | Serviços em cerâmicas e olarias | 210 ▲ | Serviços em lavanderias e tinturarias |
| 211 ▲ | Serviços em madeireiras e serrarias | 212 ▲ | Serviços em marcenarias | 213 ▲ | Serviços em moageiras de sal | 214 ▲ | Serviços em oficinas mecânicas | 215 ▲ | Serviços em oficinas mecânicas: borracharia | 216 ▲ | Serviços em oficinas mecânicas: lanternagem e pintura | 217 ▲ | Serviços em olarias |
| 218 ▲ | Serviços em pedreiras | 219 ▲ | Serviços gráficos | 220 ■ | Silvicultura | 221 ● | Sorveteria | 222 ◆ | Tecelagem | 223 ■ | Trabalho com bovinos e equinos | 224 ▲ | Trabalhos em sinaleiras |
| 225 ■ | Trabalho em viveiros de peixe | 226 ■ | Trabalho rural | 227 ■ | Trabalhador rural safrista | 228 ▲ | Transporte coletivo: cobradores | 229 ▲ | Transporte coletivo: kombistas | 230 ▲ | Transporte coletivo: bondes | 231 ▲ | Transporte coletivo: ônibus |
| 232 ▲ | Transporte coletivo em lotação: cobradores e marqueteiros | 233 ▲ | Transporte manual de água para consumo | 234 ▲ | Transporte rodoviário de cargas | 235 ■ | Trato de animais | 236 ■ | Tratador de peixe | 237 ◆ | Usinagem mecânica | 238 ● | Venda de jornais |
| 239 ● | Venda de picolés | 240 ● | Vendedor de carvão | 241 ● | Vidraçaria | 242 ■ | Viveiros | | | | | | |

Fonte: Mapa de indicativos do trabalho da criança e do adolescente, 2005 – MTE/SIT.

# Apêndice C

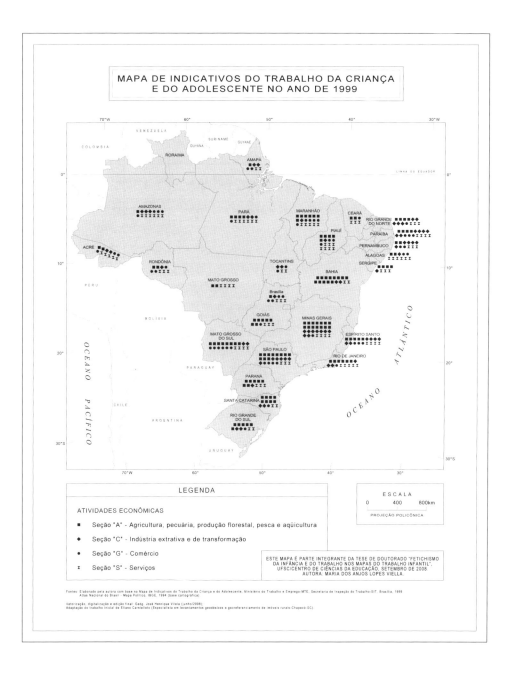

# Apêndice D

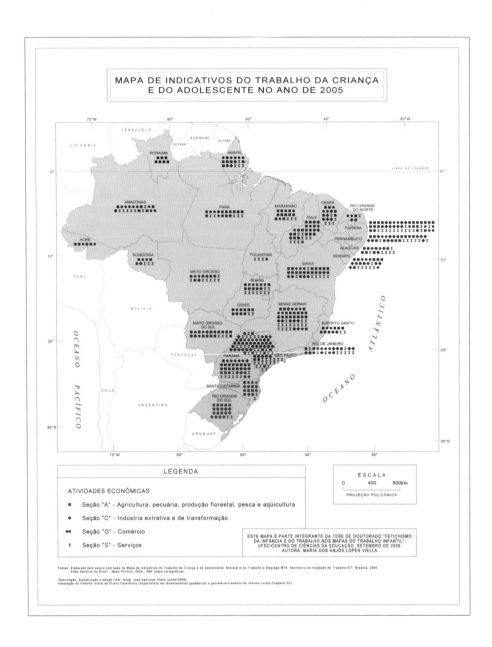

# Quando o trabalho na infância se torna um problema social*

*Soraya Franzoni Conde*

> *As habitações vazias! Ou talvez*
> *A mãe tenha ficado só, sem ninguém para ajudá-la*
> *A embalar o berço de seu bebê irritado.*
> *Suas filhas não ficam mais junto dela,*
> *Nem se preocupam com a expedição da pequena produção diária doméstica;*
> *não há mais o refinado trabalho de costura, nem a algazarra junto ao fogo,*
> *Onde antes se preparava a comida com orgulho.*
> *Nada que preencha as horas ou traga alegria.*
> *Nada para louvar, ensinar ou ordenar!*
> *O pai, se ainda mantiver suas antigas mutações,*
> *tem de ir ao campo ou ao bosque*
> *Sem a companhia dos filhos.*
> *Talvez vivessem desocupados – mas sob sua mira.*
> *Respiravam ar fresco e pisavam sob a grama:*
> *Até que o curto período da infância terminasse,*
> *Para nunca mais voltar! Este direito inato está hoje perdido*[1]

É lugar-comum nas abordagens e pesquisas sobre o trabalho na infância, no campo ou na cidade tratá-lo como produto de relações familiares autoritárias que, por baixa condição cultural e escolar, condenam injustamente suas crianças ao trabalho. Raras são as pesquisas que procuram

---

* Este texto é parte da tese de doutorado em Educação defendida em 2012 com o título *A escola e a exploração do trabalho infantil na fumicultura catarinense*, orientada pela Profa.-Dra. Célia Regina Vendramini (PPGE/CED/UFSC).

1 WOODSWORTH. *The Excursion*. Livro III. Apud THOMPSON (2002). *A formação da classe operária inglesa* – II: "A maldição de Adão". São Paulo: Paz e Terra, p. 216-217.

compreender o contexto e a materialidade da vida das famílias das crianças trabalhadoras como oriundas de contraditórias relações capitalistas.

Neste sentido, o objetivo deste capítulo é retomar a constituição histórica da exploração do trabalho infantil a partir dos clássicos estudos de Marx, Hobsbawm, Thompson e Manacorda, identificando como as relações sociais emergentes nos primórdios do capitalismo europeu culminam na exploração humana independente do sexo e da idade.

A manutenção das estruturas de exploração do capital tem na educação da classe trabalhadora um dos elementos fundamentais. A escola, assim como a legislação fabril, é o meio pelo qual o capitalismo limita e regula a exploração e, assim, afasta crianças da degeneração precoce sem abrir mão, totalmente, de explorá-las ou de prepará-las à expropriação da mais-valia no futuro. Conforme Manacorda (2006), escola e fábrica nascem juntas. As mesmas leis que regulam a exploração fabril criam a escola para a classe trabalhadora.

Na atualidade, o processo de democratização do acesso à educação básica no Brasil reitera a persistência da dualidade na escola. Enquanto para alguns é conferido acesso ao conhecimento historicamente acumulado via educação básica privada, para os filhos da classe trabalhadora o acesso, a permanência e a conclusão da educação básica pública compete com o tempo destinado ao trabalho. As origens desta dualidade, como veremos, remontam ao nascimento da escola para a classe trabalhadora enquanto forma de disciplinamento e preparação para o trabalho fabril.

## O trabalho sob novas relações

> Desta vala imunda a maior corrente da indústria humana flui para fertilizar o mundo todo. Deste esgoto imundo jorra ouro puro. Aqui a humanidade atinge o seu mais completo desenvolvimento e sua maior brutalidade, aqui a civilização faz milagres e o homem civilizado torna-se quase um selvagem (TOCQUEVILLE, A. "A respeito de Manchester em 1835". Apud HOBSBAWM, 2007, p. 49).

A eminência da exploração do trabalho na infância data do final do século XVIII e início do século XIX. Esse período é marcado por transformações políticas e econômicas que iniciam a era industrial (HOBSBAWM,

2007). O processo ocorre primeiramente na Europa e espalha-se por todo o globo terrestre.

Segundo Hobsbawm (2007), nos primórdios da industrialização, o mundo era essencialmente rural, e apenas Londres e Paris eram genuinamente grandes (1 milhão e 500 mil habitantes, respectivamente). O termo urbano incluía uma multidão de pequenas cidades provincianas onde se encontrava a maioria dos habitantes que se sentiam mais eruditos e elegantes do que os homens do campo, considerados fortes, lentos, ignorantes e estúpidos: "As comédias populares alemãs ridicularizavam a pequena municipalidade – *Kraehwinkel* – tão cruelmente como a mais caipira das roças. A linha que separava a cidade e o campo, ou melhor, as atividades urbanas e as atividades rurais, era bem marcada" (HOBSBAWM, 2007, p. 29). Ainda conforme o autor, os habitantes das cidades eram fisicamente distintos dos habitantes do meio rural, sendo os primeiros identificados como mais altos, letrados e rápidos, conforme as condições da vida citadina.

A agricultura e a produção de bens na Europa ainda eram ineficientes frente às demandas do consumo e do aumento populacional que impulsionavam a especialização e a divisão do trabalho e criavam as condições propícias ao desenvolvimento da manufatura e, posteriormente, da maquinaria. Do campo advinham não só os alimentos e a matéria-prima, mas também o excedente humano – forças de trabalho potenciais – para ser explorado na cidade.

Ao estudar os *padrões e experiências*[2] da classe operária inglesa durante a Revolução Industrial, Thompson (2002) ratifica que a inserção precoce no trabalho industrial é reflexo das determinações de vida familiar. As transformações no modo de vida[3] dos trabalhadores resultam na queda do padrão de vida, no trabalho feminino e da criança. Para ilustrar a degeneração em que os trabalhadores urbanos estavam submetidos nas cidades, o autor elenca dados que corroboram o aumento da taxa de mortalidade infantil, na idade entre 0-5 anos, durante as primeiras décadas do século

---

2 THOMPSON, E.P. "Padrões e experiências". *A formação da classe operária inglesa*. Op. cit., p. 179-289.

3 A substituição do pão e da aveia pela batata, o raro consumo de carne e os impostos altos que encarecem a cerveja são exemplos da queda no nível de vida da classe trabalhadora nos primórdios da Revolução Industrial, ao contrário das defesas otimistas feitas pelos proprietários capitalistas sobre o desenvolvimento do sistema.

XIX, sendo relacionada às doenças, à subnutrição e às deformidades oriundas das novas ocupações:

> Não há razão para se supor que a saúde dos operários adultos fosse inferior à média, existindo, inclusive, alguns indícios de que a dos fiandeiros de algodão melhorou entre 1810 e 1830, e principalmente depois, quando se limitou o número de horas de trabalho, se acondicionaram as máquinas em carcaças protetoras e se aprimoraram as condições de ventilação, de espaço e de limpeza. Contudo, seus filhos aparentemente sofreram os mesmos problemas típicos em outros setores. Num levantamento realizado a pedido dos patrões de Manchester, em 1833, verificou-se que os fiandeiros casados pesquisados tinham tido 3.166 filhos (numa média de quatro e meio para cada casal): entre eles, 1.922, ou 60,5% do total, ainda viviam, enquanto 1.244, ou 39,5% tinham morrido. Podemos supor, com razoável coerência, que os 39,5% subiram para 50% na época em que as crianças, ainda pequenas na ocasião da pesquisa, atingiram a idade de 5 anos (ou deixaram de atingi-la). Esta elevada taxa de mortalidade infantil entre os filhos de trabalhadores frequentemente citados como beneficiários da Revolução Industrial pode ser atribuída, em parte, às condições sanitárias do ambiente. Pode também estar associada a uma deformação típica – o estreitamento da ossatura pélvica – das meninas que trabalham na fábrica desde a infância, trazendo dificuldade para os partos, com a debilidade dos recém-nascidos cujas mães trabalhavam até a última semana de gravidez, e, acima de tudo, com a falta dos necessários cuidados com os recém-nascidos. [...] Mães muito jovens, que trabalhavam eventualmente na fábrica desde os 8 ou 9 anos, não tinham qualquer preparo doméstico; a ignorância médica era assustadora; os pais eram vítimas de superstições fatalistas (fomentadas, às vezes, pelas igrejas); os narcóticos, principalmente o láudano, eram utilizados para calar o bebê (THOMPSON, 2002a, p. 196-197).

As condições degenerativas de vida e de trabalho acarretavam em alta mortalidade e deformidades físicas entre os trabalhadores que tornavam figuras facilmente identificadas na rua por suas pernas tortas, ombros projetados para frente e tortos, tornozelos inchados, peito de "pombo" e outras deformações. Entre 1780 e 1840, conforme laudos médicos, relatórios de inspeção e estudos examinados pelo autor, a exploração de crianças aumenta de maneira considerável, principalmente nos campos carboníferos, nas olarias, nas cozinhas, nas operações em portinholas de ventilação e nas fábricas. Os conflitos entre classes sociais antagônicas já se estabeleciam de maneira incisiva. De um lado, os movimentos de trabalhadores e os relatórios médicos e de inspeção de fábricas denunciavam a mortalidade infantil e as péssimas condições de vida e de trabalho nas fábricas e, de outro lado, os arautos do liberalismo responsabilizavam as famílias pela exploração do trabalho na infância e afirmavam que não havia nenhuma novidade na inserção de crianças na indústria:

> As condições são tão ruins nas "antigas" indústrias quanto nas novas; uma parte considerável de evidências é tendenciosa e exagerada; a situação já havia melhorado antes dos protestos de 1830; os próprios operários eram mais cruéis no tratamento às crianças; os protestos partiriam de grupos interessados – proprietários de terras hostis aos industriais ou sindicalistas adultos interessados na redução da própria jornada de trabalho – ou intelectuais de classe média que nada sabiam da questão; e (paradoxalmente) a situação como um todo revelaria o crescente sentimento humanitário das classes empregadoras, ao invés de opressão e insensibilidade (THOMPSON, 2002a, p. 202-203).

Thompson (2002a) afirma que embora o trabalho na infância não seja algo novo, ele adquire uma nova conotação com a exploração da mais-valia. O autor considera que a criança é parte intrínseca da economia familiar e agrícola, anterior a 1780 e que certas atividades, como limpar chaminés e trabalhar em navios, desempenhadas por crianças pobres e órfãs antes da Revolução Industrial, eram piores do que muitas funções na fábrica. Entretanto, esses fatos isolados não eram destinados à exploração de mais valor e nem predominantes: "a forma predominante de trabalho infantil era a doméstica ou a praticada no seio da economia familiar. As crianças que mal sabiam andar podiam ser incumbidas de apanhar e carregar coisas" (THOMPSON, 2002a, p. 203).

Depoimentos de crianças carregando algodão na peneira, estendendo o algodão solto, girando manivelas, limpando o domicílio, preparando pão e cerveja são relatados pelo autor como exemplos de trabalhos realizados antes da exploração de crianças para a produção de mais-valia. Muitas famílias tinham interesse nas atividades que complementavam rendimentos com a ajuda da criança. Mas, em comparação ao trabalho industrial, as atividades domésticas eram mais variadas e não havia prolongamento ininterrupto, mas um ciclo de tarefas. A introdução era gradual e respeitava as idades:

> Nenhuma criança tinha que pisar sobre o algodão oito horas por dia, seis dias por semana. Em síntese, podemos supor que havia uma introdução gradual ao trabalho que respeitava a capacidade e a idade da criança, intercalando-o com entrega de mensagens, a colheita de amoras, a coleta de lenha e as brincadeiras. Acima de tudo, o trabalho era desempenhado nos limites da economia familiar, sob cuidado dos pais (THOMPSON, 2002a, p. 25).

Como podemos perceber, o autor ressalta que há diferenças significativas entre o trabalho familiar da criança, anterior à Revolução Industrial, quando os ritmos e as atividades respeitavam a capacidade e o limite de idade da criança, intercalando suas ações com entregas de mensagens e coleta de frutos, e o trabalho desenvolvido nas indústrias do século XIX com jornadas exaustivas, realizadas cinco dias por semana, e atividades repetitivas voltadas, fundamentalmente, à produção de mais-valia. O trabalho das crianças no âmbito familiar se destinava à produção de objetos para o uso e o consumo da família (valor de uso) e não, como ocorre no trabalho na grande indústria, para a produção de mercadorias a serem trocadas por dinheiro no mercado (valor de troca). Conforme Marx (2006), são as relações sociais que determinam a forma que o trabalho assume:

> [...] Uma máquina de fiar algodão é uma máquina para fiar algodão. Apenas em determinadas relações ela se torna capital. Arrancada a estas relações, ela é tão pouco capital como o ouro em si [...]. Na produção, os homens não atuam só sobre a natureza, mas também uns sobre os outros. Produzem apenas atuando conjuntamente de um modo determinado e trocando suas atividades umas pelas outras. Para produzirem entram em determinadas relações uns com os outros, e só no seio destas relações sociais se efetua sua ação sobre a natureza, se efetua a produção. [...] As relações sociais em que os indivíduos produzem, as relações sociais de produção alteram-se; portanto, transformam-se com a alteração do desenvolvimento dos meios materiais de produção as forças de produção. As relações de produção na sua totalidade formam aquilo a que se dá o nome de relações

> sociais; a sociedade é, na verdade, uma sociedade num estágio determinado, histórico, de desenvolvimento, uma sociedade com caráter peculiar, diferenciado. A sociedade antiga, a sociedade feudal, a sociedade burguesa são outras tantas totalidades de relações de produção, cada uma das quais designa, ao mesmo tempo, um estádio particular de desenvolvimento da história da humanidade. O capital é também uma relação social de produção. É uma relação burguesa de produção, uma relação de produção da sociedade burguesa. Os meios de subsistência, os instrumentos de trabalho, as matérias-primas de que se compõe o capital – Não foram eles produzidos e acumulados em dadas condições sociais, em determinadas relações sociais? Não são eles empregados para uma nova produção em dadas condições sociais, em determinadas relações sociais? E não é precisamente este caráter social determinado que transforma em *capital* os produtos que servem para a nova produção? (p. 18-19).

Conforme o autor, as relações sociais determinam o trabalho e a forma que os homens atuam uns sobre os outros. De acordo com esse pensamento, e refletindo sobre nosso objeto de estudo, poderíamos afirmar que uma criança é só uma criança e somente em determinadas relações sociais ela se torna uma trabalhadora. O trabalho, também, é só uma forma de produção da vida, e somente em determinadas relações ele deixa de ser meio de produção de valores de uso e passa, prioritariamente, a produzir mais valor. Conforme Marx (1978, p. 76):

> Uma cantora que entoa como pássaro é um trabalhador improdutivo. Na medida em que vende seu canto, é assalariada ou comerciante. Mas, a mesma cantora, contratada por um empresário, que a faz cantar para ganhar dinheiro, é um trabalhador produtivo, já que produz diretamente capital.

O autor define características próprias da produção capitalista: 1) A produção capitalista não é só produção de mercadorias, embora no seu seio todos os produtos sejam mercadorias. 2) É, em primeiro lugar, produção de mais-valia, de capital, sob a vestimenta da mercadoria, desfrute do trabalho de outrem. 3) Produção e reprodução da relação capitalista e do trabalho assalariado, onde a educação, a legislação e a religião assumem lugar destacado e sem as quais a produção de capital não é possível. Essas três características estão, segundo o autor, relacionadas de maneira interdependente. Dessa forma, a agricultura ou o trabalho artesanal, antes voltados à subsistência e à produção de valores de uso, transformam-se em produção para o comércio, cuja finalidade última é a troca por dinheiro. Na troca por dinheiro, o valor agregado ao produto é maior do que o valor pago ao trabalhador, gerando, assim, a mais-valia.

## Os efeitos da introdução da maquinaria na grande indústria

A introdução das máquinas na grande indústria do século XIX permite que o processo de trabalho, antes limitado pelas características individuais de cada trabalhador (idade, experiência, força e destreza), ocorra empregando menos força de trabalho para a produção da unidade mercadoria. *A priori*, a novidade da maquinaria está no alívio da labuta humana, pois uma máquina é capaz de produzir o que antes muitos seres humanos juntos produziam manualmente. Conforme Marx (1988b, p. 8), na utilização de máquinas, "o homem, ao invés de atuar com a ferramenta sobre o objeto de trabalho, atua como força motriz de uma máquina-ferramenta" e, assim, "outras forças da natureza podem tomar o seu lugar".

Além de superar as limitações humanas na relação capitalista, a utilização das máquinas adquire características específicas que resultam na intensificação do ritmo produtivo dos trabalhadores, diminuição do número de empregados e aumento da exploração da mais-valia.

A máquina, ao incorporar a experiência, a qualidade, a força, a criatividade e a técnica do trabalhador, transforma-as, conforme Marx (1988b), em trabalho morto, cuja propriedade passa a ser do capitalista e não mais do trabalhador. Além disso, ao diminuir o tempo de produção da mercadoria, barateia seu custo e encurta a parte da jornada de trabalho que o trabalhador precisa para si mesmo:

> Tal não é de modo algum a finalidade da maquinaria utilizada como capital. Igual a qualquer outro desenvolvimento da força produtiva do trabalho, ela se destina a baratear mercadorias e a encurtar a parte da jornada de trabalho que o trabalhador precisa para si mesmo, a fim de encomprirar a outra parte da sua jornada de trabalho que ele dá de graça ao capitalista. Ela é meio de produção de mais-valia [...] Matemáticos e mecânicos explicam a ferramenta como máquina simples e máquina como ferramen-

ta composta. Não veem aí uma diferença essencial [...] Do ponto de vista econômico, no entanto, a explicação não vale nada, pois lhe falta o elemento histórico (MARX, 1988b, p. 5).

Conforme o autor, o uso de máquinas no processo de trabalho permite o aparecimento de características diferentes das formas medievais de produção da existência. Mas essas diferenças não dizem respeito somente ao aumento da produção. O trabalhador deixa de executar sua tarefa separada e isoladamente e passa a ser um órgão da ação coletiva, exercendo parcialmente qualquer função fracionária. As tarefas são decompostas independentemente das habilidades do sujeito, que necessita apenas adaptar-se ao processo. Assim, o homem adulto torna-se cada vez mais desnecessário, podendo a água, o vento, as crianças e as mulheres ocuparem seu lugar:

> À medida que a maquinaria torna a força muscular dispensável, ela se torna o meio de utilizar trabalhadores sem força muscular ou com desenvolvimento corporal imaturo, mas com membros de maior flexibilidade. Por isso, o trabalho de mulheres e de crianças foi a primeira palavra de ordem da aplicação capitalista da maquinaria! Com isso, esse poderoso meio de substituir trabalho e trabalhadores transformou-se rapidamente num meio de aumentar o número de assalariados, colocando todos os membros das famílias dos trabalhadores, sem distinção de sexo e de idade, sob o comando imediato do capital. O trabalho forçado para o capitalista usurpou não apenas o lugar do folguedo infantil, mas também o trabalho livre no círculo doméstico, dentro dos limites decentes para a própria família.
> O valor da força de trabalho era determinado pelo tempo da força de trabalho não só necessário para a manutenção do trabalhador individual adulto, mas para a manutenção da família do trabalhador. A maquinaria, ao lançar todos os membros da família do trabalhador no mercado de trabalho, reparte o valor da força de trabalho do homem por toda a sua família [...] amplia o material humano de exploração (MARX, 1988b, p. 21).

As máquinas, ao permitirem a substituição do trabalhador adulto por crianças, conforme Marx (1988b, p. 21), resultam não só na perda da "alegria do folguedo infantil" como também das formas de trabalho familiar, desenvolvidas dentro dos limites descendentes da família.

As manufaturas, anteriores às grandes indústrias, embora também tivessem a produção ritmada e potencializada pelo trabalho coletivo, eram determinadas e limitadas pela habilidade humana. Nelas, a produção de mais-valia, ou seja, do *quantum* de tempo de trabalho não pago ao trabalhador, era predominantemente explorada de forma absoluta, ou seja, por meio do prolongamento da jornada de trabalho, o que os levava a lutarem pela sua diminuição. As manufaturas possuíam formas progressivas de trabalho e aprendizagem, fazendo do trabalhador adulto qualificado um mestre capaz de introduzir os mais novos gradualmente no processo de produção:

> Nas gráficas inglesas de livros, por exemplo, ocorria antigamente a passagem, correspondente ao sistema da velha manufatura e do artesanato, dos aprendizes de trabalhos mais leves para os trabalhos de mais conteúdo. Eles percorriam as etapas de uma aprendizagem até serem tipógrafos completos. Saber ler e escrever era, para todos, uma exigência do ofício. Tudo isso mudou com a máquina impressora. Ela emprega duas espécies de trabalhadores: um trabalhador adulto, o supervisor da máquina, e mocinhos, em geral com 11 a 17 anos de idade, cuja tarefa consiste exclusivamente em colocar uma folha de papel na máquina ou retirar dela a folha impressa. Notadamente em Londres, eles executam essa faina vexatória por 14, 15, 16 horas ininterruptas, durante alguns dias da semana e com frequência até por 36 horas consecutivas, com apenas 2 horas de descanso para comer e dormir. Grande parte deles não sabe ler e, em regra, são criaturas embrutecidas, anormais [...]. Assim que se tornam velhos demais para o seu trabalho infantil, portanto o mais tardar aos 17 anos, são despedidos da tipografia. Tornam-se recrutas da criminalidade. Algumas tentativas de arranjar-lhes ocupação noutro lugar fracassaram em face de sua ignorância, embrutecimento, degradação física e espiritual (MARX, 1988b, p. 86).

A forma capitalista, com a introdução das máquinas, liquida as etapas de aprendizagem no trabalho que faziam do trabalhador adulto um profissional completo. Além da execução de tarefas simples e ininterruptas que embrutecem os corpos e as mentes, muito cedo os trabalhadores que começam a atuar ainda na infância se tornam figuras descartáveis, capazes de incrementarem as filas de desempregados que se submetem aos piores salários ou de aceitar a exploração dos próprios filhos como meio de sobrevivência familiar.

O emprego de crianças tornou-se algo tão vantajoso nos primórdios da Revolução Industrial que fabricantes anunciam precisar de "garotos bastante crescidos para que possam se passar por 13 anos"[4], numa tentativa de burlar a lei fabril que delimitava o trabalho de menores dessa idade em seis horas. Na Inglaterra, conforme Marx (1988b), mulheres pegavam crianças em *Workhouses*[5] e as alugavam por semana, semelhante à forma como se escravizavam negros nas colônias da América. Submetidos a essa situação, crianças e jovens iam à ruína física e mental, enquanto que a necessária ocupação extradomiciliar das mães condenava as crianças ao descuido, à má alimentação, à administração de opiatos para acalmar bebês famintos e ao envenenamento proposital (MARX, 1988b, p. 23).

Como exemplo das péssimas condições do trabalho domiciliar e da contradição existente na proibição de menores de 13 anos trabalharem nas indústrias sem frequentarem a escola, Marx (1988b) evidencia que na produção de carvão, olarias e mineração, onde as máquinas em 1866 ainda eram raras, o trabalho ia das 5 da manhã às 8 da noite com emprego de crianças desde 4 anos de idade:

> Crianças de ambos os sexos são empregadas a partir dos 6 e até mesmo dos 4 anos de idade. Trabalham o mesmo número de horas, frequentemente mais que os adultos. O trabalho é duro e o calor do verão aumenta ainda mais o esgotamento. Numa olaria de Mosley, por exemplo, uma moça de 24 anos fazia diariamente 2 mil tijolos, ajudada por duas garotas menores de idade como auxiliares, que traziam o barro e empilhavam os tijolos. Essas garotas carregavam diariamente 10 mil toneladas de barro por um aclive escorregadio de uma escavação com uma profundidade de 30 pés, e numa distância de 210 pés (MARX, 1988b, p. 71).

As ilustrações evidenciam que a exploração do trabalho na infância potencializa a mais-valia imediatamente, mas, em doses exageradas, ameaça a reprodução do sistema, elevando a degeneração e a mortalidade entre os trabalhadores precoces. Por isso, avançam as leis fabris que limitam a jornada de trabalho por idade e obrigam o ensino escolar para as crianças nas fábricas. Conforme o autor, nada poderia ser melhor para o modo ca-

---

4 REDGRAVE, A. "Reports of Insp. of fact", 31/10/1858, p. 40-41. Apud Marx, 1988b, p. 22.

5 As *workhouses* eram casas em que os trabalhadores pobres podiam viver e trabalhar. As primeiras surgiram na Inglaterra em 1652 e constituíram uma forma barata de explorar pobres, desvalidos, órfãos no trabalho.

pitalista de produção do que as leis que, por meio da coação do Estado, regulam formas de exploração com providências mínimas de saúde e higiene aos trabalhadores.

Para Marx (1988b), a legislação fabril e a instituição da escola são tão necessárias ao capital quanto a matéria-prima e a maquinaria. Combina-se trabalho e escola com regras que permitem aumentar a produtividade, preservar a força de trabalho e garantir a exploração no futuro:

> A coisa é simples. Aqueles que só permanecem metade do dia na escola estão sempre lépidos e quase sempre dispostos e desejosos de receber instrução. O sistema de metade trabalho e metade escola faz de cada uma dessas atividades descanso e recreação em relação à outra e consequentemente muito mais adequadas para a criança do que a continuidade ininterrupta de uma das duas. Um garoto que desde cedo fica sentado na escola não pode concorrer, especialmente quando faz calor, com outro que chega lépido e fagueiro do seu trabalho ("Child. Empl. Comm", apud MARX, 1988b, p. 85).

Porém, se na fábrica a fiscalização gera avanços relativos à regulamentação da legislação fabril, inferindo no poder de empregadores, a regulação do trabalho domiciliar (extensão departamental das fábricas), segundo Marx (1988b), aparece como interferência no poder paterno, uma vez que o fio que liga a produção em domicílio e agrícola com a produção industrial capitalista é de difícil visualização. Destarte, a condição de exploração familiar é dissolvida e dissimulada, pois, de um lado, os pais são culpados individualmente pelo problema e, por outro lado, a proclamação dos direitos das crianças, as políticas públicas e as escolas agem sem tocar nas múltiplas determinações que condicionam a exploração infantil.

No século XIX, ainda conforme o autor, ocorre a limitação da legislação fabril em seis horas para o trabalho na infância e a obrigatoriedade das crianças frequentarem escolas em regimes de alternância com o trabalho. O número de dias letivos varia entre países e ramos de atividades. Na Escócia, por exemplo, as crianças acompanham a 150 horas de aulas no período de seis meses. As salas são multisseriadas, o número de alunos atendidos é maior do que a capacidade do espaço, há parco mobiliário, carência de livros e de materiais didáticos, além de professores que mal escrevem o próprio nome.

Como podemos perceber já no século XIX, as crianças da classe trabalhadora vão à escola não para terem acesso ao conhecimento historicamente acumulado, mas para pouparem-se da destruição precoce que as comprometem como trabalhadoras no futuro. Na escola, além de estarem temporariamente livres da exploração no trabalho, as crianças aprendem a ter disciplina e são instruídas com conhecimentos simples e genéricos – diferentes da formação propedêutica – e, assim, se potencializam como força de trabalho futura, capazes de operar a maquinaria. Dessa forma, a escola nasce para a classe trabalhadora como meio de regulação da exploração imposta pela relação capitalista de trabalho e também como forma de preparação para as novas formas que o trabalho adquire a partir dos avanços das forças produtivas.

### Educação para o trabalho: legislação, escola e religião

> [...] dominar a ferocidade das paixões insubmissas das crianças, reprimir a excessiva rudeza de seus costumes, castigar a desagradável e desmoralizadora obscenidade da sua linguagem; controlar a persistente rebeldia de seus desejos; torná-los honestos, obedientes, cordiais, diligentes, submissos e metódicos[6,7].

Mészáros (2006) afirma que nenhum sistema se reproduz sem suas próprias formas de interiorização das condutas sociais. Segundo Figueira (2002), em qualquer época os indivíduos precisam saber que não podem existir de qualquer maneira, mas de um modo socialmente determinado. Dessa forma, a educação não é um apêndice mais ou menos útil, mas sim visceral para as relações sociais vigentes. Para a autora o processo de aprendizagem significa, fundamentalmente, aprender a viver e a sobreviver numa determinada relação social. É preciso aprender o significado geral da sociedade na qual se vive. Tanto para um filósofo quanto para um lixeiro é necessário existir um denominador comum. Ainda conforme Figueira (2002), no caso da sociedade burguesa, foi necessário transmitir que o ócio é algo contrário à própria existência, numa rejeição à concepção aristocrática que condenava o trabalho aos servos. A instituição da escola como

---

6 Thompson, 2002b, p. 291.

7 Ibid., nota 32.

local privilegiado da aprendizagem reflete as mudanças nas formas de produção da vida que deixa de ser artesanal e individual e passa a ser coletiva.

Os homens livres, criados pelo processo intitulado Marx de "Acumulação primitiva", não foram absorvidos pela manufatura com a mesma velocidade com que foram arrancados de suas terras. Primeiramente, converteram-se em massas de assaltantes, esmoleiros, vagabundos, gerando, entre o final do século XV e início do século XVIII, uma legislação sanguinária contra a vagabundagem. Em 1530, Henrique VIII declamava:

> Esmoleiros velhos e incapacitados para o trabalho recebem uma licença para mendigar. Em contraposição, açoitamento e encarceramento para vagabundos válidos. Eles serão amarrados atrás de um carro e açoitados até que o sangue corra de seu corpo, em seguida devem prestar juramento de retornarem à sua terra natal ou ao lugar onde moraram nos últimos três anos e "se porem ao trabalho" [...] Aquele que for apanhado pela segunda vez por vagabundagem deverá ser novamente açoitado e ter a metade da orelha cortada; na terceira reincidência, porém, o atingido, como criminoso grave e inimigo da comunidade, deverá ser executado (MARX, 1988a, p. 265).

A citação ilustra a forma como os ex-trabalhadores rurais, expulsos de suas terras pelo processo de cercamento para a criação de ovelhas (destinadas à produção de lã para a incipiente fabricação de tecidos ingleses), foram enquadrados por leis e disciplinas necessárias à generalização do sistema de trabalho assalariado. Esse processo foi fundamental para o desenvolvimento de uma classe de trabalhadores que por "educação, tradição, costume reconhece as exigências do modo de produção nascente como naturais evidentes" (MARX, 1988b, p. 267).

A grande fábrica emergente enfrentava problemas com a falta de disciplina, submissão, metodismo, atenção, escrúpulos e obediência dos empregados. A principal dificuldade do sistema fabril estava em "capacitar os seres humanos a renunciarem seus hábitos indisciplinados no trabalho [...]". Logo, foi necessário criar uma forma bem-sucedida de disciplina nas fábricas, pois era "praticamente impossível converter os trabalhadores oriundos das ocupações agrícolas em operários úteis após a puberdade" (THOMPSON, 2002a, p. 237). Destarte, a educação das crianças pequenas era uma necessidade para o sucesso das relações sociais em ascendência.

A indisciplina seria combatida pelo poder transformador da cruz de Cristo, da escola e da legislação. O trabalho era a cruz que o trabalhador convertido carregaria. A indisciplina tinha como consequência não somente a demissão da fábrica e a punição legal, mas também as "chamas do fogo do inferno", numa articulação entre formas de coerção legal e religiosa para a submissão do trabalho fabril:

> Como a alegria era associada ao pecado e à culpa, e o sofrimento (as feridas de Cristo) à bondade e ao amor, todos impulsos eram conduzidos aos seus opostos, e se tornou natural supor que o homem ou a criança só eram dignos da graça aos olhos de Deus se desempenhassem tarefas penosas, laboriosas e renunciantes. Trabalhar e penar era um deleite, e o masoquismo era amor (THOMPSON, 2002a, p. 253).

Manacorda (2006) também reflete sobre o entrelaçamento entre o nascimento da escola para a classe trabalhadora e as transformações no modo de produção da existência. O autor mostra que a partir da Reforma Luterana desenvolve-se uma crítica à educação tradicional e é acentuado o debate sobre a necessidade de ensinar à maioria da população as letras e o trabalho. Lutero projeta uma nova escola para uma nova vida, sendo a autodisciplina indispensável. Por isso, apela aos pais para enviarem suas crianças às instituições de instrução, mesmo que não possam dispensar a ajuda delas no trabalho familiar durante o dia inteiro. A escola para os pobres ensinaria coisas úteis para uma vida produtiva e civilizada, combinada com o tempo das crianças destinado ao trabalho familiar. Lutero, na *Carta aos conselheiros de todas as cidades da nação alemã*, aponta que:

> [...] a prosperidade, a saúde e a melhor força de uma cidade consistem em ter muitos cidadãos instruídos, cultos, racionais, honestos e bem-educados, capazes de acumular tesouros e riquezas, conservá-los e usá-los para o bem [...] ora, homens desse tipo devem ser educados, assim, desde crianças [...]. Portanto, é necessário que meninos e meninas sejam bem-educados e instruídos desde a infância [...]. Se os pais não podem privar das crianças o dia inteiro, mandem-nos (à escola) pelo menos uma parte do dia (LUTERO, 1524, apud MANACORDA, 2006, p. 197).

Lutero é considerado um dos precursores no enfrentamento da relação entre instrução-trabalho emergente com o declínio da forma artesanal e corporativa de aprendizagem e o nascimento das manufaturas. A defesa da capacidade de cada um interpretar a palavra divina foi a base da nova exigência da cultura popular e da participação na vida política.

Nesse período, o pensador liberal John Locke também evidencia preocupação com as classes populares, principalmente em prover às crianças escolas de trabalho que preparavam para atividades relacionadas à indústria fundamental. A disputa entre o ensino laico e o religioso, entre as letras e o estudo científico da realidade, é refletida nas grandes enciclopédias organizadas por Diderot e D'Alembert que defendiam o ensino adequado às transformações em curso: o artesão pela força de trabalho, o acadêmico como defensor das Luzes e o homem rico custeando a maquinaria. Assim, nasce o ensino mútuo, inspirado da *Didática magna*, de Comenius, que permite ensinar muitos alunos com um mestre. Para escrever bastava uma tabuinha com areia e o dedo acompanhado de uma rigorosa disciplina, conforme explica Manacorda (2006, p. 249):

> Fábrica e escola nascem juntas: as leis que criam as escolas de Estado vêm juntas com as leis que suprimem a aprendizagem corporativa (e também a ordem dos jesuítas). Os filósofos e os soberanos iluminados não tinham nenhuma novidade do próprio cérebro, são apenas os intérpretes e os executores dessa realidade que está mudando.

É a partir da legislação fabril que as escolas se tornam uma necessidade para o ensino de generalidades às crianças da classe trabalhadora, além de atuarem favoravelmente à disciplina e aversão à preguiça.

### Considerações finais

Os estudos sobre a Revolução Industrial, desenvolvidos ao longo deste texto, apontam que o trabalho da criança é anterior ao capitalismo, desenvolvendo-se nas formas tradicionais de economia familiar que combinavam tempo livre e ajuda. As atividades domésticas eram variadas e não havia prolongamento ininterrupto, mas um ciclo de tarefas. A introdução da criança era gradual e respeitava limites de idades (THOMPSON, 2002a).

O problema do trabalho na infância torna-se uma generalidade quando as atividades das crianças passam a ser voltadas não mais à produção de valores de uso à família, mas à produção de mais-valia. Esse momento coincide com a introdução das máquinas na grande indústria capitalista que as utiliza não como meio de aliviar a labuta, mas de ampliar a parte não paga da jornada de trabalho. Como o foco das relações sociais capitalistas é a produção de capital e não a humanização do ser social, as vantagens do trabalho coletivo e dos avanços tecnológicos não são utilizadas para liberarem as crianças para as virtudes das atividades de estudo, das brincadeiras, da arte, da música e da preguiça.

Como a exploração precoce pode comprometer o futuro da acumulação, a escola poupa, ocupa e prepara as crianças ao futuro do trabalho explorado. A exploração, para evitar o colapso do sistema e a degeneração precoce da força de trabalho, tem que ser regulada por meio da legislação e da necessidade da escola que, inclusive, quando combinada com o trabalho, aumenta a capacidade produtiva do trabalhador.

A compreensão da constituição histórica da exploração do trabalho na infância durante a Revolução Industrial evidencia que não são as famílias e nem as máquinas as grandes responsáveis pela exploração de crianças, mas sim as relações sociais em que as crianças, as famílias e as máquinas fazem parte. As determinações concretas de vida familiar, entre as quais destacam-se a descartabilidade precoce, a queda dos salários e a miséria da classe trabalhadora do século XIX, são as grandes responsáveis pelo envio de crianças às fábricas. Nesse sentido, a luta contra a exploração de crianças é, indiretamente, uma luta contra as condições materiais de vida que culminam na exploração dos adultos.

## Referências

HOBSBAWM, E.J. *A era das revoluções*. São Paulo: Paz e Terra, 2007, 463 p.

MANACORDA, M.A. *História da educação*: da Antiguidade aos nossos dias. São Paulo: Cortez, 2006a, 382 p.

_____. *Trabalho assalariado e capital* (05/04/1849). [s.l.]: Avante, 2006b [Obras escolhidas em três tomos].

_____. *Capítulo VI inédito de* O capital. 2. ed. São Paulo: Centauro, 2004.

_____. *O capital* – Crítica da economia política. Livro 1, vol. I. São Paulo: Nova Cultural, 1988a, 287 p.

_____. *O capital* – Crítica da economia política. Livro 1, vol. II. São Paulo: Nova Cultural, 1988b, 294 p.

_____. *O capital* – Crítica da economia política. Livro 2, vol. III. São Paulo: Nova Cultural, 1988c.

_____. "Para a crítica da economia política – Prefácio". In: MARX, K. & ENGELS, F. *Obras escolhidas*. Tomo 1. Moscou/Lisboa: Progresso/Avante, 1982, p. 529-543.

MARX, K. ENGELS, F. *A ideologia alemã (Feuerbach)*. 7. ed. São Paulo: Hucitec, 1989.

THOMPSON, E.P. *A formação da classe operária inglesa* – I: A árvore da liberdade. São Paulo: Paz e Terra, 2004a, 204 p.

_____. *A formação da classe operária inglesa* – II: A maldição de Adão. São Paulo: Paz e Terra, 2002a, 347 p.

_____. *A formação da classe operária inglesa* – III: A força dos trabalhadores. São Paulo: Paz e Terra, 2002b, 440 p.

_____. *A miséria da teoria ou um planetário de erros* – Uma crítica ao pensamento de Althusser. Rio de Janeiro: Zahar, 1981, 231 p.

# Jovens, trabalho e futuro*

*José Machado Pais*

A precariedade de emprego entre os jovens, expressão das dificuldades que têm em se integrarem no mercado de trabalho, leva muitos deles a deitarem mão de estratégias cuja singularidade abala os modos tradicionais de entrada na vida ativa. Nestes termos, o sentido do trabalho está para ser redefinido por quem mais falta tem dele. A instabilidade em nível das representações do trabalho é reflexo de percursos laborais marcados por turbulência, flexibilidade, impermanência. A vivência precária do emprego e do trabalho envolve modalidades múltiplas de "luta pela vida" que compreendem trabalho eventual, temporário, parcial, trabalho assalariado oculto ou ilegal, trabalho doméstico, pluriemprego, formas múltiplas de desenrascanço.

Uma particularidade de muitos jovens contemporâneos é, por conseguinte, a de viverem um tempo de instabilidade e de incertezas, de tensão entre o presente e o futuro. O próprio *capitalismo* flexível (SENNETT, 2000) bloqueou a linearidade tradicional das carreiras profissionais. *Carreira* é um caminho pelo qual se circula, mas esse caminho parece bloqueado para um número considerável de jovens; outras vezes, nesse caminho surgem *encruzilhadas* de sentidos vários, carreiras de retorno, becos de circulação difícil, ou mesmo sem saída. Por isso os sociólogos da juventude adjetivam as transições dos jovens para a vida adulta de modo a acentuarem a sua vulnerabilidade e imprevisibilidade. Falam de trajetórias alongadas, fraturadas, adiadas, frustradas (CRAINE, 1997).

Os jovens elaboram guiões múltiplos de futuro, mas, muitas vezes, o futuro não se deixa guiar por nenhum deles. As intervenções políticas di-

---
* Este texto reproduz, com algumas adaptações, trechos do meu livro *Ganchos, tachos e biscates* – Jovens, trabalho e futuro, 2001 (esgotado).

rigidas aos jovens procuram também planificar o futuro, mas as realidades imprevistas criam condições de incerteza que, muitas vezes, invalidam esses planos. Os jovens desdobram-se em personagens possíveis de vários guiões de futuro, mas o futuro imaginado por eles assemelha-se a jardins labirínticos de sendas que bifurcam e que José Luís Borges nos descreve, em *Ficções*, como redes que enfileiram todas as possibilidades. Possibilidades que não se encontram predeterminadas, mas que se vão ramificando à medida que nos damos conta da sua realidade.

Por isso, os projetos de vida que os jovens idealizam abrem portas, por vezes, a um vazio temporal de enchimento adiado. Projetos em descoincidência com trajetos de vida. Em contrapartida, o presente enche-se de possibilidades múltiplas, de diferentes experiências e desejos profissionais. As escolhas são múltiplas e reversíveis, embora nem sempre possíveis. As políticas de juventude tendem a *estandardizar* as transições dos jovens para a vida adulta (SHANAHAN, 2000) – definindo escolaridades mínimas, circuitos escolares, formação profissional, políticas de emprego –, mas os jovens tendem a autonomizar suas vidas através de "buscas autônomas" de trajetórias que nem sempre se encaixam nas políticas prescritivas que tendem a estandardizar as transições. Por que razão surge tantas vezes uma contradição entre os padrões estandardizados da planificação e as trajetórias desestandardizadas? Possivelmente porque as políticas de estandardização criam uma lógica de linearidade que não se ajusta às trajetórias não lineares (ioiô) do curso de vida de muitos jovens. Muitas dessas políticas tendem a criar uma ordem artificial numa estrutura social que é caótica por natureza.

Também as sociologias *linearistas* procuram uma construção lógica da continuidade através da noção de causalidade. Fatos tomados como causa determinariam outros fatos tomados como efeito, num esforço de vinculação que assegura uma continuidade temporal entre um antes e um depois, numa consolidação de sucessões. No entanto, entre qualquer *antes* e *depois* dá-se um *entretanto* de imprevistos, de acontecimentos, de sucessos e insucessos à margem da continuidade temporal das sucessões previstas. Os cursos de vida dos jovens agem e reagem às urdiduras da mesma. A vida é uma urdidura enredada de constrangimentos. Da mesma forma que num tear as tecedeiras lançam a trama que atravessa a urdidura, os jovens lançam-se com igual fervor na urdidura da vida. Urdindo sonhos e desejos, inquietações e temores, expectativas e ilusões. O sucesso em ponto-cruz com o fracasso. Tramando o destino, se possível antes que este os trame. As urdiduras da vida vão-se reconfigurando, ganhando novas malhas, novos enlaces, novas texturas. Por vezes bastam pequenos acontecimentos para que novos rumos sejam dados à vida.

Dois meus amigos (ROBERTS, 1995; FURLONG, 1997) recorrem a uma metáfora sugestiva para ilustrarem a mudança histórica registrada nos modelos de transição para a vida adulta. Nas décadas imediatas ao pós-guerra, as transições dos jovens assemelhavam-se a viagens de trem nas quais os jovens, dependendo da sua classe social, gênero e qualificações acadêmicas, embarcavam em diferentes trens com destinos predeterminados. As oportunidades para mudar de destino ou de trajeto eram limitadas. Posteriormente, as transições dos jovens poderiam ser melhor comparadas com viagens de automóvel. O motorista encontra-se em condições de selecionar o seu itinerário de viagem entre um vasto número de alternativas. A experiência do motorista, ao contrário do que acontece com os passageiros de transportes públicos, determina o curso que se segue. Em contrapartida, hoje em dia não mais as decisões do motorista são garante de uma condução com destino certo ou rotas predeterminadas. E isto porque o terreno onde as transições têm lugar é de natureza cada vez mais labiríntica. No labirinto de vida, como num labirinto rodoviário, surgem frequentemente sentidos obrigatórios e proibidos, alterações de trânsito, caminhos que parece terem sido já cruzados, várias vezes passados: é essa *retoma* de caminhos que provoca uma sensação de perdição, de confusão. A *retoma* é um voltar a tomar caminhos que se abandonaram: retoma de estudos inacabados; retoma de uma relação amorosa que entrara em crise; regresso à casa dos pais, depois de um período de experimentação de autonomização de vida; reincidência no consumo de drogas depois de uma tentativa falhada de desintoxicação, neste caso fala-se mesmo de recaída; retoma de velhas convivências; retoma de *bicos* ou *biscates* quando a falta de dinheiro aperta...

A retomada de caminhos outrora tomados é própria de estruturas labirínticas. O *dilema do labirinto* traduz-se na incapacidade de decisão relativamente ao rumo a tomar. Vou por aqui ou por ali? O ideal, para muitos jovens, é explorar simultaneamente vários rumos possíveis que num labirinto surgem em simultâneo a quem com eles se confronta. Ao optar-se por um rumo perdem-se os demais e, além disso, perde-se a liberdade de escolha a partir do momento em que se a exerceu. Os percursos dos jovens inscrevem-se em verdadeiras redes de *hipertextualidade* dominadas pelos princípios da *metamorfose*, da *multiplicidade* e do *descentramento*. Uma rede hipertextual está em constante construção, mudando face à mudança das partes envolvidas. É o que acontece num tabuleiro de xadrez quando o enredo de um jogo muda logo que um novo movimento de pedra se aciona. Este princípio da metamorfose associa-se ao da multiplicidade. O modo de organizar um hipertexto é semelhante ao de um fractal. Cada nó de uma urdidura hipertextual, quando analisado, é composto por uma rede própria, um todo formado por outros nós e links. Outro princípio importante é o *descentramento*. Numa rede hipertextual não há centro nem linearidade. Entrecruzam-se vários centros, vários caminhos e sentidos.

Como pode a sociologia da juventude dar conta destas novas realidades senão a partir da crítica do conceito de transição linear, circunscrita a uma sucessão progressiva de etapas identificáveis e previsíveis em direção reta à fase adulta? A linearidade das trajetórias de vida dá-se numa *espacialidade geométrica*, isto é, homogênea, unívoca, isótropa, clara, objetiva. Ora, os jovens vivem predominantemente numa *espacialidade antropológica* (MERLEAU-PONTY, 1975) que é fractal por natureza, dando guarida ao mítico, ao sonho, ao desejo, à ilusão, ao inesperado, ao indefinido, ao enigmático, ao especulativo, à indeterminação. Alguns jovens movem-se no labirinto da vida numa entrega ao acaso ou ao destino, enquanto outros atuam de forma estratégica, isto é, considerando várias tramas possíveis que podem modificar-se à medida que se confrontam com os imprevistos da vida, dado que esta se encontra sujeita a uma série de contingências, as chamadas contingências de vida.

## 1 Encontrar trabalho: uma loteria

Uma das variações do *jazz* tomou, nos últimos anos da década de 1940, a designação de *bop*. Do *bop* surgiu a teoria da *prosa espontânea*, um método de criação artística baseado na respiração dos saxofonistas do *jazz bop* e conectada com a ideia mágica de improvisação. É numa cultura semelhante de improvisação que muitos jovens procuram desenrascar-se. Uma vida rascada é própria de quem vive em dificuldades, daí derivando a necessidade do desenrascanço. Por vezes, a vida parece estar enrascada num conjunto de forças do destino ou do acaso. A reação à aleatoriedade da vida é entre os jovens diferenciada, podendo ir de uma aceitação pragmática a um pessimismo cínico. Num caso, as dificuldades são enfrentadas no dia a dia; noutro caso, afasta-se todo o tipo de angústia através da indiferença perante essas mesmas dificuldades. Em ambos os casos, quando se procura trabalho, há um reconhecimento implícito de que é preciso ter sorte, como se o trabalho pudesse ser sorteado numa rifa qualquer de loteria.

O mercado de trabalho apresenta para muitos jovens características de *lotado*, isto é, encontra-se retalhado em lotes, sujeito a uma crescente segmentação. Nele há o *mercado negro* (dos trabalhadores clandestinos); o *mercado azul* (dos operários de macacão de ganga); o *mercado branco* (dos colarinhos brancos); o *mercado rosa* (das empregadas domésticas, secretárias, recepcionistas, telefonistas e afins); nele há o *mercado vermelho* (das linhas eróticas dos telefones vermelhos e encontros afins); o *mercado cinzento* (dos burocratas e *yuppies* de mentalidades e trajes cinzentos) etc. Ou seja, o mercado de trabalho é um "arco-íris" de segmentações. E isto tem implicações sociológicas, em termos de estratificação e de mobilidade social, no modo como as pessoas se distribuem pelos lotes disponíveis, mas também em nível das novas significações dadas ao trabalho.

Há tempos convidei o meu filho – tinha então 16 anos – para assistir a um jogo de futebol. Ele tinha 16 anos e de vez em quando íamos ao futebol. Mas, para meu espanto, nesse fim de semana disse-me que não podia acompanhar-me porque estava com muito trabalho. Estranhei, uma vez que tinham começado as férias da Páscoa, e questionei-o: "De férias e com muito trabalho?" Mais intrigado fiquei quando me respondeu: "Estou de partida para Nova York!" É claro que o metralhei com perguntas de pai atemorizado: "Vais para Nova York? Quando? Onde arranjaste dinheiro? Que vais lá fazer?" Com um sorriso respondeu-me: "Já estás em *looping*. Não te inquietes: sou apenas piloto da KLM e tenho esta tarde um voo para Nova

York". Descobri depois que meu filho era piloto da KLM; todas as semanas elaborava um relatório para a referida companhia aérea, e a sua aspiração era atingir o posto de *hub manager*, para cujo efeito precisava realizar um número considerável de horas de voo, para além da demonstração de outras competências, mesmo que tudo se passe num cenário virtual, com um simples "simulador de voo". O que é que faz com que um jovem troque um lazer (partida de futebol) por outro lazer que tem toda uma carga de "relações obrigacionais" que são próprias do trabalho? Certamente que novas concepções do *trabalho* e do *lazer* estão se desenvolvendo. No caso de muitos cibernautas, talvez possamos dizer que estarão descobrindo um novo rumo: o da compatibilidade do trabalho com o lúdico.

O termo *trabalho* tem raízes etimológicas no latim: trabalho dizia-se *tripalium*, termo que designava também um instrumento de tortura composto por três estacas cruzadas ou paus (do latim *palu*). Com esse instrumento (*tri-palum*) os réus eram torturados. Aliás, na Bíblia, também aparece a ideia do trabalho associado à "tortura", ao "castigo", à "maldição". Quando Adão contraria a vontade de Deus é-lhe dada a possibilidade de "purificação" através do "sacrifício laboral". Embora, atualmente, o trabalho continue a conservar a ideia de obrigação, de esforço e até de sofrimento, o certo é que alguns inquéritos recentes mostram que sobretudo os jovens valorizam a realização pessoal e os desfrutes relacionais que possam retirar desse trabalho (PAIS, 1999, p. 247-317). Em termos ideais, muitos jovens não quererão perder a vida tentando ganhá-la. Rejeitam a instrumentalidade do trabalho e valorizam as satisfações intrínsecas que dele possam retirar. A tal ponto que o trabalho já invade a esfera dos lazeres, sendo vivido como uma aventura, como acontece nos simuladores de voo das companhias aéreas virtuais. Será que a ética tradicional de trabalho que o vê como obrigação puritana poderá, no futuro, dar lugar a uma nova ética que o tome como aventura?

Deixo a interrogação em suspenso, propondo uma reflexão sobre o terreno onde se projeta essa interrogação. Que é um terreno de crise. Os paradigmas do trabalho e da economia estão em crise. Não é por acaso que por toda a Europa se debatem as formas organizativas que permitam alcançar a competitividade produtiva dos japoneses, o chamado *toyotismo* ou "modelo de produção ligeira": fala-se da necessidade de uma ruptura com a clássica divisão do trabalho própria das grandes unidades produtivas *fordistas*; apela-se para a reorganização funcional das grandes unidades produtivas em unidades elementares de trabalho que tratariam de fomentar microempresas no âmbito de *empresas-holding*, ganhando-se com isso mais autonomia; defende-se a necessidade da polivalência como característica central da qualificação. Não é certo que a *via toyotista* seja uma via libertadora. O modelo japonês tem sido classificado como um *management by stress* e é esse *stress* que permite uma gestão intensificadora dos ritmos de produção do trabalho. Porém, pouco se discute sobre as sequelas do desgaste físico e psíquico desse *stress*. O Supremo Tribunal Japonês criou recentemente a figura jurídica de "morte por *stress* laboral" e as empresas japonesas começam a ser responsabilizadas por *karoshi* (palavra japonesa que designa a morte por excesso de trabalho, traduzida em suicídios, ataques cardíacos etc.).

Por que se fala tanto de *crise*? Em grego, *krísis* significa decisão. E decisão vem de cisão [*scission*]. As *cisões* provocam caos e instabilidade, gerando *indecisão*. A crise é um momento de *indecisão* que apela à *decisão*. A crise deve pois ser entendida no sentido de que os paradigmas emergentes da contemporaneidade são os da indecisão. Tudo é instável. Como na economia – dominada por flutuações (das taxas de juro, dos câmbios, das ações da bolsa, dos preços do petróleo) –, também na cultura se vive uma época de flutuações. O próprio consumo mostra sintomas de desregulação. Aliás, no domínio do consumo vive-se o "paradoxo do omnívoro" (FISHLER, 1990) e de uma correspondente ansiedade omnívora – ânsia consumista suscetível de provocar uma obesidade consumista ou uma gastronomia. É esta propensão desenfreada ao consumo que tem sustentado a produção. O tempo de rotação da produção aumentou significativamente, ao mesmo tempo que se reduziu o tempo de rotação do consumo. As campanhas publicitárias procuram transformações aceleradas nos padrões de consumo, mobilizando todos os artifícios possíveis para induzir novas necessidades de consumo. A estética relativamente estável do modernismo *fordista* deu lugar a uma estética pós-modernista que celebra o efêmero, o instável, a precariedade.

A dinâmica do mercado de consumo é um dos fatores que permite a sustentabilidade da economia capitalista. O outro fator é o da flexibilização do mercado de trabalho. A expressão valorativa destes dois fatores é, por um lado, a emergência de uma *ética de experimentação* no mercado de consumo e, por outro lado, a emergência de uma *ética aventura no mercado de trabalho*. No mercado de trabalho, o "espírito aventureiro" nem sempre anula a ética tradicional de trabalho. De fato, os jovens dos chamados bicos e biscates (MacDONALD, 1994) não se encontram afastados de uma *ética de trabalho*, embora se vejam na contingência de viver o desespero da precariedade do trabalho na forma de *aventura* (ou *desventura*). Se estes jovens reagem mal à flexibilização do mercado de trabalho, há outros que a encaram como uma estrutura de oportunidades. Daí a atitude positiva em relação às inovações tecnológicas, porque as consideram um desafio do futuro. *Aventura* vem do latim *adventura, advenire*, isto é, aquilo que está para vir. Entre estes jovens, a abertura à flexibilização do mercado de trabalho e à mudança de postos de trabalho é encarada como uma condição de possibilidade de trajetórias sociais ascensionais.

Provavelmente, os *trabalhos futuros* entrelaçarão, cada vez mais, as marcas das duas éticas de vida que William Thomas e Florian Znaniecki (1984[1918]) conceptualizaram na obra clássica de sociologia que é *The Polish Peasent in Europe and America*. A ética *tradicional do trabalho*, que é marcada pelo desejo de segurança (*desire for security*) e pelo desejo de correspondência (*desire for response*). A *ética de aventura*, que é marcada pelo desejo de novas experiências (*desire for new experience*) e pelo desejo do reconhecimento (*desire for recognition*). A combinação destas éticas depende das circunstâncias, e estas são difíceis de domar. Por tal razão os jovens procuram adaptar-se às circunstâncias mutáveis que fazem mudar o curso de suas vidas. Por isso, nos tradicionais *estatutos de passagem* para a vida ativa, os jovens adaptavam-se a estruturas *prescritivas* que rigidificavam essas modalidades de passagem. No entanto, as transições dos jovens encontram-se atualmente sujeitas, e cada vez mais, a estruturas *performativas* (SAHLINS, 1987) que emergem das ilhas de dissidência em que se têm constituído os quotidianos juvenis.

Faz então sentido continuar a apostar na busca de modelos mecânicos que deverão prescrever as transições dos jovens para a vida ativa? Vale a pena persistir em olhar os jovens através de vidros esfumados – quais modelos estatísticos *post fact* que se contentam com a mera totalização dos efeitos de infinitas opções individuais que, no seu conjunto, valem apenas uma ordem artificial? Certamente que o tecido social se encontra sujeito a prescrições e a normatividades. Mas também é verdade que não haveria mudança social se não existissem diferenças ontológicas entre estruturas e práticas, sistemas e eventos, estados e processos, normas e comportamentos. Justifica-se, então, continuar a falar, de modo reificado, em "inserção profissional", como o fazíamos há décadas atrás? Contra algumas definições ortodoxas e prescritivas, convém então enfatizar o caráter crescentemente *performativo* das culturas juvenis e das transições dos jovens para a vida ativa, acentuando a sua *aleatoriedade* e *diversidade*. O que entre os jovens parece estar cada vez mais em jogo é o jogo com a própria vida, é uma *ética de vida* que a toma como aventura (PAIS, 1994).

## 2 Jones na *via rápida*: estratégias de vida

*Jones in the fast lane* é um jogo de computador dirigido a jovens, desafiados a atingirem determinadas *performances*. Para tanto, os jovens são chamados a exercitarem dilemas, a enfrentarem encruzilhadas e ultrapassarem obstáculos que poderão experimentar, na vida real, quando transitam para a vida adulta. Os jovens (jogadores) definem as *performances* a atingir em quatro principais dimensões de vida – *riqueza, felicidade, educação e carreira profissional* –, cujos predicados se encontram prescritos na própria programação do jogo.

Por vezes, o caminho não é tão rápido (*fast lane*) quanto se supõe. Faz parte do jogo (que a vida é). Apenas os mais hábeis conseguem com sucesso e rapidez atingir os seus objetivos – o que pressupõe que os adversários com quem jogam fiquem pelo caminho. Faz parte da vida (que também é jogo). Em fases críticas do jogo, o jovem pode contar com ajudas da família. Mas o mais provável é que tenha de aproveitar qualquer bico ou biscate. O jogo proporciona, com efeito, o envolvimento em trabalhos temporários (MacDonald's®, distribuição de pizzas…) ou em atividades "atípicas" (ou típicas do mercado negro). Em situações muito críticas, o jovem fica na penúria, subnutrido e malvestido. Numa cena do jogo, o protagonista aparece em "cuecas" o que não lhe retira o direito de frequentar a universidade, embora lhe custe o despedimento por patrão "desalmado". O jogo acaba, naturalmente, por dar oportunidades ao jovem para tentar sair da crise através da delinquência.

Experimentando o jogo – e seria bom que alguns sociólogos o experimentassem – vê-se como são situações circunstanciais e acidentais que, no decurso do próprio jogo, fomentam o recurso à delinquência. Numa situação de desespero. O recurso determinado pelo decurso. São estes cenários de contingência que escapam à sociologia dos *modelos prescritivos.* É o caso da *criminologia da reação social*, mais interessada em desvendar os mecanismos sociais que produzem (prescrevem) a delinquência do que em estudar a própria delinquência (ROBERT & KELLENS, 1973); ou dos que consideram haver um consenso social consignado, por exemplo, na lei penal, resultando a delinquência numa falta de conformidade a esse consenso prescrito (THRASHER, 1960; McKAY, 1969); ou ainda os que, em linha semelhante, advogam que as subculturas desviantes são desviantes porque são subculturas – isto é, porque fogem ao modelo prescritivo da cultura dominante. *Jones in the first lane* mostra-nos bem – especialmente se nos pomos a jogá-lo – que não é necessário ser *delinquente* para que se possa *delinquir*. No entanto, as teorias da *etiquetagem* e da *estigmatização*, centradas sobre a noção de *desvio*, continuam a fazer escola (ROULLEAU--BERGER, 1993).

*Jones in the fast lane* mostra-nos como, no cenário virtual de um jogo de computador, o jovem se descobre como *protagonista*, nos interstícios de uma realidade composta: metade imagem, metade substância; realidade intermédia – ou "mundo intermédio", como diria Platão – de uma realidade simulada. Como em *Jones in the fast lane*, pode-se, com alguma sorte – a sorte que é necessária ao jogo –, adquirir riqueza, prestígio, *status* social. O *jogo*, nos computadores como na vida real, desenvolve uma capacidade performativa, uma astúcia ímpar para que se possam ultrapassar obstáculos. Contudo, a propensão a jogar com a vida, desafiando-lhe os rumos, é tanto mais forte quando mais esta se encontra sujeita a indeterminações.

Nos modelos performativos, os jovens improvisam – o que não significa que não tenham um conhecimento dos modelos prescritivos... É o que acontece na música: a improvisação implica um conhecimento prévio das estruturas em que se joga o improviso. O sentido de improvisar, de pôr "à prova", faz da vida uma ficção. Ficção de vida, de uma vida que comporta regras que, pela sua natureza, a realidade (a vida prescrita) dificilmente comporta. Outras e novas regras que instauram uma legislação nova no espaço do jogo que a vida representa. Neste cenário de jogo, os feixes múltiplos de trajetórias juvenis podem ser enquadrados em quatro categorias de jogo, definidas por Callois (1958): *agon*, *alea*, *mimicry* e *ilinx*.

*Agon* é um domínio que expressa a ideia de competição, concorrência, rivalidade, reconhecimento de uma excelência; *alea* remete para a influência do destino ou do acaso; *mimicry* é do domínio da teatralização e do mimetismo; *ilinx* relaciona-se com a vertigem, o gozo, a aniquilação da realidade. Algumas trajetórias juvenis apostam na competição (*agon*), tanto nas esferas da escola como do trabalho; outras parecem marcadas por ascendências sociais, por um destino de nascença (*alea*) bafejado por capitais herdados; nas culturas juvenis há também lugar para o simulacro e a imitação (*mimicry*), nomeadamente na esfera dos lazeres e consumos culturais; finalmente, alguns jovens envolvem-se em práticas dominadas pelo êxtase, transe, convulsão, vertigem (*ilinx*). Cada uma das categorias apresentadas define um tipo ideal de trajetória a que se associam quatro tipos comportamentais: o *ambicioso (agon)*, o *fatalista (alea)*, o *simulador (mimicry)* e o *frenético (ilinx)*.

Na escola, os jovens são socializados numa cultura de competição (*agon*), onde contam as notas, as classificações, as *performances*. Paralelamente, são socializados numa cultura consumista, mimética em relação a modelos de moda (*mimicry*). Com efeito, na sua vertente mais convivialista, a escola é um agente de estimulação do consumo. Pés "burgueses" ou "proletários" podem passear-se, lado a lado, em *Nike* ou *Reebok*, e os blusões Lewis podem ser cobiçados por jovens de diferentes condições sociais. No entanto, os atributos de distinção passam pelo "poder de compra". Desde logo, os jovens reconhecem que não têm todos a mesma *chance* (*alea*).

O enfrentamento com o destino (*alea*) pode ser feito tomando-o como aliado ou inimigo. É o que se passa com alguns "expedientes de vida" que os jovens inventam para se beneficiarem do destino ou para o desafiarem.

Num caso, adotam estratégias que traduzem uma valorização de estatutos fortemente orientados por impulsos vocacionais ou mesmo artísticos (PAIS, 1995); em contrapartida, os jovens inseridos em trajetórias de exclusão social (DUBET & LAPEYRONNIE, 1992) lutam contra o destino (*alea*), desafiando-o. A *pobreza* e o *expediente* facilmente se acasalam. A figura platônica de *Eros* é fruto desse acasalamento. Filho da *Pobreza (Penia)* e de *Expediente (Poros)*, *Eros*, indigente e maltrapilho, consegue a partir da própria miséria alcançar a plenitude. Mas *Eros* – ao contrário dos nossos jovens – foi concebido, ao que se diz, num banquete realizado no Olimpo para festejar o nascimento de Afrodite e, por isso, beneficiou-se de um néctar divino.

A estratégia para arranjar trabalho é como um *lance* num jogo de cartas. Ela depende da qualidade de jogo que se tem em mão (títulos escolares, valor nominal dos mesmos), da maneira de jogar (rede de conhecimentos, "cunhas"...) e, finalmente, da astúcia do jogador (*feeling*). Os lances de jogo ocorrem por entre *postulados* e *regras* que condicionam o espaço de jogo. Mas os jogadores têm um papel interveniente fundamental. Os resultados do jogo dependem das *performances* do jogador, da sua habilidade e, principalmente, da sua astúcia. É esta que permite a invenção do quotidiano (CERTEAU, 1980) mediante uma navegação entre regras, jogando com todas as suas possibilidades, aproveitando as oportunidades num terreno onde elas escasseiam, criando na rede das regras as suas próprias pertinências.

Em sociedades de forte reprodução social, as heranças culturais marcam os destinos possíveis de um modo rígido. É o que se passa em *alea*, onde há uma amarração ao *destino*. Em latim, à contemplação dos astros – que, acreditava-se, prediziam o destino – chamava-se *considerare* (*sidus* ou *sideris* significava astro, estrela). Ou seja, os astros eram levados em linha de consideração para a consideração do futuro. Em contrapartida, *desiderare* remete para a ausência da influência astral: *desiderare* – desistir dos astros. Mas, simultaneamente, de *desiderare* deriva *desejo* que remete para uma situação de despojo – despojo de qualquer influência ou amarra astral, condição de possibilidade do desejo, de tomar-se o destino nas próprias mãos (*agon* e *illnix*), vontade nascida de uma deliberação, só possível devido ao desprendimento das amarras. Contudo, deixando de *considerar* os astros, *desiderare* significa uma incapacidade de saber do destino – uma carência, uma privação, um vazio que tende para fora em busca de preenchimento. Embora as sociedades democráticas tendam a alargar o domínio da competição sujeita a regras, valorizando a *meritocracia*, nem sempre *agon* prevalece. Por exemplo, aos jovens é inculcada a representação do sistema de ensino como garante da igualdade de oportunidades. Mas o jogo pode ser viciado, porque os capitais culturais herdados pelos jovens (*alea*) são distintos, fazendo com que a uma igualdade de oportunidades nem sempre corresponda uma igualdade de resultados.

As *contradições performativas* que se instituem num espaço outrora *prescritivo* fazem com que as trajetórias juvenis estejam cada vez mais em jogo, como acontece em *Jones in the fast lane*. A *reversibilidade* dessas trajetórias e a força do *acaso* (*alea*) dão à condição juvenil contemporânea uma configuração crescentemente *hipertextualizada*. Como é sabido, os paradigmas baseados na hipertextualidade questionam as sequências fixas e as magnitudes definidas ou acabadas de um texto. Os cursos de vida, entre os jovens, são *textos* cada vez mais bifurcados e baralhados, porque também os respectivos *contextos* de vida são cada vez mais instáveis e variáveis. Sistematicamente, novas formas de mobilidade funcional e geográfica balizam o futuro profissional dos jovens. Como em *Jones in the fast lane*, os jovens sentem-se então tentados a "tentar a sorte". *Tentar* (do latim, *tento*) significa apalpar, mas também deriva em tentação (*tentatione*), de que Santo Agostinho dizia que nem em sonhos se livrava. Ser jovem é, hoje em dia, duplamente tentador, por exigências do sonho e da realidade. Apalpam-se as oportunidades no mercado de trabalho, como na discoteca se acaricia o par, numa tentativa de ver até onde se pode chegar. É nesta obscuridade – indo às cegas, às apalpadelas – que melhor se vê como as trajetórias dos jovens se encontram crescentemente em jogo.

## 3 Nos labirintos de vida: Que futuros?

A abertura e indeterminação do futuro não significa uma irradiação do destino, mas a sua produção social enquanto utopia. O destino deixou de ser o fado da vida, convertido em fardo da mesma, e começou a ser a própria vida à procura do seu próprio destino. Ou seja, passou-se de um destino que nos era dado *metassocialmente* – por uma qualquer "exterioridade" que se imporia sobre as nossas maneiras de ser, de pensar e de sentir (Deus, natureza, ou *representações coletivas*, como diria Durkheim), para passar a ser produzido socialmente, num campo de oportunidades, reivindicações, utopias. Estes outros lugares ou *topos* sociais surgem na senda de fracionamentos sociais, de ataduras de vária ordem (religiosas, morais, políticas) que se desatam, perdendo suas urdiduras (de dureza e durabilidade). As ataduras são unificantes, criam laços, dão nós entre elementos que aderem a uma identidade (de *nós*). Os nós e os laços asseguram a atadura, promovem a concordância e a coesão das partes que se atam. As utopias de vida, ao constituírem-se em terrenos labirínticos, geram a alternativa, a ambivalência, a discordância, a probabilidade do improvável. A vida social moderna encontra-se sujeita a um profundo processo de reorganização social que acompanha uma expansão dos mecanismos de desmembramento institucional que libertam as relações sociais de seus enraizamentos locais (GIDDENS, 1991).

O que constatamos é que os jovens, por se sentirem num labirinto de vida, tendem muitas vezes a negar a vigência da realidade através de projeções utópicas. Para alguns deles, a fidelidade ao real faz-se através das margens para as quais são frequentemente relegados, como acontece quando procuram uma integração profissional. Uns afundam-se nas margens, outros procuram inovações de margem, margens de descoberta de novos *topos*, novos lugares, lugares de futuro que não existem enquanto o presente não se esvai. Quer isto dizer que nos labirintos da vida alguns jovens acham-se depois de se perderem. Aliás, a tormentosa navegação das descobertas quinhentistas sempre se fez através de grandes escolhos (obstáculos) que abriam as portas às escolhas, às tomadas de decisão. No entrecruzamento dos escolhos com as escolhas surge a utopia e seus malefícios derivados: o otimismo messiânico e o pessimismo desencantado. Isso se vê nas utopias de muitos jovens quando, perdidos no labirinto da vida, procuram se achar. A vida de muitos deles é como jogar e ser joguete, é um embrulho, é um labirinto que enreda a vida. Seus percursos são feitos de topias e utopias sucessivas. De lugar (*topia*) em lugar (novas *topias*) vão descobrindo que a *utopia* se traduz exatamente no seu significado: ausência de lugar, mapa metafísico da realidade. Suas vidas são labirintos de encruzilhadas e de utopias, mas as aparentes saídas do labirinto desembocam em novos labirintos de encruzilhadas e de utopias. Há que saber viver no labirinto da vida.

É porque vivem em estruturas sociais crescentemente labirínticas que os jovens contemporâneos se envolvem em *trajetórias ioiô*. De fato, um dos aspectos essenciais das culturas juvenis contemporâneas deriva das lógicas antinômicas que as caracterizam: ora rígidas, uniformes, coercivas; ora flexíveis, opcionais, sedutoras. Perante estruturas sociais cada vez mais fluidas e modeladas em função dos indivíduos e seus desejos, os jovens sentem a sua vida marcada por crescentes inconstâncias, flutuações, descontinuidades, reversibilidades, movimentos autênticos de vaivém: saem da casa dos pais para qualquer dia voltarem; abandonam os estudos, para retomarem tempos passados; encontram um emprego, e em qualquer momento se veem sem ele; as suas paixões são "voos de borboleta", sem pouso certo; se casam, não é certo que seja para toda a vida... São estes movimentos oscilatórios e reversíveis que o recurso à metáfora do ioiô ajuda a expressar. Como se os jovens fizessem das suas vidas um céu onde exercitassem a sua capacidade de pássaros migratórios. Por outro lado, assistimos também a um movimento de vaivém entre os atributos desta nova condição juvenil e a sua reconstrução social, enquanto referente imaginário, pelas estruturas midiáticas e de consumo.

Como dizia Aristóteles, na sua *Poética*, a metáfora é o transporte a uma coisa do nome que designa outra (BECK, 1978). Nas origens, ioiô designa uma coisa: um disco preso por um fio com o qual se podem fazer movimentos oscilatórios. Como brinquedo que é, façamos um uso metafórico (lúdico) do ioiô. Tomemos o nome da "coisa" para designar outra. Como? Utilizando a metáfora como uma lente interpretativa da atual condição juvenil e das ritualidades que a constituem. Estas formam a base geradora dos quotidianos juvenis, ajudando-nos a interpretar a gramática e o léxico das culturas a que dão origem, não obstante a tensão semântica associada a muitas dessas ritualidades.

O *princípio da reversibilidade* impera nos processos de transição para a vida adulta. De fato, os umbrais tradicionais de transição para a vida adulta – abandono da família de origem, casamento, obtenção de emprego – são manifestamente reversíveis. As oposições estudante/não estudante, ativo/

inativo, celibatário/casado encontram-se ultrapassadas por uma multiplicidade de estatutos intermédios e reversíveis, mais ou menos transitórios ou precários. As próprias sequências desses umbrais de passagem não são lineares ou uniformes: o abandono da família de origem nem sempre coincide com o fim da escolaridade ou com o casamento; a obtenção de uma experiência profissional pode ocorrer na fase de estudante; a coabitação pode ser anterior à obtenção de emprego estável. Enfim, os processos de transição são francamente heterogêneos e marcados por apreciáveis descontinuidades e ruturas (PAIS, 1993).

A *geração ioiô*, pela sua natureza, é uma geração em que o "tempo flecha" se cruza com o tempo cíclico, tempo de eterno retorno. Os jovens desta geração tão rapidamente abandonam a escola, adquirem emprego e se casam – deixando de ser jovens e passando a adultos – quanto, com a mesma rapidez, caem de novo no desemprego, voltam à condição de estudantes e se divorciam, redescobrindo a juventude. O *princípio da reversibilidade* nos processos de transição para a vida adulta faz com que alguns jovens abandonem a escola, na expectativa de iniciarem uma carreira profissional para depois regressarem à escola, dadas as dificuldades de obtenção de emprego. Outros permanecem na escola, mas sentem-se "demais".

O *princípio da reversibilidade* verifica-se também no plano da vida familiar. Há umas décadas, a forma dominante que correspondia ao abandono da família de origem tinha por finalidade o casamento. Contudo, hoje em dia, o celibato parece configurar uma importante forma de abandono da família de origem. Mas a maioria dos jovens que vive fora da casa dos pais não deixa de viver na sua dependência econômica. Por outro lado, o divórcio marca presença significativa entre os jovens casados, acontecendo que alguns que deixaram de viver com os pais, por terem se casado, regressam divorciados ao velho lar familiar. Aliás, os sentimentos de frustração entre alguns jovens adultos contemporâneos não derivam apenas de falsas expectativas de mobilidade ou inserção profissional devidas ao alongamento das trajetórias escolares. As desilusões estendem-se também à vida conjugal. Há uma predominância crescente do mito do enamoramento, mas as possibilidades de insucesso são também crescentes. Divórcios, coabitações, recomposições e outros acasalamentos formam a trama da paisagem conjugal de muitos jovens adultos.

Nos tempos que correm, os jovens vivem uma condição social em que as *setas do tempo* se cruzam com o *tempo cíclico*. Os tempos que correm são tempos ziguezagueantes e velozes, próprios de uma sociedade na qual os tempos *fortes* se cruzam com os *fracos* e, em ambos, vivem-se os chamados *contratempos*. São muitos destes contratempos que caracterizam a condição juvenil contemporânea. Os jovens enfrentam-se com o futuro, até porque sabem que nesse futuro deixarão de ser jovens. Mas muitos deles não sabem se esse futuro é próximo ou longínquo, nem tampouco que futuro os espera. Outros, chegados ao futuro, descobrem-no como um tempo de retorno, de *revolver* (como o revólver que regressa ao *coldre*), termo que na Antiguidade designava o movimento de "revolvimento" ou "enroscamento" da lua.

Os jovens envolvem-se em trajetórias de transição para a chamada vida adulta (*setas do tempo*), mas deixam-se também embalar pelo tempo mágico do *círculo*. E tudo o que releva da magia é do domínio das ilusões. Que tipo de ilusões? Das ilusões que repousam nos desejos que as originam. Os desejos são a realidade das ilusões. Podemos querer ver as ilusões, tais quais elas são: como ilusões. Contudo, o próprio das ilusões é não deixarem ver-se como são. Muitos jovens alimentam ilusões razoáveis em relação ao futuro. Preservam-nas e acarinham-nas. Amarram-nas à realidade que confundem com as ilusões. Ambiguidade perigosa que pode desembocar na perda do sentido da realidade. Há então um refúgio na ilusão como estratégia de fuga à realidade. Não é por acaso que os grandes ciosos e ociosos do virtual são aqueles que mais necessidade sentem de fugir à realidade. É o que acontece com os jovens, os mais propensos a viajarem no ciberespaço e, de certa maneira, a viverem nele. Como nos sugere Philippe Quéau (1993), a fuga das verdadeiras realidades e o refúgio em "realidades de síntese" permite que em sociedades dominadas por um desemprego juvenil estrutural, muitos jovens se envolvam em alucinações virtuais, drogas virtuais, ociosidade virtual. O perigo desta nova ociosidade não consistirá tanto em tomar-se a sério o virtual, mas em considerar-se o real uma extensão daquele. Num ou noutro caso, há uma fuga do mundo real e um refúgio compensatório num mundo simulado que se confunde com as representações que dele fazemos.

Os jogos informáticos de aventura, aos quais os jovens tanto aderem, proporcionam também essa desrealização do real ou essa realização do virtual. A questão é a de saber se esses jogos vão permitir realizar, virtualmente, aspirações profundas dificilmente concretizáveis na realidade. Para muitos jovens, por exemplo, o mundo da escola parece-lhes aleatório: as avaliações são aleatórias, os diplomas idem; saídos da escola, não estão seguros de encontrar emprego, o futuro é uma incógnita. O mundo real, da "vida verdadeira", é cheio de incertezas. Em contrapartida, nos jogos de vídeo exercitam um poder: ao utilizarem um simulador de voo sentem-se pilotos; enquanto jogadores é-lhes atribuída a missão de herói. Dominam as situações (BRUNO & TREMEL, 1995).

Os quotidianos juvenis comportam esta plasticidade virtual. São, muitas vezes, quotidianos de deriva, sem grandes princípios de navegação ou cartas náuticas, em imprevisíveis rotas de aventura. Por que é que os jovens investem tanto no quotidiano? Por que os valores juvenis são essencialmente valores do quotidiano? Desde logo, porque entre os jovens, os tempos do presente – que são os do quotidiano – ganham ascendência sobre os tempos que lhe são adjacentes, os do passado e do futuro. É como se os jovens tivessem perdido o sentido de continuidade histórica e vivessem o presente só em função do presente. É como se tivessem experimentado uma erosão do sentimento de pertença a uma sucessão de gerações enraizadas no passado e se prolongasse no futuro essa erosão de sentimento.

Seja tomado o passado como um espaço de aglomeração de experiências. Por sua vez, seja tomado o futuro como um horizonte através do qual se abre um novo campo de experiências. Koselleck (1990) sugere-nos que a problemática do tempo consiste em sabermos como os *campos de experiência* passados se refletem nos *horizontes de espera* futuros. Como nos mostra Koselleck, no caso da história, esses horizontes temporais variam. Entre 1500 e 1800, por exemplo, o arco temporal entre o *campo de experiência* e o *horizonte de espera* encontrava-se significativamente dilatado. O *horizonte de espera* praticamente anulava o *espaço da experiência*. Em contrapartida, os tempos modernos vivem sob o signo da "revolução", dando-se uma contração do tempo que antecipa o futuro para o *espaço da experiência*. Diferentes eram ainda as épocas das monarquias e estados absolutistas, temerosos das acelerações do tempo e das mudanças por elas originadas que poderiam pôr termo ao seu domínio. As suas estratégias defensivas procuravam ampliar o *espaço da experiência* através do controle do *horizonte de espera*. Neste caso, o campo da experiência impõe-se sobre o horizonte de espera. Futuro atualizado no presente. Nem que seja simulado (ou desejado) como ilusão, num cenário de sentimentos de esperança, expectativas, temores, anseios, desejos, inquietações. É bem possível que os jovens, ao interiorizarem esta tensão entre *experiência* e *espera,* adotem também estratégias defensivas procurando ampliar o espaço da experiência – que é o do quotidiano.

## Conclusão

A crescente complexidade da realidade social obriga à descoberta de novos paradigmas nos estudos da juventude. Por quê? Porque os velhos modelos teóricos que usávamos deixam escapar a realidade que pretendem modelar. A passagem do simples ao complexo, do indiferenciado ao diferenciado, da ordem à desordem já não aparece como uma contradição em si. Os estudos da juventude não podem permanecer insensíveis a estas novas realidades. Pelo que terão de se libertar de uma geometria euclidiana do saber. No campo das ciências exatas, este movimento de libertação começou com Riemann, que inventou uma geometria que serve para que a ela sejam aplicadas as coisas do mundo e não apenas para desenhá-las numa folha de papel; movimento de libertação que continuou com Cantor que pulverizou o espaço, inventando os primeiros fractais; e culminou com Einstein. E mesmo no campo das ciências ditas exatas estes movimentos de libertação não surgiram sem algum tipo de resistência: as curvas sem derivada, por exemplo, eram chamadas "curvas de mau comportamento" porque, na moral da matemática clássica, somente as curvas que iam direitas à direita tinham o estatuto de curvas bem-comportadas. Ora, o que a pesquisa realizada nos mostra é que as transições dos jovens para a vida adulta são transições complexas e ziguezagueantes, sem rumo fixo ou predeterminado.

É certo que há jovens que dizem "olhar o futuro com os pés assentes na terra". Mas isso não significa que o futuro que venham a caminhar seja aquele que foi visto com os pés assentes na terra. O *assentamento dos pés* remete para um "solo vital" (CALVO, 2001, p. 77-102) que não se projeta necessariamente no futuro. Esse "solo vital" condiciona o que se *pode fazer*. A avaliação das condições físicas e sociais que favorecem ou desfavorecem a vida permite a tomada de decisões relativamente ao que se pode ou não fazer. Mas o que se pode nem sempre se *deve fazer*. Aqui entram em jogo constrangimentos normativos, éticos e culturais que levam a que uma pessoa nem sempre faça o que se pode fazer por imperativo do dever.

Gil Calvo (2001) identifica o que se *pode fazer* com o *solo material* (das estruturas) que assentam no princípio da realidade; em contrapartida, o que se *deve fazer* pode ser identificado com um *teto cultural* (de normas e crenças institucionais) regulado pelo princípio do dever. O solo material e o teto cultural são os componentes principais do que tenho designado de *estruturas labirínticas da vida*. É nelas que os jovens se questionam: Que fazer? Abre-se, então, um campo de dilemas e de estratégias cujo princípio é o do querer (associado ao desejo e à escolha). As encruzilhadas de vida obrigam à opção, à eleição de um caminho que medeia entre um solo material (O que posso fazer?) e um teto cultural (O que devo fazer?) – caminho de enclausuramento, mas também de libertação, tanto dos determinismos da infraestrutura quanto dos controles normativos exercidos pela superestrutura. São nestas encruzilhadas de vida que se joga a vida e o futuro da mesma.

Entre os jovens que acompanhamos coexistem e combinam-se, de maneira diferente, os princípios da realidade (O que posso fazer?), do dever (O que devo fazer?) e do querer (O que quero fazer?). Independentemente dessas combinações, variantes ao longo da vida, podemos distinguir entre os jovens duas grandes tendências em relação às atitudes perante o mundo do trabalho. De um lado, temos a *ética da formiga*, marcada por uma forte entrega ao trabalho e uma relativa propensão à poupança: todo e qualquer gancho ou biscate que dê algum dinheiro aproveita-se, independentemente da satisfação intrínseca que se possa retirar do trabalho que se faz. De outro lado, temos a *ética da cigarra* caracterizada pelo prazer lúdico que se possa retirar do trabalho realizado ou, mais radicalmente, do não trabalho. No caso *da ética da cigarra*, o futuro aparece associado a uma imprevisibilidade errática que torna imprevisível o curso das trajetórias. Em contrapartida, na *ética da formiga* prevalece o cálculo do futuro a longo prazo, seu faseamento em etapas, tendo como suporte o controle desse mesmo futuro.

O que separa estas duas éticas é a contradição que resulta do enfrentamento da busca de gratificação imediata com o cálculo racional do interesse próprio a longo prazo. Esta contradição foi exemplarmente desenvolvida por Hirschman (1978), ao retomar uma problemática que havia já sido equacionada por Hume: Como submeter a um controle racional e previsível os ímpetos caprichosos e instáveis do que acontece no quotidiano? O que está em jogo, pois, é uma escala temporal: ou bem se desfruta do presente e se sacrifica a possibilidade de alcançar um maior bem-estar no futuro, como acontece com a cigarra; ou bem se sacrifica o prazer presente ante a esperança de se chegar a obter maiores rendimentos futuros, como sucede com a formiga.

A preponderância circunstancial de uma destas duas éticas de vida, mesmo quando se combinam, resulta das experiências concretas vividas pelos jovens no mundo do trabalho e fora dele. A própria diversidade dos ritmos e tipos de trabalho determina o interesse pelo mesmo. Trabalhos aparentemente sem interesse podem ter o seu lado agradável na medida em que podem largar-se e retomar-se a qualquer momento. O rodopio de jovens por diversos trabalhos pode ser olhado de dois ângulos de observação: por um lado, pode-se sustentar que a instabilidade inicial vivida por esses jovens quando entram no mundo do trabalho é indutora de apreensão, desmotivação e frustração; por outro lado, pode-se sustentar que a fixação de um jovem a um emprego duradouro pode impedi-lo de encontrar outra ocupação mais consonante com suas habilitações ou preferências (RYAN, 1999). A instabilidade profissional, ela própria, pode ser olhada de dois modos diferentes. Há uma clara diferença entre uma instabilidade inicial que envolve jovens que experimentam uma série de trabalhos de curta duração, mudando sucessivamente de um para outro na tentativa de encontrarem a melhor ocupação, e aquela instabilidade permanente que resulta de transições continuadas entre trabalhos precários e mal pagos, intervalados por períodos de desemprego.

Alguns jovens inscrevem-se em zonas de *vulnerabilidade* (CASTEL, 1992) em relação às quais importa promover políticas de integração que sejam efetivamente preventoras da exclusão social. No labirinto da vida, alguns jovens *querem* (princípio do desejo), mas não *podem* (princípio da realidade) vencer os desafios que se colocam a si mesmos. Por isso, por vezes referem-se ao futuro em termos condicionais, a ideia de planificação do futuro é substituída pela de expectativa, pela ideia de espera investida em sonhos ou ilusões. Os trajetos de vida são sincronizados com os projetos que dela se fazem, mas, frequentemente, a formulação dos projetos impede a culminação dos trajetos, os impasses do presente tornam o futuro ausente, os escolhos dificultando as escolhas. Entre alguns jovens surge, então, uma forte orientação em relação ao presente, já que o futuro fracassa em oferecer possibilidades de concretização das aspirações que em relação a ele se desenham. Os projetos de futuro encontram-se relativamente ausentes. Ou, existindo, são de curto prazo. O importante é viver o dia a dia, ter dinheiro para os gastos do quotidiano – pouco importa de onde vem o dinheiro, se de ganchos, biscates ou de mesadas –, todo o resto cai no reino da incerteza.

O *princípio da incerteza* não domina apenas a vida de muitos jovens. É um princípio presente entre todos os que se preocupam com o futuro dos jovens: familiares, políticos ou sociólogos. Há umas décadas, os cientistas sociais colocavam-se defronte das suas bolas de cristal (teorias) e prediziam tranquilamente o futuro dos jovens – futuro tanto mais previsível quanto mais inscrito nas engrenagens da reprodução social (Paul Willis, Pierre Bourdieu etc.). As profecias tornavam-se realidade, e esta alimentava aquelas. As dificuldades de inserção profissional eram imputadas a causas generalizáveis que afetariam os jovens do mesmo modo: nos anos de 1970 apregoava-se a "alergia ao trabalho", depois falava-se da "inadequação da escola ao mercado de trabalho"... Hoje em dia os prognósticos são mais agnósticos. As "conjugações astrais" (relações entre variáveis sociológicas) são bastante mais problemáticas ou espúrias e os próprios jovens já não podem ser vistos como fazendo parte de um conjunto homogêneo. Que mais pesa na transição dos jovens da escola para o trabalho? As suas habilitações escolares ou origens sociais? Os seus projetos ou trajetos? As mudanças socioeconômicas ou as estratégias de recrutamento dos empregadores? A escola prepara os jovens para o emprego ou encobre-os do desemprego? Estas interrogações são particularmente pertinentes na periferia da Europa, onde mais se fazem sentir os abalos sociais provocados pela convergência europeia. Elas podem fazer sentido outras latitudes sociais do mundo contemporâneo.

## Referências

BECK, B. "The metaphor as a mediator between semantic and analogic modes of thought". *Current Anthropology*, vol. 19, n. 1, 1978, p. 83-97.

BRUNO, P. & TREMEL, L. "La pratique des jeux vidéo – Approche d'un loisir de masse médiatisé". *Ethnologie Française*, XXV (1), jan.-mar./1995, p. 103-111.

CALLOIS, R. *Le jeux et les hombres.* Paris: Gallimard, 1958.

CALVO, G. *Nacidos para cambiar*. Madri: Taurus, 2001.

CASTEL, R. "La inserción y los nuevos retos de las intervenciones sociales". In: ALVAREZ-URIA, F. (ed.). *Marginación y inserción*. Madri: Endymion, 1992, p. 25-36.

CERTEAU, M. *L'Invention du quotidien* – Arts de faire. Paris: Union Génèrale, 1980.

CRAINE, S. "The black magic roundabout: cyclical transitions, social exclusion and alternative careers". In: MacDONALD, R. (ed.). *Youth* – The Underclass and Social Exclusion. Londres: Routledge, 1997.

DUBET, F. & LAPEYRONNIE, D. *Les quartiers d'exil*. Paris: Seuil, 1992 [Col. L'Épreuve des Faits].

FISHLER, C. *L'Homnivore*: le gout, la cuisine et le corps. Paris: Odile Jacob, 1990.

FURLONG, A. & CARTMELM, F. *Young People and Social Change* – Individualization and Risk in Late Modernity. Buckingham: Open University Press, 1977.

GIDDENS, A. *Modernity and Self-Identity*. Londres: Polity Press, 1991.

HIRSCHMAN, A. *Las pasiones y los intereses*. México: Fondo de Cultura Económica, 1978.

KOSELLECK, R. *Le futur passe* – Contribution a la semantique des temps historiques. Paris: Ehess, 1990.

MacDONALD, R. "Fiddly jobs, undeclared working and the something for nothing society". *Work, Employment and Society*, vol. 8, n. 4, dez./1994, p. 507-530.

MERLEAU-PONTY, M. *Fenomenología de la percepcion*. Barcelona: Península, 1975.

PAIS, J.M. *Ganchos, tachos e biscates* – Jovens, trabalho e futuro. Porto: Ambar, 2001.

_____. "A vida como aventura: Uma nova ética de lazer?" *New Routes for Leisure* – Actas do Congresso Mundial. Lisboa: Universidade de Lisboa, 1994.

_____. *Culturas juvenis*. Lisboa: Imprensa Nacional/Casa da Moeda, 1993.

PAIS, J.M. (coord. cient.). *Gerações e valores na sociedade portuguesa contemporânea*. Lisboa: SEJ/ICS, 1999.

_____. *Inquérito aos artistas jovens portugueses*. Lisboa: Universidade de Lisboa, 1995.

QUEAU, P. *Le virtuel* – Vertus et vertiges. Paris: Champ Vallon/Institut National de l'Audiovisual, 1993.

ROBERT, P. & KELLENS, G. "Nouvelles perspectives en Sociologie de la Déviance". *Revue Française de Sociologie*, XIV, 1973, p. 371-395.

ROBERTS, K. *Youth and Employment in Modern Britain*. Oxford: Oxford University Press, 1995.

ROULLEAU-BERGER, L. *La ville intervalle* – Jeunes entre Centre et Banlieu. Paris: Meridiens Klincksieck, 1993.

RYAN, P. "The school-to-work transition twenty years on: issues, evidence and conundrums". In: OCDE. *Preparing Youth for the 21$^{st}$ Century*. Paris: Ocde, 1999.

SAHLINS, M. *Islands of History*. Chicago: The University Chicago Press, 1987.

SENNETT, R. *La corrosión del carácter* – Las consecuencias personales del trabajo en el nuevo capitalismo. Barcelona: Anagrama, 2000.

SHANAHAN, M.J. "Pathways to adulthood in changing societies: variability and mechanisms in life course perspective". *Annual Review of Sociology*, 26, 2000, p. 667-692.

SHAW, C.R. & McKAY, H.D. *Juvenile Delinquence and Urban Areas*. Chicago: The University of Chicago Press, 1969.

THOMAS, W. & ZNANIECKI, F. *The Polish Peasent in Europe and America*. Chicago: University of Illinois Press, 1984 [1918].

THRASHER, F.M. *The Gang*. Chicago: University Chicago Press, 1960.

# Parte IV

—

## Trabalho infância: diversidade e desigualdades

# Trabalho e infância: reflexões a partir da experiência educativa do MST

*Deise Arenhart*
*Sandra Luciana Dalmagro*

Abordar sobre trabalho tem sido uma necessidade e uma constante nos estudos da infância, visto que, quando se fala em direito ou não ao usufruto da infância, geralmente o parâmetro que avalia a "qualidade dessa" é, justamente, o nível de envolvimento que as crianças têm com o lúdico e/ou o trabalho. Assim, é considerável a produção teórica acerca da problemática relativa ao trabalho na infância, designado por seu caráter precoce, insalubre e explorado[1]. Os estudos relativos a esse tema têm atingido extrema relevância para fortalecer a luta política pelo direito à infância[2].

Contudo, sem desconsiderar a necessidade de se engrossar o debate nesse campo, mas nos certificando de que essa perspectiva do problema (da exploração do trabalho na infância) já tem sido alvo de pesquisas em diver-

---

1 A exploração do trabalho na infância tem se colocado na história do capitalismo como uma das ferramentas mais vantajosas para a produção de mais-valia. Essa problemática tem sido alvo de preocupação e estudos no mundo todo. No Brasil, destacamos os trabalhos de Antuniassi (1983), Martins (1993), Del Priore (1999), Silva (2000), Azevedo, Huzak e Porto (1998).

2 Estudos mais críticos têm indicado que o problema da exploração do trabalho na infância deve ser visto de maneira a encarar suas causas. Portanto, deve ir além da simples erradicação do trabalho das crianças, visto que essa medida não só não resolve, como pode inclusive piorar a situação de vida das crianças que têm na utilização de sua força de trabalho a sua principal luta pela sobrevivência. Nesse sentido, implica a garantia dos direitos básicos como emprego, trabalho, moradia, saúde, educação etc., esses crescentemente roubados na medida em que cresce a imposição do Estado neoliberal. O direito à infância está relacionado, portanto, à totalidade da vida social, neste caso, às estruturas que levam seja à exploração do trabalho na infância, seja à necessidade das famílias introduzirem as crianças no trabalho de modo precoce e intenso.

sas áreas, nos centraremos em abordar a constituição do trabalho na vida de crianças que se relacionam com ele não por uma necessidade premente de sobrevivência, portanto, *a priori*, não se trata da mesma natureza do trabalho explorado na infância. Mas trata-se de olhar para o trabalho como condição que também constrói as experiências das múltiplas infâncias, uma vez sendo constitutivo do processo de humanização de nossa espécie.

Desse modo, analisamos a relação que crianças residentes no meio rural e pertencentes ao Movimento dos Trabalhadores Rurais Sem Terra (MST) estabelecem com o trabalho. Os espaços e tipos de trabalho aqui analisados referem-se aos espaços doméstico e escolar; em ambos perpassa o reconhecimento da dimensão educativa do trabalho – mote que conduz o sentido do trabalho para o MST –, sendo essa a intencionalidade pela qual as crianças são incentivadas a trabalhar nesses espaços.

Considerando, pois, que cabe uma reflexão capaz de ir além da denúncia, buscamos compreender, a partir das próprias crianças[3], os sentidos que atribuem ao trabalho em suas vidas, o que buscam pelo trabalho e o que indicam que pode auxiliar na reflexão sobre os efeitos dessa atividade na infância. Além disso, também buscamos analisar até onde o MST consegue avançar na produção de relações de trabalho que superam a condição alienante e degradante, característica do trabalho na sociedade capitalista.

Assim sendo, as pesquisas que embasam as reflexões deste capítulo foram desenvolvidas junto a crianças e adultos moradores no assentamento *Conquista na Fronteira,* cujo projeto político e pedagógico está articulado ao Movimento dos Trabalhadores Rurais Sem Terra (MST)[4].

O texto está estruturado de modo que, primeiramente, abordamos o conceito de trabalho a partir da perspectiva marxista, pela qual refletimos sobre as relações entre a concepção moderna de infância e a concepção

---

[3] Incluir as crianças como principais sujeitos do estudo justifica-se pela necessidade de dar coerência a uma concepção que as reconhece como atores sociais e, portanto, as mais capazes de fornecer informações no que concerne a si próprias (SARMENTO & PINTO, 1997; LANSTED, 1991).

[4] Esse assentamento localiza-se no município de Dionísio Cerqueira, Santa Catarina, e comporta 60 famílias que coletivizaram a terra, o trabalho e a produção. Esta característica de organização coletiva faz com que este assentamento seja visto como uma referência nacional que expressa o projeto de organização da vida no campo que o MST busca construir.

burguesa de trabalho. Ainda nesse tópico, analisamos a concepção do trabalho como princípio educativo, perspectivada na pedagogia do MST.

Na segunda parte do texto, organizada em três subtópicos, destacamos as manifestações das crianças sobre o trabalho e tecemos algumas reflexões no sentido de buscar responder às principais questões motivadoras do presente capítulo, a saber: Como as crianças Sem Terra percebem o trabalho em suas vidas? Como elas trabalham? O que as motiva para trabalhar? Em que o trabalho favorece e/ou limita a experiência da infância? Em que o trabalho no MST está sendo educativo para uma nova sociedade?

## 1 Infância, trabalho, educação e MST: refletindo conceitos e relações

O modo hegemônico de conceber a infância se constrói sob o entendimento de que as crianças devem ficar isentas de qualquer tipo de trabalho, pois se acredita que este, em si mesmo, seja incompatível com o direito dessas de gozarem da infância. Acreditamos que essa é uma visão equivocada e demasiado simplista de enxergar a problemática, pois está calcada também num jeito limitado de entender o que seja a atividade de trabalhar e os motivos que se relacionam à construção da oposição entre trabalho e infância. Estas visões aparentemente opostas não contribuem para a efetiva compreensão da questão em foco.

Para desenvolver essa discussão nos apoiamos em Sarmento (2002), o qual afirma que toda criança trabalha, pois desenvolve uma atividade social. Assim, esse autor defende que é preciso reconhecer o trabalho das crianças, uma vez que essas também realizam atividade social, e, como seres humanos, se humanizam e constroem cultura trabalhando.

Notadamente, é preciso compreender qual concepção de trabalho está alicerçando essa posição do autor. O mesmo parte de uma concepção de trabalho como atividade; não se pauta, portanto, na concepção burguesa de trabalho, em que este só é visto e valorizado como tal se serve para a acumulação capitalista. Indo ainda mais fundo na questão, Sarmento nos ajuda a compreender como essa visão burguesa de trabalho tem construído formas de valoração sobre grupos sociais, condicionados a sua capacidade de produzir para o capital. Assim, afirma que por meio da expressão burguesa alguns grupos, como o das mulheres, das crianças, dos idosos e alguns tipos de trabalhos como de domésticas, de alguns artistas e voluntários, não são reconhecidos como produtivos, porque deles não se extrai exploração imediata da força de trabalho para a produção de mais-valia, ainda que, indiretamente, contribuam para o acúmulo do capital.

Problematizando ainda essa questão, o autor alega que o não reconhecimento das atividades que as crianças realizam na infância, como estudar ou ajudar nos serviços domésticos, ajuda a construir uma imagem no senso comum sobre as crianças que as coloca na escala de menoridade

> [...] por não ascenderem à condição de autonomia atribuída pelo desempenho de uma atividade socialmente considerada como útil (e, consequentemente, remunerada). [...] Podemos, deste modo, considerar que o não reconhecimento da generalidade das atividades das crianças como trabalho é um efeito de poder, e reflete o desapossamento em que a infância está colocada na sociedade contemporânea (SARMENTO; BANDEIRA & DORES, 2000, p. 39-41).

Portanto, uma primeira questão que pretendemos esclarecer é esta: a de que as crianças trabalham e isto não chega a ser problema para o direito à infância, desde que o tipo de trabalho que realizam não as aliene da condição de sujeitos e de crianças. Nesse sentido, somente um trabalho que não seja o trabalho explorado e alienado e um trabalho que não as limite a vivenciar outras experiências humanas, como o estudo e a brincadeira que é própria da infância, pode ser aceitável[5].

Assim, cabe esclarecer que concepções de trabalho podem apontar para uma ou outra direção. Partimos da concepção marxista que analisa a ambivalência do trabalho, sua positividade como ação pela qual o homem constrói sua humanidade e sua negatividade, associada à submissão ao capital, condição pela qual o homem torna-se, no dizer marxiano, "perdido de si mesmo".

---

5 Sarmento, Bandeira e Dores (2000), analisando o trabalho domiciliário das crianças na Região do Ave, em Portugal, apontam alguns indicadores gerais – ligados à perspectiva exposta acima – para avaliar os tipos de trabalho aceitáveis ou não aceitáveis na infância. Consideram ainda que é preciso realizar mais pesquisas com as próprias crianças para poder ter mais elementos para perceber como elas próprias sentem o trabalho em suas vidas.

Apesar de Marx se apresentar como o maior dos críticos à ideologia do trabalho, é preciso ter claro que sua visão negativa do trabalho está relacionada às condições históricas em que ele é realizado nas sociedades divididas em classes, em particular sob a lógica do capital. Em *O capital*, Marx (1999) mostra que nesta forma de sociedade o trabalhador não produz para satisfazer suas necessidades, mas as do acúmulo da riqueza sob a forma burguesa; não se produz como sujeito, mas como objeto, coisificando-se. Esta crítica radical às formas alienadas de produção da existência não elide a visão marxiana do trabalho como formador do ser humano, ou seja, atividade por meio da qual este produz sua existência, ao mesmo tempo em que se produz como tal.

Os textos de Marx e Engels sobre a educação e o ensino têm indiscutivelmente, entre si, um eixo articulador de onde partem suas reflexões: a relação trabalho-educação ou trabalho-ensino. Cada um dos autores não apenas capta o tema predominante na pedagogia moderna[6], como lhe dá uma perspectiva bastante distinta da tradicional burguesa. Ambos identificam que o sistema fabril lança as bases para a união entre ensino e trabalho, entretanto tal unidade se encontra apenas em germe no sistema de fábrica capitalista e neste não pode se realizar ou desenvolver, pois a sociedade, fundada na propriedade privada, pressupõe a divisão do trabalho em classes. Entretanto, se a forma de produção industrial contém a potencialidade de ligar ensino e trabalho, o antagonismo de classes no capitalismo permite que ela se realize de forma muito parcial e limitada.

A forma de trabalho capitalista exige e produz um trabalhador parcial, fragmentado, e as formas educacionais que lhe são condizentes são unilaterais e acríticas. Assim, para Marx, a conjugação entre ensino e trabalho que tem seu germe posto no capitalismo, apenas com a conquista do poder político da classe trabalhadora se desenvolverá. A concepção socialista de

---

6 No capitalismo, distintamente das sociedades que o antecederam, o trabalho produtivo está "no centro da vida social, tanto no sentido econômico como no sentido cultural, moral e teórico" (CASTRO, 1988, p. 2). Isto é, o trabalho não é visto como atividade de escravos ou não nobres, mas atividade que todo cidadão realiza, por ela tornando-se "digno". Essa questão norteará, segundo Manacorda (1991), a pedagogia moderna, pois coloca a formação dos trabalhadores como uma questão essencial.

união ensino-trabalho, a qual, como base da educação integral é indispensável à formação de um novo homem, dá unidade entre o saber e o fazer.

Vemos assim quão distante está a perspectiva socialista de educação da perspectiva burguesa e, como indica Suchodolski (1976, p. 180), "significa que se devem mudar radicalmente muitas ideias tradicionais sobre o ensino, muitas concepções puramente escolásticas sobre o trabalho educativo e o desenvolvimento da criança". Sem dúvida abala os valores moralistas burgueses que, se de um lado transformam os filhos das classes médias e altas naquilo que Gramsci (1986) chamou de "mamíferos de luxo", de outro sujeita as crianças pobres, filhas de trabalhadores, camponeses, desempregados, favelados, a formas de trabalho e vida que nenhuma outra sociedade jamais viu. Uma forma mais atual destes extremos é a crescente separação do mundo da criança do mundo adulto, pela qual, mesmo crianças filhas da classe trabalhadora encontram-se afastadas de atividades simples, mas que seriam importantes para sua formação, ao passo que seus pais encontram-se exauridos cotidianamente no trabalho. As estruturas sociais, porém, levam para que, quando adultas, reproduzam a condição familiar.

Revela-se assim a inocuidade dos discursos de proteção à infância que não se articulam com as condições mais amplas em que se desenvolve o trabalho na sociedade capitalista. Diante disso, pensamos que não é qualquer trabalho que seja nocivo à infância, mas o trabalho explorado, alienado e em condições degradantes, ao qual a maior parte das pessoas se encontra submetida e que não deixa de afetar, direta ou indiretamente, as crianças[7].

---

[7] A condição familiar constitui de modo basilar as crianças e suas histórias de vida. O trabalho que desenvolvem os pais e as condições em que o desenvolvem afetam a infância das mais variadas formas. O cansaço, *stress*, as longas jornadas, o nível de renda, escolaridade e cultura atravessam o cotidiano e implicam a constituição não apenas dos adultos, mas das crianças que têm aí a base de sua formação. No assentamento pesquisado identificamos que a jornada de trabalho dos adultos na cooperativa acaba por remeter às crianças um conjunto de tarefas domésticas. Na sociedade, de modo geral, cada vez mais se identificam problemas decorrentes da falta de convívio entre pais e filhos, seja pelo pouco tempo que os primeiros acabam dispondo, consumidos pelo trabalho, deslocamento e uma infinidade de afazeres, seja porque o tempo que dispõem para estar com as crianças está efetivamente ocupado pelos meios de comunicação de massa. Nessa conjuntura, são crescentes as dificuldades de educar os filhos e mesmo de estabelecer um projeto educativo dos pais: como educar e para que educar parece se encontrar em crise e afeta profundamente a qualidade da relação familiar e a formação das crianças.

Nesta direção é oportuno questionar: A resolução do problema localiza-se apenas numa questão geracional ou precisa articular esta com a superação das atuais relações de trabalho?

A escola também reflete, ao seu modo, a divisão entre trabalho manual e intelectual. Historicamente construída separada do mundo do trabalho, no capitalismo prepara de modo imediatista para o mercado de trabalho e de modo muito desigual os filhos das diferentes classes. Como lugar privilegiado para o trabalho intelectual (ainda que de modo cada vez mais empobrecido, em particular para os setores pobres), a escola não articula trabalho manual e intelectual, reproduzindo esta divisão ou dualidade, na qual o trabalho manual é desprestigiado. Como contraponto a estes extremos, Gramsci defende uma escola unitária, a qual, pautada no desenvolvimento intelectual e social aprofundado, possibilitará a todos o acesso aos bens materiais e intelectuais e não apenas a alguns.

Pistrak também contribui para pensar a relação trabalho, infância e educação sobre bases radicalmente distintas. Pistrak defende uma Escola do Trabalho, a qual visa articular o estudo com a vida, tendo no trabalho socialmente útil um forte meio de conexão. Em Pistrak, o trabalho também se liga à atualidade, ou seja, às questões candentes e que comportam alguma centralidade na vida social e à auto-organização dos estudantes, isto é, o exercício de responsabilidade, criação, autogoverno ou autodireção. Pistrak encontra-se em um momento histórico, a Rússia revolucionária, em que as multidões precisavam aprender a comandar e não apenas a serem comandadas. Pensamos que a união trabalho manual e intelectual, a articulação entre o local e o global, do específico com o geral, ligam-se ao saber comandar/ser comandado, que na sociedade atual também se encontra dissociado.

Pistrak e Gramsci nos ajudam a entender, portanto, que o trabalho socialmente necessário precisa ser dividido entre todos, respeitando as particularidades de cada idade e de cada ser; não reservando a um grupo ou classe social o trabalho pesado, insalubre, explorado, enquanto outros apenas usufruem da riqueza. Nesse sentido, a participação de todos no trabalho socialmente necessário, de modo compatível com as possibilidades de cada um, torna-se altamente educativa para compreensão e inserção social com igualdade, percebendo o sentido social do trabalho.

Seria desnecessário afirmar, não fosse o imbróglio em que a questão hoje se encontra, que a relação da criança com o trabalho e a responsabilidade precisa ser adequada à sua idade, não comprometendo seu desenvolvimento físico, afetivo, social e mental plenos. Se adequadamente exercitada, a inserção gradativa e adequada da criança no mundo do trabalho e no mundo adulto é propulsora do desenvolvimento infantil. Para além da dualidade ou dos extremos como o trabalho explorado ou apartação da criança do trabalho ou da sociedade/mundo adulto, pensamos que a relação da criança com o trabalho manual e intelectual, articulada a uma sólida formação social, afetiva, artística e lúdica, possibilita a construção de seres mais plenos e participativos na sociedade, auxiliam na superação da relação explorador-explorado e das formas alienadas de trabalho.

Assim, no projeto educativo do MST rumo à construção da sociedade socialista, o trabalho ganha destaque como elemento pedagógico central de sua pedagogia. Quando o Movimento aponta o trabalho como princípio educativo, é preciso esclarecer a quem o MST deseja que ele seja educativo, uma vez que toda ação pedagógica é educativa para a construção de um determinado projeto, assim sendo, pode ser (des)educativa para outro.

Nesse sentido, o movimento compreende que o trabalho é fundamental para a construção de uma nova sociedade, pois são fundamentalmente as relações de trabalho que determinam um certo modo de organização social, pela qual torna-se possível construir novas relações sociais e também novas consciências, tanto coletivas como pessoais (MST, 1999).

Portanto, uma vez que se almeja a construção de uma sociedade socialista – em cujo contexto as relações de trabalho não sejam determinadas pela exploração humana para a acumulação privada de riqueza material, mas sejam travadas com base na solidariedade para o bem do coletivo – esse novo jeito de produzir a vida deve ser compreendido e construído pelos Sem Terra, trabalhando.

> O que defendemos através deste princípio é a relação necessária que a educação e a escola devem ter com os desafios do seu tempo histórico. No caso das práticas educacionais que acontecem no meio rural, esta relação não pode, hoje, desconsiderar a questão da luta pela Reforma Agrária e os desafios que coloca para a implementação de novas relações de produção no campo e na cidade (MST, 1999, p. 8).

Para o MST, o trabalho educativo para a transformação social não é aquele de concepção burguesa. Este, aliás, é (des)educativo para o projeto de sociedade do Movimento. Ao contrário, entende que é preciso recuperar sua dimensão edificante, educativa, transformando as relações de trabalho capitalistas para forjar a construção de uma nova cultura, pautada em valores socialistas. Dessa forma, indica o trabalho coletivo, cooperado, como uma das principais estratégias para a construção de uma nova forma de trabalhar no campo, diferente da cultura individualista e competitiva que marca o trabalho no sistema capitalista.

O trabalho é temática recorrente também nos documentos educacionais do MST. Especificamente sobre o trabalho de crianças e adolescentes, encontramos um caderno, *Estórias de Rosa* (MST, s.d.), em que se condenam as formas inapropriadas de trabalho infantil, mas defende-se que o trabalho possui um potencial formativo imenso para crianças e adolescentes quando adequado à idade e devidamente acompanhado.

Assim, o trabalho, como elemento central da pedagogia do MST, ocupa também a escola, se constituindo, pois, como princípio educativo. O que motiva esta premissa para o Movimento é justamente a necessidade de romper com a divisão entre ensino e trabalho, teoria e prática, trabalho manual e trabalho intelectual que tem marcado a perpetuação da sociedade dividida em classes. "Articulada à hegemonia do capital sobre o trabalho, no capitalismo a escola existe para distribuir desigualmente o saber, como resultado e condição da existência da divisão social e técnica do trabalho" (KUENZER, 1992, p. 97).

A forma de como o trabalho se manifesta como princípio educativo na proposta educacional do MST aproxima-se da proposição de Gramsci, na qual o trabalho é conteúdo e método ao mesmo tempo, relacionando-se com a ciência e a ética (ligada ao desenvolvimento de valores humanistas), de modo a colocar a educação escolar a favor da formação integral do homem.

Num dos boletins que discorre sobre a Educação do MST, esse princípio aparece nos termos da "Educação pelo trabalho e para o trabalho", ou seja, é conteúdo (ligado ao mundo do trabalho) e método, pelo qual o Movimento pretende atingir seus objetivos políticos e pedagógicos. Reproduzimos, a seguir, alguns dos objetivos que se atrelam a essas duas dimensões explicitadas num dos boletins do MST. Com relação à educação ligada ao mundo do trabalho, o MST pretende:

> Desenvolver o amor pelo trabalho e, especialmente, o trabalho no meio rural; entender o valor do trabalho como produtor de riquezas e saber sobre a diferença entre relações de exploração e relações igualitárias de construção social pelo trabalho; superar a discriminação entre o valor do trabalho manual e do trabalho intelectual, educando para ambos; tornar mais educativo o trabalho que nossos estudantes já exercem nos acampamentos, nos assentamentos ou em outras instâncias da organização, do ponto de vista técnico, mas também do ponto de vista da superação das relações de exploração e de discriminação (MST, 1999, p. 16).

Já o trabalho como método pedagógico é concebido como possibilidade de desenvolver várias dimensões da proposta educacional do Movimento, assim explicitadas:

> O trabalho como prática privilegiada capaz de provocar necessidades de aprendizagem, o que tem a ver com o princípio da relação entre prática e teoria, com a construção de objetos de capacitação, e com a ideia de produzir conhecimento sobre a realidade; o trabalho como construtor de relações sociais e, portanto, espaço também privilegiado de exercício da cooperação e da democracia; estas mesmas relações sociais como lugar de desenvolvimento de novas relações entre as pessoas, de cultivo de valores, de construção de novos comportamentos pessoais e coletivos em comum, de cultivo também da mística da participação nas lutas dos trabalhadores e da formação da consciência de classe (MST, 1999, p. 16).

Como se pode perceber, nos próprios documentos do MST o trabalho, de fato, destaca-se como um componente fundamental para consolidar tanto a perspectiva mais imediata do MST, ligada à sobrevivência material, como também a dimensão mais ampla, relacionada à perspectiva da luta da classe trabalhadora por sua emancipação.

O assentamento pesquisado de onde decorre este capítulo tem colocado a si o desafio de construir relações de trabalho pautadas na orientação do MST, portanto, caracteriza-se como um assentamento coletivo em que todas as pessoas coletivizam a terra, o trabalho e a produção. Tendo em seu cerne a ideia do coletivo, e não da propriedade privada; da cooperação, e não da competição; em princípio, a experiência construída nesse assentamento se coloca como possibilidade de superação desse modelo. Porém, esse processo é marcado por vários conflitos, dificuldades e contradições inerentes a toda experiência social que se propõe a construir o novo, mas se encontra ainda condicionada – econômica, social e culturalmente – pelo velho modelo desumanizante do capital.

Portanto, as crianças que falaram por meio de nossas pesquisas e que retratamos neste capítulo são construídas por esse contexto – a sociedade capitalista e o assentamento coletivo do MST. Tendo como referência o conhecimento do contexto de onde elas advêm, bem como o conhecimento do que é próprio do ser criança, é que construímos a base teórica para buscar compreender o que queriam nos dizer suas falas, gestos, expressões, silêncios, contradições, enfim, suas múltiplas manifestações. Passamos, a seguir, a dar visibilidade e analisar estas expressões.

## 2 Sentidos do trabalho para as crianças

Contrariando nossas hipóteses, que se construíam na direção de relacionar o trabalho como uma atividade malquista pelas crianças, quando conversamos com elas sobre o cotidiano e o que gostavam de fazer em casa e na escola, era quase unânime a indicação do trabalho como uma atividade que valorizam e de que gostam.

Orientaram a interpretação desse dado duas considerações, construídas pela imersão teórica e as observações sobre as crianças pesquisadas.

Primeiramente, trata-se da consideração de que as crianças, levadas pelo fato de se reconhecerem como um grupo subordinado aos saberes e domínios dos adultos, geralmente não dizem aquilo que realmente pensam ou sentem, mas aquilo que elas pressupõem que queremos ouvir. Leite (1997, p. 76) chama a atenção para esse fato, argumentando que "comumente em desigualdades de forças – pai/filho, patrão/empregado, aluno/professor – a pessoa facilmente age ou responde, não necessariamente o que pensa, mas o que imagina que deveria, o que imagina que querem que ela faça ou fale". Assim, tendem a assumir as expectativas que os adultos têm para elas; no caso, não é outra senão a de reproduzir o sentido moralizador que o trabalho tem na sociedade capitalista, e também no MST.

Segundo, a consideração de que a relação que as crianças constroem com o trabalho tende a ser diferente da dos adultos, visto que essas geralmente se fixam mais no processo, na experiência imediata da ação do que no produto, como o é na lógica adulta e nas relações de trabalho alienado. Assim, as crianças demonstraram querer viver, por meio do trabalho, experiências que, muitas vezes, não conseguem garantir fora dele, como estar em grupo para brincar juntos, manusearem a terra, os instrumentos de trabalho e converterem isso em brinquedo, estarem próximas dos animais, da natureza, dos pais e/ou da família.

Assim, percebemos que as crianças veem no trabalho uma estratégia de *sobrevivência econômica, valorização, interação social e manifestação lúdica*. Ou seja, dentro da atividade de trabalhar elas procuram garantir esses três elementos, ou porque assim lhes foi ensinado pelos pais, ou porque elas próprias sentem a necessidade de viverem essas dimensões e o trabalho acaba sendo um espaço possível.

### 2.1 O trabalho como estratégia de sobrevivência econômica

Esta parece ser a forma que mais expressa a aprendizagem adquirida pelos pais, em que se misturam os valores do MST com os valores da ideologia do trabalho capitalista. As crianças reconhecem no trabalho a possibilidade de ganhar dinheiro para prover a subsistência. "Eu acho que trabalhar é melhor do que ficar sem dinheiro, sem casa, ter que dormir na rua" (Cléber, 9 anos).

Historicamente, é disseminada no senso comum uma ideologia valorativa sobre o trabalho pela qual o sistema encobre a real degradação humana que o trabalhador sofre nas relações capitalistas, assim como os mecanismos de produção da miséria, da acumulação do capital e generalização da pobreza, do sobretrabalho, além de individualizar – quando não biologizar – o que é social. Por essa ideologia, o trabalho possui valor moral, que enobrece as pessoas e as torna úteis à sociedade; portanto, é preciso trabalhar para ser pessoa de valor.

Naturaliza-se, assim, um valor moral positivo e quase inquestionável, ficando imune às reflexões até dos setores mais críticos da sociedade, inclusive o MST (uma vez que ele não está fora da sociedade capitalista). Com o desenvolvimento do neoliberalismo na era da globalização, essa conformação tem aumentado, pois, pior do que o trabalho, é ficar sem ele. Dessa forma, as pessoas estão duplamente alienadas: as que estão empregadas sofrem a exploração, e as que não estão sofrem em dobro por não poderem ser exploradas. Se o MST pretende transformar o trabalho de concepção burguesa, é preciso que tanto a prática como a retórica construída em torno do trabalho seja distinta da veiculada no seio deste sistema.

Além da ideologia do trabalho, ou articulada a ela, identificamos no assentamento *o trabalho como necessidade*. É perceptível que trabalhar é necessidade primeira dos assentados, como de qualquer pessoa que não é proprietária dos meios de produção. Por isso, gostar ou não do trabalho é secundário, porque "trabalhar, tem que trabalhar". É isso o que os assentados afirmam e o que de fato se apresenta para eles. "A gente precisa viver" (Rita, assentada). Trabalho, dessa forma, é sinônimo de vida. É a única condição colocada para aquelas pessoas de continuar existindo frente ao capital. Assim, sua vida passa a ser dominada pelo trabalho, este passa a regular sua existência. A luta pela terra e por uma nova sociedade, como tanto sonham, viver de forma tranquila e segura, ter um tempo para o lazer, para passear... tudo isso está à mercê das necessidades de trabalho. "Desde que me conheço por gente sempre trabalhei" (Eli, assentada). É esta a ordem que se coloca em suas vidas, pelo menos na atual sociedade. Ainda assim, ou exatamente por isso, lutam pela superação do capitalismo.

A ideologia do trabalho e o trabalho como necessidade convivem e eventualmente articulam-se, nas percepções dos assentados, com a luta pela superação social, a qual também é presente no assentamento, revelando um aprendizado advindo das lutas do MST.

Assim, é importante destacar que se há naturalização do trabalho e deste na atual forma social, inclusive com um julgamento moral, também há percepções críticas do trabalho sob o jugo do capital e lutas efetivas para superação destas relações. Identificamos que o MST é um sujeito educativo forte no assentamento que aponta para dimensão do coletivo, da liberdade e da emancipação. As crianças convivem e aprendem neste ambiente, compartilhando com os adultos não apenas a naturalização do trabalho e sua ideologia, mas também as lutas e os valores sociais do MST. Percebemos que as crianças, motivadas por sentimentos de sensibilização social, conseguem dar outra serventia para o usufruto do produto de seu trabalho.

> Quando eu for grande eu também vou trabalhar bastante para ajudar os pobres, aqueles que não têm casa, estão na rua, estão passando fome, eu vou querer ajudar eles (Arquidauana, 7 anos).

> Nós lutamos para que as crianças que moram na rua podem ter mais esperança, que tenham casa para eles, comida e estudo para eles. Então nós trabalhamos para ajudar as outras pessoas também (Volnei, 8 anos).

> "O que eu mais gosto é de ajudar os outros, trabalhar, carpir." Pesquisadora: "E se eu te convidasse para trabalhar de vendedor lá na cidade, você iria?" "Eu sim, porque daí a gente vende e se têm os pobres que não têm dinheiro, a gente pode dar de graça e os outros que têm dinheiro, dão dinheiro para a gente" (Cléber, 9 anos).

O dinheiro – objeto de extrema ganância dada sua representação de poder e riqueza na sociedade capitalista – é visto pelas crianças com fins que extrapolam a serventia de ótica individualista, o que indica a presença dos valores aprendidos no MST.

Assim, se o trabalho como necessidade é algo inquestionável nas atuais relações sociais, instaurando-se a presença de uma ideologia que valore o trabalho para perpetuação dos interesses burgueses, estes não se colocam como únicos e inquestionáveis no assentamento pesquisado. Há forças atuantes em sentido contrário, questionadoras, críticas, que apontam para as possibilidades de reorganização da vida e do trabalho, que indicam alternativas coletivas e não apenas individuais; ecológicas e não agressivas ao meio natural e social, que alimentam o sonho de uma sociedade nova e não o congelamento desta que oprime tanto adultos como crianças.

## 2.2 O trabalho como possibilidade de valorização e interação social

> Eu gosto de trabalhar para ter o próprio dinheiro e porque daí nós já estamos trabalhando que nem os grandes (Andrea, 11 anos).

Nas entrelinhas desse depoimento, lê-se que as crianças sentem a desvalorização de que a infância é vítima em nossa sociedade, uma vez que não é o grupo etário mais produtivo ao capitalismo (pelo menos, não deveria ser). Assim, disseminada a concepção de infância sem valor em si mesma, as crianças são apressadas a se tornarem logo adultas, e esta conquista é mediada pela capacidade de trabalhar; então, o trabalho passa a ser uma porta de entrada para o reconhecimento social que muitas não conseguem sentir fora dele.

Partindo do pressuposto de que a infância não é uma experiência que já está dada naturalmente, mas está condicionada às diferentes relações culturais e sociais construídas historicamente, Souza e Pereira (1998) afirmam que as crianças são portadoras das aspirações que cada época e contexto projetam nelas.

> A produção e o consumo de conceitos sobre a infância pelo conjunto da sociedade interferem diretamente no comportamento de crianças, adolescentes e adultos, e modelam formas de ser e agir de acordo com as expectativas criadas nos discursos que passam a circular entre as pessoas, expectativas essas que, por sua vez, correspondem aos interesses culturais, políticos e econômicos do contexto social mais amplo (JOBIM & SOUZA, 1996, apud SOUZA & PEREIRA, 1998, p. 28).

Ao mesmo tempo em que, na Modernidade, a infância passa a ser reconhecida como categoria social, esse reconhecimento não respeita a experiência humana de ser criança, pois a nega, à medida que a empurra para o futuro, valorizando-a o quanto mais seus comportamentos e atitudes se pareçam com os dos adultos.

Numa sociedade guiada mais por interesses econômicos do que humanitários, e impulsionada pela racionalidade científica (que se submete a esses interesses), é compreensível que a infância seja vista como um tempo inútil, uma vez que o que as crianças são e produzem nesse tempo é subversivo e escapa aos controles de um projeto calcado pela razão científica e pelo progresso econômico. Isso equivale a dizer que o modo de vida capitalista está assentado em cima da demanda que o trabalho (alienado) impõe sobre o cotidiano. O tempo para si próprio e as experiências pessoais dos sujeitos estão comandados pelo tempo exíguo que o relógio do capital lhes permite.

Por isso, pensar no não apressamento da infância e lutar pelo direito à experiência de ser criança dentro daquilo que caracteriza essa categoria tem a ver não somente com a defesa dos direitos de um grupo etário, mas com a necessária retomada da própria humanidade dos homens e mulheres, tão ameaçada em *nossos tempos*. Para tanto, é preciso estranhar o desejo que as crianças expressam em serem valorizadas como os adultos, estranhando também o próprio lugar em que a Modernidade colocou a infância – lugar de espera e preparação para a vida adulta. Quem sabe, assim se torne possível que elas, podendo se colocar como crianças no mundo, também nos revelem pistas do que andamos perdendo e ganhando nesse caminho guiado quase exclusivamente pela dimensão racional do homem adulto.

Voltando aos discursos das crianças sobre o trabalho, elas ainda parecem manifestar que é através dele que conseguem uma outra forma de interação social: a de estar em companhia de seus pais e familiares. O convívio social é outra negação da Modernidade, que vem se agravando com o desenvolvimento do capitalismo, em que a classe trabalhadora tem que trabalhar cada vez mais para conseguir manter o mesmo padrão de vida, prejudicando, consequentemente, as relações sociais.

No assentamento investigado, percebemos que as crianças não vão à roça pela necessidade acima exposta, mas, uma vez que seus pais trabalham de quatro a oito horas diárias e, provavelmente, estão cansados à noite, esta pode ser uma forma de garantirem a companhia deles por mais tempo.

Por outro lado, o modo de vida do campo ainda consegue manter a aproximação entre as gerações, pois a mistura entre crianças e adultos permite às primeiras acompanharem os últimos em seus ofícios. Esse modo de organização social primitivo está sendo quase totalmente abandonado pelo modo de vida da sociedade capitalista. Esse afastamento tem produzido relações de estranhamento entre as gerações, em cujo contexto pais desconhecem e temem os próprios filhos e os filhos não respeitam e não aprendem com a experiência dos mais velhos; assim, também "não se reconhecem como continuidade da história dos pais" (SOUZA & PEREIRA, 1998, p. 38).

Portanto, pelo trabalho as crianças conseguem garantir a interação com a família, o que nos indica que elas exprimem este desejo de aproximação. Além disso, nessa interação torna-se possível trocar experiências entre gerações, tanto no sentido de preservar a tradição e os saberes dos mais velhos, como no sentido dos mais novos acrescentarem novidades à tradição acumulada historicamente. Desde que seja fundada no respeito às diferenças do "outro" e no reconhecimento daquilo que ele produz, a interação apresenta-se como campo fértil, pela qual diferentes experiências – advindas de tempos históricos diversos, mas interconectados – podem se intercruzar de modo a conseguir melhor olhar o passado para compreender o presente e inventar o futuro.

Assim, através das experiências dos adultos, as crianças podem aprender as habilidades técnicas de diferentes trabalhos, bem como compreenderem suas origens culturais, étnicas e de classe, de forma que, assumindo seu condicionamento, possam reconhecer-se como capazes de criar outro rumo para sua história.

Alertamos ainda que este anúncio elas já fornecem no momento presente de suas vidas, em sua latente capacidade de juntar o que já existe e criar o novo. Dessa forma, as crianças humanizam a história, porque, pela mania que têm de brincar com a realidade, resgatam aspectos que tendem a desaparecer pela ação de uma racionalidade calcada mais na valorização do capital do que nas várias dimensões inerentes à espécie humana. Como mais uma vez elas transgridem e (re)produzem a realidade, é que continuamos a discutir no tópico que segue.

## 2.3 O trabalho como possibilidade de experiência lúdica

Essa dimensão está relacionada às várias interações que o trabalho (rural e coletivo) possibilita: o contato com a natureza (terra, plantas, água, animais), a companhia dos adultos e dos pares.

Nessas interações, as crianças transgridem o sentido puramente produtivo do trabalho que o separa da possibilidade lúdica e associam o caráter de brincar ao trabalhar. Assim, a forma de trabalhar, aqui entendida como produções das crianças durante o trabalho, identifica que esta possibilidade é mais presente quando o trabalho é nas equipes, sendo realizado pelo coletivo de pares de crianças. Daí que o trabalho adquire mais graça, porque, quando estão juntas em pares, transformam a atividade do trabalhar em brincadeira, e os instrumentos de trabalho em brinquedo.

> O trabalho coletivo é muito divertido porque é junto com os outros e a gente vai brincando também. Que nem quando a gente vai levando o adubo na horta, uns vão colocando e quando busca dá para subir no carrinho e brincar de levar o outro passear (Volnei, 8 anos).

O que essa criança exprime demonstra a busca da construção de estratégias que garantam a ludicidade. Com isso, ela transforma o próprio trabalho, dotando-o de sentido e prazer.

Portanto, para as crianças, parece que a motivação dominante da atividade de trabalhar não está necessariamente na produção advinda do trabalho, como o é na lógica adulta, mas nas experiências, sensações, prazer imediato que podem obter através dele. Por aí elas transgridem o sentido (ou a falta de sentido para o trabalhador) atrelado nas relações capital $x$ trabalho.

O trabalho alienado impede que o trabalhador possa sentir-se integrado à atividade que está realizando, pois esta geralmente lhe é forçada e estranha. Por isso, trabalhar torna-se uma atividade vazia de sentido, de vida e de prazer. O trabalhador aguenta a degradação de que é vítima, fixando-se no usufruto de seu resultado. Este, por sua vez, não é o que produz com seu trabalho, mas o dinheiro com o qual não consegue fazer mais do que sustentar a própria força de trabalho, sem a qual o capital não existe.

As crianças conseguem estabelecer uma relação subversiva a esse modelo. Analisamos que isto se deve a dois fatores: primeiro, porque os tipos de trabalho que realizam, não sendo de caráter remunerado e não estando elas diretamente relacionadas à produção capitalista, não sofrem a imposição abrupta do capital. Segundo, porque elas, como analisa Iturra (2002), apresentam-se, em seus modos de ser crianças, mais inteiras na atividade que realizam, na qual querem abstrair o máximo de sentidos. Por isso, elas trabalham encontrando nesta ação possibilidades de trocar afetos, de criar, inventar, brincar. Elas sabem da importância de trabalhar, mas não se fixam e não se contentam com isso, pois querem mais, querem ser felizes no momento presente, transformando a atividade que comumente é vista como tediosa e chata, em oportunidade para saborear outros gostos.

Por isso, ao contrário do que a tradição moderna buscou consolidar sobre a infância – aquele que não fala –, as crianças não só querem falar, como falam de várias formas, apontando ao adulto "verdades que ele já não consegue ouvir ou enxergar" (SOUZA & PEREIRA, 1998, p. 36).

Nesse caso, elas nos ensinam a transformar o trabalho sério e chato em trabalho lúdico, prazeroso. É claro que não se trata de somente "brincar em serviço", até porque a estrutura capitalista, de fato, não permite isso. Mas trata-se de reconhecer que, para além da necessidade de mudar o sistema econômico forjando outras relações de trabalho que ultrapassem a subordinação deste ao capital, é preciso também repensar outra forma de viver, de dar sentido ao trabalho, de juntá-lo ao prazer, à criação e à brincadeira, transformando a cultura da alienação em uma cultura de humanização. As crianças já buscam fazer isso, mostrando que também têm coisas para ensinar.

### Considerações finais

A título de conclusão, ainda que provisória, cabe-nos recuperar as questões centrais que motivaram este capítulo e tecer as últimas considerações sobre elas: O que o olhar sobre os discursos e as manifestações das crianças pode nos ajudar a pensar não só sobre as relações destas com o trabalho, mas também sobre a relação com a infância de forma geral? Em que o MST avança e contribui para a reflexão crítica do trabalho em nossa sociedade e, especialmente, da relação entre trabalho e infância?

Primeiro, há de se refletir sobre os motivos que levam as crianças a gostarem tanto de trabalhar. Para além dos de ordem moral – o que consideramos também ser preciso questionar –, destacamos outro elemento: o da suposta busca de satisfação no trabalho, porque talvez fora dele possa ser mais difícil alcançar a valorização social, o contato com os pais, o encontro entre pares, o livre-contato com a natureza e o brincar.

Por outro lado, é importante destacar que, se as crianças conseguem viver essas várias dimensões por meio do trabalho, isto também se deve ao fato de que as relações ali estabelecidas (no assentamento do MST) permitem que isto seja vivenciado.

Nesta direção, destacamos que a experiência de trabalho coletivo no MST indica importantes avanços no tocante a superação das relações e do sentido do trabalho de feição capitalista. Isto, notadamente, também traz implicações para a forma de relação que as crianças estabelecem com o trabalho e para a integração deste como gerador de experiências vitais na infância, como participação social, interação entre gerações, experiência lúdica etc.

É a experiência de trabalho coletivo que favorece a construção de relações menos individualizadas, mais autônomas e mais lúdicas. "No individual as pessoas cansam de trabalhar e no coletivo não, começam a dar risada" (Volnei, 8 anos). Por meio do trabalho coletivo na escola, as crianças são incluídas no processo de organização e gestão escolar. Cuidando, zelando, planejando, embelezando, pesquisando, avaliando o andamento estrutural e pedagógico elas constroem conhecimento, desenvolvem sua autonomia e cidadania, como pessoas que aprendem e participam (trabalhando) do espaço social que é próprio da infância. É o coletivo que permite às crianças não precisarem inserir-se tão precocemente nos serviços da lavoura, como ocorre em grande parte das localidades rurais que individualmente precisam dar conta de uma demanda de trabalho grande e diversificada. É o coletivo que permite que elas tenham mais contato com os adultos e pares, condição importante para que essa atividade possa constituir um momento de inventar brinquedos e brincadeiras, contar piadas, histórias ou simplesmente sentir que não estão sozinhas.

Aos ensinamentos do MST aliam-se os indicativos das crianças, a nos mostrar que, em síntese, o princípio da vida é que deve inspirar as relações do ser humano, sendo que todo o trabalho é válido desde que gere e não roube a vida, a vitalidade, a alegria, a imaginação e a infância. As crianças nos ensinaram muito sobre a vida, a desejá-la, a lutar e a trabalhar por ela, afinal... "Quando uma pessoa tem vida, ela faz muitas coisas como trabalhar, brincar, estudar, correr, pular e ajudar os outros" (Cléber, 9 anos).

Assim, as crianças – pelo que representam como anúncio da possibilidade e novidade – e o MST – pela experiência histórica de luta e superação de um sistema degradante – nos alertam para aproximar o ser humano daquilo que a sociedade capitalista tem tratado de afastar: as gerações, a natureza, a coletividade, a criação, a solidariedade, a ludicidade, a omnilateralidade. Indicam-nos, sobretudo que, mais do que afastar uma geração da experiência social e cultural de trabalhar, cabe transformar o próprio trabalho para que seu sentido ontológico de humanização se sobreponha ao sentido de alienação. Nessa perspectiva, o projeto de luta pela garantia à infância prescinde do necessário projeto de transformação social, no qual a transformação das relações de trabalho é central.

## Referências

ANTUNIASSI, M.H. *Trabalhador infantil e escolarização no meio rural*. Rio de Janeiro: Zahar, 1983.

AZEVEDO, J.; HUZAK, I. & PORTO, C. *Serafina e a criança que trabalha*. São Paulo: Ática, 1998.

CASTRO, R.P. *A questão do trabalho*. São Carlos: UFSCar, 1988 [Programa de Pós-graduação em Educação].

DEL PRIORE, M. (org.). *História das crianças no Brasil*. São Paulo: Contexto, 1999.

GRAMSCI, A. *Concepção dialética da história*. 6. ed. Rio de Janeiro: Civilização Brasileira, 1986.

ITURRA, R. "As culturas da cultura: infantil, adulta, erudita". *Revista Educação, Sociedades e Culturas*, n. 17, 2002, p. 135-153.

KUENZER, A. *Ensino de 2º grau*: o trabalho como princípio educativo. 2. ed. São Paulo: Cortez, 1992.

LEONTIEV, A. *O desenvolvimento do psiquismo*. Lisboa: Horizonte Universitário, 1978.

MANACORDA, M.A. *Marx e a pedagogia moderna*. São Paulo: Cortez/ Autores Associados, 1991.

MARTINS, J.S. "O massacre dos inocentes". In: MARTINS, J.S. (org.). *Regimar e seus amigos* – A criança na luta pela terra e pela vida. São Paulo: Hucitec, 1993.

MARX, K. *Manuscritos econômicos e filosóficos* (1844). São Paulo: Martin Claret, 2002 [Coleção Obra-prima de Cada Autor].

_____. *O capital* – Crítica da economia política. Vol. I. 17. ed. Rio de Janeiro: Civilização Brasileira, 1999.

_____. *O capital* – Crítica da economia política (1867). Vol. II. 3. ed. São Paulo: Nova Cultural, 1988.

MOVIMENTO DOS TRABALHADORES RURAIS SEM TERRA. "Princípios da educação no MST". *Caderno de Educação*, n. 8, 3. ed., 1999. São Paulo.

_____. *Estórias de Rosa*. São Paulo: MST, s.d.

SARMENTO, M.J. *Crianças*: educação, culturas e cidadania ativa. Braga: Universidade do Minho, 2002 [Projeto de pesquisa; mimeo.].

SARMENTO, M.J.; BANDEIRA, A. & DORES, R. *Trabalho domiciliário infantil* – Um estudo de caso no Vale do Ave. Lisboa: Peeti, 2000.

SILVA, M.R. *O assalto à infância no mundo amargo da cana-de-açúcar*: Onde está o lazer/lúdico? O gato comeu? Campinas: Unicamp, 2000 [Tese de doutorado].

SOUZA, S.J. & PEREIRA, R.M.R. "Infância, conhecimento e contemporaneidade". In: KRAMER, S. & LEITE, M.I. *Infância e produção cultural*. Campinas: Papirus, 1998.

SUCHODOLSKI, B. *Teoria Marxista da Educação*. Vol. 3. Lisboa: Estampa, 1976.

# A infância indígena

Trabalho e educação das crianças Kaingang

*Luci Teresinha Marchiori dos Santos Bernardi*

*Edivaldo José Bortoleto*

*Leonel Piovezana*

*Nas favelas, no Senado*
*Sujeira pra todo lado*
*Ninguém respeita a Constituição*
*Mas todos acreditam no futuro da nação*
*Que país é esse?*
*No Amazonas, no Araguaia iá, iá,*
*Na Baixada Fluminense*
*Mato Grosso, Minas Gerais e no*
*Nordeste tudo em paz*
*Na morte eu descanso*
*Mas o sangue anda solto*
*Manchando os papéis, documentos fiéis*
*Ao descanso do patrão*
*Que país é esse?*
*Terceiro Mundo, se for*
*Piada no exterior*
*Mas o Brasil vai ficar rico*
*Vamos faturar um milhão*
*Quando vendermos todas as almas*
*Dos nossos índios num leilão*
*Que país é esse?*

*Xe naiupotári biã,*
*karaíba moabaitébo,*
*memé ñe moxý jandébo,*
*marã ey memoãmemoã*

*Ndaéi memé jepí,*
*jandé repiáka serã:*

*"Iporangeté kunumí
miausubambueri, mã!"?*

*Taté, taté, kunumí
nandenupãi karaíba!
Iñemoyrondoá, moxý.
Noipetéki nde atýba, guerekó aíba ri!*[1]

A Banda Legião Urbana, em *"Que país é este"*, e José de Anchieta, no fragmento do poema *"Dança de reis"* (em poesia, obra quatrilíngue – tupi-guarani, português, latim e espanhol), dão-nos a motivação para esta reflexão sobre a infância indígena: as almas de nossos índios, desde há muito, violentadas. Almas como metáforas dos corpos! Corpos como metáforas das almas! Corpos castigados, explorados, vendidos, assassinados. Assim, podemos ver as vicissitudes de nossas etnias indígenas diversas e plurais a partir do primeiro encontro até o momento presente. Nessas vicissitudes ainda há experiências não ditas, não contadas, não narradas. A história da infância indígena no Brasil ainda não emergiu, assim como as histórias das crianças africanas e europeias que aqui chegaram. A história da infância que se forma na mistura, na mestiçagem do povo brasileiro nesta *Terra Brasilis* ainda está por ser escrita, portanto.

Este trabalho, considerando essas muitas histórias a serem contadas, pretende apresentar uma reflexão sobre a infância indígena imersa no imenso mundo do trabalho e da educação. Espera-se assegurar uma primeira aproximação à questão, considerando carecermos de uma história da infância indígena, de uma história da infância negra, de uma história da infância mestiça do Brasil e da América Latina Caribenha. Sempre quando se enfrenta a questão da infância, a referência é a europeia. Pensar a infância por uma única referência é pensar a história da infância e, portanto, da família a partir do horizonte do homem medieval. Philippe Ariès, em sua *História social da criança e da família* (1978), de maneira diacrônica e sin-

---

1 Eu não queria vir, / temendo os brancos, / sempre maus para nós, / mesmo sem guerra traiçoeiros. // Não dizem todas as vezes, / se nos veem: / "Ai, que bonitos meninos / Para serem escravizadozinhos?!" // Cuidado, cuidado, garoto, / para que os brancos não te batam! / Eles são irritáveis, maus. / Não vão te esbofetear, / conforme é seu mau costume! (Poema *Dança de reis* (ANCHIETA, 1954, p. 831).

crônica, narra a trajetória da infância a partir do século XIII, quando pensa o assunto a partir dos temas dos anjos, das infâncias santas. O estudo de Ariès percorre os séculos XV, XVI e XVII, articulando a análise da infância à história da arte e da iconografia dos séculos XV e XVI.

Ora, perguntar pela questão da infância indígena a partir da realidade brasileira, de maneira mais específica, e da realidade latino-americana caribenha, de maneira mais geral é perguntar por uma questão moderna, pois o Novo Mundo nasce moderno, já que não tem uma Idade Média. Por outro lado, tem uma longa e complexa proto-história pré-colombina de inúmeras nações étnicas. Cada uma delas tem seus sistemas idiomático-linguísticos, com suas formas de sistema cultural, religioso, filosófico, científico, artístico, político e tecnológico, sobre as quais ainda muito pouco sabemos, pois foram culturas dizimadas pela superioridade europeia. Os europeus aqui chegaram com a pólvora, o ferro e o cavalo e com formas simbólicas religiosas e políticas que foram se sobrepondo às culturas autóctones e, ao mesmo tempo, misturando-se a elas, fazendo emergir, assim, um continente de linguagens altamente híbridas.

Esta reflexão acerca da infância indígena, em torno da relação entre a educação e o trabalho infantil indígena, se apresentará em três momentos. No primeiro, quer se construir uma grade de compreensão analítica para tal questão, sinalizando, pelo menos, três aportes que subsumiram a questão indígena ao longo desses pouco mais de 500 anos de história do Novo Mundo. Assim, acreditamos que três aportes teóricos formularam a questão indígena e podem ajudar na formulação de uma história da infância indígena: o aporte tomasiano, com Frei Bartolomeu de Las Casas (1997); o aporte marxiano, com José Carlos Mariátegui (2010); e o aporte nominalista franciscano, com Gilberto Freyre (1997). Portanto, quer demonstrar a existência de três analíticas para se formular uma epistemologia da infância indígena. Em um segundo momento, quer olhar para a educação indígena e a educação escolar indígena em suas relações e configurações, nas quais a escola assume um importante papel na construção identitária da criança indígena. E, por fim, sob a forma de uma narrativa de relato, quer olhar para a questão do trabalho indígena e ver como, ainda, as questões pertinentes ao preconceito e à violência à infância indígena fazem-se presentes em pleno século XXI.

## Por uma epistemologia da infância indígena

> Un gran debate se desenvuelve desde el descubrimiento de América hasta la Ilustración. Este debate sirve de prólogo, por decir así, al sistema de valores que Europa y Estados Unidos opondrán luego desde sul altura imperial al pueblo de América Latina (RAMOS, 1973, p. 79).

Qual debate é esse sobre o qual trata Ramos? É o debate iniciado na Europa logo após o descobrimento, pelo dominicano espanhol Bartolomeu de Las Casas. Esse frade dominicano de formação tomista e cristã do movimento da segunda escolástica hispânica denunciou os abusos e explorações do colonialismo espanhol. A denúncia colocava em discussão na metrópole espanhola a natureza e os objetivos últimos da conquista (BORTOLETO, 2003).

Frei Bartolomeu de Las Casas (1474-1566), espanhol e bispo de Chiapas, constitui-se na primeira chave analítica para a leitura da questão indígena no horizonte da cultura latino-america-caribenha. Las Casas entra em tensão com seu antagonista, o dominicano Juan Ginés de Sepúlveda (1490-1573), cronista de Carlos I e de Felipe II, reis da Espanha. O fato que constitui o debate é o da guerra justa (*iusti belli causa*)[2]. Em seus tratados, diz Las Casas sobre os dois argumentos utilizados por Sepúlveda:

> [...] La una es que las guerras que se han hecho por los españoles contra los indios fueron justas de parte de la causa y del auctoridad que hay para movellas, y que lo mismo se pueden y deben, generalmente, contra ellos hacer. La otra es que los indios son obligados a se someter para ser regidos de los españoles, como menos entendidos, a los más prudentes, y si no quieren, afirma que les pueden hacer guerra [...] (1997, p. 219).

Juan Ginés de Sepúlveda, no contexto da Segunda Escolástica na Península Ibérica, reformula em suas teses, na obra *Demócrates alter*, a teoria da "escravidão natural" contida na *Política* de Aristóteles. Mas, nesse mes-

---

2 Para o aprofundamento desta questão, qual seja, a da *iusti belli causa*, valem as leituras dos filósofos, teólogos e juristas da Segunda Escolástica no século XVI, como, p. ex.: VITORIA, F. *Os índios e o direito da guerra (De indis et de jure belli relectiones)*. Ijuí: Unijuí, 2006. • SUÁREZ, F. *De legibus*. Vol. IV. Madri: Consejo Superior de Investigaciones Cientificas/Instituto Francisco de Vitoria, 1973. • VILLEY, M. *A formação do pensamento jurídico moderno*. São Paulo: Martins Fontes, 2005.

mo contexto, o da Segunda Escolástica, principalmente à luz dos filósofos e teólogos de Salamanca, Las Casas, em sua acuidade e sensibilidade, será o primeiro, a partir do horizonte do Novo Mundo – o *Paradisus terrestris* –, a formular a primeira crítica da destruição do paraíso pelas mãos espanholas quanto à natureza e aos objetivos últimos da conquista, bem como às teses justificadoras e ideológicas de uma concepção de poder tanto no Estado quanto na Igreja.

Tendo como cenário a filosofia e a teologia do século XVI, Las Casas se posiciona ao lado do direito das gentes do *Paradisus terrestris* e dos poderosos que estão destruindo este paraíso. Gustavo Gutiérrez, na obra *Em busca dos pobres de Jesus Cristo: o pensamento de Bartolomeu de Las Casas*, diz que "o referido ponto de partida é, para Las Casas, a convicção de que no índio, enquanto pobre e oprimido, está presente Cristo esbofeteado e flagelado. A inspiração evangélica desta percepção é evidente" (GUTIÉRREZ, 1995, p. 26).

Frei Carlos Josaphat, em *Paradigma teológico de Tomás de Aquino*, diz que "Bartolomeu de Las Casas tornou-se defensor dos povos da América aprendendo dos frades dominicanos que todos os chamados índios eram seres humanos. Tinham todos os direitos humanos e deveriam ser estimados e respeitados em sua dignidade humana e sua vocação ao Evangelho" (2012, p. 854).

Tanto Gutiérrez quanto Josaphat reconhecem em Las Casas a primeira analítica sobre a realidade indígena. Assentado em Santo Tomás de Aquino, principalmente em sua *Suma teológica*, Las Casas irá ser o primeiro a formular a compreensão de que o índio é gente e tem alma. O pensamento lascasiano, no contexto do século XX, fecundará o pensamento latino-americano caribenho, de maneira indelével a Filosofia da Libertação e a Teologia da Libertação. Enrique Dussel chamará Las Casas de "teólogo da libertação", quando assim diz:

> Para nosso "teólogo da libertação" o pecado sociopolítico do momento é a conquista. Essa práxis é "pecado e gravíssima injustiça", porém, "não foi até hoje observada" (vista) devido à "cegueira" ou "obscuridade dos entendimentos". Isto é, o sentido real da práxis não é conhecido: trata-se de uma ideologia que esconde a realidade de todos, aos adultos e às crianças, aos sábios e aos governantes (1984, p. 168-169).

Se Frei Bartolomeu de Las Casas, desde então, implicará a vida das gentes do *Paradisus terrestris* de Santo Tomás de Aquino, a condição dos índios agora tendo alma e dignidade tanto humana quanto cristã e, portanto, perspectivados na dimensão da salvação teológica, Jose Carlos Mariátegui (2010) implicará a vida e os direitos das gentes indígenas a Karl Marx. Mariátegui (1894-1930), peruano e autodidata que publicou em 1928 sua fundamental e decisiva obra *Sete ensaios de interpretação da realidade peruana*, fez com que a realidade indígena entrasse na epistemologia marxiana a despeito dos marxismos da ilustração europeia e da tradição asiática. Com Mariátegui, a tradição do marxismo ganha tradução original no *Paradisus terrestris*, pois nele está subsumido as gentes que têm alma e têm dignidade humana.

No prólogo à edição brasileira de *Sete ensaios de interpretação da realidade peruana*, Rodrigo Montoya Rojas reconhece em Mariátegui "uma voz autônoma no mundo da esquerda", e assim diz:

> Em vez de repetir as teses dos partidos comunistas e socialistas europeus, partiu de uma observação fundamental: os índios representavam três quartos da população peruana da época; e de uma conclusão original: o socialismo peruano não podia se colocar à margem dos índios, não deveria ser "nem decalque nem cópia, e sim uma criação heroica" (2010, p. 10).

Em *Sete ensaios de interpretação da realidade peruana*, Mariátegui trata sobre questões econômicas, sobre o problema da terra, o processo da educação pública, o fator religioso, regionalismo e centralismo e, por fim, o processo da literatura. Em todos esses temas o problema do índio faz-se presente. Para Mariátegui, o índio que foi explorado no contexto político do vice-reinado no Peru, na formação da República, ficou à margem, excluído da terra e de toda literatura oficial do Peru. No Peru Republicano, nenhuma voz se levantou em defesa do índio e contra os métodos brutais dos colonizadores. Assim, Mariátegui reconhece que, no contexto do vice-reinado, a única voz que se levantou a favor dos aborígenes foi Frei Bartolomeu de Las Casas. Assim, diz Mariátegui:

> O vice-reinado aparece menos culpado que a república. Corresponde ao vice-reinado, originalmente, toda a responsabilidade pela miséria e o esmagamento dos índios. Mas, nesse tempo inquisitorial, uma grande voz cristã, a do Frei Bartolomeu de Las

> Casas, defendeu de forma vibrante os índios contra os métodos brutais dos colonizadores. Não houve na república um defensor tão eficaz e determinado da raça aborígene (2010, p. 63).

A obra de Raúl Fornet-Betancourt *O marxismo na América Latina* (1995) é decisiva para a compreensão do marxismo no contexto da América Latina Caribenha, pois ela compreende a fase de recepção, tradução, desenvolvimento e expansão do marxismo, bem como a compreensão mesma do momento histórico, social, político e cultural da América Latina, do mundo do operário, e, especialmente, da história da filosofia e da presença do marxismo nessa história. Ao que diz respeito a Mariátegui, Raúl Fornet-Betancourt reconhece nele o primeiro marxista e ao mesmo tempo aquele que funda uma tradição marxista na América Latina. Nessa perspectiva, pode-se ler no que se segue a virada fundamental que Mariátegui faz na tradição marxista:

> A obra de Mariátegui, precisamente porque [...] ela representa um raro exemplo de criatividade no horizonte da teoria marxista –, não deveria ser considerada apenas como mais uma etapa da recepção do marxismo. Antes, deveria ser julgada como o início de uma tradição marxista de interpretação, que visa a contribuir para a constituição de um "marxismo latino-americano", e que, como tal, representa uma teoria que deveria ser assumida no sentido de uma hipoteca ainda não paga. Expresso de outra maneira: Na história do marxismo na América Latina, significa Mariátegui, segundo meu parecer, menos uma etapa, senão antes um programa; um programa, cuja realização marcaria precisamente a passagem da história do marxismo na América Latina para o desenvolvimento do "marxismo latino-americano" (1995, p. 113-114).

Na obra organizada por Michael Löwy *O marxismo na América Latina: uma antologia de 1909 aos dias atuais (1999)*, a figura de José Carlos Mariátegui aparece juntamente com a figura de Julio Antonio Mella, fundador do Partido Comunista Cubano. Ambos, na análise de Löwy, aparecem como os primeiros grandes marxistas latino-americanos. Para Löwy, Mariátegui "foi o primeiro comunista da América Latina a abordar o problema agrário e sua relação com o problema indígena, tentando aplicar de forma criativa o método marxista a um fenômeno especificamente latino-americano" (1999, p. 108).

Salvaguardando a distância temporal, Las Casas e Mariátegui instauram a partir de contextos e cenários distintos, mas no mesmo horizonte civilizacional do *Paradisus terrestris*, uma opção preferencial e fundamental por aqueles que foram e ainda continuam sendo, se não esquecidos, postos ainda à margem dos processos fundamentais constitutivos do Novo Mundo: os índios. No Brasil, principalmente, a questão indígena ainda se apresenta na tensão entre as etnias indígenas, por um lado, e, por outro, os fazendeiros, o agronegócio e as construções de hidrelétricas. Tanto Las Casas quanto Mariátegui, a partir de estruturas analíticas como o tomismo e o marxismo, instauram um giro epistemológico no sentido de demonstrarem não mais um tomismo e um marxismo na América Latina, mas, sim, um tomismo e um marxismo latino-americanos ao subsumirem a questão indígena. Ora, fazer uma leitura da história da infância indígena em nível de América Latina Caribenha supõe reconhecer esta virada epistemológica tanto no tomismo quanto no marxismo que subsumiram a partir de dentro a questão indígena. Assim, ao aproximar essas duas analíticas, de estruturações lógicas e ontológicas distintas, quer tão somente demonstrar que, a partir do lugar da América Latina Caribenha, tem-se duas perspectivas para a ingente e urgente tarefa de se pensar a questão da infância indígena. A hipótese, mais que demonstrada já, faz-se importante, pois ao apresentar uma leitura do tomismo e do marxismo da maneira como se veio apresentando, quer reconhecer o espírito livre, autônomo, antidogmático e aberto ao novo e includente como maneira de traduzir a tradição sem descurar o chão da realidade onde se está abrindo picadas, construindo caminhos. Ou seja, o Novo Mundo é um mundo ainda por se fazer, e não se pode fazê-lo sem a riqueza da diversidade étnica que o constitui, riqueza vinda dos povos autóctones, dos que aqui chegaram, como os europeus, africanos e outros que continuam a chegar.

Outra hipótese que nos parece cara, juntamente com as duas analíticas demonstradas acima – a tomista e a marxista –, é que no Brasil, de maneira muito particular no campo das ciências sociais, mais precisamente no campo da etnografia, Gilberto Freyre em *Casa grande & senzala* está formulando a primeira possibilidade real da história da infância indígena e não tão somente desta, mas também da infância negra, da infância mestiça, portanto, da infância híbrida.

Gilberto Freyre (1900-1987), proveniente de Apipucos, pernambuco, publica *Casa grande & senzala* em 1933. "O livro que revoluciona os estudos sociais no Brasil, tanto pela novidade dos conceitos e métodos utilizados quanto pela qualidade literária" (1997, XI). Pode-se dizer que a tese central da obra é fazer uma fenomenologia do Brasil colonial, cujas características gerais se apresentam na colonização portuguesa do Brasil, onde se forma uma sociedade agrária, escravocrata e híbrida. Assim, Gilberto Freyre irá dizer que na América tropical formou-se uma sociedade agrária na estrutura escravocrata na técnica e de exploração econômica híbrida de índio e de negro na composição da sociedade formada pelo exclusivismo religioso, não pela consciência de raça e nem pelo cosmopolitismo português (cf. 1997, p. 4).

Se em *Casa grande & senzala* se encontra a formulação de uma fenomenologia do Brasil colonial, nem por isso deixa-se de se pensar o contexto maior do *Paradisus terrestris*. A obra freyreana é ao mesmo tempo uma leitura do mundo latino-americano caribenho, pois, como diz Gilberto Freyre, "com a intrusão europeia desorganiza-se entre os indígenas da América a vida social e econômica; desfaz-se o equilíbrio nas relações do homem com o meio físico" (1997, p. 89). Sem perder o sentido do local, por ser um recifense, Gilberto Freyre pensou o Nordeste, o Brasil, a América e, quiçá, o mundo. Assim, na obra *Americanidade e latinidade da América Latina e outros textos afins* (2003), coletâneas de artigos de jornais organizados por Edson Nery da Fonseca, encontra-se uma chave metodológica, epistemológica, hermenêutica e semiótica para se ler a América, principalmente a América Latina, quando assim diz:

> Creio que entre os povos da América – entre suas elites principalmente – se desenvolve a tendência para um interamericanismo que dê à paisagem continental sua característica definitiva: a de combinar a unidade com a variedade. O continentalismo com o regionalismo. O universalismo com o localismo. A história com a geografia (2003, p. 47-48).

Assim, já se encontra, pode-se dizer, na construção de uma Sociologia das Américas, uma Filosofia da Interamericanidade em Gilberto Freyre. Então, os elos entre Las Casas, Mariátegui e Gilberto Freyre se encontram estabelecidos nessa demonstração sobre epistemologia da infância. Uma leitura da infância que combine de forma diacrônica e sincrônica, no tempo e no espaço, no local e no universal, o sentido e a significação de uma teoria da infância, agora, no diapasão latino-americano caribenho.

Da leitura do indígena na formação da família brasileira, Gilberto Freyre formulará uma fenomenologia da infância indígena, mas não só, também dos brinquedos infantis, de como esses meninos cresciam livres e sem castigos corporais, longe da disciplina paterna ou materna, do cuidado ao culumim no tocante ao seu asseio, à sua alegria e ao seu bem-estar, da higiene infantil e doméstica das crianças indígenas, bem como dos nomes dados às crianças indígenas a partir dos nomes de animais, peixes e árvores (cf. princ., 1997, 135-140). Vale reter o que se segue:

> Da tradição indígena ficou no brasileiro o gosto pelos jogos e brinquedos infantis de arremedo de animais; o próprio jogo de azar, chamado do bicho, tão popular no Brasil, encontra base para tamanha popularidade no resíduo animista e totêmico de cultura ameríndia reforçada depois pela africana. Há, entretanto, uma contribuição ainda mais positiva do menino ameríndio aos jogos infantis e esportes europeus: a da bola de borracha por ele usada num jogo de cabeçada. Este jogo brincavam-no os índios com uma bola provavelmente revestida de caucho, que aos primeiros europeus pareceu de um pau muito leve; rebatiam-na com as costas, às vezes deitando-se de borco para fazê-lo (1997, p. 135).

Na introdução deste capítulo, falamos de três aportes teóricos importantes na análise da questão indígena e que podem ajudar na formulação também de uma história da infância indígena: o aporte tomasiano, com Frei Bartolomeu de Las Casas; o aporte marxiano, com José Carlos Mariátegui; e o aporte nominalista franciscano, com Gilberto Freyre. Ao observar em uma visada a *opera omnia* de Gilberto Freyre, tem-se na formulação de seu pensamento muito mais um apreço para as questões do singular, do local, do regional. Assim, ele lê o Brasil e também a América como um arquipélago sociológico formado por um conjunto de ilhas culturais, como afirmam no Prefácio de *Americanidade e latinidade da América Latina e outros textos afins* Enrique Rodriguez Larreta e Guillermo Giucci. Ambos dizem ainda mais: "Diversidade, harmonia, equilíbrio dos antagonismos, hibridismo são temas recorrentes e constitutivos da Teoria da Cultura de Gilberto Freyre. Todos eles estão presentes nos textos dedicados à política cultural e à análise da unidade e da variedade dos mundos simbólicos do continente americano" (2003, p. 12).

Ora, em que pese o reconhecimento da presença jesuítica como algo decisivo em *Casa grande & senzala*, será à presença franciscana que Gilberto Freyre irá revelar simpatia. Assim, as teses nominalistas vindas da Escola de Oxford e da Escola de Paris, no século XIII, saídas das mãos de Occam e Lulio, respectivamente, enfatizando que os universais não têm existência real, permearão o transfundo de *Casa grande & senzala*. Essas teses far-se-ão presentes também em *Uma cultura ameaçada* e *A propósito de frades*, obras nas quais reconhecerá a presença do nominalismo presente nas civilizações hispanotropicais (cf. 2002, p. 73 e 123).

Então, se com Las Casas se pode ler a questão indígena à luz de Santo Tomás de Aquino, se com Mariátegui se pode ler a questão indígena à luz de Karl Marx, se com Freyre se pode ler a questão indígena e de maneira particular a infância indígena à luz no nominalismo franciscano, tem-se um arquipélago de epistemologias latino-americana-caribenhas que, em tensão, podem ser combinadas em perspectivas híbridas para se formular também uma teoria híbrida da infância na América Latina Caribenha.

## Da educação indígena e da educação escolar indígena

> A educação existe onde não há a escola e por toda parte podem haver redes e estruturas sociais de transferência de saber de uma geração a outra, onde ainda não foi sequer criada a sombra de algum modelo de ensino formal e centralizado (BRANDÃO, 1995, p. 13).

Pensar na infância indígena perpassa por referenciar os modelos de educação. Historicamente, os indígenas desenvolveram educação através de uma aprendizagem mútua, por meio de uma ação coletiva, na qual cada sujeito contribui para os ensinamentos tradicionais sobre a cultura e os modos de vida. De acordo com Maher (2006), a educação indígena refere-se a todos os processos educativos utilizados por cada povo indígena no ensino de atividades, sejam elas complexas ou corriqueiras, sendo que ocorrem de forma espontânea, cotidiana e continuada, sem espaço e sujeito específico para ensinar e aprender.

> Na Educação Indígena não existe a figura do "professor". São vários os professores da criança. A mãe ensina, ela é professora.

> O pai é professor, o velho é professor, o tio é professor, o irmão mais velho é professor... e todo mundo é aluno. Não há, como em nossa sociedade,, um único "detentor do saber" autorizado por uma instituição para educar as crianças e os jovens (MAHER, 2006, p. 18).

Essas práticas socializadoras, que ocorriam na comunidade em diversificados momentos, por meio de diferentes agentes e ao longo de toda a vida, são educacionais por natureza, valem-se da oralidade e têm estratégias próprias. A educação escolarizada foi imposta intentando substituir e neutralizar esses processos de formação.

A escola proposta aos povos indígenas do Brasil – a partir da presença dos missionários católicos até a estrutura de escola que conhecemos hoje – é pautada em princípios muito distintos das práticas socializadoras para estruturar a educação formal.

É necessário contextualizar que na vida da maioria dos indígenas a tradição e contemporaneidade estão lado a lado, constituindo um contexto de intensas relações sociais e trocas culturais que não permite a eles viverem como se isso não os afetasse, pois seu cotidiano enfrenta uma dicotomia constante no modo de fazer, de ser, de conceber o mundo. Nesse cenário, considerando a demarcação entre educação escolar indígena e educação indígena, consideramos a escola como um espaço de articulação entre elas, articulação esta que requer a consciência de que a segunda foi alijada em detrimento dos fins ideológicos que permearam historicamente a primeira: a assimilação e a integração dos indígenas.

A escola que conhecemos foi criada pelo não indígena e para atender as necessidades do povo não indígena. Concordamos com Tassinari (2001), quando escreve que "obviamente, não dá para fugir à constatação de que a educação escolar foi criada por uma tradição não indígena que historicamente assumiu uma postura dominante política e economicamente" (2001, p. 57). No cenário contemporâneo, como nos diz Luciano (2011), a escola passou de algo historicamente imposto para uma reivindicação dos povos indígenas, por verem-na como instrumento para a construção de projetos autônomos de futuro e como a possibilidade de construção de novos caminhos para se relacionarem e se posicionarem frente aos representantes da sociedade envolvente, com a qual estão em contato cada vez mais estreito.

Para Bernardi (2011), a escola indígena é o lugar onde os povos podem reforçar seus projetos socioculturais e abrir caminhos para o acesso a outros conhecimentos universais, necessários e desejáveis, a fim de contribuírem com a capacidade de responder às novas demandas geradas a partir do contato com a sociedade majoritária, é o espaço de reafirmação das identidades e da construção permanente de autonomia e alteridades.

O entendimento da escola como campo de articulação entre as culturas e a ideia de complementaridade em termos de apropriação de conhecimento é um aspecto fundamental para a compreensão das suas funções, que para os indígenas são percebidas como um instrumento para a conquista da autonomia. Porém, essa articulação não se dá de forma simplista, ela representa uma relação em constante movimento, que desenha o dia a dia da criança indígena, bem como a sua compreensão e postura diante do mundo, subsidiando a construção de sua identidade. Dessa forma, tensiona diferentes elementos do contexto indígena: Quem cuida da criança, quem educa a criança? O que a escola vai propor: brincar de arremedo dos animais ou jogos digitais? Ensinar a língua local, o kaingang, ou pensar no global? Qual a função da escola? Essas questões mobilizam nossa reflexão acerca da família e da escola, bem como nas múltiplas relações tecidas por elas.

## Pensando a nova organização da família indígena

As mudanças ocorridas no modo de vida dos povos indígenas Kaingang do oeste de Santa Catarina, nosso campo específico de estudo, alteraram também a estrutura familiar e os mecanismos de produção do sustento da família, passando os Kaingangs à prática agrícola, à venda de sua força de trabalho na execução de serviços (dentro e fora da Terra Indígena – TI) e ao comércio de artesanato. Também ampliou-se a venda da força de trabalho na sociedade regional ou no interior da TI, o que não faz parte da tradição Kaingang, porém, não é uma prática nova. Muitos indígenas trabalham como diaristas ou por empreitadas em lavouras, em aviários como carregadores de frango ou no corte de erva-mate; todas essas práticas são esporádicas, limitadas a determinados períodos do ano, com uma demanda sazonal.

Decorre desse novo modelo de trabalho e de vida uma profunda transformação nos processos de educação indígena das crianças, que não mais convivem com os pais e avós. Essa problemática está também descrita no Projeto Oralidade, Cuidado e Aprendizagem da Criança[3], proposta essa que nasce da percepção da situação de fragilidade em que se encontra a criança indígena, considerando as novas formas de vida das famílias Kaingang da região. O projeto tem por objetivo:

> Proporcionar às crianças Kaingang de 0 a 3 anos um ambiente seguro onde elas possam ter os cuidados necessários, respeitando os direitos fundamentais das mesmas, sendo agradável, prazeroso, seguro e de interatividade com os mais velhos e que possam crescer compreendendo e valorizando a cultura indígena, fazendo uma ligação do presente com o passado (BORGES & BELINO, 2012, p. 3).

Os autores, ao longo do projeto, vão indicando essas fragilidades a partir da observação do cotidiano das crianças. Colocam que muitas delas vivem à mercê da própria sorte quando deixadas pelos seus pais praticamente sozinhas em casa – em muitos casos ficam aos cuidados dos irmãos, alguns com as avós – para que os pais saiam para trabalhar fora da aldeia nas diversas empresas da região em busca do sustento para suas famílias. O "abandono" das crianças tem severas implicações em sua educação. A ausência dos pais oportuniza a não aprendizagem da língua nativa pelas crianças, bem como de outros elementos da cultura Kaingang, deixando a própria educação indígena como tarefa unicamente sob a responsabilidade da escola. De acordo com Bernardi (2011), 90% dos indígenas da TI Xapecó – a maior TI do Oeste Catarinense – não são falantes da língua materna. Por outro lado, muitos dos velhos detentores de conhecimentos da tradição já se foram e os que ainda vivem na aldeia vivem em situações precárias, abandonados e não valorizados. Assim como as crianças, os velhos também são marginalizados.

### Pensando o papel da escola: o ensino da língua materna e a revitalização das tradições

Na educação indígena, escolar ou não, a língua sempre teve um papel fundamental. Para os que definem, para si, a perspectiva de continuar

---

[3] Proposto pelos professores indígenas Elem Cristiane Borge e Nilson Belino, para desenvolvimento na TI Xapecó.

a pertencer a um determinado povo indígena, assim como o foram seus ancestrais, a língua é algo a ser preservado e mantido. Deve ser do conhecimento dos filhos e dos netos que devem aprender a tradição dos antigos revelada através da língua.

De acordo com Cunha (1986), a língua de um povo é um importante sistema simbólico capaz de organizar e afirmar as percepções de mundo dos grupos étnicos, sendo que na diáspora é muito difícil conservar a língua nativa, principalmente depois de vários anos de contato. Por isso sua constante reafirmação não só na terra indígena, mas fora dela, perante vários "outros" é um elemento étnico definidor.

No Brasil, é inegável a importância da língua nas relações estabelecidas entre branco e índio ao longo da história. Essas relações são marcadas por um processo de colonização, no qual os colonizadores e os catequistas aprenderam o idioma dos indígenas, principalmente os missionários catequizadores. Por outro lado, o indígena também aprendeu a língua do colonizador. Sentindo-se ocupado, invadido, dominado, sem condições para reagir, nem idealística nem materialmente, procurou imitar o colonizador e identificar-se com ele. Aprender o português dos brancos tornou-se, para muitos, uma condição de sobrevivência.

Dessa forma, ao longo da história, o contrato cultural que o branco estabelece com o indígena – relação de dominador e dominado – funcionou (e ainda funciona) como mecanismo de apagamento da língua indígena, através da "proibição": impossibilitados de falar a língua materna e com dificuldades de comunicação, os indígenas esforçaram-se em aprender o português e deixaram de ensinar aos seus filhos o Kaingang. Assim, a relação do indígena com a língua é uma relação historicizada e não natural. Seja na prática oral de linguagem, seja na escrita, seu contato com a língua é social e historicamente regulado.

Por ser a língua assim regulada é que a escola assume papel tão importante para sua efetiva defesa, manutenção e desenvolvimento, voltando-se para uma educação escolar bilíngue e intercultural. Entendemos que a ação pedagógica tradicional[4] no ensino da língua foi substituída por uma

---

4 Refere-se aos processos educativos informais que constituem a educação indígena; processo esse que permitem a reprodução dos modos de ser e das tradições nas novas gerações.

ação pedagógica formal, na escola indígena, onde é possível regular social e historicamente esse aprendizado.

A exemplo da língua, outros elementos da tradição indígena enfrentaram esse processo de apagamento, em seus ritos e costumes. Com o afastamento do povo de sua própria tradição, o significado de "valorização de suas línguas, tradições e ciências" na educação escolar proposto pelos RCNE/Indígena (BRASIL, 1998) é tomado como ensinamento, conhecimento, pois a valorização se dá a partir daquilo que se conhece. Se antigamente a preocupação era em respeitar e valorizar, atualmente a atribuição inicial perpassa por conhecer e reconhecer a sua tradição, para poder valorizá-la. Quando referenciamos o mecanismo de apagamento da língua indígena, podemos ampliar a ideia para o apagamento da própria cultura e da identidade indígena, levando o índio a deixar de existir como índio.

Assim, a escola passou a assumir a ação pedagógica tradicional na medida em que incorpora os ensinamentos que naturalmente eram realizados pelos pais, avós e complementados por indígenas mais velhos da aldeia. Essa função passa a ser do professor, cujo deslocamento propõe uma ressignificação da escola indígena: Será que é na escola que as crianças aprendem que são indígenas? Essa não é uma questão para ser aqui respondida, mas julgamos que merece atenção, a exemplo da escola não indígena, à qual muitas famílias "repassaram" a função de educar seus filhos.

Esse compromisso da escola lhe designa um papel fundamental no debate acerca da infância indígena, bem como aponta a necessidade de sua ressignificação à luz de uma epistemologia da infância indígena, ancorada na realidade brasileira. A academia precisa construir um novo olhar sobre essa problemática, também ressignificando seu aporte teórico.

### Do trabalho da criança indígena

Faz-se necessário, antes de tecer qualquer comentário em relação ao trabalho da criança indígena, observar algumas questões relevantes e que merecem ser consideradas. Dentre elas devemos destacar a diferença entre trabalho da criança indígena e tarefas praticadas por crianças indígenas que fazem parte do processo de integração da criança junto a sua comunidade.

Carece identificar e diferenciar as atividades originárias na cultura dos povos indígenas e compreendê-las como processo natural de aprendizagem, confrontando-as com aquelas atividades que foram desenvolvidas pelas crianças indígenas no contato com o homem não índio.

Na maioria dos povos indígenas do Brasil, as atividades cotidianas na aldeia eram realizadas em família. Naturalmente, as crianças indígenas acompanhavam desde cedo os afazeres dos pais, e na medida em que adquiriam experiência passavam a auxiliar na realização dessas tarefas de forma solidária com sua família e seu povo. Aprendiam artesanato, coleta, preparo e conservação de alimentos, a cuidar de crianças mais novas, fazer roçado e plantio de alimentos, pesca, caça, entre outras. Portanto, a finalidade da presença infantil indígena nas atividades era a integração e o desenvolvimento social dos membros desse povo, desenvolvendo a solidariedade, unidade de forma didática original, não de exploração. Referindo-se aos meninos e meninas indígenas, Brandão assim diz, corroborando o que estamos afirmando:

> As meninas aprendem com as companheiras de idade, com as mães, as avós, as irmãs mais velhas, as velhas sábias da tribo, com esta ou aquela especialista em algum tipo de magia ou artesanato. Os meninos aprendem entre os jogos e brincadeiras de seus grupos de idade, aprendem com os pais, os irmãos da mãe, os avós, os guerreiros, com algum xamã (mago, feiticeiro), com os velhos em volta das fogueiras. Todos os agentes desta educação de aldeia criam de parte a parte as situações que, direta ou indiretamente, forçam iniciativas de aprendizagem e treinamento (BRANDÃO, 1995, p. 19).

Tais intenções e práticas são identificadas em depoimentos de crianças indígenas[5]:

> Gosto de ajudar o pai e a mãe, fiquemos o tempo inteiro juntos, e fizemos tudo junto. Com o dinheiro que ganhamos, compramos comida, roupa e remédio quando fiquemos com gripe (Claudir, 11 anos).

---

5 Crianças acompanhadas pelos pais e vendedoras de artesanato e especiarias nas ruas da cidade de Chapecó. Depoimentos disponíveis em Siva (ou Silva) e Piovezana (2013).

Eu ia na escola na aldeia, às vezes eu vou, mas quando estamos na cidade trabalhando, não vou, aí eu não vou, eu queria ir sempre... (Cledir, 9 anos).

Tenho 12 anos e já sei ler e escrever um pouco. Faço artesanato e cuido dos meus irmãos enquanto meu pai e minha mãe saem para vender. Nós só vendemos aqui na rodoviária e dormimos aqui também. Muitas vezes o pai e a mãe vão para outras cidades e nós ficamos aqui, dormimos ali naquele canto, aqui fora porque ali dentro eles não deixam. Quando vem a Funai nós corremos, eles querem levar a gente de volta para a aldeia, mas lá a gente fica sozinho e tem gente que faz mal pra nós. Nós ganhamos bastante comida aqui e dinheiro e compramos algumas coisas e damos para minha mãe. Eu queria ir para a escola, mas é só fora da aldeia que acontece muita coisa ruim e nosso pai não deixa. As pessoas, nem todas respeitam a gente, chamam de nome feio e as crianças brancas até batem em nós. Eu tenho medo daqueles bêbados que agarram a gente e temos que correr para perto dos guardas, aí eles não vão. Eu fumo junto com meus irmãos só de vez em quando os toquinhos que achamos por aí. O pai e a mãe não querem que nós fumemos. Eu queria estudar, mas não dá porque os brancos sabem tudo e só riem de nós. Nossa casa fica na Aldeia Iraí no Rio Grande do Sul, mas quando a gente volta, não tem mais nada lá, roubam tudo. Eu sou feliz porque estou com meus irmãos e meus pais. Nós somos duas meninas e quatro piás e minha vó sempre vem com nós (Maria, 12 anos).

Outro depoimento interessante é de João Maria, que encontramos vendendo artesanato e pedindo moedas na Avenida Getúlio Vargas, centro de Chapecó, acompanhado de mais um irmão de 6 anos e uma irmãzinha de 3 anos:

Eu tenho 14 anos. Moro na Aldeia Kondá e faz muitos anos que venho aqui. Vendo de tudo: macela na Semana Santa, artesanato e tudo. Estudo, mas tenho que faltar para trabalhar. O senhor sabe como a gente vive lá e nós somos em nove pessoas e minha avó e avô são doentes. Minha mãe está lá atrás, ela cuida da gente. Aqui as pessoas respeitam a gente. Tem uns que gritam, dizem sei lá o quê, mas ficamos quietos. Tem índios que pegam coisas para vender. Eu não, a polícia está vendo tudo. O dinheiro que ganhamos vendendo é repartido e o que ganhamos de moedas compramos doces, banana e essas coisinhas (celulares nas mãos, desde a menina menor). O diretor fala para o pai e a mãe mandarem a gente para a escola, mas eles dizem que a gente tem que trabalhar. Quando eles vão vender no litoral no verão nós ficamos com nossa avó. Ela ganha o aposento, e quando recebe compra muita comida. Acaba logo porque todos vão lá comer e aí a gente sai para a cidade vender alguma coisa e pedir. Nunca roubei, eu só peço, mas sempre chamam a gente de ladrão e mandam: "vão trabalhar, seus vadios". Eu já apanhei do focinho de porco, ele vive pelas ruas, a gente corre dele. Nós dormimos às vezes na rodoviária ou por aí. A polícia cuida da gente, se estão por perto. Eu e meus irmãos falamos o Kaingang, ela só fala Kaingang e ele fala um pouco do português. Eu gosto de trabalhar aqui, quero ser cobrador de ônibus e trabalhar no frigorífico também.

De acordo com os depoimentos, em todos os casos é possível identificar elementos que denotam unidade familiar e o desejo das crianças indígenas em permanecer junto dos seus, o gosto pela presença constante dos pais e irmãos. Evidencia-se que a intenção e os frutos do trabalho dos familiares voltam-se para garantir as necessidades básicas de todos.

Silva e Piovezana (2013) relatam que, na visão dos advogados trabalhistas e no contexto do trabalho infantil, as atividades realizadas pelas crianças indígenas não se realizam com o propósito da exploração de mão de obra barata. Elas se estabelecem como uma característica de desenvolvimento sociocultural desses no âmbito familiar e na sociedade, a partir de sua cultura. Dessa maneira se garante ou, pelo menos, pretende-se manter a aproximação, a identidade, a segurança e a afetividade da família e da própria comunidade indígena.

Na medida em que a sociedade dos brancos, como se referem os Kaingang, vai ocupando os espaços antes ocupados pelas comunidades indígenas, a cultura de trabalho dos povos nativos resiste, sofre mutações. Entretanto, não perde a originalidade, a essência prevalece quando não corrompida pela idealização do trabalho como fonte de capital e, obviamente, de lucro.

Silva e Piovezana (2013) colocam que há algum tempo tem-se observado pelas ruas da cidade o movimento de vai e vem de pequenos indiozinhos. Eles passam pelas portas das lojas, cafés, hotéis, ou param na esquina e nos semáforos, com um embaraço e timidez de criança e com a carga de adulto. Oferecem objetos ou especiarias aos homens e mulheres que ali se encontram ou por ali passam. Muitas vezes, aquelas "pequenas pessoas" não recebem qualquer atenção. É como se não existissem e fossem integralizadas na paisagem urbana. São ignoradas na maioria das vezes, raramente ouvem um "não, obrigado", seguido de um sorriso amarelo, nada. Nenhuma reação do predito cliente de quem esses "pedacinhos de gente" confiavam alcançar uma negociação. Quando o negócio acontece e alguns adquirem certos objetos, "pechincham" para que o preço seja reduzido, apesar dos interessados possuírem forças desproporcionais. Afinal, é a regra do mercado.

A indiferença identificada nos olhares das pessoas em relação à presença dos pequenos indiozinhos que circulam pelas ruas das cidades golpeia de forma descarada a dignidade da pessoa humana. Essa visão panorâmica não possibilita enxergar as diferenças e descasos presentes em um plano mais próximo. Não é possível ver as particularidades, os fatos reais. Não somos "treinados para ver algumas coisas", nosso campo de visão é focado naquilo que nos interessa na particularidade (SILVA & PIOVEZANA, 2013).

Vejamos como as desgraças sociais já são integradas na paisagem urbana e de que forma o tratamento com essas minorias se manifesta no dia a dia com algumas situações verídicas que aconteceram.

Silva (SILVA & PIOVEZANA, 2013) conta que, como professor, em viagem com estudantes de 9º ano de Chapecó (é isso?) a Santo Ângelo, no Estado do Rio Grande do Sul, no ano de 2004, ao parar para o café da manhã, todos os alunos correram para comprar lanches. Um dos alunos comprou três pastéis, desceu as escadas da lanchonete e se deparou com uma família indígena (ao lado da escada, admirados estavam uma mãe índia com três ou quatro crianças, tudo indicava que por ali tinham pernoitado). O estudante passou por eles, desviando-os, chamou dois cães que por ali perambulavam e lhes deu os pastéis. Perplexo, o professor aproximou-se e perguntou o que ele havia feito: "e ele me respondeu 'nada, professor!' Perguntei a ele se não tinha visto a mãe e os indiozinhos. Ele me respondeu que não, entrou para a lanchonete assoviando, agiu naturalmente. Fiquei admirado com a naturalização da desgraça humana", conta Silva.

Outro fato narrado por Silva aconteceu em frente a um dos hotéis da cidade. Deveria ter uma convenção empresarial ou coisa assim, era muito cedo em uma manhã de inverno. Ali estavam reunidos "homens engravatados", quando chegou um menino com um maço de macela e ofereceu aos presentes. Um senhor de já certa idade, ao ser procurado pelo menino índio, disse-lhe em tom ameaçador: "Sai daí, menino vagabundo, está vendendo remédio pro teu pai tomar cachaça!" Aquela criança não tinha mais que 8 anos de idade, olhou para os "homens engravatados" e foi recuando, arredio como um cão depois de xingado pelo seu amo. E todos aqueles homens ali presentes riram com o acontecido. Um deles falou: "Você pegou pesado!" (SILVA & PIOVEZANA, 2013).

A naturalização da desgraça humana e social possibilita à sociedade negligenciar, para não observar com empatia as minorias dentro das minorias. As crianças indígenas são muito frágeis diante da sociedade, muito mais frágeis que os próprios grupos indígenas. É a fraqueza potencializada no interior do que já está fragilizado.

Não é raro encontrarmos nas ruas das cidades de pequeno, médio e grande portes crianças e adolescentes indígenas envolvidos em atividades laborativas como a venda de adornos (arcos, colares, pulseiras) confeccionados de forma artesanal e outras especiarias da região, como ervas e flores indicadas como chás (macela). Muitas dessas crianças e adolescentes vagam sozinhas pelas ruas, oferecendo seus objetos sem qualquer proteção, seja dos pais ou do Estado, vitimadas pelo preconceito e expostas aos mais bizarros estereótipos.

As crianças deixam a escola para acompanhar os pais nos trabalhos da roça de outrem, pois não têm terras para plantar. As terras ou frentes estão arrendadas por algumas lideranças e *experts* investidores não indígenas ou arrendadas de formas obscuras, em alguns casos chamadas de cooperativas. Então, restam os trabalhos familiares indígenas na poda da erva-mate, limpeza das lavouras, colheita de frutas e junta do pinhão. Os grupos familiares são levados por caminhões ou ônibus aos locais de trabalho.

Verificamos que, além dos trabalhos rurais, nos últimos cinco anos, a agroindústria está sugando a mão de obra indígena da região. São mais de três mil pessoas entre mulheres e homens indígenas trabalhando em horários de terceiro turno, locomovidos por ônibus até as indústrias. Isso tem gerado o abandono dos filhos nas aldeias e, por conta desse fenômeno, ocorrem falta às aulas, brigas, entrada de estranhos e aliciamento de menores para o tráfico de drogas.

### Da conclusão, mas para se manter no calor da abertura

>Quando o português chegou
>Debaixo duma bruta chuva
>Vestiu o índio
>Que pena!
>Fosse uma manhã de sol
>O índio tinha despido
>O português
>(ANDRADE, 1970, p. 214).

>Nos países latino-americanos, cujos primeiros habitantes atingiram elevadas culturas neolíticas, como no México, na Guatemala e outras nações da América Central, parte da Colômbia, Equador, Peru e Bolívia, ou permaneceram em graus primários de cultura (como no Brasil), o problema do indígena se torna cada dia mais crucial (DUSSEL, 1984, p. 286).

Em toda a América, mas principalmente no Brasil, o problema do indígena se torna, mais de quinhentos anos depois, cada dia mais crucial. Um grande debate se desenvolve a partir dos "descobrimentos" da América e do Brasil até hoje, portanto. E qual debate é esse? É o debate em torno da questão das terras indígenas. Nem no Brasil colonial, nem no Brasil monárquico e muito menos no Brasil republicano, principalmente com a Constituição da República Federativa do Brasil, a Constituição Democrática de 1988[6], chegou-se a um termo sobre tal questão. Se Las Casas teve que travar um intenso debate com Sepúlveda e Mariátegui teve que reconhecer que o problema da terra indígena no Peru foi ter excluído o índio da for-

---

6 A Constituição da República Federativa do Brasil de 1988, no Título VIII – Da ordem social –, cap. VIII, versa sobre os índios. No art. 231, assim diz: "São reconhecidos aos índios sua organização social, costumes, línguas, crenças e tradições, e os direitos originários sobre as terras que tradicionalmente ocupam, competindo à União demarcá-las, proteger e fazer respeitar todos os seus bens". No § 2º, assim se lê: "As terras tradicionalmente ocupadas pelos índios destinam-se a sua posse permanente, cabendo-lhes o usufruto exclusivo das riquezas do solo, dos rios e dos lagos nelas existentes".

mação da República peruana, pode-se afirmar, ainda hoje, que ao longo da história do Brasil a questão indígena sobre a terra permanece adiantada o século XXI. Por mais que a Constituição Democrática de 1988 reconheça o direito das gentes indígenas à terra e aos bens que dela vêm, como diz a canção em epígrafe neste texto, "ninguém respeita a constituição!"

Esse debate está mais evidente na mídia, principalmente na imprensa escrita, desde 2013, quando o índio Oziel Gabriel, de 35 anos, foi baleado e morreu durante confronto com policiais que cumpriam um mandato de reintegração de posse da Fazenda Buriti, em Sidrolândia, MS, pertencente ao ex-deputado estadual Ricardo Bacha (PSDB). Após cinco dias, Josiel Gabriel Alves, de 34 anos, da etnia Terena, primo de Oziel e pai de oito filhos, foi baleado nas costas com fortes possibilidades de ficar paraplégico. O transfundo dessa tensão passa justamente pela questão da PEC 215 – Proposta de Emenda à Constituição – que transfere a competência das demarcações feitas pela Funai (Fundação Nacional do Índio) – para o Congresso Nacional. O ano de 2013 foi um ano eminentemente tenso quanto a essa questão.

As forças contrárias às lutas indígenas no Brasil, por outro lado, vêm especialmente da agroindústria, que encontra na bancada dos políticos ruralistas sua expressão maior. Eles representam os grandes produtores rurais e defendem as construções de usinas hidrelétricas nos rios próximos aos quais vivem comunidades ribeirinhas e etnias indígenas, principalmente as usinas hidrelétricas nas bacias do Rio Tapajós e do Rio Teles Pires no Pará.

A narrativa desses fatos, à maneira como eles vêm à mídia, no tocante às disputas de terras, evidenciam a tensão das etnias indígenas na relação com os produtores rurais. Essas tensões são tão somente o sintoma do quão as questões estruturais no contexto da organização social e política da República não foram tocadas. Não podemos nos esquecer de que a República nasce também sob o signo da violência e dos cadáveres na Guerra de Canudos e na Guerra do Contestado. Desde Las Casas até Mariátegui e Freyre, a questão indígena ainda mostra-se como um problema em aberto que não recebeu a devida resolução, pois, em última instância, as etnias indígenas, principalmente no Brasil, ainda estão descuradas do real reconhecimento. Se com Las Casas aprendemos a noção de que índio é gente e tem alma; se com Mariátegui aprendemos que o destino do Peru só pode ser pensado a partir e juntamente com as comunidades étnicas plurais ali existentes, e, de resto, isso vale para toda a América, para todo este *Paradisus terrestris*; e, com Freyre, aprendemos que o reconhecimento do papel fundamental do índio na formação da nação brasileira foi e continua sendo decisivo, tanto quanto a presença do europeu e do africano, não podemos nos manter conformados com o fato de que ainda as gentes indígenas constituem-se como um apêndice no trato para com as coisas da República brasileira.

Olhar, então, como se fez ao longo desta reflexão, para a infância indígena, supõe, por um lado, não perder, a partir das perspectivas analíticas, o quanto já se compreendeu e se posicionou ao longo e ao largo da problemática indígena. As analíticas saídas das mãos de Las Casas, Mariátegui e Freyre estão nos dizendo sobre isso. Por outro lado, como se desenvolveu ao longo deste capítulo, sobre a educação e o trabalho indígenas, a partir de uma realidade local e situada, qual seja, o horizonte do oeste de Santa Catarina, mas sem perder a dimensão maior da realidade brasileira, quer reconhecer que há muito ainda por ser feito em torno da questão indígena. Por isso, a construção de uma literatura da infância indígena brasileira e latino-americana-caribenha pode potencializar a construção das mediações necessárias para ir pagando uma dívida praticamente impagável em nossa cultura com as gentes que por aqui, por primeiro, estiveram. Assim, parece-nos, ainda, que uma história da infância indígena brasileira e latino-americana-caribenha passa fundamentalmente pela questão da terra. É a partir desse ponto que se pode entender e compreender o *ethos* das gentes indígenas.

### Referências

ANCHIETA, J. *Poesias* – Manuscrito do século XVI, em português, castelhano, latim e tupi. São Paulo: Comissão do IV Centenário da Cidade de São Paulo, 1954.

ANDRADE, O. *Do pau-brasil à antropofagia e às utopias*. 2. ed. Rio de Janeiro: Civilização Brasileira, 1970.

ARIÈS, P. *História social da criança e da família*. Rio de Janeiro: Zahar, 1978.

BERNARDI, L.T.M.S. *Formação continuada em matemática do professor indígena Kaingang*: enfrentamentos na busca de um projeto educativo. Florianópolis: UFSC, 2011, 217 f. [Tese de doutorado].

BORGES, E.C. & BELINO, N. *Oralidade, cuidado e a aprendizagem da criança*. Chapecó: Projeto para a Aldeia Sede da TI Chapecó, 2012.

BORTOLETO, E.J. *América Latina e Caribenha*: comunicação e alteridade. São Paulo, PUC, 2003 [Tese de doutorado].

BRANDÃO, C.R. *O que é educação?* 33. ed. São Paulo: Brasiliense, 1995.

BRASIL. *Constituição da República Federativa do Brasil* – 1988. Brasília: Senado Federal/Subsecretaria de Edições Técnicas, 2010.

BRASIL/Ministério da Educação e do Desporto/Secretaria de Educação Fundamental. *Referencial curricular nacional para as escolas indígenas*. Brasília: MEC/SEF, 1998.

CUNHA, M.C. *Antropologia do Brasil*: mito, história, etnicidade. São Paulo: Brasiliense/Edusp, 1986.

DUSSEL, E.D. *Caminhos de libertação latino-americana*. Tomo IV: Reflexões para uma teologia da libertação. São Paulo: Paulinas, 1984.

FONSECA, E.N. *Gilberto Freyre de A a Z*: referências essenciais à sua vida e obra. Rio de Janeiro: Zé Mário, 2002.

FORNET-BETANCOURT, R. *O marxismo na América Latina*. São Leopoldo: Unisinos, 1995.

FREYRE, G. *Americanidade e latinidade da América Latina e outros textos afins*. Brasília/São Paulo: UnB/Imprensa Oficial do Estado, 2003 [Org. de Edson Nery da Fonseca].

_____. *Casa grande & senzala* – Formação da família brasileira sob o regime da economia patriarcal. 32. ed. Rio de Janeiro: Record, 1997.

GUTIÉRREZ, G. *Em busca dos pobres de Jesus Cristo* – O pensamento de Bartolomeu de Las Casas. São Paulo: Paulus, 1995.

JOSAPHAT, C. *Paradigma teológico de Tomás de Aquino: sabedoria e arte de questionar, verificar, debater e dialogar* – Chaves de leitura da suma de teologia. São Paulo: Paulus, 2012.

LAS CASAS, B. *Tratados*. México: Fondo de Cultura Económica, 1997.

LÖWY, M. (org.). *O marxismo na América Latina*: uma antologia de 1909 aos dias atuais. São Paulo: Perseu Abramo, 1999.

LUCIANO, G.S. *Palestra na aula magna do Curso de Licenciatura Intercultural Indígena do Sul da Mata Atlântica*, 11/05/2011. Florianópolis: UFSC.

MAHER, T.M. "Formação de professores indígenas: uma discussão introdutória". In: GRUPIONI, L.D.B. (org.). *Formação de professores indígenas*: repensando trajetórias. Brasília: Ministério da Educação/Secretaria de Educação Continuada, Alfabetização e Diversidade, 2006, cap. 1, p. 11-37.

MARIÁTEGUI, J.C. *Sete ensaios de interpretação da realidade peruana*. São Paulo: Expressão Popular/Clacso, 2010.

MONTOYA ROJAS, R. "Prólogo à edição brasileira". In: MARIÁTEGUI, J.C. *Sete ensaios de interpretação da realidade peruana*. 2. ed. São Paulo: Expressão Popular/Clacso, 2010.

RAMOS, J.A. *Historia de la nación latinoamericana*. Tomo 1: "A paso de vencedores". [Arg.]: A. Peña Lillo, 1973.

RODRIGUES LARRETA, E. & GIUCCI, G. "Prefácio". In: FONSECA, E.N. (org.). *Americanidade e latinidade da América Latina e outros textos afins*. Brasília/São Paulo: UnB/Imprensa Oficial do Estado, 2003.

SILVA, J.V. & PIOVEZANA, L. *Trabalho infantil indígena* – Relatos e observações na cidade de Chapecó. Chapecó: [s.e.], 2013.

SUÁREZ, F. *De legibus*. Vol. IV. Madri: Consejo Superior de Investigaciones Cientificas/Instituto Francisco de Vitoria, 1973.

TASSINARI, A.M. "Escola indígena: novos horizontes teóricos, novas fronteiras em educação". In: SILVA, A.L.; FERREIRA, M.K.L. (orgs.). *Antropo-

*logia, história e educação* – A questão indígena na escola. 2. ed. São Paulo: Global, 2001 [Série Antropologia e Educação].

VILLEY, M. *A formação do pensamento jurídico moderno*. São Paulo: Martins Fontes, 2005.

# Trabalho e infância em famílias imigrantes

*Zeila de Brito Fabri Demartini*

Retomamos para reflexão algumas questões que nos têm acompanhado ao longo de nossa trajetória de pesquisa e ensino, em que procuramos conhecer diferentes grupos sociais que foram constituindo a população e a sociedade do Estado de São Paulo, em suas vivências em diferentes espaços desse território.

A preocupação com o trabalho de crianças e jovens esteve sempre presente para quem, como nós, preocupamo-nos com a educação entre os setores mais pobres da população, em nosso país. Discutir a frequência à escola, a evasão, o fracasso escolar, o calendário das aulas nas escolas rurais, o acesso à rede de escolas públicas e privadas, a legislação, enfim, as várias questões que envolvem as experiências de estudantes (e educadores) e dos excluídos da escola, sempre implicaram conhecer as diferenciadas vivências dos mesmos e de suas famílias, em suas relações com o mundo do trabalho.

Entre as várias questões que nos intrigavam em nossa trajetória, as vivências infantojuvenis em diferentes situações e contextos sempre estiveram presentes – primeiro entre as populações rurais do Estado, depois nas zonas urbanas e na área metropolitana de São Paulo.

## A infância em diferentes contextos

Ocupamo-nos, em nossas pesquisas, inicialmente dos grupos que constituíam a população rural, especialmente pequenos produtores, escravos e imigrantes, pelo menos desde o Império, buscando esclarecer as relações dos mesmos com os campos da educação e do trabalho. Para tanto, recorremos a fontes de pesquisa as mais variadas, as quais nos permitiram formular novas hipóteses, assim como questionar as interpretações usualmente formuladas pelos administradores públicos e pela produção acadêmica sobre o não interesse da população rural pelos conhecimentos escolares (DEMARTINI, 1979). Todas as nossas investigações conduziam a situações inversas, isto é, verificamos que os diferentes grupos que constituíam a população rural (majoritária no Estado de São Paulo até meados do século XX) demonstravam um grande desejo de adquirir o "saber" escolar, procurando por conta própria desenvolver oportunidades/formas de obtê-lo, as mais variadas – aprendendo com vizinhos e conhecidos que tinham algum conhecimento, pagando aulas particulares, criando escolas nos bairros rurais em que o Estado não tinha interesse em mantê-las, por serem áreas de caipiras, mandando os filhos estudarem em vilas e cidades, crianças ensinando outras crianças (DEMARTINI, 2001).

Realizamos depois vários estudos que se referem à população urbana, tendo como *locus* privilegiado a metrópole de São Paulo, que passou por grandes transformações durante o século XX, com o afluxo de grupos de diferentes origens atraídos pelo desenvolvimento econômico e chances de ascensão social visualizada nesse contexto. Vieram ex-escravos, sitiantes, caipiras, e, em grandes levas sucessivas, imigrantes de várias regiões do mundo.

Assim, obrigatoriamente, nossas pesquisas foram incorporando não só os sujeitos que historicamente já ocupavam as terras paulistas, mas aqueles que para ela se dirigiam, tanto para as zonas rurais e pequenas vilas do interior como para as cidades: os imigrantes.

As sucessivas levas de imigrantes que chegaram a partir do século XIX em São Paulo são marcas definidoras da população desse Estado (DEMARTINI, 2010a). São Paulo apresentou durante a Primeira República um extraordinário crescimento da população estrangeira (em 1872, 29.622; em 1890, 75.030; em 1900, 478.417; em 1920, 829.851; em 1940, 814.102) (BASSANEZI, 1996, p. 13). Para trabalhar na lavoura (principalmente cafeeira), mas também em atividades urbanas, vieram especialmente italianos, portugueses, espanhóis, japoneses, alemães e várias outras nacionalidades (*Atlas da População do Estado de São Paulo*, 1991; CAMARGO, 1952; SILVA, 1960; LEVY, 1996).

Há muitos anos nos aprofundamos no estudo de alguns desses grupos de imigrantes sobre os quais ainda havia poucas pesquisas realizadas, procurando conhecer a trajetória das famílias e sua inserção no contexto paulista. Inicialmente abordamos famílias japonesas (e também famílias alemãs) que haviam chegado durante a Primeira República; depois pesquisamos a imigração portuguesa, muito forte em São Paulo, mas quase invisível nos estudos sobre imigração.

Ao trabalharmos com as famílias de imigrantes, observamos que as crianças sempre foram sujeitos importantes para a compreensão dos fenômenos migratórios (DEMARTINI, 2006). E esse é o objetivo do presente capítulo: tratar da infância de crianças e jovens de famílias de imigrantes e suas relações com o mundo do trabalho. Procuramos explorar o que as pesquisas que realizamos já nos apontaram: a heterogeneidade de situações vivenciadas pelas crianças e jovens durante o processo migratório, em seus contextos de origem e de adoção, durante o período das grandes migrações para São Paulo, no final do século XIX e primeiras décadas do século XX.

Apresentamos inicialmente algumas informações sobre os fluxos imigratórios para depois focalizar mais detidamente a infância aí envolvida. Como já tratamos da temática em outros momentos, também revisitaremos alguns textos e reflexões por nós já elaborados para a discussão aqui proposta.

## 1 Os fluxos imigratórios e a infância imigrante quase "oculta"

No artigo "Infância e imigração: questões para a pesquisa" (DEMARTINI, 2006), já chamamos a atenção para esse fato pouco considerado em grande parte das reflexões sobre crianças e jovens: o de que grande parcela desses seres carrega em suas trajetórias de vida as vivências em diferentes espaços, isto é, em diferentes realidades sócio-econômico-culturais. As pesquisas sobre fluxos imigratórios geralmente preocupam-se com os imigrantes em idade produtiva e com as famílias, mas pouca atenção ainda merecem os pequenos imigrantes envolvidos de alguma maneira em tais deslocamentos: trata-se de uma infância "oculta".

Tal fato pode ser aventado quando se observa as dificuldades encontradas para localizar dados sobre crianças e jovens em estatísticas sobre imigração. Também são poucos os autores que procuraram compreender aspectos dessa problemática; destacamos Fernandes (1979), Kosminsky (2000), Bassanezi e Scott (2005).

A impressão que se tem, a partir dos levantamentos de informações em documentos estatísticos oficiais, é a de que os deslocamentos populacionais e os próprios imigrantes eram objeto de preocupação das autoridades em controlar sua entradas no país, sua localização espacial, suas atividades, e registrá-las em documentação oficial apenas com referência às suas atividades de trabalho, como mão de obra necessária à agricultura e à industria ainda incipiente. Nesse caso, a documentação era voltada para a demanda de mão de obra em "idade produtiva", isto é, com plena força para arcar com as atividades de trabalho (que no período geralmente exigiam a força física), portanto, a de jovens e adultos. Em consequência, as crianças e jovens mais novos, quando trabalhavam, não eram o foco (e, aqui, aventamos a hipótese, nem era bom que constassem) das estatísticas do mundo do trabalho tendo como referência a população nacional e estrangeira. Afinal, nesse período já eram fortes as pressões no exterior e em vários setores da sociedade brasileira contra o trabalho de menores, especialmente nas atividades urbano-industriais. Não por acaso a situação de menores foi amplamente discutida nessas décadas finais do século XIX e, principalmente, no início do século XX, culminando com a aprovação do Código de Menores em 1927; embora os dados não fossem disponibilizados publicamente (Código de Menores, 1927). Além disso, o trabalho era considerado uma forma de aprendizado e importante na formação de crianças e jovens, tanto por empresários, políticos e pais de família, nacionais como estrangeiros. Haveria certa "naturalidade" nesse fato.

O ocultamento da infância também parece ocorrer com relação às estatísticas mais voltadas para o controle dos grupos de imigrantes, grande foco de atenção do Estado brasileiro, e do governo paulista de modo especial, em virtude do grande número de imigrantes nesse Estado – o interesse, aqui, recaía sobre o "perigo" com a dimensão política dos fluxos imigratórios. Em período de constituição dos estados nacionais (HOBSBAWM, 1991), o fortalecimento do Estado brasileiro poderia, aos olhos dos governantes, correr riscos com os vários nacionalismos que acompanhavam os diferentes grupos imigrantes. Em São Paulo, a forte presença de italianos, alemães e japoneses, além de outros grupos espalhados por todo o território paulista, fomentava e exacerbava os "medos" com a formação dos famosos "quistos étnicos". Nesse caso, controlar a frequência das crianças de famílias estrangeiras e as escolas por elas criadas era fundamental para direcioná-las, via educação escolar, para a constituição do cidadão que incorporasse a cultura brasileira (como se a mesma fosse dada e conhecida) e fosse obediente à pátria brasileira (DEMARTINI, 2006). Mesmo assim, os dados são esparsos e não sistematizados. Dados sobre a infância relacionados aos grupos imigrantes parece-nos, assim, que ficaram em grande parte "ocultados", principalmente com relação à sua participação no mundo do trabalho.

Concordamos plenamente com Bassanezi e Scott que constataram o mesmo problema ao procurar crianças imigrantes de origem italiana em suas pesquisas; como as autoras bem observaram:

> O fato das fontes sobre a imigração serem em geral silenciosas no que se refere às crianças, muito provavelmente se deve aos produtores dos documentos nas diversas instâncias (Estado, agentes da imigração, fazendeiros e outros). Eles tinham uma visão do fenômeno imigratório que raramente colocaria em destaque o conjunto de imigrantes que não estava enquadrado no perfil desejável de trabalhador potencial, incluindo aí não só crianças – cujo peso entre os imigrantes não era desprezível –, como também o grupo dos indivíduos mais idosos (BASSANEZI & SCOTT, 2005, p. 163-164).

Retomamos abaixo dados que evidenciam bem a sua presença como imigrantes. Todos os grupos de imigrantes, em maior ou menor quantidade, trouxeram milhares de crianças em seus deslocamentos, segundo dados da distribuição etária dos imigrantes que entraram pelo Porto de Santos no período de 1908 a 1936.

**Quadro 1  Total de entradas dos imigrantes estrangeiros pelo Porto de Santos – Grupos etários (1908-1936)**

| Nacionalidades | Total | Até 7 anos | Entre 7 e 12 | Mais de 12 | %> 12 anos |
|---|---|---|---|---|---|
| Portugueses | 275.257 | 32.600 | 19.342 | 223.315 | 81.1 |
| Espanhóis | 209.282 | 41.487 | 24.451 | 143.344 | 68.5 |
| Italianos | 202.749 | 27.592 | 16.673 | 158.484 | 78.2 |
| Japoneses | 176.775 | 34.202 | 18.860 | 123.713 | 70.0 |
| Alemães | 43.989 | 4.265 | 2.890 | 36.834 | 83.7 |
| Turcos | 26.321 | 2.308 | 2.034 | 21.979 | 83.5 |
| Romenos | 23.756 | 4.703 | 2.601 | 16.452 | 69.3 |
| Iugoslavos | 21.209 | 4.377 | 2.090 | 14.742 | 69.5 |
| Lituanos | 20.918 | 3.140 | 1.595 | 16.183 | 77.4 |
| Sírios | 17.275 | 1.930 | 1.177 | 14.168 | 82.0 |
| Poloneses | 15.220 | 1.984 | 1.155 | 12.081 | 79.4 |
| Austríacos | 15.041 | 1.999 | 1.206 | 11.836 | 78.7 |
| Outros | 47.664 | 5.331 | 3.056 | 39.277 | 82.4 |
| TOTAL | 1.221.282 | 178.603 | 103.690 | 938.989 | 76.9 |

Fonte: Vasconcelos (1937), apud Scott (2001).

Como já observamos em outro texto (DEMARTINI, 2006), é elevado o número de crianças com menos de 12 anos: 282.293. Trata-se de um contingente significativo, que merece ser considerado nos processos de reconstrução histórico-sociológica do período. Alguns grupos se caracterizavam basicamente pela migração familiar; outros, também pela individual. Qualquer dessas duas situações representaram enfrentamentos novos para as crianças: no caso dos que imigraram carregando o grupo familiar (que os japoneses exemplificam bem), as crianças, além da saída do espaço de origem, passaram a conviver com a sociedade de adoção; no caso em que os pais, geralmente homens, migravam antes, como os portugueses, as crianças ficavam com outros parentes às vezes por muito tempo à espera de seu retorno e de uma possível imigração para o Brasil.

No caso de São Paulo, em que muitos grupos de imigrantes chegaram simultaneamente, a questão imigratória que envolvia para o grupo imigrante (e também para a sociedade de adoção) a referência a duas sociedades de pertencimento, tornou-se ainda mais complexa: eram muitas as sociedades de origem, cada uma com suas problemáticas e diferenciações sociais internas. E era com essa multiplicidade de situações que os pequenos imigrantes conviviam, foi nesse contexto que se socializaram. Tanto na capital como no interior, este novo mundo no qual as crianças se inseriam era constituído por povos de várias origens (DEMARTINI, 2006).

Mas quem eram esses pequenos imigrantes? O que faziam em sítios, fazendas, vilas, cidades, em atividades agrárias, domésticas, de serviços, oficinas e indústrias? Que vivências tiveram nestes novos contextos? Com que idade entraram no contexto brasileiro? Em companhia dos pais, ou de outros? De quais atividades de trabalho participavam? Com a família ou fora do contexto familiar?

Para um estudo mais aprofundado da infância nesse período, é importante ir além dos dados de grandes levantamentos, nos quais as crianças ainda pouco aparecem em suas diferentes vivências, e procurar tecer as informações provenientes de outras fontes, muitas delas presentes em estudos sobre outras temáticas. Procuramos, a seguir, discutir algumas dimensões que consideramos importantes para uma primeira visualização da inserção das crianças e jovens no trabalho nos diferentes espaços relacionados aos processos migratórios durante a Primeira República.

Pautamo-nos em autores e dados que nos pareceram importantes para sua compreensão. Também recorremos a entrevistas que realizamos com famílias de portugueses, alemães e japoneses para explicitar algumas situações de trabalho de crianças e jovens no contexto de origem e em atividades agrárias e urbanas em terras paulistas. Assim, abordamos: o trabalho de crianças e jovens ainda nos contextos de origem; as crianças e jovens de famílias imigrantes e o trabalho em atividades agrárias no Estado de São Paulo; as crianças e jovens de famílias imigrantes em atividades nas cidades paulistas.

## 2 O trabalho de crianças e jovens ainda no contexto de origem

Geralmente, quando tratamos de processos imigratórios, o foco recai sobre as vivências dos imigrantes em seus novos contextos de adoção. Mas, em muitas situações, é preciso lembrar que nem sempre as crianças (e jovens) acompanhavam o pai ou a mãe, que imigravam primeiro. Este fato ocorreu com muitas crianças de origem portuguesa, configurando o que chamamos de "infância entre o ir e vir" (DEMARTINI, 2006).

Os relatos dos que eram pequenos em Portugal quando a família iniciou o processo imigratório permitem afirmar que as situações foram as mais variadas, mas que os que viviam em condições precárias geralmente enfrentaram problemas maiores: em alguns casos, porque sem recursos, o pai veio antes, deixando a mulher e os filhos para trás; em outros porque, sem garantias de que a vida na nova terra seria melhor, vieram o pai e a mãe, deixando os filhos com os avós. Em ambos, os relatos apontam para famílias cujo núcleo esteve por muitos anos separado, isto é, em que a convivência das crianças e seu processo de socialização primária ocorreram sem a presença do pai, ou até do pai e da mãe.

Duas irmãs relataram esta situação de separação com a imigração do pai, ocorrida em virtude da extrema miséria em que viviam. Trata-se de família em que o processo imigratório havia se iniciado muito antes, em 1913, com a vinda do pai. O discurso das irmãs entrevistadas enfatizou a pobreza na história da sua família. Lembraram que a vida cotidiana lusitana tinha a miséria como sua característica mais marcante, o que as teria conduzido muito precocemente para o mundo do trabalho:

> [...] Agora Portugal está uma maravilha, mas, naquele tempo, era uma miséria absurda. Nós éramos da classe mais... [...] mais pobre. Se fala aqui de pobre... os pobres daqui são ricos! [...] Era uma vida de cachorro!

Ambas alegaram que trabalharam desde muito cedo, por volta dos 8 anos de idade. Eram proibidas de brincar tanto fora como dentro de casa, pois tinham várias obrigações a cumprir dentro do lar da família. Esta ênfase no trabalho veio seguida de um ingrediente que acompanha todos os membros da família: o sofrimento. Este é facilmente percebido em palavras e expressões empregadas para se referir a todos os membros familiares: "casa da tristeza da vida, coitado, infeliz, a nossa vida continuava uma merda, miséria..." a desgraça era tanta que uma das irmãs garantiu que possivelmente não acreditaria numa história dessas caso alguém a relatasse para ela.

A dimensão lúdica de infância não é representada nesses relatos, só aparece o sofrimento, a miséria, o trabalho.

Há ainda os entrevistados que passaram por uma vivência familiar fragmentada por muitos anos, em virtude do processo migratório. É o caso de um deles, cujo pai veio em 1905; ele veio com o resto da família só em 1932. Em Portugal fez o primário e trabalhava nas terras da mãe. O trabalho acompanhava as crianças em período de aulas, e era mais intenso nas férias.

Alguns casos foram mais dramáticos, pois a família não voltou a reconstituir-se, nem no Brasil nem em Portugal. É o que relatou um entrevistado que veio para São Paulo só com 27 anos. Em Portugal, viviam na região rural de Trás-os-Montes e, segundo o embaraço do entrevistado no relato, o pai não tinha profissão, foi criado pelos avós que tinham terra, eram lavradores. O pai abandonou totalmente a família em Portugal.

Quando as crianças ficavam em Portugal na ausência dos pais, geralmente sua vida era marcada pelo trabalho junto à família, sob o controle da mãe ou dos avós, para enfrentar as dificuldades econômicas. Uma das entrevistadas passou a infância sem poder brincar, pois ficava bordando o dia todo, junto com a avó e as tias, na Ilha da Madeira.

> A minha infância era dentro de casa e eu aprendi a bordar, e eu já bordava e ajudava a minha mãe e a minha avó bordando, sabe? E já bordava com 9 anos. Não, não brincava... porque depois que eu comecei aprender a bordar, ficava a minha avó aqui, a minha mãe ali... e eu aqui, ó! E elas conversando e eu junto com elas (bordando...) Não fui à escola. O dia que foi pra eu ir pra escola, eu fui um dia, no outro dia já recebi notícias que era pra ir embarcar. Então a infância era mais... fazer o bordado... É, era trabalhar. A primeira coisa que a gente aprendia era trabalhar.

Podemos afirmar que, para muitas crianças e jovens, essa infância entre o "ir e vir", essa infância em "tempo de espera" também foi profundamente marcada pelo trabalho.

## 3 As diferentes inserções de crianças e jovens de famílias de imigrantes em São Paulo

A vinda para São Paulo configurou-se para crianças e jovens chegados de vários países como experiências diferenciadas, pois alguns foram com suas famílias para fazendas ou sítios, trabalhando em atividades agrárias, sendo que muitos depois dirigiram-se para centros urbanos, onde várias famílias imigrantes passaram a residir na Primeira República, exercendo aí atividades fabris, no comércio ou em serviços.

### 3.1 As crianças e jovens de famílias imigrantes e o trabalho em atividades agrárias em São Paulo

Os imigrantes que vieram para São Paulo eram requisitados por agências com o apoio até do Estado durante a Primeira República, principalmente para o trabalho na agricultura (IANNI, 1967), que demandava novos trabalhadores em substituição à mão de obra escrava, que foi abolida em 1888, mas já não era reposta a partir da Lei do Ventre Livre, que deixou as crianças pequenas ao abandono (DEMARTINI, 1979). Famílias eram contratadas para trabalhar nas grandes plantações de café, que abrigaram a maior parte da força de trabalho estrangeira, constituída por italianos, portugueses, japoneses, alemães e outras nacionalidades. No estudo realizado por Camargo, "Crescimento da população no Estado de São Paulo e seus aspectos econômicos", publicado em 1952, em que analisou exaustivamente os dados disponíveis para esse Estado, o autor chamou a atenção da importância dos estrangeiros para a agricultura paulista no período da quarta parte das propriedades:

> Em 1905, pertenciam aos estrangeiros 15,7% das propriedades agrícolas do Estado, índice que se eleva a 27,3% em 1920, e 32,5% em 1934, caindo novamente a 27,9% em 1940 (CAMARGO, 1952, p. 234).

Constatou o predomínio da pequena propriedade entre tais proprietários, cuja maioria era constituída por italianos, seguidos por portugueses, depois espanhóis, japoneses e alemães.

O que podemos afirmar é que as famílias estrangeiras, no período da Primeira República, vinham para trabalhar como empregadas nas fazendas, mas também muitas compraram terras. Assim, as crianças e jovens encontravam-se tanto em fazendas como em pequenas propriedades, ao lado de seus familiares.

A utilização de crianças no trabalho agrário é comum na zona rural paulista, tendo sido objeto de reflexões por parte de alguns estudiosos, mas principalmente a partir da década de 1940. Em seu pioneiro estudo, *Menores no meio rural* (1960), Caldeira apresenta a pesquisa que realizou entre as famílias rurais de Colatina, no Espírito Santo, em que abordou as questões levando em conta as correntes de imigrantes italianos, alemães e poloneses que colonizaram a região, recorrendo continuamente à mão de obra infanto-juvenil no contexto da unidade familiar de produção e suas implicações. Observam que

> O único fator que interfere no trabalho do menor, restringindo-lhe a participação nas tarefas agrícolas, é a escolarização. Mas a recíproca é também verdadeira, sendo frequentes as situações em que o trabalho prejudica o aprendizado de meninos e adolescentes, formando-se assim o círculo vicioso (CALDEIRA, 1960, p. 162).

O autor concluiu que "entre os lavradores pobres a família constitui-se então numa unidade operativa, ruindo as barreiras no tocante à divisão do trabalho por sexo e idade: homens e mulheres, meninos e meninas, todos trabalham" (CALDEIRA, 1960, p. 93).

Os dados apresentados pelo autor são importantes para se pensar na situação das crianças e jovens imigrantes em períodos anteriores ao que analisou, em que a oferta de escolas era muito menor e o acompanhamento do processo de escolarização das crianças e jovens também era bastante "fluido", na medida em que o Estado não tinha condições (segundo as autoridades) de providenciar escolas para toda a população rural (DEMARTINI, 1979) e, principalmente, em período em que as forças políticas locais representadas pelos coronéis exercem efetivamente o controle sobre o processo de criação e funcionamento das escolas do Estado (DEMARTINI, 1989).

Como entrevistamos imigrantes portugueses, japoneses e alemães que vieram para São Paulo durante a Primeira República, também observamos que as crianças e jovens participavam intensamente das lidas agrárias, tanto em fazendas como em pequenas propriedades, ao lado ou sob a orientação da família. Mas são poucos os estudos realizados sobre o pequeno trabalhador rural em períodos mais longínquos e, menos ainda, dos que eram pertencentes a famílias imigrantes.

O estudo realizado por Bassanezi e Scott (2005) sobre a "criança e jovem *oriundi* na terra do café, no final do século XIX e início do século XX" apresenta informações importantes que confirmam o que notamos para outros grupos:

> Foi por meio do trabalho que a grande maioria das crianças e jovens *oriundi* se inseriu na sociedade paulista. De fato, o mundo do trabalho – do qual participavam desde pequenos e onde eram vistos como coadjuvantes – condicionava seu cotidiano na terra do café. Mundo esse, aliás, no qual muitos já atuavam antes mesmo de emigrar (BASSANEZI & SCOTT, 2005, p. 146).

A autora observa que as crianças e jovens de origem italiana desenvolviam trabalho árduo com a terra, durante todo o dia, mas também em outras atividades remuneradas nas fazendas (condutores de animais, auxiliares de carregamento de cargas, seleção manual dos grãos de café, além dos que, com menos de 12 anos, ajudavam em todas as atividades domésticas da própria casa. Os maiores de 12 anos (até 16 anos) incluíam-se oficialmente na força de trabalho, registrados como "meia-luxada", isto é, eram considerados "pessoas de trabalho" (BASSANEZI & SCOTT, 2005, p. 146-147). As mesmas atividades, segundo as autoras, ocorriam entre crianças e jovens que viviam em pequenas propriedades rurais (BASSANEZI & SCOTT, 2005, p. 148).

O que podemos pensar é que o trabalho de crianças e jovens era tão comum e natural no meio rural, constituindo parte "intrínseca" ao trabalho de adultos, a chamada "mão de obra familiar", que não seria necessário mapeá-lo e especificá-lo nos censos e levantamentos demográficos, especialmente agrícolas. Uma pesquisa mais demorada seria necessária para ir reconstruindo as formas assumidas pelo trabalho infantojuvenil a partir da chegada dos grandes fluxos de imigrantes no final do século XIX.

### 3.2 As crianças e jovens e as atividades urbanas

Nem todos os imigrantes dirigiam-se para as atividades agrárias ou permaneciam na zona rural. Muitos já permaneceram nas cidades ou para elas se dirigiam, pois estas no período cresciam e expandiam seu mercado de trabalho, com o desenvolvimento das indústrias, do comércio e serviços (CAMARGO, 1983; SILVA, 1960). Tais atividades surgem para os que chegavam como oportunidades de concretizar suas expectativas de ascensão social e escapar do trabalho difícil nas fazendas. Mas assim como nas atividades agrárias, a inserção nesse novo contexto era geralmente difícil, principalmente para os que não contavam com o apoio de parentes que já haviam se estabelecido anteriormente, nem contavam com recursos para sua manutenção.

Dessa forma, muitas crianças e jovens de famílias imigrantes trabalhavam principalmente para ajudar a família, nas mais diversas atividades. Há vários indícios que permitem constatar que a presença era frequente e grande em várias atividades, nas quais os estrangeiros atuavam em grande maioria, como na indústria têxtil.

A presença dos imigrantes na indústria paulista foram explicitados por Simão em estudos sobre "Sindicato e Estado" (SIMÃO, 1966). Observou que grande parte das sucessivas levas de estrangeiros, que não se fixaram na zona rural, marcou de forma altamente expressiva a composição étnica do proletariado paulista, apresentando dados:

> [...] O arrolamento da indústria paulista, realizado em 1901, declarava que 90% dos empregados eram estrangeiros, de ambos os sexos e diferentes idades, que se distribuíam por toda a escala dos serviços fabris. Os dados aí constantes sobre o pessoal, com especificação de nacionalidade, permitem estimar que eram alienígenas 80% dos 2.237 trabalhadores de um conjunto de 20 empresas da capital (SIMÃO, 1966, p. 31).

Segundo seu estudo, no conjunto do proletariado de origem estrangeira predominaram os italianos, exceto nos serviços portuários, executados geralmente por portugueses e espanhóis (SIMÃO, 1966, p. 34).

Da análise realizada pelo autor em que evidencia o trabalho de crianças e jovens, destaca-se o tópico que trata das condições de trabalho do operariado: a indústria de São Paulo empregava fartamente o trabalho de mulheres e crianças de ambos os sexos, conforme revelaram as notícias sobre a composição do pessoal de vários estabelecimentos e os censos industriais, predominando sua presença nas indústrias têxteis, do vestuário e da alimentação. Mas eram claras as diferenciações por sexo e idade, pois os operários maiores de 16 anos ganhavam mais do que os menores, assim como os homens tinham salários superiores aos pagos às mulheres, para igual serviço. As condições de trabalho, entretanto, eram precárias para todos:

> [...] Mas não apenas jovens em idade de aprendizagem eram empregados na indústria, tendo sido observada aí a presença até de crianças de 5 anos de idade, ocupadas em pequenos serviços, conforme informa o inquérito de 1901. Documentos posteriores assinalam a frequente utilização de menores de 10 anos em diversos ramos industriais, mesmo em alguns onde as tarefas eram prejudiciais à sua saúde ou pesadas para sua idade. Estavam elas também sujeitas aos mesmos horários de serviço que os adultos tanto no período diurno quanto noturno. Este fato, desaprovado pela opinião pública, foi objeto do regulamento do serviço sanitário, que proibia o emprego de menores de 12 anos e o trabalho noturno para os menores de 18, de ambos os sexos estipulando ainda que só fôssem ocupados em trabalhos leves, nunca por mais de 5 horas diárias, as crianças de 12 a 15 anos (SIMÃO, 1966, p. 67-70).

O autor também chama a atenção para as exigências que recaíam sobre todos os trabalhadores, adultos ou não, assiduidade, pontualidade e um ritmo intensivo de produção, não se consentindo interrupção individual da atividade senão com licença superior (SIMÃO, 1966, p. 72).

Outras informações constantes de jornais operários ligados a imigrantes estrangeiros foram arroladas pelo autor:

> *La Battaglia*, 21/07/1917, informa que numa fábrica de fósforos havia mais de 100 crianças de 7 a 12 anos; *A Plebe*, 14/10/1919, notícia sobre menores em uma metalurgia trabalhando das 6 às 19 horas; *A Plebe*, 18/11/1922, notícia sobre o trabalho de menores no período noturno de indústrias têxteis (SIMÃO, 1966, p. 70, nota 24). *Avanti* (20-21/07/1901, p. 2-3) noticia greve em uma fábrica de tecidos, dando as seguintes informações sobre o regime de trabalho: 14 horas de trabalho, com intervalo de 20 minutos, sem remuneração extra para as últimas horas de trabalho; falta de higiene, abusos do pessoal dirigente, inclusive dos puxões de orelhas nas meninas (SIMÃO, 1966, p. 72, nota 28).

Também na grande imprensa o autor encontrou evidências das péssimas condições em que o trabalho dos menores se desenvolvia nas indústrias, como exemplificou uma notícia de 1917:

> Por ocasião do recente movimento grevista, uma das reclamações mais insistentes dos operários era contra a exploração dos menores nas fábricas. Aliás, não faziam mais do que exigir o cumprimento de leis existentes. Entretanto, os industriais, à exceção da firma X – que conta com a inimizade de um inspetor sanitário –, continuam a empregar menores em trabalhos impróprios. Entre eles, podemos citar nominalmente o Sr. Y, porque assistimos ontem à entrada de cerca de 60 pequenos às 19 horas, na sua fábrica da Mooca. Essas crianças, entrando àquela hora, saem às 6 horas. Trabalham, pois, 11 horas a fio, em serviço noturno, apenas com um descanso de 20 minutos, à meia-noite! O pior é que elas se queixam de que são espancadas pelo mestre de fiação. Muitos nos mostraram equimoses nos braços e nas costas. Algumas apresentam mesmo ferimentos produzidos com uma manivela. Uma há com as orelhas feridas por continuados e violentos puxões. Trata-se de crianças de 12, 13 e 14 anos (SIMÃO, 1966, p. 73-74).

Segundo o autor, só após 1930 algumas regras começaram a ser alteradas, apesar de todas as críticas e reivindicações do movimento operário e da sociedade e mesmo das medidas que foram tomadas durante o período da Primeira República.

Os dados mais evidenciadores das condições de trabalho de crianças de famílias estrangeiras foram por nós encontrados justamente nos documentos nos quais não deveriam estar presentes: na relação de acidentados. Tais dados constam dos boletins do Departamento Estadual do Trabalho em que alguns especialistas, com base nos dados, discutiam a precariedade do trabalho infantojuvenil e sugeriam mudanças. Por considerar que a leitura das informações aí constantes devem ser conhecidas em toda sua "crueldade" com relação aos menores, decidimos transcrever abaixo as informações referentes aos acidentes de 1912 envolvendo crianças e jovens menores de 10 anos:

> Das 6 victimas de menos de 10 annos, que apparecem no mappa de 1912, 1 era servente de pedreiro, outra vendedor de jornaes, outra empregado e 3 eram operarios. Um destes, de 9 annos de

edade, feriu-se quando trabalhava com uma serra. A outro, uma menina tambem de 9 annos, uma engrenagem esmagou tres dedos da mão direita: o minimo, o anular e o medio. Em maio, um operario de 10 annos recebeu incisões no minimo e no anular da mão direita, quando trabalhava com uma serra. No mez seguinte, outro operario de 10 annos decepa uma phalangeta do pollegar da mão direita, ao lidar com uma faca de cortar escovas. Em setembro é ainda a um operario de 10 annos que uma engrenagem esmaga o indicador direito e, em novembro, um menino dessa mesma edade, empregado de uma caixotaria, perde o ante-braço esquerdo, que lhe foi arrancado num accidente no trabalho (BOLETIM, 1913, p. 7).

Mas também constam do Boletim informações que relacionam a origem das crianças e jovens envolvidos nos acidentes em 1912 e 1913. Embora detalhada, a citação abaixo nos parece de extrema importância, por indicar como eram vitimados os que provinham de diferentes origens, como se vê nos dados de 1913. Ressalvamos que relacionamos aqui *apenas os acidentados de origem estrangeira*.

Em janeiro de 1913, são 22 as victimas de 10 a 16 annos. Enumeremo-las: um typographo allemão, de 16 annos, que contundiu na machina de impressão os dedos da mão esquerda (facto occorrido ás 7 horas da noite); [...] um electricista italiano, de 16 annos, que contundiu e escoriou o braço direito e o thorax, ao cair de um andaime; [...] um operario portuguez, de 14 annos, o qual, na fabrica de tecidos de juta, contundiu numa queda a região fronto-parietal esquerda; [...] um operario italiano, de 16 annos, empregado no Gasometro, e que, atropelado por um vagonete, sofreu uma entorse da articulação tibio-tarsica direita, com hematoma; um operario hespanhol, de 13 annos, que caiu de um andaime, contundindo as costas e escoriando as pernas; [...] um marceneiro hespanhol, de 13 annos, a quem uma engrenagem esmagou o pollegar, o indicador e a extremidade do médio da mão direita; [...] o empregado no commercio de 15 annos, portuguez, a quem uma serra decepou a 2 phalange do pollegar da mão direita; finalmente, o operario italiano, de 13 annos, a quem certa machina de cortar papel decepou as phalangetas do médio e anular da mão direita [...].

Passemos ao segundo mez do trimestre. A estatistica de fevereiro deste anno accusa, além de uma victima de menos de 10 annos,

> 16 de 10 a 16. [...] As outras são: [...] o operario portuguez de 10 annos, que, pisando num caco de vidro, golpeou a planta direita; o pedreiro portuguez, de 16 annos, que caiu do andaime, contundindo e escoriando o nariz e a fronte; [...] o carroceiro allemão, de 14 annos, que contundiu os pés, sobre os quaes lhe passaram as rodas da carroça [...].
> Em março, ha uma victima de menos de 10 annos e 15 de 10 a 16: [...] o operario portuguez de 13 annos, que, trabalhando com uma plaina, em uma serraria, recebeu um ferimento corto-contuso na phalangeta do indicador esquerdo; [...] o pedreiro hespanhol, de 16 annos, sobre quem caiu um taboa, contundindo-lhe a região parietal esquerdo; o vendedor de jornaes de 15 annos, italiano, que, atropelado por um bonde, contundiu e escoriou o pé esquerdo; o operario portuguez, de 14 annos, a quem, numa fábrica de pregos, um machinismo contundiu a mão direita (BOLETIM, 1913, p. 134-136).

Como se pode observar, em apenas três meses de um único ano, são inúmeros os menores de origem estrangeira entre os acidentados. Não tivemos condições de aprofundar as buscas na direção de verificar os outros meses, anos, décadas... Quantos mais seriam? Os acidentes alteraram suas trajetórias e de suas famílias? Que destino tiveram essas crianças e governo?

Alguns outros estudos foram realizados sobre o trabalho de crianças e jovens na indústria. Destacamos por seu então ineditismo e cuidado na pesquisa e análise dos dados o estudo de Moura, focalizando especialmente essa mão de obra infantojuvenil na indústria paulista e os embates em torno da questão. Trata-se sem dúvida de uma das grandes contribuições à discussão da temática (MOURA, 1999).

Para os empresários interessavam muito o trabalho dos pequenos imigrantes, e não só a suas famílias para as quais a precária sobrevivência dependia em parte do trabalho dos próprios filhos (MOURA, 1999, p. 263).

> A classe operária paulistana formou-se, portanto, sob signo da imigração, sobretudo a italiana, que emprestaria a bairros como o Brás, onde o operariado tenderia a concentrar-se, os tons da italianidade. Muitos dentre esses operários eram crianças e adolescentes, alguns, imigrantes como seus pais – caso de Vicente e Angelina –, outros, filhos de imigrantes, imprimindo à composi-

ção da classe operária paulistana a indelével marca da diversidade. Em meados da década de 1870, anúncios de estabelecimentos industriais solicitando crianças e adolescentes para trabalharem principalmente no setor têxtil, começavam a multiplicar-se na imprensa paulistana. Em princípios do século XX os termos usados para caracterizar minimamente a mão de obra requerida – meninos, meninas, assim como crianças e aprendizes – enfatizavam a inserção precoce na atividade produtiva. Exemplo disso, o menor Núncio, espanhol, filho de José Miron que, em 1913, aos 10 anos de idade já estava empregado em uma fábrica de papelão da Rua 25 de março. No jornal *Fanfulha*, de língua italiana, uma vez concretizada a imigração de massa, palavras como *bambini*, *fanciulli*, *ragazzi*, *minorenni*, nos anúncios em busca de trabalhadores, tornavam pública a mensagem do empresariado, no sentido de que as portas das oficinas, os portões das fábricas, estavam de fato abertos para crianças e adolescentes (MOURA, 1999, p. 261-262).

A pesquisadora também chama a atenção para outras atividades exercidas no contexto urbano, como no comércio, na construção civil, em atividades informais pelas ruas. Trata-se de um dos poucos estudos sobre períodos anteriores que abordam a problemática dos deslocamentos e suas relações com a infância. Além dele, também não se pode deixar de fazer referência às pesquisas de Florestan Fernandes (1979) e Ethel Kosminsky (2000), como citado anteriormente.

A participação das crianças e jovens nas atividades industriais era tão frequente, significando para os mesmos prejuízo em seus processos de escolarização, que começou a exigir atenção especial dos poderes públicos. Nessa direção, legislaram para que essa situação fosse "resolvida". É interessante constatar que muitas soluções visavam mais as indústrias do que as crianças e jovens, como foi bem ressaltado por Costa em estudo sobre a legislação educacional da Primeira República. A autora observou que nesse período foi criado um novo tipo de escola isolada, pela Lei 1.184, de 3 de dezembro de 1909,

> [...] destinada a crianças operárias e que deveriam ser localizadas nas proximidades das fábricas em que se ocupassem crianças e cujo período de funcionamento estaria de acordo com a administração da fábrica a que deveriam servir. O programa de en-

sino dessas escolas denotava uma insistência na formação educativa voltada para o mundo do trabalho (COSTA, 1983, p. 95).

A criação dessas escolas elementares para operários coincidia, segundo a autora e os dados também analisados por outros autores, com o crescimento das atividades ligadas à indústria em São Paulo, que, a partir de 1910, assume a dianteira dessa produção no país, destacando-se o ramo textil, que em 1920 representava 25% dos estabelecimentos fabris de São Paulo; segundo a autora, foi esse o ramo que mais utilizou crianças e mulheres; anotou que, em 1920, o total da mão de obra considerada como industrial compreendia, só na cidade de São Paulo, 115.190 trabalhadores, dos quais 33.893 eram menores (COSTA, p. 95-96). Como já foi observado acima, era justamente o ramo têxtil o que concentrava grande número de estrangeiros e descendentes. Para as crianças operárias foram então criadas, em 1909, cinquenta escolas preliminares noturnas, na capital e em outros municípios do Estado (COSTA, p. 95-98), com currículos e programas de interesse das indústrias.

Para além da exploração capitalista do trabalho de crianças e jovens, que, além disso, podia exaurir suas forças e mutilá-los, ainda havia o comprometimento maior de sua formação, dado pela exclusão das escolas, que não existiam para todos (DEMARTINI, 1969), ou pelas oportunidades cruéis que lhes eram oferecidas de frequentar escolas que visavam atender às necessidades da indústria e não a saúde e educação da infância.

A busca das crianças de famílias estrangeiras nesse exército de menores nas indústrias é tarefa que, parece-nos, ainda deve ser realizada de modo mais sistemático. Mesmo no estudo mais detalhado de Moura (1999) que tratou da presença de crianças nas indústrias paulistas, em que as crianças e jovens estrangeiros aparecem como parte integrante da mão de obra operária, não há um foco específico sobre as mesmas. Assim, várias questões sobre sua participação permanecem em aberto.

Lembramos também que existiam geralmente nas zonas urbanas os orfanatos em que as crianças nacionais e estrangeiras ficavam internas, na ausência dos pais ou quando esses não tinham condições de criá-los. Instituição que tinha como objetivo educá-las para a vida em sociedade, aí o trabalho forçado era considerado parte inerente do processo educativo, como bem constatou Negrão (NEGRÃO, 2004) em seu estudo sobre o Asilo de Órfãs da Santa Casa de Misericórdia de Campinas, que funcionou entre 1890 e 1960, sob os cuidados educacionais das irmãs da Congregação Francesa de São José de Chambéry, que mantinha em Itu um internato só para meninas de famílias de posses (CUNHA, 1999). Em seu minucioso estudo, que procurou analisar a educação e os direitos sociais da infância feminina vivendo em internato, a autora observou que muitas crianças eram pertencentes a famílias estrangeiras, muitas delas também atingidas pela epidemia de febre amarela que assolou Campinas no final do século XIX. Naquele período, a sociedade não via com bons olhos o "desamparo" de crianças e jovens pobres, que poderiam causar problemas futuros, como fica evidente nos discursos que precederam a criação do Código do Menor (1927). O internato era, portanto, considerado uma das medidas filantrópicas de proteção às crianças, prevenindo sua marginalização e, ao mesmo tempo, de proteção à comunidade da presença de crianças desassistidas nas ruas. Assim, ao lado da educação escolar, era também necessário incutir-lhes os hábitos de trabalho, fazendo-as trabalhar; para as meninas pobres de Campinas, de prepará-las para trabalhar como empregadas domésticas (ou no comércio), pois era comum muitas famílias abastadas irem lá buscar órfãs para trabalhar (NEGRÃO, 2004, p. 331). Nesse estudo se considerou a situação das meninas órfãs, de famílias estrangeiras, presentes no orfanato.

Segundo dados de 1925 a 1930, as órfãs de pais estrangeiros eram muitas no asilo de Campinas: em 1925, 35 eram filhas de pais brasileiros, 25 de estrangeiros; em 1926, 35 e 25; em 1927, 42 e 20; em 1928/1929, 41 e 19; em 1930, 40 e 20, respectivamente. Eram geralmente meninas de famílias italianas, portuguesas e espanholas (NEGRÃO, 2004, p. 97-98).

A autora concorda com Cunha (1999), que observou: "às crianças ricas as irmãs destinavam a escola, às pobres, o asilo" (CUNHA, 1999, p. 117). O mesmo parecia ocorrer com relação aos meninos, como também foi observado por Rizzini (1999, p. 379).

### 3.3 A experiência de trabalho de pequenos imigrantes: os relatos de uma pequena imigrante alemã em São Paulo

Impossível escrever essas reflexões sobre o trabalho entre crianças e jovens de famílias de imigrantes sem lembrar dos relatos que alguns deles produziram quando já adultos e que foram coletados sob a forma de histórias de vida resumidas (DEMARTINI, 1999) em pesquisas com famílias que vieram para São Paulo ainda na Primeira República, tendo saído da Alemanha, de Portugal e do Japão. Embora tendo passado muitas décadas, as lembranças do trabalho enquanto crianças e jovens estavam muito presentes em suas memórias, e, como pudemos verificar em nossas pesquisas, suas atividades foram parte importante da inserção de suas famílias em terras paulistas.

Tomamos como exemplo de inúmeros outros pequenos imigrantes o caso de uma então pequena imigrante em que essas lembranças nos remetem aos tempos de infância, trabalhando em atividades rurais e urbanas. Relatou sobre suas experiências, das quais destacamos e resumimos alguns trechos.

Sobre as condições de chegada e o trabalho em fazenda de café, lembra das dificuldades:

> [...] Lá na Alemanha meu pai era agricultor, ele gostava muito de terra, plantação, criação. Então meus pais estavam bem lá, gostavam muito de lá, mas houve um desentendimento entre irmãos lá, e meu pai era assim um pouco cabeça-dura, não é? Então ele disse: "Ah! tem imigração pra Brasil, eu vou embora daqui, vocês que se virem aqui". E com isso logo ele foi atrás da agência e falou que estava interessado em vir para o Brasil. [...] Ele tava chateado com a família, viemos pra cá em 1925. E lá... as agências falavam que aqui no Brasil tem escola e... da fazenda todo dia levava as crianças pra escola e trazia de volta... que tinha escola, mas isso era mentira, não tinha escola nenhuma. [...] Plantação de café, e meu pai como gostava muito de plantação, então ele se interessou [...] bom, nós saímos da nossa terra no dia 17 de junho e chegamos em Santos em 22 de julho. [...] Chegava lá na Casa dos Imigrantes na Mooca, eu nem sei se ainda existe hoje. Então lá nós paramos acho que uns quatro dias até arrumar documentos [...]. Então na Casa dos Imigrantes foram dividindo as pessoas para uma fazenda, pra outra fazenda e assim por diante. Aí... meus pais foram levados para Ourinhos com o trem [...]. Agora me parece que eram duas horas de Ourinhos até a fazenda com o caminhão, chegamos na fazenda, uma casa muito... humilde de-

mais, tudo cheio de rato e de bicho a pé. Aí, como dava aquilo, e nada dentro, nenhuma cama, nenhuma cadeira, nenhuma mesa. [...] Fogão a lenha tinha, mas a única coisa. Então o intérprete pegou os homens e falou "vamos buscar camas", aí trouxeram cavaletes e umas tábuas pra pôr por cima e colchão... assim com capim, o colchão, isso eram nossas camas [...] panelas e louças minha mãe trouxe de lá da Europa. [...] Aí então meus pais não desanimaram, aí ajeitou aqueles colchão em cima dos cavaletes, sabe? A gente dormiu, no outro dia o intérprete chamou os homens "vamos buscar mais cavalete e tábua e fazer mesas". Então cada casa podia improvisar uma mesa, e assim foi arrumando, ajeitando, mas ninguém desanimou com isso. E aí, no terceiro dia, nós vamos trabalhar, tudo bem, aquele tempo era ... perto da colheita do café, então tinha que limpar embaixo da árvore, em volta tudo e deixar limpo para quando o café cair, cair na terra para ajuntar com rastelo com menos folha e assim tudo. [...] Eu tinha 10 anos, meu irmão 7, meu pai, minha mãe, todos tinham que ir trabalhar, fomos, ninguém reclamou. Ia de manhã e voltava só no finalzinho da tarde. [...] Então a gente comia arroz, feijão e tomava o café preto adoçado com rapadura. E assim foi indo, mas todos com esperança que vai melhorar, não é? E trabalhando, aí... isso eu não me lembro bem, quantos meses que a gente trabalhou e não saía pagamento, então meu pai com os outros se ajuntaram e foram no escritório perguntar quando que ia sair pagamento, então o contador, agora eu não sei se era o intérprete que falou errado ou se era um erro do escritório, eu sei que ele deu um papel para o intérprete e assim ele mostrou, explicou para os homens que ainda tinha dívida. [...] mas meu pai comprou com o dinheiro que ele trouxe da Alemanha, ele não comprou nada fiado, ele veio com dinheiro [...]. Então meu pai disse: "Mas não é possível, eu não comprei nada fiado, trabalhando todos esses meses com a família toda". Eu com 10, meu irmão com 7, nós precisávamos trabalhar, rastelar, ajuntar a sujeira, limpar embaixo dos pés de café, ia de manhã com os pais e voltava, escola não tinha. Então foi e diz: "não, vocês têm tanto de dívida". E meu pai não se conformou com isso, e disse: "Mas como dívida? Da onde?" Eu sei dizer que trabalharam mais um tempo e nada de pagamento, aí... o outro amigo do meu pai também chefe da casa, esposa e um filho, então veio conversar com meu pai: "O quê que vai acontecer com nós? Trabalhar, trabalhar e nada de pagamento, e o dinheiro tá acabando. Você ainda tem dinheiro? Vamos pra São Paulo? Você me paga a viagem, em São Paulo eu vou trabalhar e pago de volta o que você me vai emprestar". Então meu pai: "Tudo bem. Eu estou vendo que aqui não podemos ficar porque... estou vendo que aqui somos escravos branco". [...] Era escravo mesmo. Então como viram que não tem jeito de sair de lá, e nesse tempo chegou também a colheita do café, então fomos colhendo, trabalhando, e eles preocupados: Como que vamos fazer? Fugir como? Aí a fazenda era muito grande, um dia a gente descobriu uma paradinha assim no meio do cafezal, que passava o trem e lá carregavam o café. Então meu pai e o amigo dele combinaram, como era colheita do café, então a gente levava cestinho com arroz e feijão e o café e... então vamos fazer o seguinte, vamos levar essa comida e dentro de um saco vazio a gente tinha que levar outros sacos vazios pra gente para o café que a gente ia colher, não é? Então aquele saco ficava cheio, então em vez de pôr outros sacos dentro, a minha mãe pôs roupa pra troca, pra cada um uma troca, não tinha nada de outro saco vazio, não é? Mas ninguém revistou, ninguém sabia e fomos pro café, com o rastelo, peneira, tudo que precisava e lá fomos nós. E chegando no cafezal então o administrador ele estava, vamos dizer, 20-30, conforme as pessoas da família, então ele dava tantas carreiras de café que hoje tinha que fazer. Eu não lembro quantas carreiras que nós tínhamos que fazer, mas tinha que colher todas aquelas carreiras compridas, não é? No fim das carreiras era aquela paradinha, que parou o trem de manhã, e isso já meu pai descobriu que tal hora passa aquele trem todo dia. Então minha mãe, meu irmão e eu, essa outra senhora com o filho, nós fomos lá naquela paradinha e pegamos o trem, e deixaram entrar, compramos a passagem e fomos até Ourinhos, mas como nós não tínhamos nada assim que dava na vista que a gente tá fugindo, ninguém desconfiou nada. Nós saímos logo de manhã, e meu pai com esse outro amigo chegaram assim tardezinha. Eu sei dizer que chegamos assim em Ourinhos, aí também compramos logo passagem para São Paulo, única coisa que a gente sabia falar: São Paulo.

Em São Paulo as condições de vida melhoraram, mas o trabalho remunerado dela, agora cuidando de criança, em uma casa de família alemã, continuava sendo necessário:

[...] Chegamos lá, aí tudo que passava via que são gente estranha, ninguém sabe falar, aí única coisa que meu pai tinha ouvido falar que na Mooca tinha muitos estrangeiros, então meu pai começou a falar "Mooca", então um falava, mostrava ali, andando assim. Então fomos andando e olhando sempre aonde podia ver uma cara que fala o alemão, aí passamos num bar, meu pai olhou assim dentro, ele então parou e disse: "Esse aí, é um alemão", dono do bar. Então ele entrou e logo falou em alemão com ele, e era mesmo alemão, dono do bar. E meu pai então logo falou de onde veio, como que é a nossa situação, que não tinha onde dormir essa noite, não temos nada, nem sabemos falar português, então ele disse assim: "Vocês estão com fome?" "Sim." "Então senta aí na mesa que eu vou servir um lanche, comem, esperam que daqui a pouco chega um senhor que ele... trabalha em construção, é carpinteiro, e, alemão. "Tá bom, venham comigo. Eu sou encarregado de uma construção muito grande, e carpinteiro. E que meu pai e aquele outro amigo dele podiam ir trabalhar também lá na construção logo no outro dia". Meu pai e esse amigo logo no outro dia foram trabalhar pra esse senhor que veio, que encontrou a gente, ele comprou ferramenta para meu pai e para o outro amigo, foram trabalhar de carpinteiros, um pouco meu pai entendia de carpintaria também. E logo lá na Mooca tinha muitos estrangeiros, então a minha mãe logo descobriu uma mulher que trabalhava de faxineira. Então aquela disse, tanto pra minha mãe como pra essa outra senhora, "venham comigo e eu arrumo serviço pra vocês duas". [...] Então a gente foi vivendo assim,... depois Graças a Deus foi melhorando, melhorando e... aí eu já tinha 11 pra 12 anos. Aí surgiu, através de um casal que minha mãe fazia limpeza, um casal estrangeiro que precisava de uma babá pra cuidar de uma criança, então eu tinha 11 pra 12 anos, eu fui cuidar daquela criança, eu era criança, mas cuidei daquela. [...] Então era mais para mim brincar com aquela criança, distrair, não é? E eu fui, no centro de São Paulo. Eu ia e lá eu dormia e vinha pra casa só de domingos, e a minha mãe ia buscar. No bonde, era. Eu ia pra casa dessa gente e ficava semana toda brincando com essa criança, e lá eu dormia, e lá eu comia, ganhava 15 mil-réis por mês, era pouquinho, mas a minha mãe disse: "Olha, filha, é pouquinho, mas você tem a comida e tem sua cama pra dormir, não é?" E a gente se confor-

> mou com isso, e assim foi indo sempre passando, eu fui ficando mais velha. Trabalhei um tempo, acho que um ano, um ano e pouco, depois eu já fiquei conhecendo outras babás e ganhava mais, então eu saí de lá também, de 15 fui ganhar 30. [...] depois... meu pai descobriu outra... aventura, que era em Apiaí, nas Furnas, muito montanhoso, eu não sei se vocês conhecem? [...] nós fomos junto, aí ele trabalhou acho que uns dois anos. Aí eu já tinha nesse tempo... acho que 15 pra 16 ou 16 anos, por aí. Aí minha mãe diz assim: "Olha, a gente sempre morando assim no mato", porque era mato mesmo, escola também não tinha, não é?

A entrevistada voltou depois para São Paulo e continuou trabalhando em um hospital. Foi no trabalho que aprendeu a falar o português, pois nunca conseguiu frequentar escola, nem na fazenda, nem na metrópole. O trabalho marcou sua infância e juventude em suas vivências nas terras paulistas.

### 4 Questões para pensar

Alguns pontos podem ser destacados com relação ao trabalho de crianças e jovens envolvidos nas complexas situações vivenciadas em processos de deslocamento para São Paulo durante a Primeira República. A seguir anotamos alguns deles, procurando relacioná-los com os dias atuais.

O trabalho das crianças vai se configurando como elemento constitutivo do projeto de inserção e ascensão social das famílias imigrantes que começaram a trabalhar como empregados (em atividades rurais e/ou urbanas) ou como pequenos produtores, pequenos comerciantes ou profissionais por conta própria. Nesse caso, assumiam os empregadores para a sociedade mais ampla, e os pais, para si e para os outros, que o trabalho das crianças e jovens era: a) necessário para o sustento da família, geralmente nas condições adversas encontradas; b) importante para que fossem se constituindo como "bons" trabalhadores. Discordavam de alguns pontos desses discursos alguns educadores, sanitaristas e principalmente representantes de órgãos operários.

Poderia haver (ou não) distinções entre o trabalho dos meninos e das meninas, nas famílias ou nas instituições em que muitos pequenos imigrantes viveram nas atividades agrárias, nas fazendas ou nas pequenas roças, todos podiam trabalhar, lado a lado. Nas atividades urbanas, para as meninas, trabalhar em casa ou em casas de família, como babás/domésticas, poderia ser visto como um bom trabalho por pais ou pela sociedade (as meninas estavam "protegidas"). Nas atividades fabris, para os trabalhos nas ruas, no comércio, parece que a indicação recaía mais aos meninos, "menos frágeis" e menos "expostos" aos perigos da cidade. As próprias instituições que acolhiam os órfãos e desprotegidos de famílias de imigrantes orientavam as profissões futuras para diferentes destinos. Talvez exceção tenham sido as escolas regulares controladas pelo Estado, pois nelas o currículo era geralmente o mesmo para todos (os que delas não eram excluídos, que, como constatamos, ocorreu para vários).

No tocante à educação há também muito a ser discutido com relação ao trabalho infantojuvenil e os processos de escolarização. São dimensões necessariamente incompatíveis? Não seria necessário conhecer mais detalhadamente as condições em que as atividades eram desenvolvidas? Por que alguns imigrantes tiveram mais acesso à escola que outros? Em que medida foram importantes as tradições culturais dos países de origem? Como compreender os pequenos alunos sem discutir a temática das famílias? Como entender a discussão das redes públicas e privadas de escolas sem entender as aspirações e demandas das mesmas? Como pensar na legislação educacional, com suas normas, determinações, proibições etc. sem pensar nos sujeitos envolvidos? Por que a discussão de certos temas aparecendo e desaparecendo em certos períodos (calendário escolar, nacionalismo, avaliação etc.) e sendo esquecidos em outros? Por que a exclusão de alguns grupos?

Ainda há muito a ser pesquisado e desvendado, para que a temática da infância envolvida em processos imigratórios passe a ser incorporada mais fortemente nos estudos sobre infância – não se pode ignorar que as crianças participavam e participam dos deslocamentos populacionais.

Acreditamos que muitas das reflexões que se referem a períodos mais remotos continuam válidas para observar o que acontece hoje, no mundo globalizado, em que os deslocamentos envolvem populações muito distintas. Compreender o que os processos migratórios podem significar para as crianças e jovens de famílias de imigrantes, analisar suas trajetórias, pode levar ao melhor entendimento dos processos e vivências enfrentados nos dias atuais. O mesmo vale para os migrantes nacionais.

A percepção e estudo das crianças como quase "imobilizadas", imunes aos processos mais amplos vivenciados pelas sociedades, precisa ser questionado.

Por que não pensar na infância em trânsito, na infância que foge, na infância que é expulsa de seus contextos de origem, na infância que é esquecida, na infância que acompanha os mais velhos, em seus deslocamentos, ou que os espera, e que, em todas essas situações, pode estar exercendo alguma atividade de trabalho?

## Referências

*Atlas da População do Estado de São Paulo* – Governo do Estado de São Paulo. Fundação Seade, 1991.

BASSANEZI, M.S.C.B. & SCOTT, A.S.V. "Criança e jovem *oriundi* na terra do café, no final do século XIX e início do século XX". In: RADIN, J.C. (org.). *Cultura e identidade italiana no Brasil*: algumas abordagens. Joaçaba: Unoesc, 2005a.

_____. "No fundo do baú: procurando as crianças imigrantes nas fontes documentais paulistas". In: RADIN, J.C. (org.). *Cultura e identidade italiana no Brasil*: algumas abordagens. Joaçaba: Unoesc, 2005b.

*Boletim do Departamento Estadual do Trabalho*. São Paulo: Secretaria da Agricultura/Commercio e Obras Publicas, 1912, 1913, 1915.

CALDEIRA, C. *Menores no meio rural*. Rio de Janeiro: Inep/Ministério da Educação e Cultura, 1960.

CAMARGO, J.F. *Crescimento da população no Estado de São Paulo e seus aspectos econômicos*. 2. ed. São Paulo: IPE/USP, 1981 [Ensaios Econômicos, 14].

*Código de menores* – Decreto n. 17.943-A de outubro de 1927. Disponível em http://www.planalto.gov.br/ccivil_03/decreto/1910-1929/d17943a.htm].

COSTA, A.M.C.I. *A escola na República Velha*. São Paulo: Edec, 1983.

CUNHA, M.I.G. *Educação feminina numa instituição confessional católica*: Colégio Nossa Senhora do Patrocínio. São Paulo: USP, 1999 [Dissertação de mestrado].

DEMARTINI, Z. "Crianças como agentes do processo de alfabetização no final do século XIX e início do XX". In: MONARCA, C. (org.). *Educação da infância brasileira*: 1875-1983. Campinas: Autores Associados, 2001, p. 121-156 [Coleção Educação Contemporânea].

_____. "Trabalhando com relatos orais – Reflexões a partir de uma trajetória de pesquisa". In: LANG, A.B.S.G. (org.). *Reflexões sobre a pesquisa sociológica*. Vol. 3. 2. ed. São Paulo: Humanitas/Ceru, 1999, p. 42-60.

_____. "Cidadaos analphabetos: propostas e realidade do ensino rural em São Paulo na I Republica". *Cadernos de Pesquisa*, n. 71, 1989, p. 5-18.

_____. "O coronelismo e a educação na Primeira República". *Educação & Sociedade*, vol. 3, 1989, p. 44-74.

DEMARTINI, Z.; FARIA, A. & PRADO, P. (orgs.). *Por uma cultura da infância* – Metodologias de pesquisa com crianças. Campinas: Autores Associados, 2002, p. 1-17 [Coleção Educação Contemporânea].

DEMARTINI, Z.B.F. "Immigration in Brazil: the insertion of different groups". In: SEGAL, U.A.; MAYADAS, N.S. & ELLIOT, D. (orgs.). *Immigration Worldwide*: policies, Practices and Trends. Nova York: Oxford University Press, 2010a.

_____. "A cultura escolar entre culturas". In: VIDAL, D.G. & SCHWARTZ, C.M. (orgs.). *História das culturas escolares no Brasil*. Vitória: Edufes, 2010b.

_____. "Infância e imigração: questões para a pesquisa". In: FREITAS, M.C. (org.). *Desigualdade social e diversidade cultural na infância e na juventude*. São Paulo: Cortez, 2006.

_____. "Imigrantes portugueses em São Paulo: algumas questões sobre sua inserção no campo econômico". *Revista Convergência Lusíadas*, n. 19, 2002. Rio de Janeiro [n. esp.].

_____. "Viagens vividas, viagens sonhadas: os japoneses em São Paulo na primeira metade deste século". In: LANG, A.B.S.G. (org.). *Família em São Paulo*: vivências na diferença. São Paulo: Humanitas, 1997 [Coleção Textos, série 2, n. 7).

_____. *Relatório de pesquisa*: famílias alemãs em São Paulo. São Paulo: Ceru/CNPq, 1993 [mimeo.].

_____. *Observações sociológicas sobre um tema controverso* – População rural e educação em São Paulo. São Paulo: USP, 1979 [Tese de doutorado].

DEMARTINI, Z.B.F.; GUSMÃO, N.M.M. & CAMPOS, M.C.S.S. *Imigrantes portugueses e luso-africanos no pós-guerra*: trajetórias no contexto paulista. São Paulo: Ceru/CNPq, 2003.

*Estrangeiros no Estado de São Paulo*: dados censitários, 1854-1950. Nepo/Unicamp, 2002 [CD rom].

FERNANDES, F. "As 'trocinhas' do Bom Retiro". *Folclore e mudança social na cidade de São Paulo*. 2. ed. Petrópolis: Vozes, 1979, p. 153-258.

IANNI, O. "O progresso econômico e o trabalhador livre". In: HOLANDA, S.B. *História geral da civilização brasileira*. Tomo 3, vol. 3. São Paulo: Difel, 1967.

KOSMINSKY, E. "Memórias da infância: as filhas de imigrantes judeus no Brasil". *Cadernos Ceru*, série 2, n. 11, 2000, p. 46-63. São Paulo.

LEVY, M.S. "O papel da migração internacional na evolução da população brasileira, 1872-1972". *Revista de Saúde Pública,* n. 8 (supl.), 1974 [Apud BASSANEZI, 1996, p. 13].

MARTINS, J.S. "Por uma pedagogia dos inocentes". *Tempo Social*, vol. 13, n. 2, nov./2001, p. 21-30. São Paulo.

MARTINS, J.S. (coord.). *O massacre dos inocentes* – A criança sem infância no Brasil. São Paulo: Hucitec, 1991.

MOURA, E.B.B. "Crianças operárias na recém-industrializada São Paulo". In: DEL PRIORE, M. (org.). *História das crianças no Brasil*. São Paulo: Contexto, 1999.

NEGRÃO, A.M.M. *Infância, educação e direitos sociais*: "Asilo de Órfãs". Campinas: Unicamp/CMU, 2004.

RIZZINI, I. "Os pequenos trabalhadores do Brasil". In: DEL PRIORE, M. (org.). *História das crianças no Brasil*. São Paulo: Contexto, 1999.

SILVA, S.A. *Expansão cafeeira e origens da indústria no Brasil*. São Paulo: Alfa-Omega, 1960.

SIMÃO, A. *Sindicato e Estado*. São Paulo: Dominus/USP, 1966.

# Parte V
---
## Trabalho infância: outras linguagens

# Outras linguagens educativas
Por um espaço do trabalho das crianças e adolescentes na agenda pedagógica

*Miguel G. Arroyo*

*Maria dos Anjos Lopes Viella*

*Maurício Roberto da Silva*

Outras formas de revelar o trabalho das crianças e dos adolescentes também se apresentam na literatura, nos filmes, nos desenhos, nas músicas, nas exposições itinerantes, nas gravuras, entre outras. Possibilidades de diálogo com outras áreas que têm interpenetrado o campo educativo tentando compreender e revelar seus objetos. As gravuras, pinturas e fotografias do trabalho infantil têm motivado pintores como Picasso, Pawel Kuczynski, Portinari e fotógrafos como Lewis Hine, Sebastião Salgado e João Roberto Ripper.

Para desvelar esse diálogo são apresentadas algumas gravuras. *Meninos do Recife*, de Abelardo da Hora, que revelam grande sensibilidade para captar e denunciar, através da arte, a fome e a miséria e todos os tipos de brutalidade contra a opressão e exploração, como disse o autor em entrevista ao jornal *O Nordeste*[1].

A perspectiva da história de vida cotidiana das crianças empobrecidas do Nordeste é recuperada por Abelardo nas suas gravuras, desvelando situações de trabalho de crianças e jovens jogados no limite de um injusto e indigno sobreviver. Vendedor de pirulito, engraxate e catador de caranguejo dos rios e mangues e outras gravuras compõem o álbum intitulado

---
1 Disponível em http://onordeste.com/onordeste/enciclopediaNordeste/index.php?titulo=Abelardo+da+Hora&ltr=A&id_perso=18 – Acesso em 28/10/2014.

*Meninos do Recife*, trazendo a diversidade dos corpos ocultada em sua desigualdade social. As gravuras foram desenhadas em 1962 e, posteriormente, queimadas pela Ditadura Militar, na frente do jornal *Diário de Pernambuco*. Elas trazem reflexões sobre a condição das crianças da classe trabalhadora empobrecida e que, ainda hoje, vivem nas palafitas situadas nos mangues e rios poluídos. Com uma arte politicamente engajada, sua série de figuras flageladas é uma denúncia ao descaso do homem para com a miséria.

Esse importante artista pernambucano recentemente falecido no mês de setembro/2014, era pequenino no corpo, mas de grande sensibilidade estética. Sua arte (gravuras e desenhos, além das esculturas) construída com luta, resistência e compromisso político com as crianças das classes trabalhadoras empobrecidas, revela uma luta incansável pela superação do capitalismo e da divisão abissal e injusta da sociedade de classes.

Os *Meninos do Recife* são um libelo para se refletir nas escolas sobre as desigualdades sociais que afetam crianças e famílias da cidade do Recife e que se estendem para todas as regiões do Brasil e, fundamentalmente, para o Norte e Nordeste do país.

Os temas humanos dos corpos precarizados, esquálidos, se expressam com toda força em suas obras e nas suas figuras da infância. Passados mais de cinquenta anos da criação dos *Meninos do Recife*, percebe-se que essa situação de degradação da infância ainda persiste nos dias atuais, revelando a genialidade do artista em expressar o real. Segundo alguns críticos, fica bem visível a influência da obra de Cândido Portinari (1903-1962), nas gravuras de Abelardo da Hora.

As obras de Pawel Kuczynski[2], artista gráfico polonês, também se debruçam sobre temas que afligem o mundo inteiro, utilizando sua arte para as reflexões e críticas do social. Utilizando-se do humor, apresenta em suas obras, além do trabalho das crianças, a exploração, a desigualdade social, a pobreza, a fome, entre outros.

As fotografias de Sebastião Salgado pedem nossa atenção e nos interroga, especialmente as fotografias de crianças. Crianças que "fazem os deveres da vida, sem tempo para os deveres da escola" (ARROYO, 1999, p. 10). Crianças que colocam em questão se sabemos tanto assim sobre elas! As crianças que trabalham pedem passagem nos currículos escolares. Pedem que as reconheçamos como sujeitos sociais e culturais.

---

2 Disponível em http://obviousmag.org/sphere/2013/04/as-ilustracoes-satiricas a pawel-kuczynski.html

    Sebastião Salgado, conhecido mundialmente pela sua fotografia documental, capta, pelas suas lentes, fartos e exuberantes exemplos dos trabalhadores do mundo inteiro, e, entre tantos deles, aparecem as crianças. Sem entrar no mérito das argumentações dos críticos a favor ou contra a sua abordagem fotográfica ou em que consiste a modalidade de politização proposta pelas suas fotografias, vale destacar nesse fotógrafo o lado expressivamente humano captado pelas suas lentes. As questões sociais e políticas que emergem das suas fotografias, especialmente das crianças, nos impõem a pergunta: O que nos dizem esses olhares tão indagadores quando nos miram?

    Inúmeras também são as fotografias documentais de Lewis Hine (1874-1940), fotógrafo e sociólogo americano que, por revelar o trabalho das crianças no início do século XX, em infindáveis atividades, destacou-se como importante figura da mudança na legislação do trabalho da criança nos Estados Unidos.

Fonte: *Amores com a vida 005*. Genivaldo, 9 anos, carvoeiro, MS. De *Imagens humanas*, do fotógrafo João Roberto Ripper [Disponível em www.pipa.org.br/pag/joao-roberto-ripper/].

Uma outra possibilidade de trabalho com imagens é com o livro *Imagens humanas*, do fotógrafo João Roberto Ripper, publicado em 2009, que apresenta 195 fotos, algumas inéditas, selecionadas a partir de um acervo de 150 mil imagens, que arrebatam o olhar e traduzem a realidade desse país, e é referência no cenário da fotografia documental brasileira.

Seguindo essa direção da possibilidade de trabalho com outras linguagens, o livro *Serafina e as crianças que trabalham*, de Jô Azevedo, Yolanda Yuzak e Cristina Porto, mostra, através da personagem Serafina, a dura realidade das crianças que trabalham, utilizando-se de fotos reais. Apresenta histórias verdadeiras de crianças pobres que trabalham para ajudar os pais no sustento da família. São as crianças que levantam muito cedo para ir para colheita de laranjas no interior do Estado de São Paulo; crianças "filhas" do carvão no Mato Grosso do Sul; as crianças do sisal no sertão da Bahia; os meninos da cana; os vendedores de chocolate, os sapateiros e crianças que levam vida dura, no trabalho no Brasil e em outros países.

O livro *Trabalho infantil: o difícil sonho de ser criança*, de Cristina Porto (Ática), também apresenta, ao lado de denúncias, caminhos para se modificar essa realidade que priva milhões de crianças do direito à infância;

*Infância roubada: a exploração do trabalho infantil*, de Telma Guimarães e Júlio Emílio Braz (FTD), coloca em cena crianças que trabalham nos laranjais o dia inteiro e que ganham para ajudar no sustento da família, bem como permite a reflexão sobre a dificuldade/impossibilidade de conciliar escola e trabalho.

*Crianças de fibra*, de Iolanda Huzak e Jô Azevedo, apresenta fotografias em preto e branco do trabalho das crianças e adolescentes, na fabricação de sapatos, colheita de sisal, carvoarias, canaviais. Apresenta o Brasil das crianças que ajudam a construí-lo e que, apesar do destino miserável a que foram relegadas, sonham com um futuro melhor.

Alguns filmes como *Daens um grito de justiça* e *Germinal* também servem de material de apoio para discussão do tema do trabalho das crianças e adolescentes, nas escolas. *Daens* é uma produção de Jean Luc Dermiers et al., 1994. A trama se desenvolve no norte da Bélgica, por volta do final do século XIX. O filme relata a história dos trabalhadores dessa pequena cidade, condenados a um estado de pobreza gritante e condições de trabalho desumanas envolvendo crianças e mulheres. A cena da morte de uma criança trabalhadora no início do filme e a chegada do Padre Daens anuncia mudanças nas suas vidas.

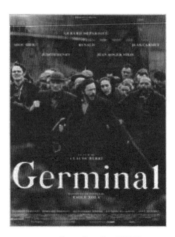

Um dos grandes romances do século XIX, expressão máxima do naturalismo literário, *Germinal* baseia-se em acontecimentos verídicos. Para escrevê-lo, Émile Zola trabalhou como mineiro numa mina de carvão, onde ocorreu uma greve sangrenta que durou dois meses. Atuando como repórter, adotando uma linguagem rápida e crua, Zola pintou a vida política e social da época como nenhum outro escritor. Mostrou, como jamais havia sido feito, que o ambiente social exerce efeitos diretos sobre os laços de família, sobre os vínculos de amizade, sobre as relações entre os apaixonados.

*Germinal* é o primeiro romance a enfocar a luta de classes no momento de sua eclosão. A história se passa na segunda metade do século XIX, mas os sofrimentos que Zola descreve continuam presentes em nosso tempo. O filme que se passa na França do século XIX transmite muito bem o momento histórico e seu contexto social, econômico, político e cultural, bem como retrata com muita propriedade o processo de produção do trabalho no modelo capitalista repercutindo em cheio na organização familiar, a relação com as máquinas, a relação entre operários e patrões, o surgimento da greve, do sindicalismo, anarquismo e socialismo. Todos os membros das famílias trabalham, desde crianças (cujas idades verdadeiras são escondidas quando das visitas dos inspetores às fábricas) até os mais idosos, devido a miséria à qual eram expostos. A pobreza dos personagens é retratada de forma muito real. Cozinhas vazias, crianças pedindo comida, pão e sem ter o que comer, as condições precárias de armazenamento da água que causavam cólicas às crianças, a morte sempre à espreita.

Enfim, são retratadas as profundas contradições e injustiças sociais. Exploração brutal de todos, especialmente das crianças. Esses filmes ofereceriam aos professores e alunos denso material para refletir e aprofundar sobre as questões sociais e especificamente o trabalho das crianças e adolescentes.

*O herege*, de Jack London, escrito em 1906, é um conto profundamente tocante. Foi usado na luta para a abolição do trabalho das crianças nos Estados Unidos. London teve uma infância terrivelmente difícil. É, segundo seus críticos, uma autobiografia. Abandonou a escola aos 14 anos para trabalhar numa fábrica de enlatados, depois foi jornaleiro, varredor, balconista, e com 17 anos viveu uma experiência traumática como empregado numa tecelagem de juta. Essa fábrica de juta aparece nesse conto trazendo ao leitor a ideia do trabalho mecânico, repetitivo, terrível, dez horas por dia a dez *cents* a hora durante oito meses.

> Era o operário perfeito. Sabia disso. Já lhe tinham dito muitas vezes. [...] De operário perfeito evoluíra para máquina perfeita. Quando o trabalho saía mal, acontecia com ele o que aconte-

> ce com a máquina: era devido a defeito de material. [...]. Desde sempre estivera em comunhão íntima com as máquinas. As máquinas quase o haviam gerado. De qualquer forma, fora criado no meio delas. [...] Johnny, nascido com o martelar e o estrépito dos teares nos ouvidos, inspirando à primeira respiração o ar quente e úmido, carregado de fiapos em suspensão. Tossira, logo nesse dia, para libertar os pulmões dos fiapos; e, pela mesma razão, nunca mais deixara de tossir (LONDON, p. 85).

O conto vai trazendo a rotina da fábrica, as doenças do trabalho, a mentira em relação à idade das crianças, sempre aumentadas, quando da visita dos inspetores; os pulmões tomados pela tosse constante, decorrente do ar contaminado da fábrica, a ameaça sempre presente da tuberculose; o tempo de infância e os folguedos substituídos pelo papel de pai e mãe, cuidando dos irmãos mais novos; o ser arrancado à força da cama para ir para a fábrica, os dias sempre iguais.

> Aos 7 anos, entrara na fábrica – para enrolar bobinas. Aos 8, arranjara trabalho noutra fábrica. O novo emprego era maravilhosamente fácil. Tudo quanto tinha a fazer era sentar-se, com uma varinha na mão, e guiar uma corrente de tecido, que passava diante dele (p. 91).

Tinha sonhos, que o tempo foi se incumbindo de desfazê-los "antes de ficar demasiado velho e cansado para amar".

> Fizera-se homem muito cedo. Sua adolescência começou aos 7 anos, quando recebeu seu primeiro salário. Foi criando um certo sentido de independência, e as relações entre ele e a mãe modificaram-se. Ganhando e provendo ao sustento da família, realizando seu próprio trabalho no mundo, estava quase em pé de igualdade com ela. A maturidade completa verificou-se aos 11 anos, altura em que foi trabalhar no turno da noite, durante seis meses. Não é possível uma criança trabalhar no turno da noite e continuar criança (p. 93).

> A vida não tinha alegrias para ele. Jamais observava a procissão dos dias. As noites eram dormidas numa inconsciência sobressaltada. Trabalhava o resto do tempo, e a sua consciência era a consciência da máquina. Fora isto, seu espírito ficava vazio. Não tinha ideais e possuía apenas uma única ilusão: o café que bebia era excelente. Era um animal de carga. Não tinha vida espiritual nenhuma (p. 96).

No final do conto o personagem decide deixar o trabalho.

> Estou completamente exausto. Que é que faz estar exausto? Os movimentos. Tenho trabalhado desde que nasci. Estou cansado de me mexer e nunca mais o farei. Lembra-se de quando eu trabalhava na fábrica de vidro? Costumava fazer trezentas dúzias por dia. Agora calculo que fizesse dez movimentos diferentes por cada garrafa. Isto faz trezentos e sessenta mil movimentos por dia. Num mês, um milhão e oitenta mil movimentos. Ponhamos de lado os oitenta mil – disse ele com a generosidade complacente de um filantropo. – Fica ainda um milhão de movimentos por mês: doze milhões de movimentos por ano! – E os teares que eu manejo, devem andar por aí. Isto faz vinte e cinco milhões de movimentos por ano, e me parece que trabalho há milhões de anos. [...]. Não parecia um homem. Era uma caricatura humana. Era um pedaço de vida raquítico, retorcido e anônimo que se balançava como um macaco cansado, os braços pendendo livremente; de ombros encurvados; peito estreito, grotesco e terrível (p. 100-102).

*Vida Maria*[3] é um vídeo em 3D, em torno de oito minutos, lançado em 2006. Uma animação muito bem-feita e que apresenta a rotina da "Maria José", que se distrai aprendendo a escrever seu nome num velho e gasto caderno, mas que é sempre chamada pela mãe a trocar as tarefas escolares pelo cuidado com o trabalho doméstico. O filme se desenrola em meio ao trabalho e crescimento da personagem, que casa e tem filhos e depois envelhece, e o ciclo continua a se reproduzir nas outras Marias suas filhas, netas e bisne-

---

3 Disponível em https://www.youtube.com/watch?v=zHQqpI_522M

tas[4]. As possibilidades de transitar pelo universo do trabalho das crianças e adolescentes, utilizando-se de diferentes linguagens, são inúmeras. Vários filmes e vídeos curtos propiciam essa abordagem, bem como outras atividades.

O Projeto Vídeos – Realidade Brasileira/RB "Crianças no campo: educação, direito e trabalho" é uma sequência de três documentários sobre o trabalho das crianças no campo[5]: *Trabalhadores invisíveis* aborda crianças que realizam o trabalho no corte de cana para a agroindústria pernambucana, sem tempo de brincar e estudar. O filme é de 1993, tem 8 minutos de duração e foi produzido pelo Centro Josué de Castro.

*Meninos da roça* retrata a vida de crianças e adolescentes que precisam trabalhar para ajudar no sustento da família e têm que reinventar sua infância, sendo submetidos a jornadas de trabalho cada vez mais longas e intensas. O filme é de 1994 e foi dirigido por Paulo Pestana e tem duração de 19 minutos.

*Sonhos de criança* conta a história de meninos e meninas que trabalham numa região produtora de tomates, em Goiás, e vivem para ajudar na subsistência da família e ainda são malremunerados. Apresenta a rotina das crianças de acordar às quatro da manhã, trabalhar, descansar. Depois, tudo de novo. Crianças que sonham em ser modelos, professores, advogados, que querem, antes de tudo, ser trabalhadores dignos e respeitados. O filme de 1994 tem 17 minutos de duração e foi dirigido por diversos autores, entre eles José Roberto Novaes[6].

Em 2008 o Cenpec elaborou um *kit* para educadores composto por dois livros: *Combate ao trabalho infantil* e *Sugestões de atividades*, acompanhados de quatro cartazes e um jogo, com o objetivo de divulgar informações sobre o trabalho infantil, os direitos da criança e a importância da educação na prevenção e na erradicação do problema. O material foi desenvolvido em parceria com a Confederação Nacional dos Trabalhadores em Educação (CNTE) e apoio técnico do Ipec.

---

4 Disponível em http://www1.folha.uol.com.br/folha/ilustrada/ult90u70650.shtml

5 Disponível em nucleopiratininga.org.br/criancas-no-campo-educacao-direito-e-trabalho/

6 Professor e pesquisador da Universidade Federal do Rio de Janeiro (UFRJ). Faz documentários em vídeos, com temas relacionados ao mundo do trabalho e ao resgate das memórias das lutas dos trabalhadores rurais.

O vol. 1, *Combate ao trabalho infantil*, traz a história do trabalho das crianças no Brasil e no mundo, as convenções da OIT, as alegações para justificar o problema, os efeitos perversos, os artigos do Estatuto da Criança e do Adolescente (ECA) e um anexo com um quadro de incidência do trabalho das crianças no país.

O vol. 2 traz *Sugestões de atividades escolares*, reunidas de acordo com os componentes curriculares – História, Português, Ciências, Geografia e Artes. Acompanham os livros os cartazes (Declaração dos Direitos da Criança: uma realidade que precisa ser mudada, Trabalho infantil: uma história que vem de longe e Criança fazendo o que é de direito) que podem ser utilizados para introduzir o estudo do assunto ou como ponto de apoio para debates e discussões na comunidade escolar.

O jogo *Bem-vindo à escola* também faz parte do *kit* e visa levar os alunos a reconhecer, de forma lúdica, as características do trabalho das crianças e também a importância do cumprimento do ECA.

Acompanha ainda os volumes um tabuleiro de jogo, semelhante ao Ludo, um dado e quatro conjuntos (das mesmas cores das situações de trabalho) de quatro fichas cada e orientações de como realizá-lo. O tabuleiro contém quatro casas de partida (situações de trabalho, cada qual em uma cor), o caminho para a escola (amarelo) e a escola ao centro. Quatro "calçadas" das mesmas cores das situações de trabalho dão acesso à escola; um dado (a ser montado); quatro conjuntos (das mesmas cores das situações de trabalho) de quatro fichas cada.

As quatro fichas representam crianças e adolescentes que devem deixar de trabalhar e ir para a escola. Ganha o jogador (ou grupo) que primeiro levar todas as suas "crianças" para a escola, percorrendo o caminho que contém obstáculos e vantagens, relativas aos direitos das crianças e adolescentes.

O *kit* visa levar os alunos a reconhecer, de forma lúdica, as características do trabalho infantil e também a importância do cumprimento do ECA (Estatuto da Criança e do Adolescente). O objetivo do jogo é tirar todas as "crianças" das situações de trabalho (em carvoaria, pedreira, lixão ou no beneficiamento do sisal) e levá-las para a escola. Para chegar lá é preciso percorrer o caminho e ir conhecendo um pouco mais as graves situações a que estão submetidas crianças que trabalham, e também algumas possibilidades de reverter essa realidade.

*Exposições itinerantes* constituem outras formas de divulgar a temática nas escolas. A Universidade Federal de Santa Catarina e o Departamento de Sociologia e Ciência Política, Departamento de Estudos Especializados em Educação e o Núcleo de Estudos Sobre as Transformações no Mundo do Trabalho (TMT) realizou a *Exposição Itinerante de Fotografia do trabalho das crianças no Brasil*, coordenada pelas professoras Bernardete Wrublevski Aued e Célia Regina Vendramini. Essa exposição apresentou parte dos resultados da pesquisa "Trabalho infantil em Santa Catarina", realizada entre 2007-2008 pela equipe de pesquisadores e alunos vinculados ao TMT da Universidade Federal de Santa Catarina, resultante de entrevistas, depoimentos escritos de crianças, desenhos e fotografias produzidas.

Compuseram ainda a exposição as fotografias de João Roberto Ripper[7] que foram disponibilizadas e selecionadas no decorrer da pesquisa "Trabalho infantil: educação através de imagens (uma proposta de intervenção na sociedade)", coordenada pelo Professor José Roberto Novaes, da Universidade Federal do Rio de Janeiro.

---

7 Formado em Jornalismo, trabalhou nos jornais *O Globo*, *Última Hora*, *Luta Democrática* e *Diário de Notícias*. Criou a ONG Imagens da Terra, que teve como proposta colocar a fotografia a serviço dos direitos humanos. Idealizador do Projeto Imagens do Povo, uma Agência-Escola de Fotógrafos Populares do Observatório de Favelas, localizada no complexo de favelas da Maré. Faz uso da fotografia como ferramenta de transformação social.

Uma coletânea sobre o trabalho das crianças[8], com amostra de textos e desenhos publicados pelos jornais escolares do Ceará durante a campanha contra o trabalho doméstico das crianças que aconteceu entre o mês de agosto a novembro de 2003 e contou com 350 escolas participando da campanha, sinaliza possibilidades de levar essa discussão às escolas.

Para finalizar, algumas músicas que abordam a temática poderão servir de material alternativo para fortalecer as relações e o diálogo trabalho na infância e educação e as áreas como a didática, o currículo, a formação de professores, enfim, o que poderíamos chamar o campo da teoria pedagógica.

A música *Pivete*, de Francis Hime e Chico Buarque de Holanda (Extraído de Chico Buarque de Holanda, *Para todos*. São Paulo: RCA/Distr. BMG Ariola, 1993), e *Criança não trabalha*, de Paulo Tatit e Arnaldo Antunes, focam nestas reflexões:

**Pivete**
No sinal fechado / Ele vende chiclete / Capricha na flanela / Pinta na janela / E se chama Pelé / Batalha algum trocado / Aponta um canivete / E até / Dobra a Carioca, olerê / Desce a Frei Caneca, olará / Se manda pra Tijuca / Sobe o Borel / O moinho e o campo de golfe / O campo de golfe e o moinho / ficam perto, tão pertinho... / Que as crianças trabalhando / quase sempre podem ver / os homens brincando.

**Criança não trabalha**
Lápis, caderno, chiclete, pião / Sol, bicicleta, skate, calção / Esconderijo, avião, correria, / Tambor, gritaria, jardim, confusão / Bola, pelúcia, merenda, crayon / Banho de rio, banho de mar, / Pula-sela, bombom / Tanque de areia, gnomo, sereia / Pirata, baleia, manteiga no pão / Giz, mertiolate, band-aid, sabão / Tênis, cadarço, almofada, colchão / Quebra-cabeça, boneca, peteca, / Botão, pega-pega, papel, papelão. / Criança não trabalha, / Criança dá trabalho, / Criança não trabalha! / 1, 2 feijão com arroz / 3, 4 feijão no prato / 5, 6 tudo outra vez! (Do CD *Canções curiosas* – Palavra Cantada/Eldorado, 1998).

---

8 Disponível em comcultura.org.br/wp-content/.../coletanea-contra-o-trabalho-infantil.pdf – Acesso em 30/10/2014.

Assim, as sugestões aqui apresentadas não se resumem a um simples fazer, lazer ou à produção de objetos supostamente artísticos, mas visam levar alunos, professores e todos os envolvidos com a problemática do trabalho na infância a refletir sobre os exercícios menos tensos de ser crianças.

## Referências

AZEVEDO, J.; HUZAK, I. & PORTO, C. *Serafina e a criança que trabalha.* São Paulo: Ática, 2007.

CENPEC. *Combatendo o trabalho infantil* – Guia para educadores. Vols. 1 e 2 [Disponível em www.cenpec.org.br – Acesso em ago./2008].

LONDON, J. *Contos.* 2. ed. São Paulo: Expressão Popular, 2009.

# Às vezes criança

Um quase retrato de uma infância roubada*

*Rubervam Du Nascimento*

*Sérgio Carvalho*

**Não é ofício de criança matar o tempo**
só adultos
matam
devagar
o tempo
enquanto
jogam
cartas
marcadas
sob árvores
secas
na porta
das casas

...................................................

\* Este texto é parte da obra *Às vezes criança: um quase retrato de uma infância roubada*, publicada com apoio do **Tribunal Regional do Trabalho do Ceará – TRT**, Ministério do Trabalho e Emprego, Superintendência Regional do Trabalho no Ceará e Sindicato Nacional dos Auditores Fiscais do Trabalho e TRT 7 (Ceará). Publicado aqui com autorização dos autores.

**Fábrica de matar criança**

uma entre
cinco
crianças
morre
de fome
enquanto
escrevo
este poema
por isso
a imagem
da palavra
nesta
folha
de papel
carrega
dentes na voz

2
nem velas nem
rezas nem
uma folha
de jornal
cobre o corpo
da criança
que acaba
de morrer
de frio
sob o viaduto
pedaço
velho de nada
envolve
corpo
da criança

que não
chegou a ver
qualquer luz
no fim
do túnel

3
após o sol
de abril
desafogar
a casa
do espelho
d'água
onde todos
dormem
a pergunta é
quem se
habilita
a enterrar
a miséria
deixada
pelos pais
na gaveta
da cômoda

4
qual a idade
que impede
crianças inventarem
brinquedos
de madeira e lata
qual a idade
dos brinquedos
atirados

em qualquer parte
da casa
após as crianças
partirem
com o silêncio
na bagagem
qual a idade
que empurra
as crianças
pra disputa
de sono velho
com marretas
e martelos
a idade da pedra
a idade de pedra

**Fios**
de onde
fios de fibra
dos fardos
de feno
dos celeiros
do leste
de onde
fios
dos lençóis
de fogo
que enrolam
pele
do sono

das crianças
do norte
de onde
a certeza
de que nada
diferente
fia os sonhos
das crianças
daqui

**Sobre a morte proibida do menino**
Notícia perturba página do jornal
lençol que envolve alma do menino
atropelado pelo vento noturno
tem marca de pus
e de esperma nas dobras
aviso sem tradução na pele do menino
Property-not for sale
sobra de tecido importado
do hospital de infectados
substitui roupa de sono
da alma do menino
jornal não suporta mais suas notícias

## Baldio 2

Entre a dureza austera dos prédios
E o largo sorriso das vidraças
o menino descobre o silêncio
na memória consentida de um livro
exposto às letras de barro
e às rachaduras das palavras
o menino se debruça na janela
busca a manhã que tenta se esconder
nas paredes dos prédios
vê o tempo brincando com as horas
que iniciam o dia em sua cabeça
e terminam no colo da tarde
vê o ofício dos terrenos baldios
às voltas com cacos de vidro

de um jarro que nunca aceitou flores
vê a cor amassada dos papéis
aos pulos pela calçada
até ser devorada pela boca da noite
vê a cara dura de sono
embrulhada em folhas de jornais
procurando fugir do frio
vê os pedaços do pássaro
presos aos sapatos de borracha
dos carros que passam
o menino junta os espelhos
prega restos de flandres nos ombros
alcança pingos d'água do telhado
vê lágrimas se transformarem em chuva
e o anúncio numa placa
o dia amanhecerá mais claro

o menino impede que a noite se alastre
com lâminas de sombras
sobre as páginas do livro
traz de novo à paisagem
a visão menos austera do prédio
e a graça inicial das janelas

**Discurso do menino negro**
[...]
o que me leva ao lixo público
a não ser o ofício do dia
desarrumado sobre a mesa
será a única forma de entender
o disfarce da noite sem brilho
que o dia carrega na pasta
será a única forma de entender
brincadeira do menino negro
com a dor das coisas do monturo
talvez a única forma de entender
porque o lixo público
assusta o meu outro ofício

"Não há arma verbal mais poderosa para trabalhar com as subjetividades que nos envolvem no dia a dia do que a poesia".

"É a poesia que, de todas as outras artes, se atreve a mexer com nosso sistema límbico, despertar os nossos sentimentos de dor e revolta adormecidos".

Nas ações fiscais em que são encontradas crianças, o autor conta que sempre conversa com elas e chega à mesma conclusão: elas trabalham porque são obrigadas, e não porque querem. Para ele, as crianças são vítimas do comportamento dos adultos e da incompetência dos gestores".

"No livro Às vezes criança..., o normal vira exceção: a quantidade de imagens de crianças trabalhando é muito maior do que a de crianças brincando. [...] Enquanto a maior parte das imagens as mostra em casas de farinha, pedreiras, lixões, estradas e matadouros, uma minoria registra o sorriso delas, sem ter de carregar antecipadamente as preocupações e os riscos da vida adulta."

"O livro tem imagens de crianças que trabalham e de crianças que brincam, como um 'respiro' na dura realidade. Porém, não há equilíbrio: os registros do trabalho são em maior número que o de brincadeiras. Também isso é proposital, diz Sérgio Carvalho, como para chocar e mostrar como exceção o que deveria ser a regra"[1].

"As fotos, explica Sérgio, não são resultado de sua atividade como auditor-fiscal do trabalho. Foram colhidas no dia a dia da cidade ou em passeios pelo país. A falta de legendas é proposital, pois a realidade está presente em todo lugar."

---

1 Falas dos autores disponíveis em http://reporterbrasil.org.br/trabalhoinfantil/as-vezes-crianca-um-quase-retrato a uma-infancia/

"Que se proclame a República Federativa do Brasil de todas as vezes, crianças"[2].

...................................................

2 Título da reportagem do *Portal de notícias do Piauí*, o Acesse Piauí, em reportagem sobre a obra *Às vezes criança*: um quase retrato de uma infância roubada [Disponível em http://www.acessepiaui.com.br/brasilia/proclame-se-a-republica a todas-as-vezes-crianca/20013.html].

# O sujeito catador*

*Maurício Roberto da Silva*

Vou pro campo
meus sonhos da terra
enraizar
e o boi-da-cara-preta
espantar...

                                            O suor com a foice
                                                      negociar
                                    e da interdita infância
                                              me aposentar.

Vou pra cidade
pros excessos e migalhas à luz de velas
catar
os abscessos sem pressa e pena
deflorar
os brinquedos moribundos
da lama sem tormenta
desenterrar
e o mistério fugidio com os morcegos
negociar

---

* Poema publicado originalmente no livro *O sujeito fingidor*, em 2001, pela Editora UFSC e Comitê Catarinense Independente Contra o Trabalho Infantil. Os versos são oriundos do diário de campo da pesquisa de doutorado *O assalto à infância no mundo amargo da cana-de-açúcar* – Onde está o lazer/lúdico? O gato comeu? A coleta de dados foi realizada de 1995 a 1999 na zona da mata canavieira pernambucana e os versos foram inspirados nos lixões, nos quais as crianças disputam comida, brinquedos, juntamente com os adultos, no entorno das pequenas cidades próximas às plantações de cana-de-açúcar.

                                        Vou pra urbe
                                    pro medo do futuro
                                              disfarçar
                                           e a dignidade
                                      pra sempre sucatear

Vou pro campo
com a perna de pau
amputada brincar
pois o tempo hoje urge
e o horizonte sempre surge
pra do lixo me saciar,
do sofrimento me reciclar

                                e o céu em pleno azul de voo
                                             poder abarcar

é tempo do nó da brincadeira de roda
a fantasia desatar
os despojos da alma surrupiar
e a infância de mão beijada
pro inimigo entregar

                                           Vou pra cidade
                                       mas é pro resquício
                                                  que vou

amadurecendo no carbureto
a lágrima doce, salgada e seca
já estancou

                                         e passando do ponto
                                    pobre e podre eu sempre sou.

É mixo o que sou
oh! desse jeito pro céu
nunca vou
no inferno a carniça
nunca me perdoou
e o bicho de pé há séculos
da fome do corpo de mim
se apoderou

                                        Oh! Necrotério...
                                         Oh! Deletério...
                                        Oh! Despautério...
                                         Oh! Cemitério...
                                          Oh! Biotério...
                                         Oh! Hemisfério...

Agora já não sou mais o tenro menino de Jesus
pois eis que tenho a cara de avestruz
e a apressada velhice me conduz
E continuo minhas traquinagens
com o olhar sem brilho e sem luz
com histórias mal contadas repletas de pó e pus
                                        Fui pro campo:
                          do amanhecer me confiscaram o
                                          pôr do sol
               e junto com ele o brinquedo da Trol, ao anoitecer me untaram
                                         com formol
na madrugada me amamentaram
com sapólio e pinho sol
e na aurora fui estrela decadente
na tela pungente
do cinema Bristol...
            E assim é que terminei os dias no país de Deus e o diabo
                                     na terra do sol...
Fui pra cidade
onde a noite
é irremediavelmente nua...
                                          onde o dia
                              tem cheiro de tripa, coração...
                                         e carne crua
é lá onde eu nasço, brigo e morro
iluminando todo o lugar
com o raio do sol
e suspendendo o
clarão da lua

**425**

                                                Estou na cidade:
                                                tenho sede de beber
                                                      mares e oceanos,
                                                          rios e açudes
                                             que é quando de súbito

A carcaça usurpada
treme, morde e muge
e a voz do animal
late, rosna e ruge

                                                para acabar o sonho
                                           de pra sempre dormir
                                             nesse festivo ataúde

É na cidade:
onde nas horas de desespero
só mastigo o destempero
saio de mim em busca
do meu termo

                                              espero paciente o fim
                                         do meu coletivo ermo
                                     e só canto pros passarinhos
                                     na próxima festa de enterro

Lá no campo:
me sustentam com agrotóxico
na cidade com monóxido...

                                             no campo me injetam
                                                        morfina

e na cidade
penicilina

                                                    e tudo isso

neste lugar onde toda mosca

                                                      me azucrina

Aqui:
o lixo atômico me ilumina

                                        e qualquer passante me abomina
                            e assim imerso naquilo, que não parece piscina,
olho sentado bem de cima,
                                        o fim dessa infindável latrina!!!

Nestas horas da noite
cortam-me os pulsos
nos espelhos dos condomínios

                                                e é neste exato momento
                                                            que de mim...

já partiu o menino

                                                        Não recebo nem
                                                    o salário dos mínimos
                                                o corpo já não tem os domínios

e assim é que desconjuro
quem dá caviar
pros assassinos

                                                        Nesta história toda
                                                    ninguém sabe o preciso
                                                    arrancam à força a terra
                                                        e o meu dente siso

e do meu cofre interior já se foi

                                                        o maldito narciso

Lá no campo
não tem mais folha de bananeira
nem aposta e nem carreira
nem a eira e nem a beira
                            só o veneno cruel da aranha-caranguejeira
                            e a reza embolada da velha carpideira...

Na cidade do bagulho
não sou mais que um embrulho

                                        e na frente de um prato de comida
                                                provoco o maior barulho

Como se isso não bastasse
sou na calada da noite

                                                   a própria fonte de mercúrio
                                          e na própria fala do vento
                                sou um reles e penitente murmúrio

Vou pro campo
sou do lixo
                                                                    vou pra cidade
                                                                     vou pro nicho

Quero do humano
limpar o detrito
e se houver tempo
acordo todo o mundo
com meu precoce alarido
                                       vou comer cobras e lagartos
                                        que pra acalmar a alma
                                           que se alimenta
                                                       de paz

mas também
da força do nosso
grito
                                                      Hoje é domingo
                                                      pé de cachimbo
                                         domingueira, céu azul
                                       voo rasante da varejeira
                                     trazendo maus presságios
                                           do truculento urubu

traz notícias de menina
das penas negras
e da menina dos olhos da ave de rapina
                                           e do grito apavorado
das crianças da América Latina
                                       Vou pro lixo de camburão
                                         pra catar as oferendas
                                   em louvor a Cosme e Damião

em homenagem à infância pestilenta
que em lugar de doces e balas
saboreia o bam-ba-la-lão
do senhor capitão...

# Sobre os autores

**Ana Maria Melo Negrão**
Professora de Linguística e Sociologia Jurídica na PUCCamp, e de Direito de Família e Sucessões no Unisal, *Campus* Liceu Salesiano. Autora do livro *Infância, educação e direitos sociais: Asilo de Órfãs (1870-1960)* (Ed. CMU/Centro de Memória da Unicamp) e, com outros autores, do livro *Memórias da educação – Campinas 1850-1960*. Unicamp. E-mail: anamarianegrao@me.com

**Ana Melro**
Investigadora-sênior do Instituto de Empreendedorismo Social (IES), Portugal. Socióloga, mestre em Sociologia da Infância, doutora em Informação e Comunicação em Plataformas Digitais. Publicou, entre outros, na *Revista Sociedade e Cultura*, o artigo "Trabalho infantil: um fenômeno multidimensional". E-mail: alrmelro@gmail.com

**Catarina Tomás**
Docente da Escola Superior de Educação de Lisboa. Socióloga; investigadora do Cics, Universidade do Minho. Publicou, em parceria, o artigo "Cultura de (não) participação das crianças em contexto escolar" e "Participação não tem idade", "Participação das crianças e cidadania da infância", na Revista *Contexto & Educação*. E-mail: ctomas@eselx.ipl.pt

**Deise Arenhart**
Professora da Faculdade de Educação da UFRJ. Publicou, entre outros, os seguintes livros e artigos: *A educação infantil em movimento: a experiência das cirandas infantis no MST. Infância, educação e MST: quando as crianças ocupam a cena* (Chapecó: Argos). *As culturas infantis em Florestan Fernandes: interfaces com a Sociologia da Infância* (Ed. UFMT, 2013). E-mail: deise.arenhart@hotmail.com

**Edivaldo José Bortoleto**
Docente permanente do Programa de Pós-Graduação *Stricto Sensu* em Educação da Universidade Comunitária da Região de Chapecó. Também é professor do Curso Franciscano de Verão do Centro de Espiritualidade Franciscana dos Frades Capuchinhos da Província de São Paulo. Publicou os seguintes capítulos de livros: "Dos direitos humanos: por uma arquitetônica crítica e compreensiva" (Ed. CRV, 2012). "Diálogo com a Filosofia" no livro organizado por Roberta Gaio e Rosa Gitana Krob Meneghetti: *Caminhos pedagógicos da educação especial* (Petrópolis: Vozes). E-mail: ejbortol @unochapeco.edu.br

**Elena Colonna**
Doutoranda em Estudos da Criança – Sociologia da Infância no Instituto de Educação da Universidade do Minho. Braga, Portugal. Publicou no Brasil alguns artigos como "O lugar das crianças nos estudos africanos – Reflexões a partir de uma investigação com crianças em Moçambique" (Revista *Poiésis-Unisul*). No livro *África e suas diásporas*, "Olhares interdisciplinares" (São Leopoldo: Nova Harmonia). "Niños que cuidam de niños", *Cadernos de Pedagogia*. E-mail: elenamaputo@yahoo.it

**José Machado Pais**
Investigador-coordenador do Instituto de Ciências Sociais da Universidade de Lisboa. Professor-convidado do Instituto Universitário de Lisboa. Autor de diversos livros como: *Culturas juvenis* (2003). *Ganchos, tachos e biscates – Jovens, trabalho e futuro* (2001). *Vida cotidiana: enigma, revelações* (2003). *Sexualidade e afetos juvenis. Nos rastos da solidão: deambulações sociológicas*. E-mail: machado.pais@ics.ul.pt

**Leonel Piovezana**
Docente permanente do Programa de Pós-Graduação *Stricto Sensu* em Educação da Universidade Comunitária da Região de Chapecó. Autor de diversos artigos sobre a temática indígena: "Inovação pedagógica para a educação superior em culturas indígenas: desafios e possibilidades" (2013). "Território Kaingang na mesorregião grande fronteira do Mercosul: ter-

ritorialidades em confronto" (Unisinos). "Os Kaingang no Oeste Catarinense: tradição e atualidade" (Chapecó: Argos). Terra, desenvolvimento e cidadania (São Leopoldo: Oikos). E-mail: leonel@unochapeco.edu.br

**Luci Teresinha Marchiori dos Santos Bernardi**
Professora do Programa de Pós-Graduação *Stricto Sensu* em Educação da Universidade Comunitária da Região de Chapecó, Unochapecó. Autora de diversas obras em coautoria, na área de educação matemática e indígena: *Posição de fronteira e produção de significados na educação matemática indígena: reflexão e ação* (online). "Educação matemática na escola indígena sob uma abordagem crítica". *Bolema* – Boletim de Educação Matemática (Rio Claro: Unesp). E-mail: lucib@unochapeco.edu.br

**Manuel Jacinto Sarmento**
Professor-associado com Agregação do Instituto de Estudos da Criança da Universidade do Minho. Diretor do Mestrado em Sociologia da Infância no IEC. Coordenador do Centro de Documentação. Autor e coautor de vários livros, entre eles: *Lógicas de ação nas escolas* (2004). *As crianças: contextos e identidades* (1997). E-mail: sarmento@ie.uminho.pt

**Maria dos Anjos Lopes Viella**
Doutora em Educação pela Universidade Federal de Santa Catarina. Professora do Centro de Referência em Formação. EaD no Instituto Federal de Santa Catarina. Publicou, pela Vozes (2012), no livro *Corpo infância* o texto "Consumindo corpos infantis e juvenis – O intrincado fenômeno da exploração sexual comercial de crianças". É coautora do livro *A persistência do trabalho infantil na indústria e na agricultura (Santa Catarina no contexto brasileiro)*. Florianópolis: Insular. E-mail: mariadosanjosv@gmail.com

**Maurício Roberto da Silva**
Professor aposentado da UFSC e professor do Programa de Pós-Graduação *Strictu Sensu* em Educação da Unochapecó. Autor dos livros: *Trama doce amarga. (Exploração do) Trabalho infantil e cultura lúdica* (São Paulo/Ijuí: Hucitec/Unijuí, 2003). Um dos organizadores do livro *Corpo infância* –

*Exercícios tensos de ser criança; por outras pedagogia dos corpos* (Petrópolis: Vozes). E-mail: mauransilva@gmail.com

**Miguel G. Arroyo**
Professor titular emérito da Faculdade de Educação da UFMG. É autor de diversas obras na área educacional: *Corpo infância – Exercícios tensos de ser criança; por outras pedagogia dos corpos* (org.) (2012). *Ofício de mestre: imagens e autoimagens* (2000). *Imagens quebradas – Trajetórias e tempos dos alunos e mestres* (2004). *Por uma educação no campo* (2004). *Outros sujeitos, outras pedagogias* (2012). *Currículo, território em disputa* (2011). E-mail: g.arroyo@uol.com.br

**Rubervam Du Nascimento**
Poeta, auditor fiscal do trabalho, formado em Ciências Jurídicas e Sociais pela Universidade Federal do Piauí. Conquistou diversos prêmios literários com suas obras poéticas, além do livro *Às vezes criança: um quase retrato de uma infância roubada*. E-mail: rube.rv@hotmail.com

**Sandra Luciana Dalmagro**
Professora do Departamento de Estudos Especializados em Educação do Centro de Educação da UFSC. Tem os seguintes livros e capítulos publicados: *Pedagogia que se constrói na itinerância: orientações aos educadores* (Curitiba: Gráfica do Estado do Paraná). *A escola no contexto das lutas do MST*. São Paulo: Expressão popular. *Educação do campo: políticas públicas, territorialidades e práticas pedagógicas* (Florianópolis: Insular). E-mail: sandradalmagro@yahoo.com.br

**Sérgio Carvalho**
Fotógrafo, auditor fiscal do trabalho (CE) com formação em Ciências Econômicas. Além do livro *Às vezes criança: um quase retrato de uma infância roubada*, publicou o livro *Docas do Mucuripe*, em coautoria com o fotógrafo Paulo Gutemberg, e o livro *Retrato escravo*, em coautoria com o fotógrafo João Ripper, sendo este indicado como um dos melhores livros de fotografia de 2010 pelo Internacional Photobook Festival 2011 (Kassel, Alemanha) e

menção honrosa no POY Latam (2013). *Barberia do tempo* (2011). *Homens caranguejo* (2013, obra coletiva). E-mail: sergiocarvalho99@gmail.com

**Soraya Franzoni Conde**
Professora do Departamento de Estudos Especializados em Educação e do Programa de Pós-Graduação da Universidade Federal de Santa Catarina. Colaborou como organizadora das obras: *Educação do campo: políticas públicas, territorialidades e práticas pedagógicas* (Florianópolis: Insular). *A persistência do trabalho infantil na indústria e na agricultura (Santa Catarina no contexto brasileiro)* (Florianópolis: Insular). *Retratos do MST (Ligas camponesas e MST)* (Florianópolis: Insular/UFSC/Cidade Futura). E-mail: sorayafconde@gmail.com

**Walter Ernesto Ude Marques**
Professor-associado da Universidade Federal de Minas Gerais. Principais livros publicados: *Infâncias (pre)ocupadas: trabalho infantil, família e identidade* (Brasília: Plano, 2001). *Gestão, políticas públicas e redes sociais* (Belo Horizonte: Proex/UFMG, 2001), entre outros. E-mail: walterude@fae.ufmg.br

**Zeila de Brito Fabri Demartini**
Professora da Universidade Metodista de São Paulo e diretora de pesquisa do Centro de Estudos Rurais e Urbanos (Ceru). Autora de diversos artigos e livros: *Trajetórias e identidades múltiplas dos portugueses e luso-africanos em São Paulo após 1974. História oral, sociologia e pesquisa: a abordagem do Ceru* (São Paulo: Humanitas/Ceru). E-mail: zeila.demartini@pq.cnpq.br

## CULTURAL
Administração
Antropologia
Biografias
Comunicação
Dinâmicas e Jogos
Ecologia e Meio Ambiente
Educação e Pedagogia
Filosofia
História
Letras e Literatura
Obras de referência
Política
Psicologia
Saúde e Nutrição
Serviço Social e Trabalho
Sociologia

## CATEQUÉTICO PASTORAL

**Catequese**
Geral
Crisma
Primeira Eucaristia

**Pastoral**
Geral
Sacramental
Familiar
Social
Ensino Religioso Escolar

## TEOLÓGICO ESPIRITUAL
Biografias
Devocionários
Espiritualidade e Mística
Espiritualidade Mariana
Franciscanismo
Autoconhecimento
Liturgia
Obras de referência
Sagrada Escritura e Livros Apócrifos

**Teologia**
Bíblica
Histórica
Prática
Sistemática

## REVISTAS
Concilium
Estudos Bíblicos
Grande Sinal
REB (Revista Eclesiástica Brasileira)
SEDOC (Serviço de Documentação)

## VOZES NOBILIS
Uma linha editorial especial, com importantes autores, alto valor agregado e qualidade superior.

## PRODUTOS SAZONAIS
Folhinha do Sagrado Coração de Jesus
Calendário de mesa do Sagrado Coração de Jesus
Agenda do Sagrado Coração de Jesus
Almanaque Santo Antônio
Agendinha
Diário Vozes
Meditações para o dia a dia
Encontro diário com Deus
Guia Litúrgico

## VOZES DE BOLSO
Obras clássicas de Ciências Humanas em formato de bolso.

CADASTRE-SE
www.vozes.com.br

**EDITORA VOZES LTDA.**
Rua Frei Luís, 100 – Centro – Cep 25689-900 – Petrópolis, RJ
Tel.: (24) 2233-9000 – Fax: (24) 2231-4676 – E-mail: vendas@vozes.com.br

UNIDADES NO BRASIL: Belo Horizonte, MG – Brasília, DF – Campinas, SP – Cuiabá, MT
Curitiba, PR – Florianópolis, SC – Fortaleza, CE – Goiânia, GO – Juiz de Fora, MG
Manaus, AM – Petrópolis, RJ – Porto Alegre, RS – Recife, PE – Rio de Janeiro, RJ
Salvador, BA – São Paulo, SP